5개의 핵심 키워드가 이끄는
시세와 추세의 절대 원칙

주식투자
할 때와 멈출 때

신성호 지음

캐피털북스

주식투자는 할 때와 멈출 때가 있다!

필자는 1981년부터 2017년까지 증권업계에서 근무했다. 그동안 격동했던 우리 증시의 현장에서 여러 차례에 걸쳐 상당한 주가의 부침을 경험했는데, **개인들이 주식투자를 할 만했던 시기는 1985년 하반기부터 1989년 1분기의 3저 호황 기간과 골디락스**(Goldilocks, 경기는 활달하면서 물가는 안정적인 이상적인 경제 상황을 일컬음) **기간인 2003~2007년 정도**였지 않나 싶다. 물론 나머지 기간에서도 화려한 시기가 있긴 했지만 당시의 주가 급등은 대체로 직전 폭락에 따른 반사적인 성격이 강했다. 예전 수준으로 주가 회귀가 급등으로 여겨진 것이다.

주식투자와 관련하여 가장 불편한 진실은 신통치 않은 장기투자의 성과다. 장기투자의 결과가 기대를 밑돌기 때문인데, 실제로 종합주가지수 기준으로 볼 때 2000년대와 2010년대 각 10년간 연평균 수익률은 5.1%와 2.7%(배당금 제외. 동 기간 회사채 수익률은 각각 6.2%, 3.0%)에 그쳤다. 그 결과 2000년에서 2020년까지의 21년간 주가 상승률은 서울 아파트 가격 상승률보다 낮았다.

이처럼 종합주가지수의 성과가 미흡한데 종합주가지수 성과를 상회하는 종목도 생각만큼 많지는 않은 듯하다. 상당수 업종지수는 종합주가지수 성과를 하회했기 때문이다. 몇몇 업종과 일부 종목에서만 기대에 부응하는 성과를 낸 듯한데, 이래서 장기투자를 선뜻 권하기가 어렵다.

주식투자의 낮은 성과는 짧은 경기순환 때문

이처럼 **탐탁치 않은 장기 주식투자의 성과는 경기확장 기간이 짧았기 때문**인 것 같다. 경기확장 기간이 짧다 보니 주가 상승 기회가 적었던 것인데, 1970년 이후 우리 경기는 12번이나 순환했다. 경기확장 기간 평균은 34개월, 경기수축 기간 평균은 20개월로 동일 기간 중 미국의 경기확장 기간 74개월(7회 평균), 경기수축 기간 12개월(6회 평균) 대비 매우 미흡했다. 이러니 주식투자의 성과가 부진할 수밖에 없었다.

우리의 짧은 경기확장 기간은 수출 증가의 지속성 결여 때문으로 보인다. 실제로 **2000년 이후 우리의 수출은 대체로 IMF 외환위기, IT 버블 붕괴, 미국 발 금융위기, 코로나19 팬데믹 사태 등과 같은 세계 경제 위기 직후에서만 늘었다.** 평탄한 시기에는 수출이 여의치 않았던 것이다.

세계 경기 침체 이후 수출 급증은 부진한 경기를 타개하기 위해 각국 정부가 지출을 확대했기 때문인 것 같다. 경기가 침체되면 각국은 정부 부채로 소비와 복지를 늘리고 경기부양 사업을 시행했는데, 이런 상황 또는 그 직후에 우리의 수출이 크게 늘은 것이다.

그러나 **각국 부채 증가 덕에 의한 우리의 수출 증가 기간은 길지 않았다.** 통상 우리 수출의 현저한 증가는 1~2년에 그쳤는데, 세계적 부채 증가(돈을 풍성하게 쓰는) 기간이 대체로 1년이었고, 큰 경기침체(위기) 이후 각국의 보복 소비 기간도 1~2년이었기 때문이다. 요컨대 각국이 '돈'을 꾸준히 써줘야 우리의 수출이 지속적으로 늘어나는데, 평소 각국의 형편은 그렇게 넉넉하지 못했다.

즉 우리의 수출 입지는 구조적으로 좁은 편인데, 세계 경제가 평탄했던 2012~19년 중 우리의 연평균 수출 증가율은 '0'%였다. 이래서 우리 경기는 빈번하게 변동했고 경기확장 기간도 짧았다. 수출의존형인 우리 경제구조를 감안할 때 앞으로도 짧게 순환하는 경기변동이 잦을 것 같다.

다섯 변수로 파악할 수 있는 주가 추세의 전환

그간 우리 경기의 순환주기는 짧았고 경제를 이끄는 주도산업이 자주 바뀌었다. 이 때문에 기업의 이익 부침이 심했고, 기업 발전의 영속성에 대해 의문이 제기되었다. 그 결과 주가의 기복이 컸다. 심한 주가 기복이 각국의 주식에 비해 우리 주식의 PER(주가/1주당순이익)을 낮춘 원인의 하나로 여겨지는데, 짧은 경기순환과 주도산업의 잦은 바뀜을 감안하면 향후에도 큰 주가 기복은 잦을 것 같다.

이래서 **주식투자에 있어서 시장의 추세 변화에 대한 빠른 대처가 중요한데, 주가 기복에 대한 대처는 가능할 듯싶다. 이는 주가의 추세 전환 과정에서 다섯 가지 징후가 뚜렷하게 표출되기 때문**이다. 실제로 **2000~20년 중 종합주가지수의 추세 전환은 매번 다섯 변수에 의해 만들어졌고, 예시**(豫示)**되었다.**

다섯 변수란 성장률, 상장사 이익, 고객예탁금, 주가의 기술적 추이(주가행태), **종목 매매행태**(종목선정기준)**를 지칭**하는데, 종합주가지수의 상승/하락 전환은 성장률, 상장사 이익, 고객예탁금 세 변수의 바닥/정점의 전후에서 이루어졌다. 세 변수의 회복/악화에 따라 주가가 상승/하락한 것이다. 또 바닥/정점권에서 주가는 늘 정형화된 몇 개의 주가모형과 습성(주가의 기술적 행태)을 표출했다. 주가 자체가 주가의 추세 전환을 예시했던 것이다. 종목선정기준은 주가 바닥권의 경우 보수적이었다. 반면 주가 정점권에서는 종목선정기준을 설정하기 어려워 짧은 순환매가 주류를 이루었다.

이런 다섯 양상이 주가의 정·저점 징후인데, 2020년의 주가 상승 과정도, 2021년 주가의 상승멈춤/하락 과정도 다섯 변수가 주가의 추세 전환을 유발하고 예시했다. 이 같은 **주가의 정·저점에서 다섯 변수의 행태 반복을 감안하면 향후 주가 기복에 대한 대처는 가능할 것 같다.** 성장률과 기업 이익은 추정이긴 하지만 파악이 가능하고, 주가행태, 고객예탁금, 종목과 관련된 매매 상황은 항시 확인할 수 있기 때문이다.

반드시 확인해야 할 상장사 전체 이익의 증감 방향

주식투자와 관련하여 조언자의 말은 책임 없는 단순한 제언에 불과하다. 때문에 주식투자는 투자자 홀로 유혹과 사투(死鬪)하는 과정이라 할 수 있는데, 이런 험지(險地)에서 생존하려면 무엇보다 **관심 종목의 이익 상황과 상장사 전체 이익, 그리고 이익의 정·저점 시점을 파악할 필요가 있다.**

주가는 이익에 따라 형성되기 때문에 해당 종목의 이익뿐만 아니라 상장사 전체 이익을 반드시 파악해야 한다. 상장사 전체 이익이 종합주가지수 추이를 결정하고, 개별 종목 주가 추이는 종합주가지수 흐름에서 벗어나지 않기 때문이다. 사실 고객예탁금의 증감과 주가의 기술적 행태도 이익에 대한 반응이고, 재료(예, 무상증자)는 일시적으로 주가 등락을 증폭시키는 촉매일 뿐이다.

이익은 이익 수준과 이익 증감 방향으로 구분할 수 있는데, 주가의 등락 방향은 이익 수준보다 이익 증감 여부를 중시한다. 이래서 주가는 이익 규모가 작아도(커도) 이익이 늘면(줄면) 상승(하락)했다. 2020년 주가는 이익 규모가 작지만 분기 이익의 연속 증가에 힘입어 상승한 사례다. 2021년은 2020년의 상황과 반대되는 경우였다.

금리는 이익과 더불어 주가 형성의 양대 요체인데, 금리 등락과 주가

등락의 방향 간에 연관성은 약하다. 그러나 금리는 그간 이익 증가폭보다 주가 상승폭을 더 확대시켰고, 이익 감소폭보다 주가 하락을 덜하게 했다. 금리와 주가 등락폭 간 연관성이 높았던 것인데, 이는 금리 수준이 낮기 때문이다. 앞으로도 이런 양태는 이어질 것 같다.

요컨대 **기업의 이익을 중심으로 시장의 상황을 파악·예측하고자 하는 것이 이 책의 핵심**이다. 이 책이 주식투자에 관심을 가진 독자들에게 다소라도 투자 판단에 도움이 되었으면 한다.

이 책의 독자들에게 감사드리며

신성호

목차

■ 프롤로그

제1장 주가는 상식 범위에서 형성된다

제2장　주가의 속성과 그간의 성과

제3장 주가는 이익의 그림자일 뿐

제6장 내 보유 종목은 어떤 부류인가?

주가는
상식 범위에서
형성된다

주가는 상식 범위에서 형성된다

주가는 종종 터무니없이 상승 또는 하락하기도 하지만 **주가 등락의 큰 흐름은 상식의 범위를 크게 벗어나지 않는다.** 때문에 본인의 이해관계를 떠나 (사실 이 부문이 가장 어려운데) 객관적으로 접근한다면 상황을 비교적 정확하게 판단할 수 있다. 실제로 2000~19년 중 주가(종합주가지수 기준)의 정·저점은 늘 성장률, 상장사 순이익(전체 기업), 그리고 고객예탁금 정·저점 내외에서 형성되었다. 즉 경기와 이익, 주식시장 내 자금 사정 추이에 따라 주가가 상승하고 하락했다.

주가의 정·저점 내외에서는 종목선정기준(매매행태)과 주가의 기술적 행태도 늘 유사했다. 주가 흐름 측면에서도 상황 판단이 가능했던 것인데, 주가의 정·저점에서 유사한 주가 행태와 종목선정기준은 욕망과 공포로 인한 과도한 주가 상승(투기) 또는 주가 하락(보수화 성향)에 기인한다.

또한 대다수 종목의 주가 추이는 종합주가지수와 동반 등락했다. 이처럼 주가는 항시 일반적 생각 수준에서 형성되었기에 상식 관점에서 판단하면 주식투자에서 상당한 성과를 얻을 것 같다. 실로 주가의 정·저점 시점에서 나타나는 유사한 다섯 부문의 행태는 2020년 주가의 추세 상승 과정에서, 2021년 주가의 상승 멈춤/하락 과정에서도 발생했다. 이래서 다섯 변수를 중시하는 것이다.

주식투자와 관련한 3대 요체는 이익, 금리, 주가에 대한 기술적 분석 (주가행태)**이다.** 이 중 이익은 주가의 높이뿐만 아니라 주가의 방향을 결정한다. 특히 주가의 방향 설정은 오직 이익만이 배타적으로 수행한다. 금리는 주가 등락폭에 영향을 끼친다. 주가의 기술적 분석은 이익과 금리에 의해 형성되는 주가행태(습성)를 추적하는 과정이다. 이 책에서는 이 세 부문을 각각 별개가 아닌 한 묶음으로 여기고 통합해서 상황을 판단하고자 했다.

주가 추세 변화 초기의 변동폭은 워낙 크다. 때문에 주가의 미래를 여러 갈래로 상상해야 한다. 즉 사전에 향후 경제와 주식시장 여건을 다각도로 검토하는 것이 바람직하다. 그래야 상황 변화에 당황하지 않고 적절하게 대응할 수 있다. 주식 이외의 여러 자산가격의 추이에도 관심을 가져야 한다. 짧은 경기순환으로 인해 상황 변화가 잦고, 장기 주식투자가 반드시 좋은 성과로 귀결되지 않았기 때문이다. 요컨대 주식도 여러 투자 대상 중 하나일 뿐이다. 때문에 대안(代案)으로 주식 이외의 여러 자산의 가격 추이에도 관심을 가질 필요가 있다.

증권제도의 변경이 주가 흐름을 바꾸지 못한다. 경제 흐름만이 주가의 등락을 좌우한다. 때문에 제도로 주가를 상승시키려면 경제 흐름과 관련된 제도를 바꾸어야 한다. 이와 관련 독일(슈뢰더 총리), 브라질(룰라 대통령), 프랑스(마크롱 대통령) 사례가 주목된다. 세 국가의 주가는 본질적인 제도 개혁 이후 엄청나게 상승한 바 있거나 상승 중이다.

평시의 주식투자에서는 상식이 중시된다. 그러나 상승/하락의 막바지 과정에서는 탐욕과 공포로 인해 과도한 주가 등락이 발생한다. 상식을 깜박한 것인데, 이 때문에 파국이 발생한다. 주식투자의 관건은 과도한 주가 등락을 상식선에서 판단하는 것이지 않나 싶다.

1. 주가의 3대 요체

가. 주가의 등락 방향을 결정짓는 이익 증감

예외 없이 이익 증감 방향에 따라 등락한 종합주가지수

이익은 주가에 절대적 영향을 끼친다. 이익은 주가 높이에 상당한 영향을 끼치지만, 그보다 더 중요한 주가 등락 방향에 독점적으로 영향을 끼친다. 부연하면 주가 등락 방향은 금리나 여타 요인이 넘볼 수 없다. 물론 금리나 여타 요인도 주가 등락 방향에 영향을 끼칠 수 있다. 그러나 그런 경우가 발생해도 일시적이다. 주가 등락 방향은 오직 이익만이 배타적으로 영향을 미친다.

이익은 이익 규모와 이익 증감 추이 둘로 나뉘는데, 주가의 등락 방향 설정과 관련해서는 이익 규모보다 이익 증감 추이가 더 중요하다. 즉 주가는 이익 증감 방향에 따라 등락한다.

실제로 2000~20년 중 **종합주가지수 기준 주가는 늘 기업 이익 수준이 아닌 분기 이익 증감 방향에 따라 등락했다. 단적인 사례가 2020년이다.** 2020년 상장사 이익 규모는 예전보다 적었다. 그러나 연이어진 이익 증가(분기 기준)에 따라 종합주가지수가 연신 최고치를 갱신했다. 이처럼 주가는 이익 방향에 따라 등락한다.

통상 종합주가지수의 추세적 상승은 이익 바닥 2개월 전~이익 바닥 시점에서 시작된다. 주가 바닥이 이익 바닥보다 2개월가량 늦게 형성된 적도 있었지만, 이 경우는 빠른 주가 상승으로 뒤늦은 주가 상승을 보상했다. **반면 종합주가지수의 추세적 하락은 기업 이익 정점 2개월 전~이익 정점 1개월 후 사이에 시작됐다.**

또 **각 종목 주가는 종합주가지수**(상장사 전체 이익)**에서 절대적 영향을 받는다.** 이는 개개인의 소속 집단(종합주가지수)에 대한 외부의 인식에 따라 본인(개별종목)이 실체보다 더 좋게 또는 낮게 평가되는 것과 같다. 때문에 상장사 전체 이익 추이를 주시해야 한다.

주가는 이익 증감에 과잉 반응하지만, 결국 상식 범위 내로 수렴

이익과 주가 간 관계가 종종 부정되기도 한다. 주가 등락이 과도하기 때문이다. 실로 이익이 증가하면, 특히 상장사 전체 이익이 연이어 늘면 이익 증가를 과신해서 주가가 지나치게 상승하곤 한다. 이 과정에서 종목별로는 해당 기업 이익 대비 엄청 상승하기도 했다.

　반면 이익 감소 과정에서는 주가가 과도하게 폭락하기도 했다. 이처럼 **이익 대비 주가의 고평가/저평가 경우가 적지 않았다. 이 때문에 주가와 이익 간 관계가 부정되는 경향이 없지 않다.**

　그러나 **시간이 경과되어 이익 정·저점 시점이 다가오면 과도한 주가 등락은 시정된다.** 그간 지나치게 상승한 종목의 주가는 이익 정점 전후(前後)에서부터 이익 수준이 높아도 하락한다. 특히 투기 덕에 급등(대체로 테마에 편승해서 상승)한 종목은 상장사 전체 이익이 감소하면 급락한다. 투기도 상장사 전체 이익 증가 기간에 가능한 것이지, 상장사 전체 이익이 여의치 않으면 발생하기 어렵다. 반면, 이익 감소를 지나치게 우려해서 폭락했던 종목의 주가는 이익 감소가 진정되면 상당히 반등한다.

　정리하면 **주가는 등락 과정에서 늘 과잉 반응하지만, 이익 정·저점 전후에서 직전 주가의 과잉 상승·하락을 시정했다. 주가가 이익 방향을 최우선으로 중시했지만 후행적으로 이익 수준을 감안했던 것이다.** 때문에 주가의 투기성(과잉 등락에도)에도 불구하고 큰 틀에서 주가는 늘 상식 범위 내에서 형성되었다고 하겠다.

나. 금리 역할은 주가 상승폭 확대, 하락폭 축소

'돈'의 가격 금리, 현재 역할은 주가 상승을 증폭시키는 촉매

금리 등락이 주가의 방향에 미치는 영향은 적다. 금리 등락으로 인해 주가의 추세적 등락 방향이 바뀌지 않는다는 말이다(3장-3 참조). **금리 등락이 곧바로 기업 이익 증감으로 연결되지 않기 때문이다.** 실제로 이익이 감소하면 금리가 낮아져도 주식은 소외받는다. 금리 하락에도 불구하고 이익 감소가 여전히 부담스럽기 때문이다. 극단적으로는 부도가 발생할 수 있다. 반면 금리가 상승해도 이익이 늘면 주식은 매력적인 투자 대상이다. 늘어난 이익이 금리 상승 부담을 감내할 수 있기 때문이다. 이런 연유로 인해 금리 등락이 주가의 등락 방향에 미치는 영향은 적다.

그러나 금리는 주가 등락폭에 큰 영향을 끼친다(3장-4 참조). **주가가 이익 증가의 정도보다 더 큰 폭으로 상승하고, 이익 감소 정도보다 덜 하락하는 것은 금리 때문이다.** 예컨대 2020년 이익(150종목 기준)은 전년 대비 22% 증가했지만 종합주가지수는 31% 상승했다. 바로 이러한 점이 금리의 힘이다.

부연하면 현재 금리는 상승하든 하락하든 늘 주가에 긍정적이라 하겠다. **1/금리**(원금/이자액) **늑 주가/1주당순이익**(PER)**으로 간주**되는데(3장-4-나, 3장-5-다 참조), 이 관점에서 보면 금리 대비 주가 수준이 워낙 낮기 때문이다. **2021년 주가를 금리로만 평가하면 배 이상 높아야 한다.** 그러나 **주식은 위험 자산이기에 PER 기준에서 볼 때 주가가 금리보다 늘 낮게 형성되었다.** 때문에 주가가 이익 증가 기간에 이익 증가 정도보다 더 상승했고, 이익 감소 기간에는 이익 감소 정도보다 덜 떨어졌다. **정리하면 주가 등락 방향에 금리의 영향은 적지만, 금리는 주가 등락폭에 큰 영향을 끼친다.**

다. 기술적 분석은 주가의 추세 변화 여부를 파악하는 수단

기존 추세를 벗어나는 주가 뒤틀림은 주가 추세의 전환 징조

이익 증감 기간 중 **주가의 등락 기울기는 비교적 일정**하다. 이 과정에서 **추세선과 주가모형(Pattern)이 형성**되는데, 주가 상승과 하락 과정에서 발생되는 주가모형은 몇 개로 정형화되어 있다.

그런데 **통상 상승·하락의 막바지에서 주가의 뒤틀림이 발생한다.** 오를 땐 탐욕과 투기로 인해, 하락할 때는 공포가 막바지 주가 흐름을 격한 상태로 몰아가기 때문이다. 추세적 주가 등락의 중간 진행 단계에서도 일시적으로 작은 주가 뒤틀림 현상이 발생한다.

그 뒤틀림으로 인해 주가가 기존 주가 추세와 주가모형에서 벗어나는데, 이는 주가의 추세 전환(상승에서 하락 또는 하락에서 상승) **징후다.** 또한 상승 종료(하락·정체로 전환) 직전에 상당한 주가 부침(浮沈) 발생도 주가의 습성과 관련하여 특기할 만한 사안이다.

때문에 주가행태나 습성으로도 주가의 추세 전환 여부를 가늠해 볼 수 있다. 특히 **기업 이익**(이익 예상치 기준)**과 추세선**(또는 주가모형 분석)**을 동시에 감안하면 주가 등락 방향의 전환 여부에 대한 확신이 높아진다.** 이 책에서는 두 부문을 항시 동시에 고려했다.

주가모형이나 추세선을 적용하기 어려운 경우도 있다. 이럴 때는 상기 방법을 적용하지 않아야 한다. 한편 기술적 방법은 추세선과 모형 분석 외에도 많지만, **개인적으로는 추세선과 모형 분석을 추천한다.** 작성이 쉽고 해석도 명확하기 때문이다.

추세선은 로그 차트(Log Chart)로 살펴야 하는데, 로그 차트는 대부분의 증권사가 주가 차트에서 제공한다. 기술적 모형과 관련한 세부 사안은 제2장~제6장의 사례를 참고했으면 한다.

2. 상식적이고 단순한 주식투자 기준

가. 주식투자를 할 때와 멈출 때

이해관계자로부터 얻는 정보의 신뢰성은 낮을 수도 있어

개인투자자는 다양한 곳에서 투자 정보를 얻지만, 대체로 자료의 출처는 주식 관련 이해관계자로부터 얻는다. 그런데 **주식 관련 이해관계자로부터 '주가가 부담스럽다'라는 견해를 좀처럼 듣기 어렵다.** 이는 식당 주인한테 '우리 식당 음식은 맛이 없어요'라는 말을 듣지 못하는 것과 같다.

요컨대 이해관계자가 제공하는 투자 정보는 통상 주가 상승으로 귀결되는데, 그러나 일부 자료의 경우 미흡한 점이 적지 않다. 험난한 중간 과정은 쏙 빠지고 그냥 그렇게 된다는 것인데, 듣는 쪽은 화자(話者)의 화려한 언변과 수사(修辭)에 압도되어 그럴 것으로 믿는다. 이러한 사실 때문에 듣고 싶은 얘기만 듣고 보았을 수 있다.

이래서 주가는 버티면 상승한다고 여기는 쪽도 적지 않다. 특히 주가가 상당 기간 큰 폭으로 상승한 이후라면 이러한 경향이 심해진다. 주가 상승에 매몰되어 그간의 주가 상승을 향후 전망으로 여기는 것인데, 이는 본인 재산을 운에 맡기는 것과 같다. 우리 경제의 짧은 경기순환, 큰 주가 기복, 신통치 않았던 장기투자 결과(1장-6 참조)가 조만간 바뀔 것 같지 않기 때문인데, 혹시 본인 자산운용을 위임할 경우에는 운용자와 해당 조직의 장기간 실적을 확인해야 한다.

주식투자는 본인 판단으로 해야 한다는 것인데, 사실 개인도 몇 부문만 파악하면 본인 주도로 수월하게 주식투자를 할 수 있다. 주가 등락 정도는 투기성이 짙지만 주가의 추세 전환 과정은 상식 범위를 넘어서지 않기 때문이다.

주식투자 시작은 성장률과 이익 바닥 내외에서부터

주식투자는 세 단계를 거친다. 첫째는 주식시장 전반에 대한 판단, 둘째는 종목선정과 해당 종목에 대한 기대 손익 추정, 셋째는 포트폴리오인데, **이 셋 중 주식시장 전반과 관련한 전망이 가장 중요하다. 종합주가지수 등락에 따라 대부분의 종목이 동반 등락하기 때문이다.**

종합주가지수의 추세적 등락 여부와 관련해서는 성장률, 상장사 순이익, 고객예탁금, 주가의 기술적 행태, 종목선정기준 등 다섯 부문만 살피면 된다. 이 중에서도 핵심은 이익과 성장률이다. 나머지 세 변수는 이익 추이에 따라 부수적으로 형성되는 사안이다.

먼저, 주가의 하락멈춤/상승전환(주가 바닥) 경우를 살펴본다(5장-2 참조). 2000년 이후 8회에 걸쳐 성장률과 고객예탁금 바닥은 대체로 주가 바닥을 선행하거나 동행했다. 상장사 순이익은 주가 바닥과 동행 내지 약간 후행했다. **세 변수가 긍정적으로 돌아서는데 따라 주가가 바닥을 형성하거나 상승했던 것이다.**

세 변수의 상황이 호전되면 주가 추이(주가의 기술적 행태)**도 하락 추세**(하락 추세대 또는 하락 확산모형)**에서 벗어난다.** 그 이후에는 박스권(box권, 일정한 범위 내에서 주가 등락이 반복되는 상황) 형성(주가 답보)/상승추세로 전환 과정을 밟는다. 당시 종목선정기준은 그간 큰 폭의 하락 여파로 인해 보수적이었다.

다섯 요인에 의해 주가가 상승으로 반전하면 정점에 도달할 때까지 투자자가 할 사안은 종목선정기준의 변화 과정만 파악하면 된다. 이 부문은 뒤의 '나' 종목선정 과정에서 다룬다.

성장률과 이익 정점 내외에서부터는 주식투자를 자제

2000년 이후 주목되는 주가의 하락 전환도 8회 있었다. 주가 정점 형성 과정에서 성장률과 고객예탁금 정점은 대체로 주가 정점을 선행했지만, 성장률 정점의 경우 주가 정점 대비 상당히 선행한 경우가 많았다. **성장률 정점이 다가올 주가 정점을 예고한 셈이다.**

상장사 순이익 정점은 주가 정점 대비 대체로 동행 내지 약간 후행했다. 부연하면 세 변수가 악화되기 시작하면서 **종합주가지수가 정점을 형성하고 하락으로 전환했던 것이다.**

2000년 이후 8회의 주가 정점에서 주가의 기술적 행태도 늘 일정했다. **주가의 하락 전환 징후는 주가의 상승 추세대 또는 상승 쐐기모형에서의 이탈이었다.** 또 두 모형 이후 주가는 대체로 박스권을 형성하곤 했다.

종합주가지수 정점에서 종목 관련 매매행태는 짧은 순환매였다. 매매의 구심점이 없는 것인데 이쯤 되면 주식투자를 자제해야 한다. 그러나 재차 상승할 것이란 기대 때문에 그만 두는 경우는 드물다. 마무리해야 할 때 그렇게 못하는 점이 주식투자에서 가장 어렵다.

■ 종합주가지수의 추세를 결정하는 다섯 요인

상황 \ 요인	주가 바닥 징후 (주가의 상승 전환 시점)	주가 상승 과정 (중간 진행 과정)	주가 정점 징후 (주가의 하락 전환 시점)	비고
성장률	성장률 바닥 4개월 후~성장률 바닥 기간 중에 주가 바닥 형성 **(대체로 성장률 바닥과 주가 바닥은 동행)**		성장률 정점 6개월 후 ~ 성장률 정점 2개월 전에 주가 정점 형성 **(대체로 성장률 정점이 주가 정점을 선행)**	3장-6, 5장 참조
상장사 이익 총계	이익 바닥 2개월 후~이익 바닥 2개월 전에 주가 바닥 형성 **(대체로 이익 바닥 시점 또는 그 이전에 주가 바닥 형성)**	추세적 이익 증가 지속	이익 정점 5개월 후~ 이익 정점 2개월 전에 주가 정점 형성 **(대체로 이익 정점 시점 내지 이익 정점 전에 주가 정점 형성)**	3장-2, 3, 5장 참조
고객 예탁금	감소하던 고객예탁금의 **추세적 증가·정체로 전환**	예탁금 증가 지속	**고객예탁금의 정체·감소**	5장, 1장-9, 10 참조

주가양태 – 주가의 기술적 추이	• **하락추세대에서 이탈 또는 하락확산 모형 형성**
	• **상기 두 모형 이후 두 형태**
	– BOX권 형성(대부분 경우)
	  BOX권 변형 형태도 있음
	  BOX권은 하락모형 내(內)에서부터 형성
	– 하락모형 이후 곧 상승
		• **상승추세대 또는 쐐기모형 형태로 상승**
		확산모형도 발생
		• 주가가 상기 각 모형의 아랫선을 하향 이탈 전까지는 상승 유지로 간주
			• **상승추세대, 쐐기모형 형태로 상승한 주가가 상승 추세 이탈**
			– 드물게 확산모형도 발생
			• **상기(上記) 모형 이후 세 형태**
			– BOX권
			  (2012~16년 사례)
			– BOX권 형성 이후 하락
			– 곧바로 하락
			• **주가 정점 전에 대부분의 경우 상당한 주가 기복 발생**
				5장 6장 참조

종목선정 기준 변화 5단계	• 바닥권(1단계)에서 **종목선정 기준은 보수적** (직전의 주가 폭락 여파)	2단계: PER 낮은 종목 중심으로 선정 3단계: 한국 경제 주도 산업과 그 중의 핵심기업 4단계: 3단계 관련 테마	• 주가 정점권에서는 대응하기 어려운 **짧은 순환매(5단계)** 발생	1장-5. 5장 참조
보 조 지 표 — 환 율	추세적으로 절하되던 원/달러가 절상·안정으로 전환	추세적 원화 절상	추세적으로 절상되던 원/달러가 정체·절하로 전환	
보 조 지 표 — 금 리	주가 등락 방향에 영향 없음 ※ 외국인은 원/달러 절하, 금리 상승 기간에는 대체로 주식 매도			3장-4 참조
보 조 지 표 — 수 출	수출 금액, 증가로 반전	수출 금액, 추세적 증가	수출 금액, 미증·정체·감소	
	※ 우리 수출은 그간 세계적으로 부채가 증가할 때 증가했다 (부채로 유지된 세계 경제)			

한편 성장률과 상장사 이익은 늘 추정되는 사안이다. 특히 주요 연구단체의 성장률 정·저점 추정은 신뢰할 만하다. 상장사 이익 정·저점 추정도 애널리스트가 제대로 분석하면 가능하다. 고객예탁금과 주가의 기술적 행태, 종목선정기준은 즉각 확인되는 사안이다.

주가의 정·저점에서 다섯 변수에 대한 주가의 반응이 항시 유사했고, 다섯 변수의 상황이 파악되는 점을 감안하면 향후 주가의 추세 전환 추정은 가능할 듯싶다. 사실 2021년 1월 이후 주가의 정체·하락도 다섯 부문에 영향을 크게 받았다. 2021년 성장률과 기업 이익 정점은 1분기였고, 1월 이후 고객예탁금은 정체했다. 종합지수는 4월에 상승 추세에서 벗어났고 1분기부터 짧은 순환매가 이어졌다. 2021년에도 예전 종합지수의 정체/하락 과정이 되풀이 된 것이다.

이처럼 다섯 사안의 발생 여부 확인만으로도 주식시장 전반의 상황을 판단할 수 있는데, 아래 표는 앞 페이지 표를 단순화한 것이다. 본인 담당 PB(개인투자상담사)에게 투자 대상 종목의 이익(이익 수준과 이익 정·저점 시점) 뿐만 아니라 다섯 사안을 중점적으로 질의했으면 한다.

■ **다섯 요인 발생 여부로 종합주가지수의 추세 전환 여부를 확인**

상황 / 주가 정점 (하락 전환)	Yes	No	상황 / 주가 바닥 (상승 전환)	Yes	No
성장률 정점 발생 또는 예정			성장률 저점 발생 또는 예정		
상장사 이익 정점 발생 또는 예정			상장사 이익 저점 발생 또는 예정		
고객예탁금 정체·감소			고객예탁금 증가		
주가 정점 관련 주가모형 발생			주가 바닥 관련 주가 모형 발생		
산발적 짧은 순환매매			지극히 보수적인 종목선정기준		

나. 상식선에서 이루어지는 종목선정기준
종목 선정의 초점은 해당 종목과 시장 상황과 부합 여부

개별 종목 주가는 시장 전체 흐름에서 절대적인 영향을 받는다. 물론 종목에 따라서는 종합주가지수 추이와 괴리되기도 한다. 그러나 종합주가지수의 추세적 상승(하락)이 마무리가 된 이후 개별 종목의 상승(하락) 정도는 크지 않다. 큰 의미 없는 등락인데, 종합주가지수와 해당 종목 간 주가 추이의 괴리 기간도 짧다(6장-10, 16 참조). 요컨대 **각 종목의 등락 정도는 이익 증감 정도에 따라 달랐지만**(6장-3 참조), **주가 자체는 종합주가지수와 등락을 같이 했다.**

때문에 **종합주가지수의 상승이 예상되면 무엇보다 보유하고자 하는 종목과 현재의 매매 흐름 간 부합 여부를 살펴야 한다.** 즉 시장 상황을 감안한 종목선정기준인데, 시장에서 A부류가 선호되는데 B부류를 택하면(B의 내용이 좋아도) 성과를 얻기 어렵다.

이런 **종목선정기준은 종합주가지수의 추세적 상승 과정에서 다섯 번가량 바뀌는데**(1장-5 참조), **매매 기준 변화는 상식 범위에서 이루어진다. 첫 단계 종목선정기준(**당시 상장사 이익과 종합주가지수는 바닥권**)은 직전의 장기간 하락 여파 때문에 방어적이다.** 즉 종목 선정이 보수적으로 이루어진다.

둘째 단계에서는 상대적으로 낮은 PER(주가/1주당순이익**) 종목이 중시된다.** 즉 이익 대비 낮은 주가의 종목이 선호된다. 주식시장 전반이 상승으로 전환했고 이익 증가도 가시화되었지만 직전의 하락 여파가 이때도 의식되기 때문이다.

셋째 단계에서는 우리 경제를 이끄는 중추 산업 내의 핵심 종목이 주목된다. 이때부터 종목선정기준이 향후 이익의 증가 여부를 중시하는 미래 지향적으로 바뀌는데, 이는 그간 상장사 이익 증가와 주가 상승이 상당 기간 이어진 데 따라 향후 주가 상승에 대한 믿음이 두터워졌기 때문이다.

넷째 단계에서는 중추 산업과 관련된 테마 주식이 주목되는데, 이때부터 투기가 성행한다. 대담해진 것인데 포커게임에서 여러 번 따면 이를 본인 실력으로 여기는 것과 같다.

다섯째 단계(이익과 주가의 정점권)**에서는 매매 구심점이 없는 짧은 순환매가 이어진다.** 넷째 단계에 이르는 동안 대부분 주식의 주가가 상당히 상승해서 선뜻 매입할 만한 종목이 적기 때문이다. 이처럼 **매매 기준의 변화는 일반적으로 생각할 수 있는 상식선에서 이루어진다.**

한편 PER, PBR(주가/1주당순자산) **등 원론적인 주가 판단 지표는 셋째 단계부터 덜 주목 받는다.** 종목선정기준이 미래 지향적으로 바뀌었기 때문이다. 즉 매매에 투기가 내재되기 시작하면 원론적 판단 기준이 덜 고려되는 것이다.

앞서 **일부 자료의 경우 내용이 미흡**하다 했는데, 이는 첫째, 개별 종목에 큰 영향을 끼치는 종합주가지수 전망에 대한 설명 결여, 둘째, 이익 정·저점을 제시하지 않고 해당 종목을 평가(대체로 긍정적으로 평가하는 경향), 셋째, 주식시장 전반 상황(현재의 상황이 종목선정 5단계 중 어느 단계인지)과 해당 종목 간 부합 여부에 대한 설명 부족, 넷째, 이익 전망치 변화(이익을 추정할 때마다 이익 전망의 상향·하향 여부)에 대한 평가 결여, 다섯째는 이익과 주가의 기술적 추이 간 연관성 결여 때문이다(6장 참조). 거론한 다섯 사안을 고려하면서 외부 의견을 들었으면 한다.

■ 종목선정 관련 파악해야 할 변수

항목		세부 사안	비고
주 요인	해당 종목의 종합지수와 동행 여부	종합지수 등락과 동행하여 등락	• 대다수 종목은 종합지수 등락과 동행

		비(非)동행	• 비동행 기간은 대체로 짧은 편
			 - 비동행 기간 중 주가 등락폭도
			   크지 않은 편
			 - 비동행 기간 중 해당 종목의
			   주가 등락폭이 크면 그 이후 반작용도
			   큰 편

	종합지수
	상승과정 중
	종목선정
	기준 5단계
		• 5단계 과정
		  1단계: 종목선정기준은 지극히 보수적
		  2단계: PER 중심으로 투자
		  3단계: 중추 산업 중에서 핵심 종목 중시
		  4단계: 중추 산업 관련 테마주 형성
		  5단계(마지막 단계): 산발적 순환매
		• 각 단계와 해당 종목의 이익 증감 정도가
		  맞물려 각 종목 등락에 큰 영향을 끼침
			• 1단계 – 직전 주가 폭락에 따른 방어적
			       투자
			• 2단계 – Analyst 의견 중시
			• 3단계 – 투자기준이 미래 지향으로 선회
			• 4단계 – 투기성 장세 발생
			• 5단계 – 이미 대다수 종목이 상승해서
			       매매 구심점 상실
			• 1장- 5, 6장-3 참조

보조
요인
	기술적 추이	추세대 또는 주가모형
		 - 통상 주가는 일정 속도로 등락
		 - 이익 정·저점 시점에서 주가의 추세
		   이탈은 주가 추세의 전환 징후
			• 대체로 일정한 모형을 형성하면서 등락
			• 일정 등락 속도를 벗어난 주가 등락은
			  반작용 유발
			 - 이는 과잉 상승·하락에 따른
			   매도·매수 기회
			• 4장, 6장 참조

		기타 기술적 지표	• 기술적 지표 선택은 분석자의 자유 재량

	유사 종목
	주가 추이
		유사 부류 간 주가 추이 동행
		 - 동일 업종 내 종목 간 주가 등락 동행
		 - 테마로 엮어진 종목 간 주가 등락 동행
			• 유사 종목 간 주가는 대체로 동반 등락
			• 경쟁이 심한 경우 해당 종목 간 주가는
			  반대로 진행
			 - 특정 쪽의 시장점유율 상승은
			   경쟁자를 위협

		해외 유사종목 주가와 동행 (6장-6 참조)	• 핵심 대형주의 경우 국제적으로 동조화하는 경향
	이벤트에 대한 반응	해당 종목에 국한된 이벤트 (1장-13 참조)	• 이벤트의 주가에 영향은 대체로 일시적 예) 증자, 액면분할, 신사업 진출 등

		시장 전반과 관련된 이벤트 (2장-4 참조)	• 시장 기조에 영향을 끼치는 이벤트와
			  일시적 영향(대부분 경우)인 이벤트
			  두 경우로 나뉨

3. 상황 변화 대처를 용이하게 하는 사전의 다양한 상황 검토

향후 주가에 대한 다양한 상상은 위험관리 기반

시합에 임하는 감독은 사전에 각각의 상대팀에 대해 여러 대응책을 검토한다. 또 많은 사람들이 보험에 가입한다. 점(占)도 친다. 이 모두 향후의 불확실성 때문인데 주가의 추이도 자주 바뀐다.

이런 주가의 불확실성 때문에 주식시장에서는 포트폴리오(Portfolio, 여러 주식의 분산 보유)로 불확실한 미래를 대처하라 한다. 그러나 이는 주식시장이 전반적으로 상승한다는 것을 전제로 한 것이기에 미흡하다. 포트폴리오 자체가 손실을 입을 수 있기 때문이다.

불확실한 주가의 미래 대처와 관련하여 가장 그럴 듯한 방법은 주가의 미래를 다각도로 상정하는 것이지 않나 싶다. 즉 현재 주가가 상승(하락)해도 하락(상승) 가능성을 검토하는 것이다. 물론 주가가 그렇게 되는 배경을 살피는 것이다.

사실 주식투자를 하다 보면 그간 상황에 집착하곤 한다. 그간의 상황에 몰입되어 미래를 그간의 연장선에서 보기 때문이다. **그러나 주가의 큰 흐름은 순식간에 바뀐다. 때문에 주식투자에서는 상황이 변할 때 초기 대응이 중요한데**(2장-1, 3 참조), **그간의 상황에 집착하면 실수를 범하기 쉽다.** 실로 상승하던 주가가 하락으로 전환하면 큰 손실을 입는다. 또 주식시장 전반이 상승해도 상황별 투자 기준이 다른데(1장-2-나, 5 참조), 그간의 투자 기준에 연연하면 성과를 얻기 어렵다. 자칫하면 이리저리 끌려 다니다가 상황을 끝낸다.

그러나 **여러 상황과 상황 변화 원인을 사전에 충분히 검토했다면 상황 변화**(1장-2, 5장 참조)**에 빠르게 대응할 수 있다.** 때문에 늘 다양한 시각에서 향후 주식시장의 여건을 검토하는 것이 필요하다.

■ 2020년 3월 이후 상승 속도 유지를 전제로 도출한 2021년 말 주가

- 2020년 3월 이후의 일 단위 기준 상승 속도가 유지되면 2021년 연말 종합주가지수 범위는 5150~6500. 현실적으로 가능할까?

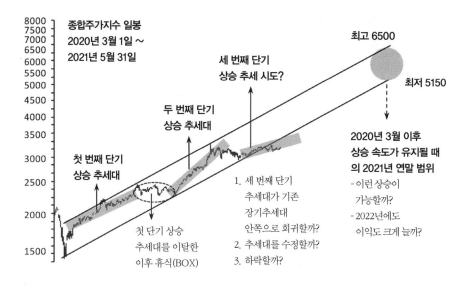

■ 2020년 3월 이후 월 단위 주가 추세 기준 2021년 12월 주가 범위

- 월의 날짜 수 차이로 인해 월 단위와 일 단위 간 예측 차이는 있다.

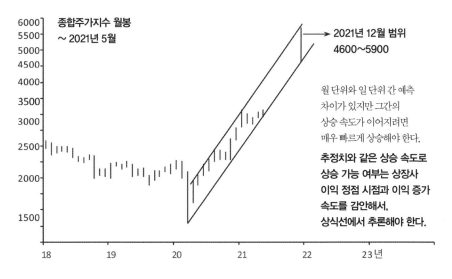

2021년 5월 이후 주가에 대해 여섯 경우를 상정(想定)

주가의 미래와 관련하여 2020년 5월 현재를 사례로 삼고 살펴보고자 한다. **첫째는 2020년 3월 이후의 빠른 주가 상승의 지속을 가정**한다. 앞 페이지 두 그림인데, 2021년 5월 현재 주가는 일일 단위 기준으로 2020년 3월 이후 상승에서 벗어났다. 그러나 월 단위로는 상승을 유지했는데, 그간의 상승 속도 기준으로 주가를 추론하면 2021년 말 종합주가지수는 4600~5900이다(4장-4 참조). 그러나 제시된 수치는 과하지 않나 싶다. 과하다는 것은 기존 주가 상승 속도의 와해는 물론 상승 지속도 담보할 수 없음을 뜻한다.

때문에 여러 상황을 상정해 본다. 우선 2021년 연초 이후 5월까지 주가 흐름이 박스권인데 따라, 이와 연관 지어 **두 번째로는 우측 첫 그림의 A와 같은 박스권 이후 하락을 상정해 본다.** 자주 발생하는 형태다. **세 번째는 가능성은 낮지만 C같은 폭락 상정이다. 네 번째는 일정 범위에서 장기간 등락(박스권) 상정이다.** 우측 첫 그림의 E 국면인 2012~16년 경우가 참고가 된다. 이 과정에서 주가가 일시적으로 직전 고점(2018년 1월 중 최고치)을 하회할 수 있지만, 이는 기술적 측면에서 통상적인 등락 범주내로 볼 수 있다.

다섯째는 D 같은 박스권 이후 상승 상정이다. 문제는 박스권 기간이다. 그 기간이 일정치 않기 때문이다. **여섯째는 B(2003~07년) 같이 주가 기복에도 불구하고 장기간 상승 상정이다.** 기간 B를 구체화한 것이 둘째 그림인데, 당시 주가는 기복을 두 번 겪었지만 큰 구도에서 상승을 이어 갔다. 이상적인 주가 상승 과정이라 하겠다.

이상은 주가 하락, 일정 수준 유지(박스), 재차 상승의 세 경우로 향후 상황을 상정해 본 것이다. 사전(事前)에 향후를 다양하게 상정해 보았다면 주가 추이가 바뀔 때 원만하게 대응할 수 있을 것이다.

■ 상승 추세대를 하향 이탈한 이후의 다섯 상황

- BOX권 이후 하락(A), 폭락(C), 장기 BOX권 형성(E)
- BOX권 이후 재차 상승(D), 장기간 추세 상승(B)

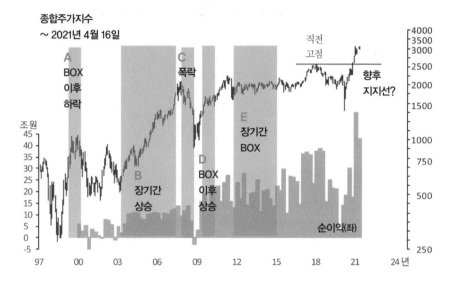

종합주가지수
~ 2021년 4월 16일

■ 두 차례 반락을 거쳤지만 장기간 상승한 2003~2007년 사례

- 해당 기간은 상승모형 셋, 하락모형 둘로 구성(5장-1-나-4 참조)

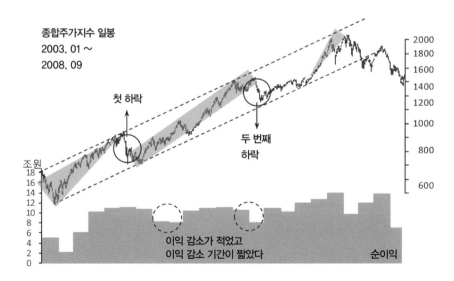

종합주가지수 일봉
2003. 01 ~
2008. 09

우리의 경기확장 기간은 짧다(7장-3-마 참조). 이는 위험에 주식투자의 노출이 적지 않다는 것인데, 때문에 **투자자 각자는 향후 주가에 대한 나름대로 견해를 정립해야 한다.** 이래서 향후 주가 전망을 다각적으로 검토하는 것인데, **여러 갈래로 주가의 미래 상상이란 향후 기업 이익과 금리를 여러 시각에서 검토하는 것을 뜻한다.**

앞 페이지의 **첫 상정인 2020년 3월 이후의 주가 상승 속도의 지속 가정은 장기간 높은 이익 증가와 금리 안정을 예상하는 것이다.** 이익이 증가하면 금리가 상승해도 주가는 상승하지만(3장-4 참조), 금리 상승은 주가 상승 속도를 낮출 수 있다. 때문에 주가가 빠르게 상승하려면 빠른 이익 증가뿐만 아니라 금리 안정이 필요하다.

두 번째 상정인 박스권 이후 주가 하락은 분기 이익의 지속적 정체·감소를 예상하는 것이다. 그림의 기간 A 이후에도 이익이 감소했다. **세 번째 상정인 주가 급락은 이익 급감 또는 세계적 경제 사건의 발생을 가정하는 것이다.** 기간 C가 이에 해당된다. **네 번째 상정인 박스권 주가 예상은 향후 이익 답보를 예상하는 것이다.** 기간 E가 이에 해당된다.

다섯째 상정인 박스권 이후 재차 상승 예상은 향후 이익 증가, 특히 2022년 이익의 상당한 추세적 증가를 가정하는 것인데, 기간 D 이후 이익이 증가했다.

여섯째 상정인 기간 B 같은 장기간 주가의 추세적 상승은 2022년 이후까지 오랫동안 이익의 추세적 증가를 예상하는 것이다. 즉 일시적 이익 부침에 의해 주가가 다소 흔들리지만, 장기간 이익 증가에 따라 오랫동안 추세적 주가 상승을 상정하는 것이다. 사례의 기간 B(2003~07년)는 세계적 골디락스(경기는 활달하고 물가는 안정적인 이상적인 경제 상황을 말함) 기간인데, 향후 여건을 골디락스와 같다고 예상하는 것이다.

■ 주가 상승의 관건은 수출과 이익 증가의 지속 여부

- 전형적 구도는 수출 증가 → 이익 증가 → 주가 상승
- 결국 향후 주가의 관건은 수출의 장기간 추세적 증가 여부

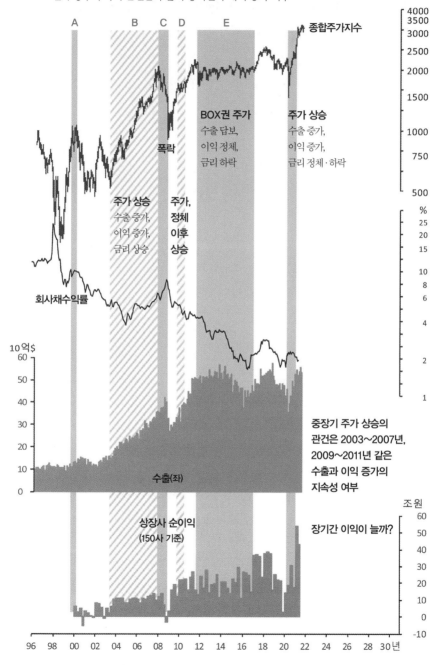

한편 **이익의 미래 추정은 기업 이익 창출의 요체인 수출의 미래에 대한 예측**이라고 할 수 있다. 주가, 이익, 수출을 동일체로 본 것인데, 이는 앞 페이지 그림에서 보듯이 **수출이 추세적으로 증가할 때 기업 이익이 늘었고, 이에 힘입어 주가가 상승했기 때문이다.**

참고로 2021년 수출은 코로나 특수와 기저 효과 덕에 크게 늘었지만, 2012~19년 중 우리의 연평균 수출 증가율은 0%였다. **오래전부터 평상시의 수출은 여의치 않았던 것이다.** 때문에 장기 측면에서는 넉넉하지 않은 수출 입지를 감안해서 주가의 미래를 추정해야 한다.

이상의 **향후 주가 추이와 관련된 논의는 이익 중심으로 이루어졌고, 미국 주가와 금리는 별달리 감안하지 않았다.** 이는 그럴 이유가 있다. 우선 우리와 미국 주가 간 관계인데, 미국 주가가 상승해야 우리 주가도 상승할 여지가 있다. 그러나 우측 첫 그림 같이 **미국 주가 상승이 곧 우리 주가 상승을 뜻하지 않는다.** 음영은 미국 주가 상승 중 우리 주가가 하락 또는 답보한 기간이다. 예컨대 2012~16년 중 미국 주가는 상승했지만 우리 주가는 답보했다(7장-1 참조). **해당 기간 중 우리 기업의 이익이 답보 내지 감소했기 때문이다.** 즉 우리 주가의 상승 여부는 우리 기업의 이익 증가 여부에서 찾아야 하는데, 2021년 1월 중순부터 9월 사이에 미국 주가는 상승했지만 우리 주가는 답보했다. 우리 기업의 이익 정점이 1분기였기 때문이다.

또 둘째 그림에서 보듯 **금리가 상승**(하락)**해도 이익이 증가**(감소)**하면 주가는 상승**(하락·정체)**했다.** 금리는 주가 상승폭을 확대하고 주가의 하락 정도를 낮추지만, 주가 방향과 연계성은 낮았던 것이다(3장-4 참조). 이러한 연유로 인해 금리와 미국 주가를 향후 주가 추이 상정과 연관 짓지 않았다.

■ 미국 주가 상승이 우리와는 별개일 수도 있어

• 음영은 미국 주가 상승 중 우리 주가의 하락·정체 기간

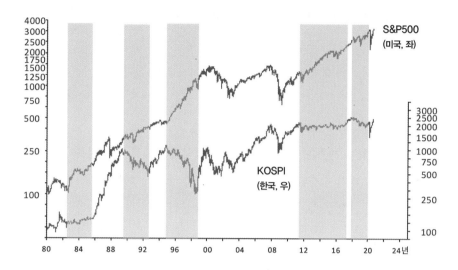

■ 사선의 빗금은 금리 상승 불구, 이익 증가로 인한 주가 상승 기간

• 사선(斜線)으로 된 빗금 기간은 이익 증가 기간

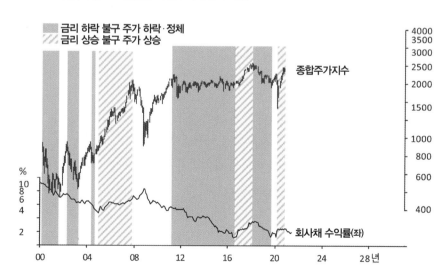

4. 무엇을 호재·악재라 하나?

이익의 추세적 증감 여부가 호재·악재의 가늠자

예기치 않은 돌출 사안을 호재 또는 악재로 여기는 경향이 없지 않다. 그러나 돌출 사안은 대체로 일시적 영향 요인이지 않나 싶다. 물론 돌출 사안(예. 무상증자 또는 신산업 진출 등)도 적지 않은 영향을 끼치지만 그렇게 비중이 있지는 않다(1장-1, 2장-4-가 참조).

실로 **호·악재 기준은 단순하다. 첫째는 이익의 추세적 증감 여부이고, 둘째는 이익 대비 주가의 고(저)평가 여부다.** 즉 장기간 추세적 이익의 증감 가능성이 가장 큰 호·악재다. 주가는 현재부터 이익 정점(저점)까지 추세적으로 상승(하락)할 가능성이 크기 때문이다(5장, 6장 참조). 이 같은 이익 추이에 덧붙여 이익 대비 주가 수준이 낮으면(높으면) 이보다 더 큰 호재(악재)가 없다.

이처럼 호·악재 기준은 단순한데, **문제는 돌출 사안이 호·악재에 대한 판단을 교란시키는 점이다.** 교란 발생은 돌출 사안을 과대평가하기 때문인데, **돌출 사안은 종종 장기간 이익의 추세적 흐름을 지금부터 당장, 그리고 완전히 바꿀 것으로 과장되곤 한다.**

때문에 돌출 사안을 구체적으로 평가해야 한다. 돌출 사안으로 인한 이익의 증감 정도를 수치로, 그리고 이로 인한 영향 기간이 적시되어야 한다. **무엇보다 돌출 사안으로 인한 이익의 추세 변화 여부에 대한 평가가 있어야 한다. 이익의 추세 변화를 유발하지 못하면 돌출 사안은 일시적 주가 등락 요인으로 취급해야 한다.**

예컨대 테슬라는 2021년 1월에 900달러까지 상승했으나 그 이후 600달러 이하로 하락했다. 외신에 따르면 하락 원인은 비트코인 때문이라 한다. 그러나 비트코인이 테슬라 사업에 미치는 영향은 적다.

때문에 당시 테슬라의 하락은 비트코인이 아닌 다른 요인, 특히 테슬라의 향후 이익 전망이었지 않나 싶다. 사실 자동차 업계는 적지 않은 부담을 지녔다. 가장 큰 부담은 자동차 수요 정점이 2017년으로 여겨지는 점이다. 게다가 자동차 사업은 업종을 불문하고 세계적 주요 업체가 참여하고자 한다. 경쟁이 치열해진 것이다.

이런 상황에서 돌출한 비트코인 건이 테슬라의 취약점, 즉 테슬라의 지속적 이익 증가에 대한 의구심을 촉발시켰다. 그러나 다행히 그 이후 테슬라의 향후 이익은 추세적으로 증가할 것으로 평가되었다. 이에 힘입어 2021년 12월 현재 테슬라의 주가는 예전 수준을 넘어섰다. 큰 흐름이 일시적으로 가리어졌지만, 결국 큰 흐름(추세적 이익 증가 가능성)에 따라 주가가 형성된 경우라 하겠다.

실로 **기업의 이익이 증가하면 웬만한 부담 사안은 악재로 여겨지지 않는다.** 예컨대 연평도가 2010년 11월 23일에 폭격을 당했다. 3월 26일 천안함 피격에 이어 재차 남북 간 격한 상황이 발생한 것이다. 그러나 당시 종합주가지수는 이틀에 걸쳐 1% 정도 떨어졌다. 그 이후는 상승세를 이어갔는데 당시는 이익 증가 기간이었다.

1993년 8월 12일에는 금융거래실명제가 전격 발표되었다. 그러나 당시 주가 하락은 이틀간 8.3%에 그쳤고, 그 이후 주가는 추세적 상승을 이어갔다. 또 금융거래실명제는 악재에서 호재로 바뀌었다. 주식시장에서 가장 부담스러워하는 불투명한 부분이 없어졌다는 것인데, 당시도 기업 이익 증가 기간이었다.

세 사례는 모두 긍정적으로 종결된 경우이지만, 통상 주가의 추세적 상승·하락 흐름은 돌출 사안에 구속받지 않았다(흐르는 강물에 던져진 조약돌 파문 정도였다). 실로 주가는 늘 장기 이익 추세, 그리고 경제 상황에 따라 등락해 왔기에 돌출 사안을 과대평가하지 않았으면 한다.

5. 큰 기회의 활용, 순환매매

주식시장 전반이 상승하면 대다수 종목의 주가가 상승하지만 순환매매가 거론된다. 순환매매는 번갈아 상승한다는 개념이다. 이 과정에서 개별 종목은 주도주와 비주도주로 나뉘는데, 순환매매 활용 여하에 따라 성과 차이는 매우 크다.

순환매매는 세 부류인데, 첫째는 우리 경제발전 단계에 따른 순환매매다. 즉 시대적 상황에 따른 산업의 부침과 관련된 주도주의 변화 과정이다. 가장 큰 수익을 내는 기회다. **둘째는 주가 상승 과정에서 투자 기준 변화에 따른 순환매매다. 셋째는 시장 전반의 상승이 애매할 때, 이 종목 저 종목으로 주가 상승을 시도하는 과정에서의 순환매매다.** 첫째와 둘째 경우는 뚜렷한 주도주가 있지만, 셋째 경우의 순환매매는 산발적으로 이루어진다.

당시 기준 성장 산업군에 속한 주식이 주도주로 부각

모든 사업은 생노병사(生老病死)의 과정을 겪는다. 즉 신생기 → 성장기 → 성숙기 → 쇠퇴기로 이어진다. 이는 피할 수 없는데, **주가 측면에서 가장 고무되는 시기는 해당 산업의 성장기이다.**

성장기에는 꿈이 많다. 워낙 빠르게 성장하기 때문이다. 빠른 성장 때문에 언제까지, 얼마나 성장할지 가늠하기 어렵다. 때문에 긍정적 견해 (실은 자료 작성자 본인도 대략 추론할 뿐이다)가 연일 대거 쏟아지는데, 환상적 큰 목소리를 반복해서 들으면 투자자의 마음이 급박해진다. 내용이 그럴듯하기 때문이다.

그 결과 해당 산업 분야 관련 종목의 주가 상승이 크게 이루어진다. 사실 주가의 큰 상승은 상황이 좋긴 하지만 얼마나 좋을지 모를 때 발생한

■ 각 시대별 주력 성장 산업, 당시 주도주

1960년대	경공업, 섬유, 신발, 가발
1970년대	건설, 종합무역상사
1960년대	금융
1990년대	?
99~01년	벤처 태동
02~11년	중화학 공업 - IT, 자동차, 기계, 조선, 화학, 철강 (그 이후 엄청난 고통 경험)
12~20년	반도체, 바이오(?)
향후	반도체, IT 전반, 바이오, 에너지, 환경, 벤처(?), 산업 간 융복합

다. 이와 관련 대표적 사례가 바이오(Bio) 쪽인데, PER 기준으로 볼 때 여러 바이오 종목 주가는 해외업체와 비교하면 상당히 높다. 환상이 그렇게 만든 것인데, 그것 또한 주가의 속성이다.

한편 위의 표에서 거론된 산업은 한때 굉장한 주도주였는데, 각 시대별 주력 산업은 상당 기간 성장기를 유지했다. 그 과정에서 해당 산업에 속한 종목의 주가가 엄청 상승했다. 그러나 성장이 마무리되면 해당 산업 종목의 주가는 여의치 않았다. 1970년대를 좌우한 건설업, 1980년대 중반을 주도한 금융업, 2002~11년에 화려했던 중화학 업종 주가의 그 이후 쇠락이 그 사례다. 쇠락은 국내외 경제와 산업의 기복이 심했기 때문이었다.

정리하면 **경제발전 단계와 연관된 산업은 주도주의 위상을 상당 기간 유지했다. 때문에 향후 경제발전 단계에 부합하는 산업 부류에 대한 투자는 고려할 만하다.** 그러나 주력 산업 역할을 다한 산업에 속한 주식이 다시 주도주로 올라서기는 어렵다. 물론 반등은 이루어진다. 하지만 반등과 추세 상승은 별개다.

주가 상승 과정에서는 투자 기준이 순환, 상승 후반기에는 테마가 순환

2020년에는 주가 상승이 너무 빠르게 진행되었다. 때문에 주가 상승 과정에서 통상 겪는 우측 같은 다섯 단계의 매매 기준 변화 과정이 생략 내지 단축되었다. 하지만 **주가 상승 과정에서는 통상 우측 표와 같은 투자 기준의 순환과정을 밟는다. 이 과정은 부지불식간에 이루어진다.**

이러한 변화는 주가가 상승하면 기존의 잣대로 주가를 설명하기 어렵기 때문이다. 즉 바닥 대비 주가가 상당히 상승했는데, 주가 바닥 시점의 투자 잣대로 종목을 선정하면 매입할 만한 종목이 마땅치 않다. 때문에 투자 기준 변화는 수긍된다. 그러나 시간이 경과되면 여러 이해로 인해 투자가 투기로 변질된다. 모든 투자는 저축 개념에서 시작하지만 투기로 마무리 짓는데, 주식 쪽이 더 심하지 않나 싶다.

첫 단계인 주가 바닥권에서 투자 기준은 안정성이다. 주가 바닥 직전에 주가 하락이 컸던데 따른 반작용 때문이다. 이때는 **가치 주식이 주목**된다. 즉 배당수익률이 높은 종목, 자산 가치가 높은 종목, 현금자산이 많은 종목 등 재무구조가 좋은 종목이 선호된다.

■ 주가 상승 단계별 매매 기준, 주가 상승 후반의 투자기준은 투기화되는 경향

- 주식, 부동산, 채권, Commodity 등 모든 투자 대상의 초기 가격은 합리적 수준에서 형성된다. 그러나 종국에는 투기로 마무리가 일반적이다. 이 때문에 폭등과 폭락이 발생한다.

주가 및 경기진행 단계	투자기준 및 관련 테마	주식시장 내부 및 자금 상황
짧은 순환매 (5단계) - 경기확장 후반기 - 종합지수 상승 말기	매매 구심점 부재 - 이미 각 테마 관련 주식 대부분 상승 때문에 구심점 없는 짧은 순환매 지속 - 일부 테마주가 상당히 상승하나 해당 부문이 주식시장 전체에서 비중은 극히 작은 편	증시로 자금 유입 정체 내지 감소 - 증자, 기업공개 증가로 매물 증가 - 신용공여 여력 부족 - 금리는 상승으로 전환 - **부동산 상승 지속** **(주식보다 매력적)**
주식 투기 만연 (4단계) - 경기확장 지속	투기 만연 - **한국 경제를 이끌 주력 산업 관련 종목 전반으로 매기(買氣) 확산** - 이익 가치로 주가 상승을 설명하기 어려운 상황. 이 때문에 PEG, PSR 등 극단적 투자지표 등장 - 부동산 보유가 많은 저 PBR 종목도 관심	예전보다 증시로 자금 유입 속도 둔화 - 이미 증시로 상당한 자금 유입 - 부동산 등 다른 자산도 상당히 상승 - 금리는 상승으로 전환
주가 상승 확신 (3단계) - 경기확장 지속	PEG 관련 종목 (주가 상승 중/후반) - **당시 기준 한국 경제를 이끌 핵심 기업** - 향후 높은 이익 증가를 감안하면 현재의 높은 PER이 결코 높지 않다는 논리(궤변) 확산	현저한 증시로 자금 유입 - 물량 확보가 용이한 대형주 선호 - 이익증가 종목 선호 현상 정착
주가 상승 시작 (2단계) - 경기회복 가시화 - 기업 이익 증가	PER 관련 종목 (주가 상승 초/중반) - 기업 이익 대비 주가 수준 평가 중시 - 바닥 대비 주가 상승으로 범 PBR 부류 주식의 매력 감퇴, 성장주 부각 시작	빨라지는 증시로 자금 유입 속도 - 대형주와 중/소형주 경합 - 투자기준이 안정성 → 수익성으로 전환 시도 - 성장주 펀드 부각 시작
주가 바닥권 (1단계) - 경기침체 말기 - 이익 감소/정체 - 주가지수는 대체로 BOX권	범 PBR류 (투자 기준은 안정성 중시) - 배당수익률 높은 종목, 낮은 PBR 종목 - 이익 회복 종목, 보유 현금이 많은 종목 - 이익 모멘텀이 큰 종목 - 그간 주가 하락폭이 큰 종목	증시 내로 자금 유입 시작 - 투자 기준은 안정성 중시 - 자금 여력이 협소해서 중/소형주 선호 - 안정형 펀드 선호 - 이 시기 PBR은 극히 낮은 편

둘째 단계에서는 PER(주가/1주당순이익)**이 중심 투자 지표로 자리 잡는다.** 순수 가치주가 상당히 상승했기에 비교적 또는 상대적으로 낮은 PER 부류의 종목이 주목을 받는다. 매매 기준이 바뀐 것인데, 이때까지는 극히 정상적이다.

주가가 더 상승하면 투자 기준은 적극적(다른 말로 투기적)**으로 바뀐다. 이때가 셋째 단계인데, 셋째 단계는 한국 경제를 이끌 핵심 종목에서 시발**(始發)**한다.** 우리 경제를 이끌 기업이란 타이틀이 그럴듯하기에 해당 종목에 매기(買氣)가 몰린다. 이들은 주로 핵심 대형주인데, 이 시기에는 주식시장으로 자금이 대거 유입된다. 때문에 대형주 주가도 빠르게 상승한다. 이 과정에서 투자 기준이 PEG(Price to Earning Growth, 주가이익성장비율, PER/이익증가율)로 바뀐다. 이렇게 투자 기준을 바꾸어 주가가 이익 대비 높아도 높은 이익 증가율을 감안하면 높지 않다고 한다. 그러니까 짧은 기간의 높은 이익 증가율을 지속 가능한 이익 증가율로 포장하는 것이다.

이렇게 되면 핵심 대형주 상승에 편승하는 종목들이 발생한다. 매기의 확산이다. 이들도 성장성을 부풀려 테마를 만드는데, 대체로 **여러 테마가 무리 지어 나타난다. 이 상황이 넷째 단계다.** 이 과정에서 투기 지표가 등장한다. 예컨대 1999~2000년 코스닥 거품 때 대공황 이후 처음으로 PSR(주가/1주당매출액)이 출현했다. 2020년에는 전혀 들어보지 못한 PDR(주가 꿈 비율)이 등장했다. 이런 지표의 역할은 매우 높은 주가를 합리화하는 것이다.

알코올 도수가 높은 술에 마약을 타는 것과 같은 극단적인 편법의 지속 가능성은 낮다. 이익 대비 높은 종목의 주가는 이익이 감소할 때 예외 없이 폭락했기 때문이다. 대표적 사례가 2000년 정점 이후 코스닥지수의 86% 하락이다. 때문에 테마나 투기적 지표로 높은 주가를 합리화하려는 경향이 발생하면 향후 상황을 유의해야 한다.

마지막 상승 과정의 테마 주식은 이삭줍기

우리 경제를 이끌 종목군의 추세적 상승이 마무리되었지만, 그래도 주식 시장 분위기는 뭔가 아쉬워한다. 사실 이쯤 되면 큰 흐름 측면에서 종합 주가지수 상승은 마무리된 상태다. 그러나 아쉬움이 투자자의 발목을 잡는다.

이 때문에 **주식시장에서는 새로운 테마 형성을 시도한다. 이런 양태가 종목선정 관련 다섯 번째 단계다.** 그러나 이미 많은 테마가 있었고, 또 대부분 주식들의 주가가 그간 상당히 올랐다. 때문에 새로운 테마를 만들기는 참으로 어렵다. **혹시 새로운 테마를 만든다 하더라도 주식시장에서 해당 테마가 차지하는 비중은 극히 작다.** 때문에 새로운 테마나 이슈가 종합주가지수를 상승으로 이끌긴 버겁다. 새로운 이슈나 테마는 틈새 시장 정도라 하겠다.

실로 다섯 번째 단계에서는 매수할 만한 종목이 마땅치 않다. 그 결과 매기(買氣)는 이 종목 저 종목을 타진한다. 기존 테마를 재탕, 삼탕 하는 것이다. 그러나 구심점이 없기에 산발적으로 잠시 반짝일 뿐이다. 또한 짧은 순환매 이후 해당 종목의 주가는 대체로 상승 이전 시세로 회귀(하락)한다. 이런 순환매매 과정은 주가 기복만 클 뿐이어서 개인투자자가 감당하기 어렵다. 어찌 보면 다섯 번째 단계는 추수가 끝난 이후 이삭줍기와 같다.

때문에 **주력 성장산업으로 분류되는 종목들의 상승이 마무리되면 미련을 떨쳐야 한다.** 즉 3, 4단계가 마무리되면(3, 4단계는 동시에 발생하기도 한다) 주가 상승의 큰 흐름은 종료되었다고 볼 수 있다. 특히 4단계 또는 5단계 시점에서 상장기업 전체 이익이 정점에 근접(5장-1-가 참조)했거나, 종합주가지수가 그간의 상승 추세에서 벗어났다면(6장-16 참조) 향후 상황을 유의해야 한다.

6. 주식에 장기투자, 글쎄?

가. 생각보다 낮은 2000년 이후 종합주가지수 성과

주식투자 관련 조언 중 하나가 장기투자다. 기간을 길게 잡고 투자하면 성과를 낸다는 것이다. 수험생 시절 한 번쯤 책상머리에 써 붙인 '인내는 쓰지만 결과는 달다'란 구호와 같다.

종합주가지수 기준 2021년 4월 현재까지의 진행은 고진감래(苦盡甘來) 인 듯싶다. IMF 외환위기 시절인 1998년 6월에 277까지 하락했던 종합주가지수가 3000선을 넘었으니 그럴 만하다. 사실 모든 국가의 주가는 극한 상황을 극복해 왔다. 미국의 경우 1929년 381이었던 다우지수가 대공황 여파로 인해 1932년에는 41까지 하락했다. 그 이후에도 IT 거품 후유증, 금융위기, 코로나 등 큰 기복을 겪었다. 장기간 일정 폭 내에서 등락하는 답답한 시절을 겪기도 했다. 그러나 2021년 4월 다우지수는 3만3000을 넘어섰다.

1989년 12월 3만8957에서 2008년 10월에 6994까지 떨어졌던 일본의 니케이225도 2021년 1분기에 3만을 넘어섰다. 이래서 장기투자를 권한다. 특히 적립식 투자로 시차를 두고 주식을 분할 매입하면 위험도 적다고 한다. 이를 시간 포트폴리오라 한다.

그러나 **2000년대 10년간, 2010년대 10년간 우리의 연평균 주가 상승률은 5.1%, 2.7%**인데, 이는 회사채 수익률보다 낮다(2장-2 참조). 또 **2021년 4월 현재 30년간 적립식 투자 수익률도 2.9%**에 그쳤다 (30년간 매월 일정 금액을 종합주가지수에 투자했다고 가정했을 경우의 수익률이다). 주식투자의 위험을 감안할 때 투자자가 이 정도 수익률에 만족할지 의문이다. 물론 향후 주식의 수익률은 그것보다 높을 수 있다.

■ 큰 기복과 장기간 정체를 겪었지만 꾸준히 상승한 종합주가지수

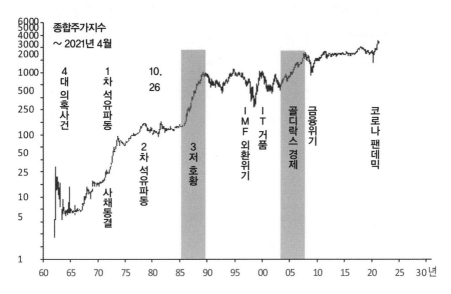

주) 1975년 이전 주가지수는 종합주가지수와 비례해서 작성 (이하 동일)

■ 적립식으로 장기투자 할수록 낮아진 연평균 투자 수익률

• 2021년 4월 현재, 각 기간 별 적립식 투자의 연평균 성과

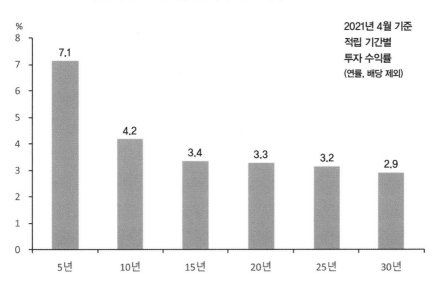

나. 크게 엇갈리는 개별 종목 단위에서 장기투자 성과

개별 종목 단위에서 장기투자 관련 논란은 종합주가지수보다 더 심하다. 물론 삼성전자 등 여러 종목들이 장기간 상당히 상승했다. 그러나 **개별 종목 단위에서 장기투자 위험은 적지 않다.**

첫 그림이 그 사례다. 1980년 연초 100이었던 건설업지수가 2021년 1월 말 현재도 107.2에 불과하다. **종합주가지수가 30배나 상승하는 동안 1970년대를 주도했던 건설주는 제자리걸음**을 한 것이다. 1980년대 후반은 증권주 시대였다. 1986년 2월 76.5이던 증권업지수가 1989년 3월에는 4208이 되었다. 불과 37개월 만에 55배나 상승했다. 그러나 2021년 1월 말 증권업지수는 1905로 종합주가지수가 197% 상승하는 동안 55%나 떨어졌다.

사실 첫 그림에서 보듯 지난 40년간 대다수 업종의 성과가 종합주가지수보다 부진하다. 업종지수가 종합주가지수보다 월등해도 해당 업종 내 특정 종목의 주가 상승으로 인해 해당 업종(예. 삼성전자 상승으로 인한 전기전자업종)이 화려해 보이는 경우도 있다.

종목·업종 단위에서 장기투자가 여의치 않았던 것인데, 둘째 그림도 그 사례다. **시가총액 상위 10종목의 가중평균주가는 2021년 2월 18일 현재 2017년 연초 대비 154% 상승**했다. 반면 **동일 기간 중 종합주가지수는 53% 상승**했다. 시가총액 상위 10종목의 수익률이 종합주가지수 대비 3배가량인 점은 동일 기간 중 **많은 종목의 상승률이 시장 평균에 미달 내지 '마이너스(-)'였다는 것을 의미**한다.

이처럼 개별 종목, 개별 산업의 장기투자 성과는 크게 엇갈린다. 때문에 장기투자를 마냥 좋다고 할 수는 없다. 이러한 연유로 인해 계속 각 종목 단위의 기업 이익 추이를 살펴야 하는 것이다.

■ 업종 단위에서도 주식시장 평균 정도의 성과 성취는 쉽지 않아

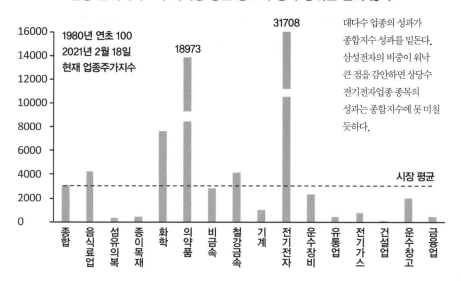

대다수 업종의 성과가 종합지수 성과를 밑돈다. 삼성전자의 비중이 워낙 큰 점을 감안하면 상당수 전기전자업종 종목의 성과는 종합지수에 못 미칠 듯하다.

■ 2017년~2021년 2월 중 시가총액 상위 10 종목은 154%나 상승했지만 종합주가지수(시가총액식 지수) 상승률은 53%에 불과

• 시가총액 상위 종목의 큰 폭 상승은 다른 종목의 부진을 뜻한다.

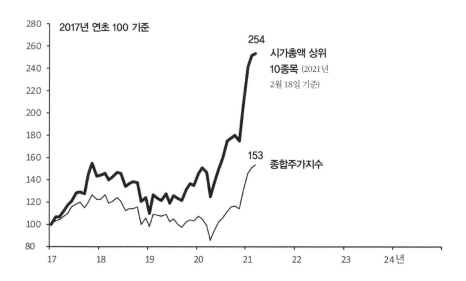

다. 장기투자를 어렵게 하는 기업 간 격한 경쟁

특정 종목에 국한한 장기투자는 상당한 위험을 수반한다. 경제를 주도하는 산업이 빠르게 바뀌고 기업 간 경쟁이 심하기 때문이다. 특히 격한 경쟁 때문에 해당 기업의 생존 여부를 가늠하기 어려워 장기투자가 꺼림칙하다.

경쟁이 붙으면 상대방이 무너질 때까지 한다. '너 죽고 나 살자' 식의 치킨게임(Chicken Game)**이다.** 이런 경쟁이 국가 간 문제로 비화되면 극단적 상황은 끝없이 이어진다. 승부에서 이겨도 한숨 돌리는 순간 새로운 경쟁자가 나타난다. 우측 첫 그림에서 보듯 예전에 모바일 사업이 괜찮다 싶으니 세계적 기업들이 끊임없이 달려들었다.

이런 양태는 지금도 변함없다. 예컨대 테슬라가 자동차업계 판도를 흔들더니 애플도, 심지어 소니도 자동차 산업에 진출을 검토한다. 금융회사도 플랫폼 기업, 유통회사 등으로부터 시달리고 있다. 그래도 그 정도면 다행이다. 극단적인 경우 경쟁으로 인해 모두가 패자(敗者)가 된다. 2020년에 산유국 간 석유 증산 경쟁으로 인해 '마이너스'로까지 떨어진 유가 선물가격이 단적인 사례다.

우여곡절은 겪지만 여하튼 경쟁은 종료된다. 그러나 **승자독식의 기쁨은 소수만 얻는다.** 승자가 소수인 만큼 다수 기업은 패자에 속하거나 현상 유지에 만족해야 한다.

이 때문에 장기투자에서 상당수 투자자의 성과가 여의치 않았다. 이렇게 험난하기에 주식을 장기 보유하면 세제 혜택을 준다 해도 개별 종목의 장기 보유를 꺼려한다.

■ 끊임없는 신규 진입 경쟁으로 인해 부담스런 장기투자

● 모바일 기기 확산으로 IT 산업은 새로운 Value Chain으로 통폐합

● 패러다임 변화는 신규 IT 수요 창출을 위한 창조적 파괴 과정

What's Next?

Apple, 스마트 폰 사업진출	Oracle, 세계 4대 서버업체인 썬마이크로 시스템즈 인수	Google, 모토로라 인수 (이후 레노버가 모토로라 재인수)	Amazon, 킨들파이어 출시
07년 6월	09년 4월	11년 8월	11년 9월

■ 예상하지 못한 경쟁 상대 등장

• 1등 브랜드가 선정한 경쟁 상대

진로 참이슬

저녁 회식 대신 집에서 TV 보기 ➡

평면 TV

동아제약 가그린

구강 청정 기능상품 증가 ➡

자일리톨 껌

CJ 제일제당

입맛 서구화로 다시다 사용하는 한식 소비 감소 ➡

양식 레스토랑

• 금융회사의 새로운 경쟁 상대

플랫폼 기업

지급결제 기능

유통 회사

포인트로 현금 결제

슈퍼마켓 은행인 Tesco Bank 설립

제조 기업

브랜드 인지도를 활용, GE Capital 설립 (GE 전체 매출의 50%. 예전 사례)

자료) 우리투자증권

실로 **패자가 되면 처참해진다.** 첫 그림에서 보듯 **많은 업체들의 상장 폐지가 그 사례인데,** 특히 IMF 외환위기 이후, 금융위기 위기 이후 상장 폐지 회사가 크게 늘었다. 2020년 코로나19 사태는 아직 반영되지 않았는데 코로나19 영향이 어떨지 모르겠다.

패자의 고통이 크다 보니 당장의 강자를 선호하기도 한다. 당장의 강자는 상당 기간 주식시장을 선도해 나갈 가능성이 없지 않기 때문이다. 앞서 거론된 최근 몇 년 간 종합주가지수 대비 대형 우량주의 엄청난 상승이 그 사례일 수 있다. 미국에서도 2020년에는 경쟁력이 높은 대형 우량주가 선호되었다. 이 과정에서 Faang(Facebook, Apple, Amazon, Netflix, Google) 등 주요 대형주 선호 현상이 심화되었는데, 특히 코로나19 팬데믹 이후 더욱 그러했다.

그러나 심한 경쟁에서 안전하다고 여겨지는 종목도 길게 보면 불안에서 벗어나기 어렵다. 실제로 **우량기업도 곧잘 나락에 빠진다.** 둘째 그림이 우량기업이 위기를 만났을 때의 상황을 보여준다. 한때 유망한 미국의 100대 기업이었지만 무탈하게 성장을 지속한 기업은 24%에 불과했다. 또 위기를 겪은 회사 중 회복한 기업은 절반도 안 된다. 이와 관련 짐 콜린스는《Good to Great, 좋은 기업에서 위대한 기업으로》라는 책을 집필했는데, 그 후《위대한 기업은 다 어디로 갔나》라는 책도 썼다. 기업수명은 이처럼 짧다.

근간에는 중국의 핀둬둬는 알리바바를, 미국의 소피파이는 아마존을 뒤쫓고 있다. 조금만 방심하면 뒤집혀지는데, **이런 기복 때문에 우량기업 주식이라도 장기간 보유는 꺼림칙하다. 이래서 지수**(指數, Index) **관련 상품이 장기투자에서는 개별 종목보다 주목받는다.** 지수 관련 상품의 성과는 더디지만, 주식 관련 다른 상품 대비 상대적으로 안정성이 높기 때문이다.

■ 많은 업체가 증권거래소에서 퇴출

- 생각보다 짧은 기업 수명, 때문에 꺼림직한 장기투자

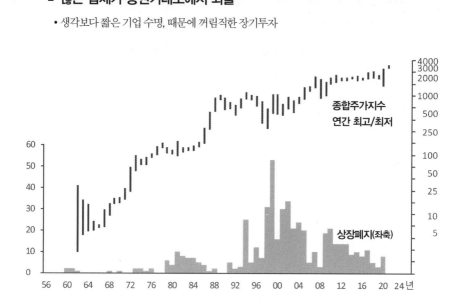

■ 포춘(Fortune) 선정 미국 100대 기업 흥망 (1955~2006년)

- 기업의 영속성은 생각보다 짧은 편

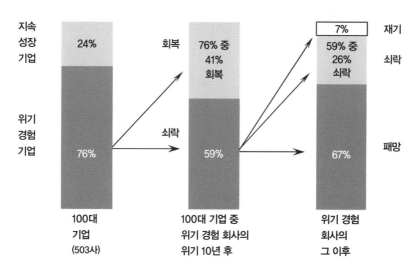

라. 취약한 세계·국내 경제도 주식에 장기투자를 제약

세계적으로 부채가 늘어야 우리 수출이 늘고 주가 상승도 가능

그림에서 보듯이 **2008년 금융위기 이후 세계 경제는 부채에 의존해 왔다.** 부채를 늘려 추세적으로 낮아지는 세계 성장률을 겨우 붙들었는데, 부채 증가가 없었다면 세계 경제는 끔찍했을 것 같다.

이 과정에서 **GDP 대비 세계 부채는 2001년 4분기 190.8%에서 2020년 4분기에 289.4%로 높아졌다.** 특히 2020년에 부채가 무려 44.1%포인트나 늘었다(BIS[국제결제은행]의 43개 국가 기준). 각국이 부채로 복지와 소비를 늘리고 금융위기(2008년)와 코로나19 사태를 막았던 것인데, 부채는 모든 소원을 들어주는 알라딘의 요술램프였다.

그간 **우리 주가는 그림의 음영 기간에서 보듯이 수출이 활발할 때 상승했다. 수출이 늘어나니 상장사 순이익이 증가했고, 이에 힘입어 주가가 상승했던 것이다.** 예컨대 세계적 골디락스 기간 중 우리 수출이 크게 늘었다. 당시 수출은 2003년 1938억 달러에서 2007년에 3714억 달러로 배 가까이 늘었다. 그 기간 중 상장사 순이익도 꾸준히 증가했다. 이에 힘입어 2003년에 512였던 종합주가지수가 2007년에 2085까지 상승했다.

그런데 그림의 음영에서 보듯 **우리의 수출 증가 기간은 세계 부채 증가 기간과 겹친다. 즉 교역 상대 국가에서 부채를 증가시켜 소비를 늘려야 우리의 수출이 늘어나는 구조다.** 참고로 2003~07년의 골디락스 기간에 세계부채/세계GDP는 3.1%포인트 증가에 그쳤다. 그러나 해당 기간 중 미국부채/미국GDP는 198%에서 229%로 31%포인트나 늘었다. 미국 덕에 골디락스가 만들어진 것이다.

■ 세계적으로 부채가 증가할 때 수출이 증가하고 주가도 상승

• 음영 기간(주가상승기간)에 세계적 부채 증가 → 수출 증가 → 기업 이익 증가 → 주가
상승

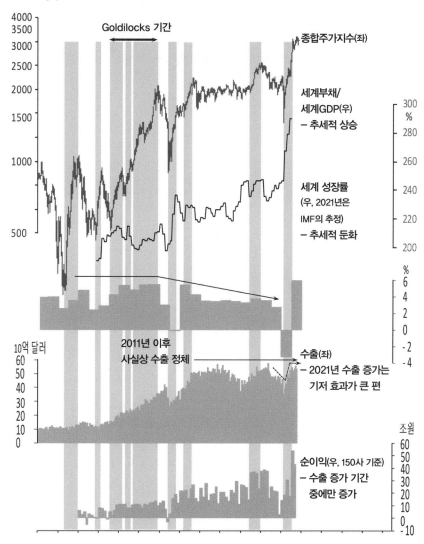

우리 수출에 도움 되는 세계 부채의 증가가 계속 크게 늘까?

세계적 부채 증가가 우리 수출과 주가에 긍정적 영향을 끼쳤기에 향후 **각국 부채의 지속적 증가 여부가 관심사다. 세계적 돈 살포**(각국 부채 증가의 결과물)**로 인한 각국의 경기회복이 각국의 보복 소비를 늘리지만**(우리 수출의 증가 계기)**, 그 효과는 2년가량 지나면 급감하기 때문**이다. 실제로 개도국의 외환위기 이후인 1999년, 2000년에 우리 수출은 각각 10.9%, 20.7%씩 늘었다. 또 금융위기 이후인 2010년, 2011년에도 세계 교역이 회복되면서 수출이 각각 31.4%, 19.3%씩 늘었다.

반면 **보복 소비가 마무리된 2001~02년의 세계 교역 증가율은 0.5%, 3.7%로 2000년 12.4% 대비 대폭 낮아졌다.** 또 금융위기가 진정되면서 **세계적 부채 증가가 정체된 2012~16년 세계 교역 증가율도 2.2~3.9%로 2011년**(금융위기의 종료 시점) **7.1%보다 크게 낮았다.** 이 때문에 당시 우리 수출도 부진했다. 특수(特需)가 없어졌기 때문인데, 국제적으로 큰 이슈가 없었던 2012~19년 중 우리의 연평균 수출 증가율은 0%였다. 해당 기간 중 2017년만 종합주가지수가 반도체 수출 증가에 힘입어 상승했다. 나머지 기간에서 주가는 답보했다. 이러한 점에서 보면 오래 전에 이미 여러 분야에서 수출 입지가 좁아졌다고 하겠다.

때문에 우리 입장에서는 세계적으로 부채가 줄곧 늘어야 한다. 또 부채가 늘어도 크게 늘어야 한다. 우측 그림에서 보듯 2010년대 후반에 부채가 상당히 늘었지만 주가가 상승(수출이 증가)하지 않았는데, 당시 세계 교역 증가율과 세계 성장률이 세계적 부채 증가에도 불구하고 낮았기 때문이었다. 이처럼 부채가 증가했음에도 불구하고 세계 교역이 여의치 않았기에 우리로서는 더 센 강도로 각국 부채가 늘어야 한다.

■ 음영 기간 같이 2010년대 후반에는 부채 증가 불구 주가 답보

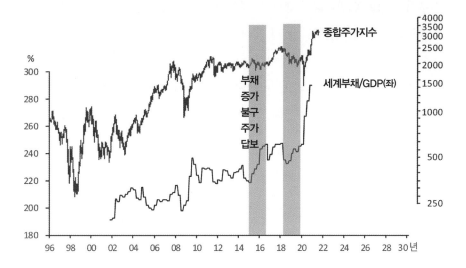

그러나 **각국 부채가 지속적으로 상당히 증가할 수는 없다. 모든 국가 는 국가 경제를 피폐시키는 부채 증가를 경계하기 때문이다.** 우리가 겪 은 IMF 외환위기, 미국 발 금융위기, 2010년대 초반 남유럽 국가 PIIGS 의 고통 모두가 부채 과다에서 유발된 것이다. 그런데 2020년 현재의 부 채 수준은 금융위기 등 예전 각 경제적 사건 발생 당시보다 훨씬 높다. 미국의 GDP 대비 재정적자는 대공황 시절에도 이렇게 크지 않았는데, GDP 대비 부채 규모는 2차 세계대전 시절과 비슷하다.

때문에 2021년 이후 각국은 부채 관리에 나설 것 같은데, 예전에도 급 한 경제 상황이 정리되면 각국 부채 증가는 억제되었다. 예컨대 금융위 기 수습 기간인 2009년 하반기~2015년 중 부채의 추세적 증가는 억 제되었다. **사례를 감안하면 우리 수출의 지속적 증가는 적지 않은 제약 을 받을 듯싶다. 때문에 앞으로도 경기의 짧은 순환은 이어질 듯한데, 이 런 점이 주식의 장기투자를 제약할 것 같다.**

내수 진작을 통한 경기 부양이 가능할까?

경기 활성화와 관련하여 해외 쪽 방안이 마땅치 않으면 국내 쪽에서 돌파구를 마련해야 한다. 그러나 국내 여건은 구조적으로 여의치 않다. 소득이 제약을 받고 있기 때문이다. 첫 그림에서 보듯 **가계소득 증가율이 2000년 초 이래 추세적으로 낮아졌는데, 소득 증가가 낮아지면 소비지출도 줄기 마련**이다. 때문에 **경기부양이 내수 진작을 통해 이루어지기 어려운 구조**라 하겠다.

물론 2021년 소비 증가율은 높을 수 있다. 코로나로 인해 이연된 소비가 표출(보복 소비)되어 2021년 소비 증가율이 높아질 수 있기 때문이다. 이런 경험은 IMF 외환위기 이후인 2000~02년, 그리고 금융위기 이후인 2010년에도 있었다. 그러나 보복 소비의 지속 기간은 2년 내외였다. 때문에 내수로 지속적 경기 안정을 꾀하긴 어렵다고 본다. 사실 내수 활성화는 그간 정치 구호였을 뿐이다.

게다가 우리의 경우 **주택가격 상승이 내수 부양에 부담이 되고 있다. 둘째 그림에서 보듯 주택가격이 상승하면 소비성향이 낮아졌다.** 특히 기간 A, B에서 같이 집값이 빠르게 상승하면 소비성향도 빠르게 하락했다. 주택가격이 상승하니 집값 마련을 위해 소비를 줄인 듯하다. 낮은 소득 증가가 경기부양을 저해하는데, 그 낮은 소득 증가의 상당 부분을 주택가격 상승이 앗아간 것이다. 주택가격 상승이 자산효과(Wealth Effect, 자산가치가 상승하면 소비도 증가하는 효과를 말한다)를 유발하기는커녕 국민경제에 '마이너스'를 유발시킨 셈이다.

정리하면 **장기적으로 수출은 각국의 부채란 장애 요인에 의해, 내수 쪽은 둔화되는 소득 증가로 인해 제약을 받고 있다.** 물론 우리 경제는 이러한 장애물들을 극복하겠지만 그 과정이 순탄하지는 않을 듯싶다. 이래서 **장기간 주식 보유는 많은 고충을 수반한다.**

■ 추세적으로 둔화 중인 소득 증가율

• 소득 증가율 둔화가 소비 둔화(내수부진)를 유발할 수 있다.

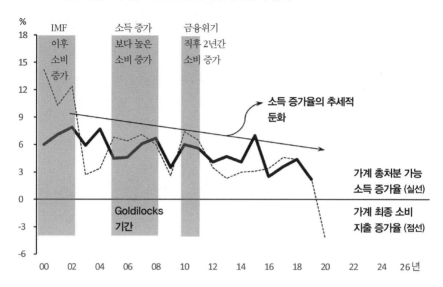

■ 주택가격이 상승할 때 빠르게 하락한 소비성향

• 집값 마련 때문에 소비를 줄여?

• 물론 소비성향 둔화는 주택가격 상승 이외 여러 요인에 기인

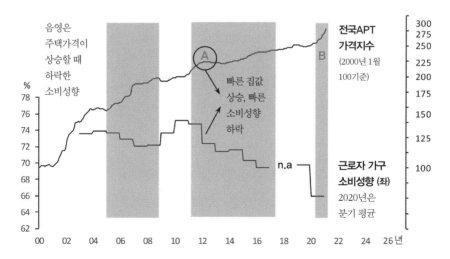

마. 경기 기복을 감안, 자주 점검해야 할 기업 이익 전망

주 관심사는 이익 정·저점 시점과 이익 수준 변화 여부

각국의 부채가 많기에 세계적으로 수출과 관련된 돌출 사안이 종종 발생할 듯하다. 각국 모두가 수출 쪽에서 돌파구를 마련하고자 할 것 같기 때문이다. 사실 **수출은 자국의 실업(失業)을 교역 상대 국가에 전가(轉嫁)하는 것이어서 수출과 관련하여 국가 간 마찰은 적지 않다.** 때문에 향후 거시 경제와 기업 이익의 기복은 클 듯하다.

향후의 경기 기복을 감안하면 기업 이익(기업 이익의 수출의존도는 매우 높은 편**) 전망을 자주 점검해야 한다.** 예측이 자주 바뀌기 때문인데, 다음은 전망치의 변화 사례다. 첫 그림은 2013년부터 2015년 초에 걸친 IMF의 2015년 세계 성장률 전망이다. 첫 예상은 4.4%였는데, 추정할 때마다 낮아져서 실제는 3.2%에 그쳤다. 둘째 그림은 2020년 말과 2021년 2월 말에 예상한 세 회사의 분기별 이익 전망이다. 두 달에 불과하지만 이익 예상이 바뀌었다.

파악해야 할 부문은 **이익 수준 변화와 이익 정·저점**이다. 우선 이익 수준과 관련 사안인데, 이익 수준이 추정할 때마다 상향(하향)되는 종목은 당연히 긍정적(부정적)이다. 주식시장에서는 **이익 전망이 매번 상향(**하향**)되는 종목은 이익 수준이 낮아도(**높아도**) 긍정적(**부정적**)으로 평가**한다.

다음에 점검할 사안은 **이익 정·저점 시점 파악**이다. 통상 주가 추세는 이익 정·저점 전후에서 바뀌기 때문인데, 이익 수준보다 이익 정·저점 전환 시점 파악이 더 중요하다. 특히 상장사 전체 이익 추세의 전환 여부가 가장 중요하다. 경기 기복을 감안하면서 이익 정·저점 시점과 이익 수준 변화를 수시로 점검했으면 한다.

■ 시간이 경과되면서 낮아진 2015년 세계 성장률 전망

• 그림은 전망의 한계를 예시한 사례이다.

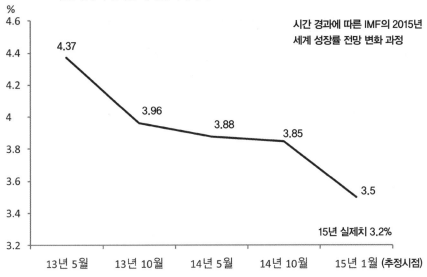

■ 이익 전망은 바뀌기에 자주 점검해야 할 사안

• 2020년 말과 2021년 2월에 추정한 세 회사의 분기별 이익

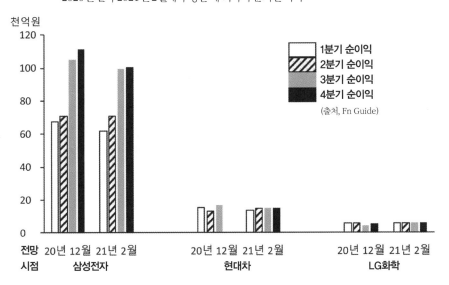

7. 주식 외의 다른 자산도 눈여겨봐야 한다

가. 미국 주가의 장기간 정체 중 급등한 여러 자산가격

미국 주가 기복도 큰 편

주식투자에 매몰되면 주가는 결국 상승한다는 쪽으로 기우는 경향이 없지 않다. 희망을 예측으로 여기고 내 것만 예뻐 보이는 것이다. 그런데 **현실에서 주가의 기복은 크고 투자 대상도 다양하다. 때문에 주식을 투자 대상으로 택하지 않을 수도 있다.** 이래서 주식 이외의 대안(代案)도 검토해야 한다.

미국의 경우를 살펴보자. 미국 주가는 1932년 이후 추세적으로 상승하면서 누적 기준으로 여타 자산보다 큰 성과를 냈지만 그 과정에서 기복이 컸다. 예컨대 S&P500 지수가 2020년 1분기에 코로나19로 인해 35% 떨어졌지만 **코로나19 이전인 2018년 9월~12월에도 20%나 하락**한 바 있다.

또 그림에서 보듯이 하락 빈도도 잦았는데, 이로 인해 미국 주가도 오랫동안 박스권(주가 등락 반복)에 갇히기도 했다. 실제로 1940년 이후 미국 주가는 우측 그림에서와 같이 3차례에 걸쳐 짧게는 5년, 길게는 18년간 정체한 바 있다.

주식도 여러 투자 대상 중 하나에 불과

미국의 주가 하락 기간은 통상 몇 개월, 길어야 2년 안쪽이어서 굳이 대안을 고려하지 않을 수도 있다. 그러나 **주가가 지나치게 상승하면** 후유증도 크고 그 기간도 적지 않기에 **주식 이외의 대안도 고려**해야 한다. 다음 페이지 네 그림의 두 음영이 그 사례다.

■ 추세적으로 상승했지만 짧은 기간에도 크게 하락했던 미국 주가

• 음영은 미국 주가 하락 기간

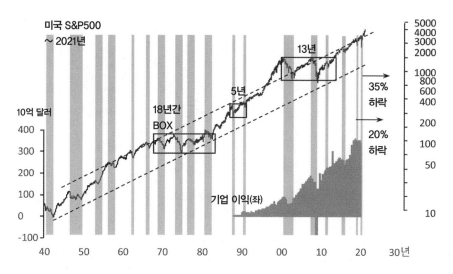

음영은 미국 주가의 장기 답보 기간, 즉 주가가 크게 하락한 이후 예전 최고치를 회복하는 과정인데, 첫 음영은 18년이나 된다. 두 번째 음영의 기간은 S&P500 지수가 2000년 3월의 최고치(장중 최고치 기준)를 2013년 3월에 회복하기까지 13년 과정이다. 그런데 **동일 기간 중 유가**(Commodity 의 상징)**는 272%, 금값은 608%나 상승했다. 주택가격도 46%올랐다. 10년 만기 국채 수익률은 6.0%에서 1.88%로 하락**했다. 장기 채권인 만큼 금리에서 얻는 수익뿐만 아니라, 채권가격에서 발생하는 시세 차익도 컸다. 이런 양태는 첫 음영인 1965~1985년에서도 유사했다.

때문에 주식만을 투자 대상으로 고집할 것은 아닌 듯하다. 특히 투기성 짙은 매매로 인해 주가가 지나치게 상승한 상황이라면 주식 이외 부분에서 대안 찾기에 적극 나서야 한다.

■ 음영의 주가 정체 기간 중 금리는 대폭 하락 (채권 가격 상승)

• 다만 1970년대 금리는 상승

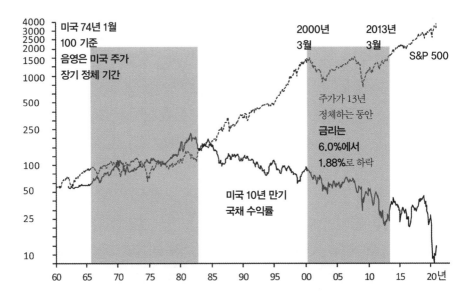

미국 74년 1월
100 기준
음영은 미국 주가
장기 정체 기간

2000년
3월

2013년
3월

S&P 500

주가가 13년
정체하는 동안
금리는
6.0%에서
1.88%로 하락

미국 10년 만기
국채 수익률

■ 음영의 주가 정체 기간 중 금값은 폭등

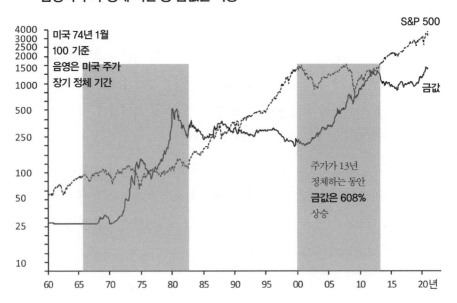

미국 74년 1월
100 기준
음영은 미국 주가
장기 정체 기간

S&P 500

금값

주가가 13년
정체하는 동안
금값은 608%
상승

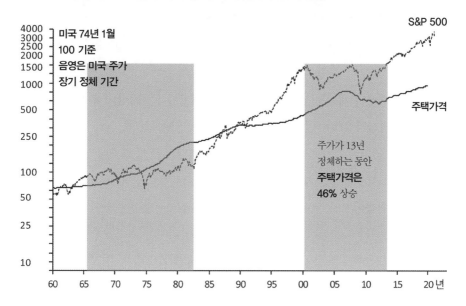

■ 음영의 주가 정체 기간 중 주택가격은 꾸준히 상승

미국 74년 1월
100 기준
음영은 미국 주가
장기 정체 기간

S&P 500

주택가격

주가가 13년
정체하는 동안
주택가격은
46% 상승

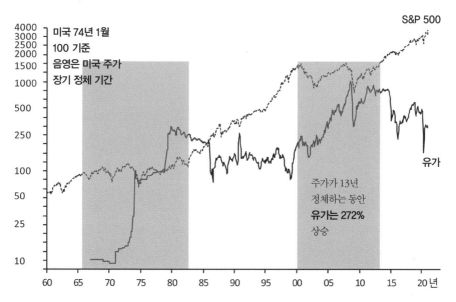

■ 음영의 주가 정체 기간 중 유가는 폭등

미국 74년 1월
100 기준
음영은 미국 주가
장기 정체 기간

S&P 500

유가

주가가 13년
정체하는 동안
유가는 272%
상승

나. 우리 경우도 주가 하락 기간 중 여러 자산이 큰 성과 시현

큰 주가 기복과 짧은 주가 상승 기간 때문에 대안을 고려

우리 자산시장에서도 주식 이외의 대안을 검토해야 한다. 더구나 우리 주가는 미국보다 자주, 그리고 크게 흔들렸기 때문이다(2장-1, 2 참조). 사실 **우리 주가의 제대로 된 상승은 앞서 거론했지만 1980년대 후반의 3저 호황 기간과 2000년대 중반의 골디락스 기간뿐**이었다.

나머지 기간에서 주가 상승은 소소하거나 직전의 주가 폭락에 따른 수치상 주가 상승이었던 경우가 많았다. 100이었던 주가가 50으로 떨어지면 50% 하락이지만, 50까지 떨어졌던 주가가 100으로 반등하면 100% 상승이다.

실로 그간 수치상 주가 상승 또는 손실의 회복 과정을 주가 폭등으로 미화(美化)한 경우도 없지 않았다. 이처럼 주가 기복이 심하기에 주식 이외의 투자 대상도 눈여겨보아야 한다.

심한 기업 이익의 부침 때문에 큰 주가 기복 발생

그간의 심한 주가 기복은 세계 경기 부침에 따라 우리 기업들의 이익 증감 기복이 매우 컸기 때문이다. 단적으로 2017년 133.1조 원(150사 기준)이었던 상장기업 이익이 2019년에 70.7조 원으로 대폭 감소했는데, 2019년 이익은 2010년의 81.6조 원보다 적다.

또 두 반도체 회사를 제외하면 2019년 이익은 46.9조 원으로 줄어든다. 참으로 초라한데, 이 수치는 2007년 40.4조 원(두 반도체 회사 포함 시 48.1조 원)보다 약간 많은 정도에 그친다. 이러한 기업 실적은 세계 경기 흐름에 종속된 우리 경제의 한계라 하겠다.

주식 이외의 투자 대상에서도 높은 수익 발생

그간 우리 주가의 하락·정체 기간은 상승 기간보다 더 길었다. 그런데 주가의 하락·정체 기간 중 여러 자산이 상당한 성과를 냈다. 다음 페이지의 그림이 이를 보여준다.

첫 그림은 채권수익률과 주가 추이인데, 그림의 음영은 주가의 하락·정체 기간이다. 이 기간은 주가 상승 기간보다 엄청 길다. 나머지 그림의 음영은 종합주가지수 하락 기간 중 집값, 부동산, 금값이 수익을 올렸거나 상승한 기간이다.

참고로 1999년 말 100 기준 2020년 12월 현재 주가는 279인데, 서울 아파트 가격과 금값(달러 기준)은 각각 371, 636이었다(2장-2, 3 참조). 때문에 주식만을 투자 대상으로 여길 것은 아니라 하겠다. **상황에 따라서는 주식 외에서 대안을 모색**해야 하겠다.

■ 음영은 주가가 하락·정체할 때 채권 쪽에서 수익을 낸 기간

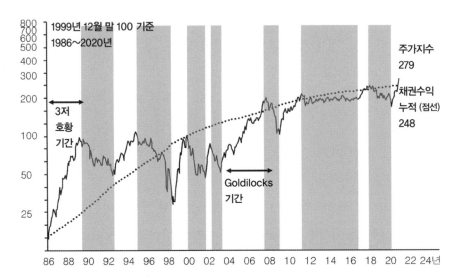

1999년 12월 말 100 기준
1986~2020년

3저 호황 기간

Goldilocks 기간

주가지수 279

채권수익 누적 (점선) 248

■ 음영은 주가가 하락·정체할 때 APT 시세가 상승한 기간

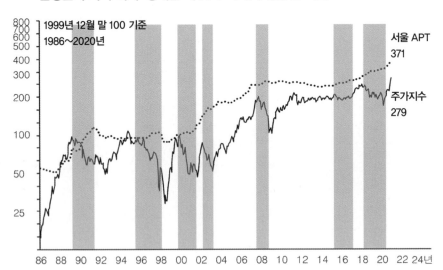

1999년 12월 말 100 기준
1986~2020년

서울 APT 371

주가지수 279

■ 음영은 주가가 하락·정체할 때 금값이 상승한 기간

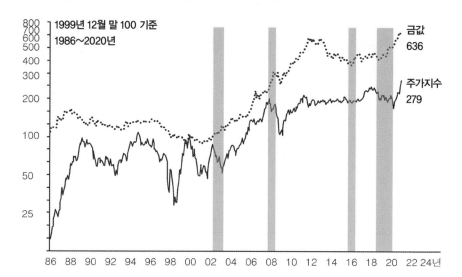

1999년 12월 말 100 기준
1986~2020년

금값
636

주가지수
279

■ 음영은 주가가 하락·정체할 때 부동산 가격이 상승한 기간

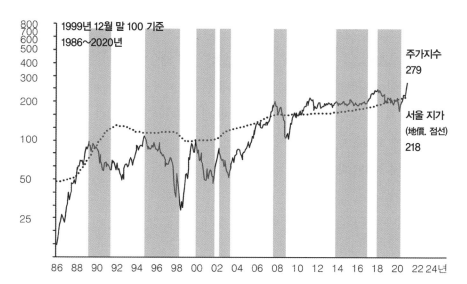

1999년 12월 말 100 기준
1986~2020년

주가지수
279

서울 지가
(地價. 점선)
218

8. 투기는 적당할 때 끝내야 한다

저축 개념에서 시작되는 투자, 곧잘 투기로 변질

모든 경제활동과 관련하여 각자 모두는 이성적으로 생각하고 합리적으로 행동한다고 생각한다. 특히 주식투자에 참여한 당사자들은 본인들이 지극히 합리적이고 정교한 논리에 의거하여 의사결정을 한다고 믿는다. 그러나 그렇지 않는 경우가 발생한다. 그것도 집단적으로, 그리고 종종 발생한다. 실로 이성적이라 할 수 없는 투기(국어사전의 정의는 기회를 엿보아 큰 이익을 얻고자 함) 발생이 잦다.

물론 대중이 처음부터 투기를 하는 것은 아니다. **모든 투자는 저축 개념에서 시작한다.** 예컨대 2019년 4분기부터의 고객예탁금 증가는 금리 하락 때문이었다. 금리가 터무니없이 낮아지자 주식 배당수익률이 금리보다 높아졌다. 이렇게 되면서 시중자금이 주식시장으로 대거 유입되었다.

이는 2015년에 은행의 예금 금리가 2%를 밑돌자 오피스 가격이 상승하기 시작했던 것과 같다. 당시 오피스 임대료 수익률은 은행 금리보다 월등히 높았다(2장-3-나-1 참조). 즉 **금리보다 주식 배당수익률이, 오피스 임대 수입이 월등했기에 주식과 오피스에 투자가 시작되었던 것이다. 이러한 경제 행위는 지극히 정상적이고 또한 상식적이라 할 수 있다.**

그런데 오랫동안 자산가격이 상승하면 투자에 있어 저축 개념은 온데 간데없이 사라진다. 사실 자산가격이 몇 달만 연이어 상승하면 투자는 머니 게임(money game) 즉 투기로 곧잘 변질되곤 한다. 이 같은 투기 발생은 지나치게 낮은 금리 때문이다.

투기가 지속되면 참여자들은 투기를 정상적인 것으로 여긴다. 이미 상황에 매몰되었기 때문이다. 상당수가 투기에 참여하면 **그간 투기에 참여하지 않았던 쪽이 오히려 강박감을 갖는다. 어떻게 해서든 이번 기회를**

활용해야 한다고 생각하는 것이다. 특히 주변에서 주식, 가상화폐, 부동산으로 큰돈을 벌었다 하면 욕망은 더욱 커진다. 이렇게 해서 투기가 대중화 과정을 밟는다.

투기도 상장사 전체 이익 정점 이전에 끝내야

투기는 대중의 관심 분야를 테마성 스토리(story)**로 엮어 유혹한다.** 통상 테마성 스토리의 줄거리는 '이 보약을 복용하면 만병통치, 불로장생을 한다'는 식이다. 얼토당토않기에 평소에는 일고의 가치도 없다고 여긴다. 그러나 묘하게도 **여러 번 반복해서 듣다 보면 세뇌** 당한다. 주입식 선동에 빠져든 것이다. 실로 **스토리는 개인의 이성을 집단 감정으로, 희망을 예측이나 예상으로 만든다.** 스토리가 가상을 현실로 착각시켜 대중을 열광시키는 것이다.

이렇게 해서 만들어진 투기는 강풍을 타고 번지는 산불과 같다. 투기가 발생하면 주가는 폭등하기 마련인데, 이때의 투기는 밤하늘에 수많은 폭죽이 만들어내는 불꽃놀이같이 화려하다. 때문에 투기가 발생하면 동화 같은 현재가 끝없이 미래로 이어질 듯한 환상을 만들어 낸다.

그러나 **종국에 투기는 술래잡기 놀이로 변질되고 잿더미만 남긴다. 사실 투기성 테마의 나쁜 뒤끝을 대다수가 인지하고 있다. 즉 투기가 끝나면 주가가 폭락한다는 것을 다수가 알고 있다.** 예컨대 대선(大選) 관련 테마 주식은 대선 6개월 전에 정리해야 한다고 한다. 해당 주식 관련 이해당사자 모두가 당선자 또는 후보자와 해당 기업 간 무관함을 알기 때문이다. 알고서도 투기에 나선 것이다. 이 때문에 투기를 술래잡기 놀이라 한다.

투기의 허망함을 알지만 투기의 유혹에서 벗어나기란 참으로 어렵다. 사실 말린다 해서 투기를 자제하는 경우는 드물다. 때문에 차선책을 택할 수밖에 없는데, 차선책이란 투기에 참여하되 냉정하게 대처하는 것이다. 냉정의 초점은 투기에 참여하는 시점인데, **상장사 전체 이익 정점 이후에 투기 참여는 금물이다.** 상장사 전체 이익이 여의치 않아져 종합주가지수가 하락하면 투기 거품은 붕괴될 수밖에 없기 때문이다. 실로 이익 감소로 주식시장 전반이 침체하면(5장-1 참조) 모두가 빠져 나갈 기회만 찾는데, 특히 **해당 종목 주가의 큰 추세가 상승 추세대에서 벗어나면 곧바로 주식을 처분해야 한다**(6장-16 참조). 특히 테마 종목의 경우 더욱 그러하다.

이익 정점 이후에 거론되는 테마는 무시해야

상장사 전체 이익이 정점을 지났어도 투기성 테마 주식에 미련을 떨치는 것은 참으로 어렵다. 이미 투기성 테마의 위력을 경험했기 때문인데, **어느 테마이든 스토리는 매우 유혹적**이다. 여기에 덧붙여 '주가는 계속 상승할 것이고, 이번 하락은 주식 매입 기회'라고 유혹자들이 강변하면 유혹에 빠져들기 십상이다.

그러나 민망하게도 이번엔 확실하기에 '빨리 많은 돈을 주식에 투자하세요'라는 유혹자들의 외침은 자주 어긋나곤 한다. 특히 상장사 이익 정점 이후의 테마 주식은 매우 위험하다. 이는 2021년 사례에서도 볼 수 있다. 2021년 순이익 정점(주요 150사 기준)은 1분기인데, 2분기 순이익은 1분기 대비 20.5%가량 감소했다. 이렇게 되자 그간 주식시장 흐름을 이끌어왔던 전기차, 반도체, 바이오 관련 핵심 주식들이 1분기를 기점으로 하락했다. 핵심 주도주가 하락하자 관련 테마에 편승해서 상승한 주식의 상당수가 엄청 떨어졌다. 물론 향후에 추세적 상승을 재차 이루겠지만 2021년 9월 현재까지 상황은 여의치 않았다.

가장 전문가 집단인 애널리스트들의 이익 전망과 실제치 간 격차도 위

■ 이익 추정 대상 종목의 추정치와 실제치 간 격차는 큰 편

• 전문가 견해의 오차도 클 수 있는데 잡다한 견해는 주의해야 한다.

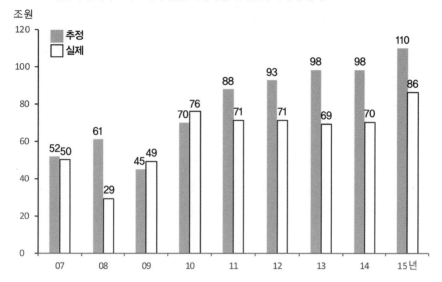

주1) 2014년, 2015년 이익은 2014년 연초에 추정된 수치와 2015년 1월 현재 추정치와 비교
　　(당시 이익 추정 대상 종목에 국한)
주2) 오해를 야기할 수 있어 2015년 사례까지만 예시

그림에서 보듯 컸다. 때문에 이익 정점이 지난 시점에서 담당 애널리스트도 아닌 이해관계자의 테마 관련 얘기를 그대로 믿는 것은 매우 위험하다. 발 뺄을 자리를 보고 눕는다고 한다. **투자도 할 시기와 하지 말아야 할 시기가 있는데, 더더욱 투기인 경우라면 상장사 전체 이익 정점 이전으로 국한해야 한다.**

9. 주식 유통시장으로 자금 유입을 억제하는 주가의 급등

주식 유통시장 자금을 잠식하는 주식 공급 확대

주가 상승이 주식 유통시장으로 자금 유입을 제약하기도 한다. 특히 주가 급등 이후는 더욱 그러한데, **주식 유통시장으로 자금 유입 억제는 주식 공급과 주식 수요 두 측면에서 발생**한다.

주식 공급 측면에서 주식 유통시장 내로 자금 유입 억제는 주가 급등을 활용하는 쪽이 많기 때문이다. **사실 주가 급등을 가장 반기는 쪽은 투자자보다 상장회사 또는 증자 추진 기업이다.** 주가가 급등하면 높은 가격으로 주식 발행(터무니없는 높은 가격의 주식 발행이 잦기에 제도 보완이 필요하다)을 할 수 있기 때문이다. 그 결과 기업주는 적은 규모의 주식 발행으로도 많은 자금을 조달할 수 있다. 또 기업주는 높은 가격으로 기업주 보유 주식의 현금화 기회도 얻는다.

실로 **주가가 급등하면 주식 발행이 엄청 늘어난다.** 우측 그림의 음영은 주식 발행 급증 기간을 보여주는데, 모두 주가 상승 기간이었다. 참고로 2021년 3월 현재까지 주식 발행은 9조 2096억 원이나 된다. 이 규모는 그간 주식 공급이 가장 많았던 1999년(연간 41.1조 원)의 같은 기간 6조 2930억 원을 크게 상회한다. 이 추세가 이어지면 2021년 주식 발행은 1999년 수준을 크게 넘어설 것 같다.

이러한 **주식 공급 증가는 그만큼 주식 유통시장 자금과 유통시장으로 진입될 자금을 잠식한다.** 또 늘어난 주식 공급은 결국 주식 유통시장에서 매물을 늘린다. 게다가 해당 기업에 사전 투자했던 전략적 투자자들의 매물까지 출회하면 매물 압박은 더 커진다. 그래서인지 대규모 주식 공급 이후 주가는 늘 여의치 않았다.

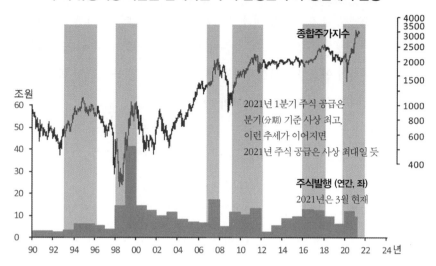

■ 주식 유통시장 자금을 잠식하는 주식 발행은 주가 정점에서 급증

종합주가지수

조 원

2021년 1분기 주식 공급은
분기(分期) 기준 사상 최고.
이런 추세가 이어지면
2021년 주식 공급은 사상 최대일 듯

주식발행 (연간, 좌)
2021년은 3월 현재

'90 92 94 96 98 00 02 04 06 08 10 12 14 16 18 20 22 24년

더 높은 안정성과 수익성 추구로 인해 주식 자금이 이탈할 수 있어

주가가 크게 상승하면 주가 하락 또는 상승세 둔화를 걱정한다. 이 때문에 두 대안(代案)이 거론되면서 주식 수요가 억제되는데, 첫째 대안은 주식보다 안정된 자산의 선택이고, 둘째 대안은 주식보다 더 큰 수익 기대를 제공하는 자산의 선택이다.

주식보다 안정된 자산 선택과 관련하여 대표적 사례가 주택 매입이다. 주택가격은 주식보다 성과가 좋았고 가격 추이도 안정적이기 때문이다. 실제로 2000년 이후 서울 아파트 가격은 주가보다 더 올랐다(1장-7-나 참조).

안정성도 주택이 더 높다. 통상 주가와 주택가격은 상승 과정에서 동행했다. 그러나 집값의 하락 전환은 다음 페이지 첫 그림의 음영에서 보듯 주가의 하락 전환이 이루어진 상당 기간 이후에 발생했다. 주가보다 집값의 늦은 하락 전환은 주택이 주가보다 안정 자산이란 의미를 지닌

다. 특히 2017년 이후 주택가격은 주가의 기복과 달리 줄곧 상승했다. 이처럼 주택은 늘 주식보다 더 선호되는 투자 대상인데, 2021년에도 예전의 주가 답보(하락)·주택 가격 상승이 재현되었다. 때문에 **주가 급등 이후에는 투자의 안정성과 관련하여 주택, 금리 상품 등 안정 자산 쪽으로 개인 자금의 이탈 가능성을 검토해야 한다.**

주식보다 큰 기회를 갖고자 하는 욕망도 주식시장으로 자금 유입을 억제한다. 그 **대표적 대상이 가상화폐**인데, 비트코인 가격은 2011년 8월 ~10월에 10센트였다. 이 비트코인이 2021년 4월 한때 6만4778 달러까지 상승했고, 4월 말 종가는 5만7720 달러를 기록했다. 일시적이었지만 65만 배가량 상승은 2010년 바닥 대비 2021년 4월까지 313% 상승한 미국의 주가지수 S&P500의 상승률을 초라하게 한다. 때문에 향후 주가 상승률이 더딜 것 같으면 일부 투자자들은 투자 대상을 주식에서 가상화폐로 바꿀 것 같다.

정리하면 **주가 급등 이후엔 주식보다 더 높은 안정성과 수익 추구와 관련한 갈등이 발생한다. 이래서 주식시장으로 자금 유입이 위축된다.** 이렇게 되면 그간 시가총액 증가(기업공개, 증자, 주가 상승 등), 즉 매물 압박 증가에 반해 자금 유입 정체라는 난감한 상황에 처하는데, 이로 인해 예전에도 주가가 종종 큰 부담을 받았다. 때문에 **주가 상승 과정에서도 증시로 자금의 지속적 유입 여부를 확인**해야 한다.

참고로 가상화폐 관련 사안을 살펴본다. 둘째 그림에서 보듯이 가상화폐는 여러 차례에 걸쳐 80%가량 하락하기도 했지만 그 큰 기복을 딛고 다시 상승했다. 그 결과 이제는 학습효과가 많이 쌓였다. 가상화폐가 단순 투기 대상이었다면 10년 넘게 관심을 끌기 어렵다. 어쨌든 이제 가상화폐는 투자 대상으로 자리를 잡았는데, 둘째 그림에서 보듯 주가와 비트코인 양자의 추이는 비슷했다.

■ 음영은 주가 하락 기간 중 APT 가격 상승 기간

- 주가가 급등하면 하락 우려도 생긴다. 이 때문에 주식 대신 안정성 높은 주택을 택하는 경우도 있다(주식 자금 유출 요인).

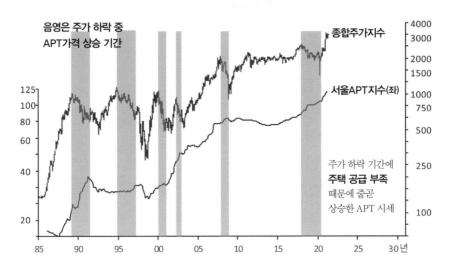

■ 등락 진폭이 큰 가상화폐도 주식시장 자금을 앗아가는 요인

- 음영은 가상화폐 하락 기간

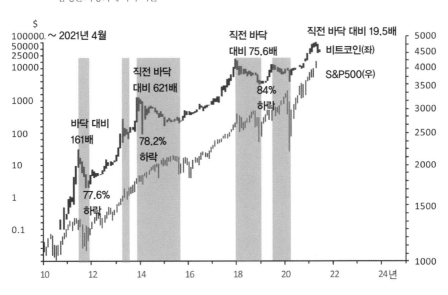

10. 투자 판단에서 고객예탁금을 어디까지 활용해야 할까?

가. 주가와 이익 정·저점을 선행(동행)하는 고객예탁금

고객예탁금 증감은 이익 증감과 주가 등락을 선행

투자 판단과 관련한 지표는 셀 수 없이 많지만 고객예탁금같이 신뢰할 만하고, 간단하고, 이해하기 쉬운 지표는 드물다. 특히 고객예탁금은 매일 발표되기에 수월하게 자료에 접근할 수 있다. 현재 금융투자협회에서 매일 집계해서 발표하고 있다.

2000년 이후 주가의 상승·하락 전환은 8번 있었다. 그런데 이 과정에서 고객예탁금 정·저점은 주가 정·저점과 상장사 이익 정·저점을 늘 선행 내지 동행했는데, 실은 선행한 경우가 많았다. 이 때문에 고객예탁금이 신뢰받는 것이다.

우선 **고객예탁금과 기업 이익 간 연관성이 관심사인데, 두 부문은 궤를 같이 했다.** 그림의 음영 10회는 고객예탁금 증가 기간이다. 반면 여백(餘白)은 고객예탁금 감소·정체 기간이다. 고객예탁금이 증가했던 시기를 음영으로 표시했는데, 결과적으로 **음영 표시의 고객예탁금 증가 기간은 대체로 기업 이익 증가 기간**이었다. 반면 여백 기간 중 기업 이익은 감소·정체했다. 이처럼 고객예탁금과 기업 이익 추이는 동행했다.

물론, **예외는 있다.** 기간 A에서 고객예탁금이 정체·감소했지만 기업 이익은 늘었다. 또 기간 8에서는 고객예탁금이 꾸준히 늘었지만 기업 이익은 시점 B에서만 일시 증가했다. 그러나 이 **두 예외 기간은 전체 기간 대비 짧다.** 짧은 두 예외 기간 때문에 고객예탁금과 기업 이익 추이 간 연관성이 부인되지는 않을 듯싶다.

■ 이익 증감에 따라 증감하는 고객예탁금

- 음영은 고객예탁금 증가 기간
- 고객예탁금과 이익 간 관계에서 일부 예외는 있다.

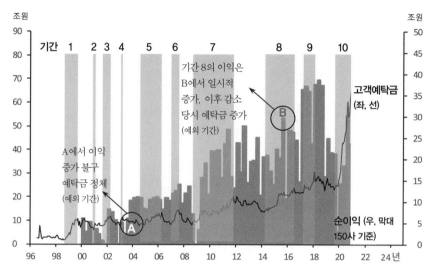

■ 고객예탁금, 주가, 상장사 이익 세 요인의 정·저점

	종합주가지수의 하락 전환				종합주가지수의 상승 전환		
해당 년	예탁금 정점	주가 정점	이익 정점	해당 년	예탁금 정점	주가 정점	이익 정점
2000년	4월 3일	1월 4일	1분기	2000년	11월 24일	10월 31일	4분기
2002년	3월 14일	4월 22일	2분기	2001년	8월 28일	9월 17일	4분기
2004년	4월 29일	4월 23일	2분기	2003년	3월 24일	3월 17일	02년 4분기
2006년	1월 25일	5월 11일	3분기	2004년	7월 20일	8월 4일	4분기
2007년	6월 20일	11월 1일	3분기	2006년	07년 1월 2일	6월 14일	2분기
2011년	4월 19일	5월 2일	2분기	2008년	8월 26일	10월 27일	4분기
2015년	4월 21일	4월 23일	3분기	2015년	8월 5일	8월 24일	4분기
2018년	1월 29일	1월 29일	2분기	2020년	19년 6월 7일	3월 19일	19년 4분기

초점은 **고객예탁금의 이익에 대한 선·후행 시차인데, 대체로 고객예탁금은 이익을 선행하거나 적어도 동행했다.** 고객예탁금 정점, 즉 자금 유출 시작은 이익 정점 즉 주가 하락을 유발하는 이익 감소 시작 시점을 5번 선행했고, 2번은 동행, 1번만 후행했다. 반대로 고객예탁금 저점(자금 유입 시작)은 이익 저점(주가 상승을 유발하는 이익 증가 시작)을 5번 선행했고, 1번 동행, 2번 후행했다.

따라서 **최대 관심사는 고객예탁금과 주가 간 시차 연관성**인데, 주가의 하락 전환(주가 정점 형성) 과정에서 고객예탁금은 앞 페이지 표에서 보듯이 종합주가지수를 4번 선행했고 3번은 동행했다. 1번만 후행했다. 주가의 상승 전환(주가 바닥 형성) 과정에서도 고객예탁금은 주가를 5번 선행, 1번은 동행했다. 2번만 후행했다.

이처럼 고객예탁금은 주가와 기업 이익을 시차적으로 선행했거나 적어도 동행했기에 신뢰받는 것이다. 사실 **고객예탁금의 추세적 증감 여부만 살펴도 주식시장 전반의 상승·하락을 판단**할 수 있다. 예컨대 2021년에도 1월 이후 고객예탁금이 정체했고, 그 이후 종합주가지수는 정체·하락했다. 이처럼 고객예탁금이 예시하는 주가 전망은 단순하지만 명확하다.

한편 주가와 상장사 이익 대비 고객예탁금의 시차적 선행은 개인들의 뛰어난 주가 전망과 이익 증감 추론을 의미한다. 이 같은 개인의 탁월한 추론은 **2020년 말 현재 주식투자 인구가 경제활동 인구의 32%인 910만 명**(2021년에는 1000만 명을 넘어설 듯)이나 되기 때문인 듯하다. 즉 **주식투자자의 상당수가 실물경제 현장에서 근무**하고 있다. 때문에 투자자들은 숫자로 이익을 파악하지 못해도 체감적으로 경기 추이를 빠르게 인지하는 것 같다. 온라인을 통한 개인투자자들의 주식매매는 이유 있는 것이다.

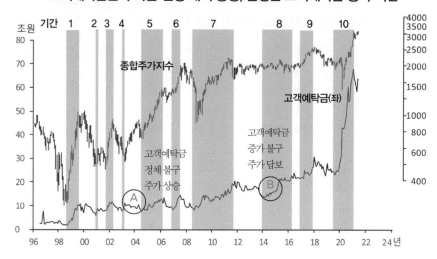

■ 고객예탁금은 주가를 선행 내지 동행, 음영은 고객예탁금 증가 기간

주가는 고객예탁금보다 이익을 더 중시

고객예탁금이 증가하는 음영 기간에 통상 주가는 상승했다. 반면 고객예탁금이 정체·감소한 여백 기간 중 주가는 여의치 않았다.

그러나 위 그림의 **기간 A에서 고객예탁금의 정체·감소에도 불구하고 주가가 상승**했는데, 기간 A는 **이익 증가 기간**이었다. 반면 **기간 B에서는 고객예탁금 증가에도 불구하고 주가가 정체**했는데, 기간 B에서 이익은 앞 페이지 그림 B에서 보듯 일시 증가에 그쳤다. 결국 **주가는 고객예탁금보다 이익을 중시**했던 것이다. 때문에 **고객예탁금과 기업 이익 추이가 엇갈리면 기업 이익 중심으로 주가를 전망해야 한다.**

정리하면 이익 증감(이익 증감은 주가 등락 방향을 설정)과 고객예탁금 증감 간 방향이 일치하지 않는 경우도 있다. 그러나 **고객예탁금은 대부분의 경우 기업 이익 증감을 사전에 인지하고 증감**했다. 때문에 고객예탁금만 지켜보아도 장세를 웬만큼 판단할 것 같다.

나. 자제해야 할 고객예탁금 규모에 대한 과신

2021년 1월은 예탁금 규모 과신에 대한 경고 사례

주식시장으로 돈이 몰리면 주식시장의 제반 상황이 여하튼 주가는 상승한다. 사실 돈으로 밀어붙이면 주가뿐만 아니라 어떠한 자산가격도 상승할 수 있다.

그러나 **고객예탁금이 증가해도 주가 상승이 지나치게 빠르면 주가 상승이 이어지기 어렵다. 주가의 상승 속도가 지나치게 빠르면 주가가 향후 이익 증가를 일찍 또는 과도하게 반영한 것 아닌가 하는 의구심이 발생해서 매물이 급증하기 때문이다.** 부연하면 급증하는 매물을 받아낼 정도로 개인 자금이 빠르게 유입되어야 주가 상승이 유지된다. 그렇지 않으면 주가는 하락·정체한다. 몸무게가 엄청 늘었는데 다리 굵기가 예전과 같다면 몸을 지탱하기 어려운 것과 같다.

주식시장으로 자금 유입이 급증했음에도 불구하고 과도한 주가 상승의 지속이 어려웠던 사례가 2021년 1월에 있었다. 고객예탁금은 2020년 11월 이전에도 크게 늘었지만 11월부터는 엄청 더 늘었다. 새로 유입되는 자금은 통상 매수 일변(주가 상승 요인)이었는데, 이에 덧붙여 2021년 이익 증가 기대와 연말 배당이 2020년 연말의 주가 상승을 빠르게 했다.

때문에 당시 주가는 거침없이 상승했다. 2020년 11월 초부터 2021년 1월 초순까지의 주가 상승 속도는 2020년 3월 말 급락 이후의 급반등 속도와 같았다. 참고로 **2020년 3월 말 이후 2021년 1월 연초까지 연율 기준 상승 속도는 1972년 이후 가장 빨랐다. 또 당시 우리 주가의 상승 속도는 전 세계에서 가장 빨랐는데,** 그림의 시점 C 상황에 이르자 투자자들은 조급해졌다. 주가가 수직 상승하니 주식 없이는 도저히 안 될 것 같은 분위기가 팽배했기 때문이다.

실로 당시의 향후 주가 전망은 2020년 3월 말 이후의 주가 급등 속도,

■ 급격하게 주가가 상승하려면 고객예탁금이 엄청 증가해야 가능

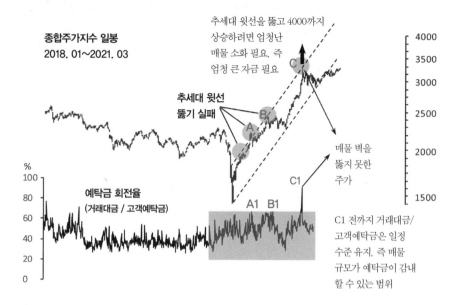

또는 2020년 11월 이후 급등 속도의 연장선에서 다루어졌다. 앞으로도 매우 빠른 주가 상승을 기대한 것이다.

그러나 **2021년 1월 중순 이후 상황이 돌변했다.** 우선, 주가 상승이 정체되었다. 주가 기복도 예전보다 커졌다. 전혀 예기치 않은 상황이 발생한 것이다. 이 때문에 투자자들은 엄청 많은 고객예탁금에도 불구하고 주가 정체를 곤혹스러워했다.

하지만 이런 현상은 자연스러운 것이다. **주가 상승 속도가 너무 빠르다 보니 매물 출회가 늘어났기 때문이다.** (그 이후에 확인되었지만 2021년 1분기가 이익 정점이었다. 때문에 이때 매물 출회는 당연한 것이었다.) 특히 그림의 시점 C 에서 같이 주가가 수직 상승하면 매물은 폭발적으로 늘기 마련인데, 이 때문에 C1에서 보듯 예탁금 회전율(거래대금/고객예탁금)이 엄청 치솟았다. 예탁금 회전율의 급상승은 고객예탁금이 늘었지만 주식시장 내 자금 여력이 매물을 충분히 흡수할 수 없음을 뜻한다. 실제로 C1에서의 **예탁금 회전율은 이전 평균치**(음영 기간) **대비 두 배가량 된다. 예전 대비 매물이 배 이상 늘어난 것이다.** 즉 C에서 주가가 상승 추세대 윗선을 뚫고 상승하려면 고객예탁금이 직전보다 엄청 많아야 했다.

물론 이익이 증가하면 고객예탁금 증가 없이도 주가가 상승할 수 있다. 그러나 사례에서와 같이 주가가 즉각 상승하려면 고객예탁금에 의존해야 하는데, 고객예탁금이 당장 그렇게 늘긴 어렵다. 결국 주가는 1월 중순에 매물 벽을 넘지 못했고, 그 이후 정체했다.

주가가 상승 추세대 윗선을 뚫는 상승 시도는 앞 페이지 그림의 시점 A, B에서도 있었다. 그러나 실패했다. A1, B1에서 예탁금 회전율이 크게 늘었기 때문이다. 부연하면 **시점 A, B에서도 단기적으로는 급증하는 매물 이상으로 고객예탁금이 증가하지 못했기에 주가가 상승 추세대 윗선을 뚫지 못했다.** 추세대 윗선을 뚫지 못하자 A, B에서도 주가는 횡보했다. 때문에 고객예탁금이 늘어도 주가 상승 속도가 지나치게 빠르면 경계해야 한다. 여기서 '**지나치게 빠르다**'란 기준에 대해 논란이 있을 듯하다. 이 부문은 **주가행태의 기술적 측면**에서 다루었다(4장, 6장 참조).

어찌 보면 주가 상승은 자전거로 길고 가파른 고갯길을 올라가는 것과 같다. 길고 가파른 고갯길을 넘어가려면 자전거의 성능(기업 이익)과 사람의 힘(고객예탁금) 모두가 좋아야 한다. 그러나 자전거 성능이 좋아도 초반에 힘을 너무 소진하면 지구력이 딸린다. 주가행태도 이와 유사하다. 때문에 주가가 너무 빠르게 상승하면 고객예탁금 규모를 과신하지 않아야 한다.

**주가가 급격하게
상승하려면 고객예탁금이
지속적으로 엄청 증가해야
가능할 듯**

길고 가파른 고갯길을 기술(**기업 이익 증가**)없이
힘(**고객예탁금**)만으로 오르려면 고되다.
특히 고갯길을 오를수록
엄청 더 많은 힘(**자금**)이 필요하다.
고갯길을 오를수록 힘이 빠르게 소진되기 때문이다.
**(높아진 가격에 대한 부담과 매물 증가로 인해
매수 여력의 상대적 위축)**

11. 증권 제도가 변경되어도 주가 흐름은 바뀌지 않는다

공매도 또는 국민연금의 주식 보유 규모와 관련하여 주식시장에서 제도 변경이 한 때 큰 관심을 끌었다. 그러나 그간 사례로 보면 **증권 제도와 주가 간 연관성은 약하다.**

물론 증권 제도 개선이 큰 주가 상승으로 연결되기도 했고, 여의치 않은 주식시장의 여건에도 불구하고 주가가 상승한 적도 있다. 그러나 후자의 경우는 일시적이었을 뿐 제도가 취약한 주가 흐름을 추세적 상승으로 바꾸지 못했다. 제도 변경 관련 주가가 상당히 상승했던 전자의 경우 당시 주식시장 여건이 좋았다. 즉 제도 변경이 주가 상승폭을 확대했을 뿐이었지, 제도 변경 때문에 주가가 상승한 것 같지 않다. 증권 제도의 변경과 주가의 큰 흐름 간 연계는 자제해야 한다.

미국의 401K 도입 당시 이미 마련된 주가 상승 여건

제도 개선과 관련하여 가장 많이 거론되는 사례는 미국의 401K이다. 미국에서는 퇴직연금 운용과 관련하여 여러 혜택을 부여한 401K란 제도를 1978년에 도입했다. 그런데 종종 401K란 제도로 인해 주가가 상승했다고 여겨지는데, 이는 과장된 것이다.

물론 주가가 401K 덕을 보았다. 그러나 **1980대 미국의 주가 상승은 1981년 이후 지속적인 금리 하락과 기업의 이익 증가에 기인**한다. 당시는 금리 하락 때문에 금리 상품에 대한 관심이 예전보다 적어졌다. 이러한 가운데 기업 이익이 증가하니 투자자들의 관심이 주식 쪽으로 쏠렸다. 이미 **주가 상승 여건이 마련되었기에 퇴직연금 자금이 주식시장에 유입될 수 있는 상황이었다. 이때 401K가 퇴직연금 자금의 주식시장 유입을 좀 더 촉진했을 뿐이었다.**

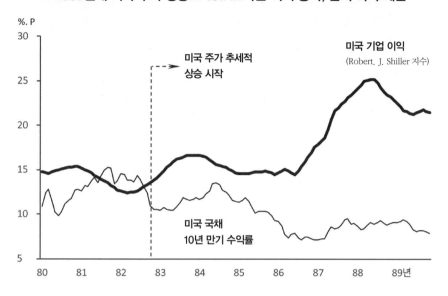

■ 1980년대 미국 주가 상승도 401K보다는 이익 증가, 금리 하락 때문

%. P

미국 주가 추세적
상승 시작

미국 기업 이익
(Robert. J. Shiller 지수)

미국 국채
10년 만기 수익률

80 81 82 83 84 85 86 87 88 89년

우리 주가도 제도 변경 때문이 아닌 경제 환경에 따라 등락

우리 주식시장도 제도 덕을 본 적이 있다. **1972년 8.3 사채동결**(私債凍結)**과 후속 조치인 1973년 1월에 시행된 자본시장육성 관련 법률**이 그 사례이다.

　정부는 1972년 8월 3일 기업과 사채권자 간 기존의 채권·채무관계를 무효화하고 당시 기업들이 부담하는 월평균 사채금리(가중평균) 3.84%를 월 1.35%로 낮추었다. 자금 상환은 3년 거치 5년 분할로 상환하도록 했다. 위장 사채는 자본금으로 강제 전환시켰고, 2000억 원가량의 단기 대출을 장기 저리 대출로 전환시켜 주었다. 신고된 사채는 3456억 원으로 당시 통화량의 80%, 국내 여신의 34%에 해당하는 엄청난 금액이었다.

　8.3 조치의 효과는 매우 컸다. 1970년 8.8%이던 기업의 생산비 중 금융비용 비중이 1973년에 4.4%로 떨어졌고 기업 이익률은 평균 이자

율보다 높아졌다. 1971년 3분기에 0.2%이던 성장률(전기 대비)은 사채 동결 이후 크게 높아져 1973년 3분기(1차 석유파동 직전)에는 5.1%(전년 동기 대비로는 18.3%)나 되었다.

이렇게 **주식시장 여건이 탄탄하게 다져진 가운데, 1973년 1월에 시행된 기업공개촉진법은 자본시장과 관련하여 여러 호의적인 내용**을 담고 있었다. 당시 정부는 주식시장을 활용하여 시중자금을 산업자금화하고자 했기 때문이다.

경기가 빠르게 좋아지는 가운데 제도마저 주식시장에 호의적이니 당시 주가는 빠르게 상승했다. 그 결과 종합주가지수는 1972년 1월 23.5에서 1972년 연말에는 59까지 상승했고, 1차 석유파동 직전인 1973년 8월에는 95까지 상승했다. 이 관점에서 보면 **주가 상승의 선(先) 요인은 기업 환경 개선이고, 후(後)요인은 주식 관련 제도 개선**이라 하겠다.

주가에 전혀 영향을 못 끼친 1987~92년의 제도 변경

3저(低) 호황기인 1987~88년에 주가 상승은 엄청나서 농부도 소와 밭을 팔아서 주식을 매입하고자 했다. 이 때문에 당시 정부는 주가 상승이 지나치다고 보고 주식 수요를 억제했다. 주식 매입 증거금율과 신용 담보 비율 인상, 기관투자자의 주식 매입 자제 등 여러 조치가 있었다. 그러나 **1987년, 1988년 종합주가지수는 93%, 73%씩 상승했다. 제도가 주가 상승을 억제하지 못했던 것이다.**

급등하던 주가가 1989년 4월 초를 기점으로 하락했다. 주가가 하락하자 정부는 주가 부양에 적극 나섰다. 각종 기금과 연기금을 기관투자자로 지정했다. 아파트 청약에 몰려 있는 자금을 증시로 끌어오기 위한 방안도 모색했다.

급기야 당시 재무부는 **1989년 12월 12일 무제한 주식 매입을 선언**

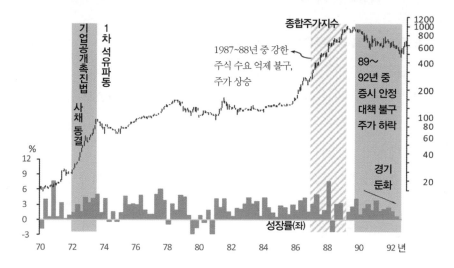

■ 제도 변경 불구 못 바꾼 주가 흐름, 주가는 경제 흐름을 따를 뿐

했다. 또한 1990년 5월에 당국 주도로 증시안정기금도 마련했다. 당시 25개 증권사를 주축으로 은행, 보험사 그리고 상장기업 등 627개사가 **4조 8600억 원을 증시안정기금에 출연**했다. 이러한 주식시장 안정 대책은 1992년까지 지속되었다.

그러나 **종합주가지수는 1989년 4월 최고 1015에서 1992년 8월에 456까지 하락**했다. 주가를 인위적 조치로 안정시킬 수 없었던 것이다. 결국 당국은 제도를 통한 주가 안정의 한계를 인정했다. 그 이후 당국은 주가 안정과 관련된 사안에 개입을 자제했다.

정리하면 **증권 거래 제도로 주가를 부양 또는 억누르기 어렵다. 주가 등락은 경제 흐름을 따르기 때문이다.** 실로 제도의 한계는 주택 수요 억제책의 실패에서도 볼 수 있다. 제도로 주가를 부양하려면 다음 페이지에서 보듯 경제 흐름에 변화를 줄 정책이 시행돼야 한다.

12. 주가를 상승시키는 큰 지도자의 핵심 제도 개혁(해외 사례)

노동 개혁으로 경제부흥을 꾀하고 주가를 상승시킨 독일

독일은 1980년대에도 실업 때문에 고민이 많았다. 사회부조(扶助) 수급자가 서독에서만 1980년 85만 명에서 1989년 180만 명으로 늘었지만, 실업수당이 넉넉해서 일자리를 찾지 않았기 때문이다. 이러한 가운데 1990년 동서독 통일이 실업문제를 더 악화시켰다. 특히 동서독 간 1:1 화폐 통합이 실업문제를 가중 압박했다. 화폐 통합은 동독 주민들의 구매력을 높였는데, 높아진 구매력으로 인해 동독 주민이 질 떨어지는 동독 제품을 외면했기 때문이다. 그 결과 동독 기업의 파산과 실업이 급증했다.

반면 성장률은 1990년 통일 이후 2003년까지 대체로 2% 미만이었다. 낮은 성장률, 높은 실업률, 많은 실업수당은 국가를 피폐시켰다. 때문에 **좌파임에도 불구하고 당시 독일 수상 슈뢰더는 2002년 8월부터 하르츠 법안**(노동 개혁)**을 4단계에 걸쳐 시행했다. 특히 하르츠 III, IV는 실업 급여를 제한하고, 적법하게 알선된 일자리를 거부하면 실업 급여를 삭감하도록 했다. 비인기 정책이었다.** 이 때문에 슈뢰더는 개혁 직후 선거에서 패했다. 그러나 독일 경제는 부흥했고 정권을 인수한 메르켈도 하르츠 개혁을 유지했다.

독일 주가 추이(2002년 8월 100 기준)는 하르츠 법안 3단계까지 영국이나 프랑스와 비슷했다. 그러나 **파격적 내용을 담은 4번째 하르츠 법안이 2005년 1월부터 시행되자 독일 주가는 영국, 프랑스와 차별화되었다.** 독일 주가는 상승할 때 크게 상승하고 하락할 때 덜 하락해서(동조화와 차별화) 2021년 9월 현재 2002년 8월 대비 영국과 프랑스보다 각각 243%p, 217%p씩 더 상승했다.

■ 하르츠 Ⅳ 이후 매우 활달해진 독일 주가

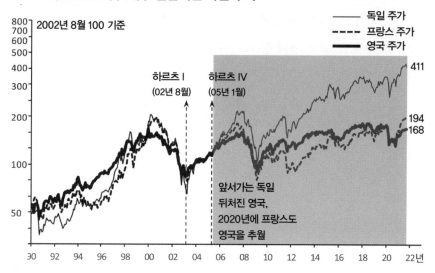

2002년 8월 100 기준

독일 주가
프랑스 주가
영국 주가

하르츠 Ⅰ
(02년 8월)

하르츠 Ⅳ
(05년 1월)

앞서가는 독일
뒤처진 영국,
2020년에 프랑스도
영국을 추월

411
194
168

■ 룰라의 개혁에 힘입어 급등한 브라질 주가

• 2003~2010년 중 달러 기준 브라질 주가 상승률은 세계 최고

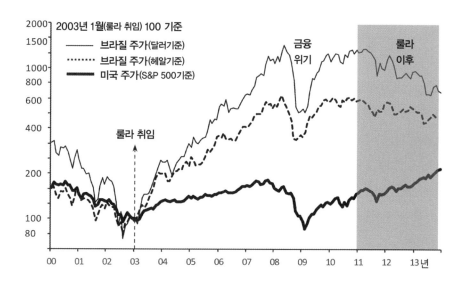

2003년 1월(룰라 취임) 100 기준

브라질 주가(달러기준)
브라질 주가(헤알기준)
미국 주가(S&P 500기준)

룰라 취임

금융
위기

룰라
이후

2003년 1월 브라질에서 좌파 출신 룰라 정부가 출범했다. 그는 노동, 사회보장제도, 세제, 농지 등 네 부문의 개혁과 중앙은행 독립을 추진했는데 상당수 정책이 지지자들에게 비우호적이었다.

우선 노동 개혁의 경우 임금 외의 복지 관련 비용 등 노동비용을 줄여서 기업의 수출경쟁력을 제고했다. 또 노동자의 노조 기부금 폐지와 과다한 노동조합 수를 축소했다. 사회보장제도 개혁 목표는 공무원 연금의 특혜 폐지, 민간과 공공으로 구분된 연기금의 일원화에 두었다. 또 세제 단순화와 세금 감면 등으로 생산을 촉진하고 농지개혁으로 소외계층의 사회적 불만을 줄이고자 했다. 중앙은행의 독립성을 보장해서 중앙은행이 고유 업무를 수행하도록 했다.

앞 페이지 둘째 그림에서 보듯 룰라의 대통령 취임 이후 브라질 주가는 급등했다. 그 결과 **룰라의 퇴임 전인 2010년 9월 브라질 주가는 취임 당시보다 546%, 달러 기준으로는 무려 1215% 상승했다.** 물론 당시 세계적으로 주가가 상승하고 자원가격이 상승한 덕도 있다(브라질은 자원 수출 국가다). 그러나 기회를 제대로 활용하는 국가는 드물다. 1980년대 중반 3저(低)시절에 이를 잘 활용한 국가는 한국뿐이었다. 실로 룰라는 진영 논리에 갇히지 않고 지지자들을 설득해서 브라질 경제를 구했다. 슈뢰더와 룰라의 탈 이념적 경제정책은 1980년대 등소평의 흑묘백묘(사회주의든 자본주의든 국민들을 잘 살게 하는 정책이 최고라는 실용주의 노선을 말한다) 이후 최고였지 않나 싶다.

마크롱의 노동 개혁 이후 독일 수준으로 활달해진 프랑스 주가

프랑스는 강성 노조 등으로 인해 한때 유럽의 병자로 취급받았다. 그러나 **프랑스는 2017년 5월 마크롱 대통령 취임 이후 크게 변했다.** 일자

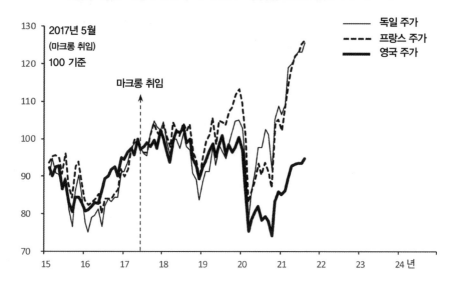

■ 마크롱 취임 이후 독일 주가 수준으로 활달해진 프랑스 주가

리 대통령을 자임하며 취임한 마크롱이 노동 개혁에 적극 나섰기 때문
이다. 노동 개혁의 핵심은 고용과 해고를 쉽게 하고, 고용으로 인한 기업
의 비용과 책임을 줄이는 것이다. 해고가 쉬워지자 기업들은 자발적으
로 고용을 늘렸는데, 실제로 2016년에 10%였던 실업률이 2020년에는
8.2%로 낮아졌다. 2020년의 실업률 8.2%는 1983년 이후 가장 낮은 수
준이다. 또 고용이 늘어나는 과정에서 일자리 질이 좋아졌다. 기업이 경
쟁적으로 채용을 하고자 하니 자연스럽게 취업 조건이 좋아진 것이다.
이렇게 되자 **프랑스 주가도 활달해졌는데, 2019년부터 프랑스 주가는
떨어질 때 덜 떨어지고 상승할 때는 독일만큼 올랐다. 프랑스 주가가 독
일의 반열로 올라선 것이다.**

이상 세 국가 사례는 **제도를 근본적으로 바꾸어야 경제가 활성화되고
주가도 상승할 수 있음을 시사**한다. 우리도 사안을 근본적으로 뜯어고칠
지도자가 있었으면 한다.

13. 주식시장에서 믿을 것은 자신의 건전한 상식뿐

독이 될 수도 있는 귀한 정보

주식시장에서는 정보를 얻으려고 온갖 노력을 한다. 동시에 자기편을 만들기 위해 정성을 쏟는다. 이 두 부분은 '형제'라고도 할 수 있다.

주식시장에서 정보는 곧 돈으로 간주한다. 물론 정보를 돈으로 여기는 것은 주식시장뿐만 아니라 모든 경제활동 분야에서 동일하다. 그러나 주식시장만큼 빠르게 정보가 돈으로 환산되는 곳은 드물다. 때문에 그 귀한 정보를 취득하기 위해 증권사 리서치부터 개인투자자에 이르기까지 모두가 노력한다.

기업 정보는 두 부류로 나뉜다. 첫째는 기업 가치 평가 또는 향후 기업 이익에 관한 정보다. 둘째는 특정 기업의 현재 사안과 관련된 정보다. 예컨대, 무상증자, 신약 개발 성공 발표, 합병 등과 같은 정보를 말한다.

첫 번째 정보가 주가에 미치는 영향은 은근하다. 당장 주가에 미치는 영향이 적다는 뜻이다. 그러나 그 정보가 정확하게 분석된 것이라면 장기간에 걸쳐 주가에 영향을 끼친다. 또 종국에는 주가의 큰 변동을 유발한다. 그러나 당장은 그 정보가 별다른 주가 변동을 유발하지 않기에 그저 그런 것으로 취급된다.

반면, **두 번째 정보는 매우 자극적이다.** 해당 정보에 주가가 대체로 즉각 반응을 보이기 때문인데, 그 정보로 인한 주가 변동폭은 기간 대비 상당히 큰 편이다. 투자자들은 이런 정보를 크게 선호한다. 특히 현재 주식시장에서 거론되는 테마와 맞물려 있는 종목의 정보라면 엄청난 것으로 여긴다. 테마 종목의 위력을 여러 차례에 걸쳐 경험 내지 목격했기 때문이다.

■ 합병 공시 발표 이후 합병 기업의 누적 초과수익률 추이

• 합병 공시 발표 이후 누적 초과수익률은 '마이너스(-)' 또는 정체

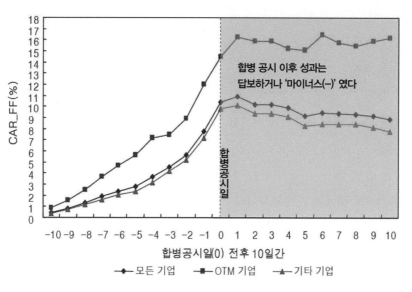

자료: 기업가치에 관한 비대칭정보가 기업합병에 끼치는 영향, 윤정선, 정무권 (국민대)
OTM: 스탁옵션 가격이 현재 가격보다 높은 수준인 경우
CAR: 누적 초과수익률

그러나 **개인투자자가 기업의 내부정보를 사전에 취득하긴 쉽지 않다.** 자본시장법은 공시(公示)되지 않은 기업의 내부정보를 이용하여 거래하는 행위를 엄하게 제재하기 때문이다. 벌금뿐만 아니라 경우에 따라서는 형사처벌까지 받을 수 있다. 실제로 기업의 내부정보를 이용한 주식매매는 내부정보를 활용한 공무원의 부동산 투기보다 더 엄격하게 규제하고 있다. 이런 법률적 제약으로 인해 기업의 내부정보가 누설되는 일은 매우 드물기 때문에 개인이 기업의 내부정보를 활용하기 어렵다.

설혹 **고급 정보를 취득했어도 정보 취득 시점 때문에 정보의 투자가치가 적을 수 있다.** 일반투자자가 그런 정보를 인지할 정도라면 해당 정보는 이미 증권시장에 파다하게 퍼졌을 가능성이 크기 때문이다. 즉 일반 개인에게까지 알려질 정도라면 해당 정보가 주가에 이미 상당히 반영된 것으로 보아야 한다.

　정보 가치로서 끝자락에 있는 쓸모없는 정보를 얻은 셈인데, **통상의 경우 정보 관련 내용이 공시되면, 그 정보는 정보로서의 가치가 극히 적어진다.** 그래서 해당 정보로부터 이익을 얻기보다는 오히려 하락 위험에 직면할 수 있다. 하락 위험은 정보를 반영하는 과정에서 해당 종목의 주가가 지나치게 올랐기 때문이다.

　예컨대 앞 페이지 그림은 합병 발표 공시 전후 각 10일 간 세 부류 기업들의 초과수익률 추이를 보여준다. 합병 발표 10일 전~합병 발표 익일까지 세 부류의 CAR(누적 초과수익률)은 상당했다. 그러나 합병 발표 익일 이후 세 부류 모두의 CAR은 정체되거나 '마이너스(-)'였다. 즉 발표 직전에 해당 종목을 매입했으면 성과를 얻지 못하거나 손실을 입었던 것이다. 이런 경우는 어렵게 취득한 기업의 내부정보가 독이 된 셈이다. 때문에 지나치게 정보에 매달릴 것은 아닌 듯싶다.

투자자의 건전한 판단력만이 자신을 보호

주식시장에서 믿을 것은 본인의 건전한 상식밖에 없지 않나 싶다. 타인의 견해를 무시하라는 것은 아니고 걸러서 들어야 한다는 것이다. 실로 주식시장에서는 매 순간 엄청난 새로운 자료와 정보가 유통되는데, 이들 **자료와 정보는 투자자 설득을 목적으로 한다.** 즉 **정보의 유통은 자기편을 많이 만들기 위해서다.** 어느 세계이든 자기편이 많아야 소기의 목적을 달성할 수 있다. 주식시장에서는 자기편이 많아야 주가 상승이 가능하다. 이 때문에 이 책의 시작 부분에서 정보 유통과 자기편 만들기는 형제라 했다.

그런데 **정보 유통을 통한 자기편 만들기 동기가 석연치 않은 경우도 있다.** 주변에서 친절한 투자 정보 제공은 '내가 보유한 이 종목을 네가 매입해 줘'라는 뜻일 수도 있다. 물론 지나친 기우이겠지만 **이해관계가 워낙 난무하기에 조심하자는 것**이다. 예컨대 1980년대에 OPEC은 국가 간 석유 카르텔을 유지하려 했다. 그러나 상당수 산유국이 약속한 이상으로 석유를 생산한 것으로 의심받았다. 결국 당시 유가는 폭락했다(2장-3-나-3 참조).

이처럼 국가 간 관계도 의문이 없지 않은데, 사적(私的) 관계로 맺어진 주식 관련 정보 유통에 접근은 유의해야 한다. 무엇보다 책임 소재가 흐릿하기 때문인데, 낮은 신뢰는 이해관계자들의 애매한 견해 피력에서도 엿보인다. 예컨대 2021년 5월 모 처에서 하반기 예상 종합주가지수를 3400(실제 최고치는 3316이었다)으로 발표했다. 당시 종합주가지수는 3150~3200이었다. 그 의견에 따른다면 종합주가지수 상승 여력은 6~8% 정도인데, 이는 난감한 의견 제시라 할 수 있다. 상승 여력이 그뿐이니 주가가 오를 때마다 주식을 처분하란 것인지(주가 정점에서 매각은 불가능), 아직 여력이 있으니 매입하란 것인지 애매하다.

참으로 활용하기 어려운 자료인데, 때문에 각종 자료나 투자 관련 조언은 단지 '작성자 또는 조언가 개인 의견일 뿐으로 여기고 여러 의견 중 이런 의견도 있다'라는 정도에서 평가해야 한다.

이처럼 믿을 곳 찾기가 어렵다. 특히 **일부 이해관계자들은 '습관적으로 주가는 오른다'라고 하기에 더욱 그렇다.** 때문에 주식투자는 본인의 판단력으로 접근해야 한다. **올곧고 실력 있는 조언자 찾기가 주식투자의 최대 관건이라 하겠다.**

14. 주가 차트는 Log 차트로 보아야 한다

주가 차트에는 두 종류가 있다. 주가의 간격 간 눈금 크기가 일정한 차트
(첫 그림)와 주가의 간격 간 눈금 크기가 로그(수학의 로그, 둘째 그림) 격차로
된 차트다. 통상 사용하는 차트는 전자인데, 후자인 로그 차트는 500과
1000 간의 눈금 간격 크기와 1000과 2000 간 간격 크기가 같다. 즉 **로
그 차트 눈금은 등락률인 '%' 개념**이다.

때문에 보통 차트와 로그 차트 간 차이가 있는데, 주가 흐름 파악에 있
어서 로그 차트가 더 유용하다. 우선 로그 차트는 보통 차트보다 주가 등
락 정도를 과장 또는 과소하게 표현하지 않는다(우측 두 번째 그림 참조). 로
그 차트 눈금은 등락률인 '%' 개념이기 때문이다.

또 로그 차트가 보통 차트보다 주가 흐름 추세의 전환 여부를 빨리 파
악한다. 예컨대 2021년 주가의 상승 추세 이탈이 로그 차트로는 4월에,
보통 차트는 7월에 이루어졌다(다음 페이지 그림 참조). 기술적 분석에 의한
매수·매도 시점 추정에 있어서, 즉 주가의 흐름 파악에 있어서 이처럼
로그 차트가 보통 차트보다 우월하다.

대부분 증권사는 주가 차트에서 로그 차트를 제공한다. 이 책에서 그
림은 대부분 로그 차트로 작성되었고, 금리, 부동산, 자원 가격의 흐름도
로그 차트로 파악했다.

■ 보통 차트(눈금 간격이 일정)는 주가 흐름 파악에 불리

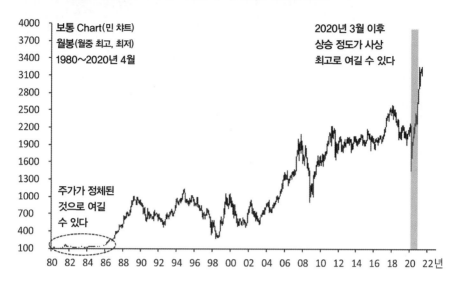

보통 Chart(민 챠트)
월봉(월중 최고, 최저)
1980~2020년 4월

2020년 3월 이후
상승 정도가 사상
최고로 여길 수 있다

주가가 정체된
것으로 여길
수 있다

■ 주가 흐름 파악에 유용한 Log 차트

Log Chart
월봉 (월중 최고, 최저)
1980~2020년 4월

2020년 3월 이후
주가 상승 정도는
예전 사례와
비슷하거나 덜 했다

주가 기복이
상당했다

■ 보통 차트로 본 종합주가지수 추세대

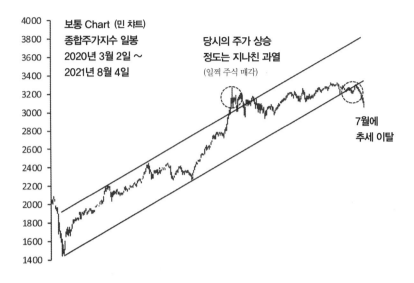

보통 Chart (민 챠트)
종합주가지수 일봉
2020년 3월 2일 ~
2021년 8월 4일

당시의 주가 상승
정도는 지나친 과열
(일찍 주식 매각)

7월에
추세 이탈

■ Log 차트로 본 종합주가지수 추세대

• 상승 기울기가 보통 차트보다 가파르고 상승 추세대 폭이 더 넓다.

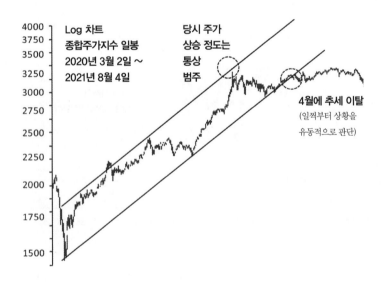

Log 차트
종합주가지수 일봉
2020년 3월 2일 ~
2021년 8월 4일

당시 주가
상승 정도는
통상
범주

4월에 추세 이탈
(일찍부터 상황을
유동적으로 판단)

■ 보통 차트로 본 1980년 이후 회사채 수익률 추이

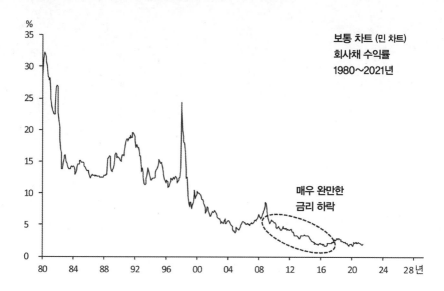

보통 차트 (민 차트)
회사채 수익률
1980~2021년

매우 완만한
금리 하락

■ Log 차트로 본 1980년 이후 회사채 수익률 추이

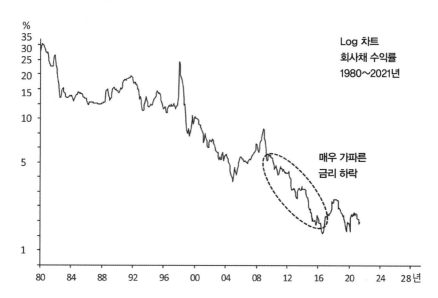

Log 차트
회사채 수익률
1980~2021년

매우 가파른
금리 하락

제2장

주가의 속성과
그간의 성과

주가의 속성과 그간의 성과

주가의 특징은 다른 자산가격보다 경기변동에 민감하다는 점이다. 때문에 여건이 바뀌면 주가는 다른 자산보다 큰 폭으로 상승 또는 하락한다. **특히 여건 변화 초반에 주가의 급등락이 심하다. 이래서 주식투자에서는 초기 대응이 중요하다. 초기 대응의 초점은 현재 가격에 구속되지 않은 매수·매도다.** 쪼잔하지 않은 큰 구도의 주가 흐름을 상정(想定)하는 것이다. 그러려면 **주가 추세를 변화시키는 다섯 요인을 주시**해야 한다(1장-2, 5장 참조).

또 다른 주가의 속성은 종목 간 주가의 동반 등락이다. 때문에 특정 종목의 주가 추이를 종합주가지수 추이로부터 분리시켜 판단하지 않아야 한다. 즉 종합주가지수 추이에 따라 개별 종목도 등락한다고 여겨야 한다.

한편 주식, 부동산, 금리 등 모든 자산의 수익률은 지난 50년간 기복은 있지만 추세적으로 둔화되었다. 때문에 큰 기대는 자제해야 한다. 물론 경우에 따라서 큰 성과를 내기도 했지만, 그 경우 반작용 또한 컸던 점을 감안해야 한다.

주식에서 지나친 기대도 자제해야 하지만 어려움에 처해도 의연할 필요가 있다. 향후에도 세계적 정치·경제 사안이 주가를 혼란에 빠뜨리고, 우리 자체 문제가 주가를 취약하게 할 수 있다. 그러나 예전 사례를 참작하면 그런 사안들은 극복될 것 같다. 물론 극복 과정에서 고통과 시간 소요는 불가피하다.

1. 다른 자산가격보다 경기변동에 예민한 주가

경기와 동반 등락한 주가

투자의 선택과 관련하여 부질없지만 되돌아보는 경우가 적지 않다. 특히 경기 상황을 간과한 데 대한 회한이 많다. 갈림길에서의 선택이 결과에서 큰 차이를 초래했기 때문이다.

주가는 경기와 궤를 같이 한다. 우측 그림은 1970년 이후 종합주가지수와 경기동행지수 추이인데, 첫 그림의 음영은 종합주가지수의 상승·하락(정체 포함) 기준으로 기간을 구분했다.

결과를 놓고 보면 경기와 주가는 대체로 동행했다. 물론 시점 측면에서 정확하게 경기 정·저점과 주가 정·저점이 일치하지는 않는다. 또 둘째 그림에서 보듯 경기 추이와 주가 추이가 상당 기간 어긋난 적도 있다. 그러나 경기 정·저점과 주가 정·저점의 불일치는 주가의 경기 선행성을 감안하면 있을 수 있는 사안이다. 사실 경기 정·저점과 주가 정·저점 간 시차(時差)는 그렇게 크지 않았다.

또 경기와 주가 추이 간 어긋난 경우도 있었지만 1980년대 후반 ~1990년대 전반을 제외하면 크게 지적될 만한 기간이 없다. 사실 1970년 이후 전체 기간을 놓고 볼 때 경기와 주가 추이 간 불일치 기간은 짧다. 특히 2005년 이후 경기와 주가 추이 간 상당한 불일치 기간이 없었다.

때문에 **경기와 주가 추이는 대체로 동행했다고 할 수 있다. 달리 표현하면 주가 정·저점을 경기 정·저점으로 삼아도 큰 무리는 아닐 듯싶다. 주가의 정·저점을 경기의 정·저점으로 여기고 도출한 각 자산의 수익률**이 다음 페이지의 두 그림이다.

■ 주가와 경기는 대체로 동행

• 음영의 주가 하락·정체 기간에 경기는 대체로 여의치 않았다.

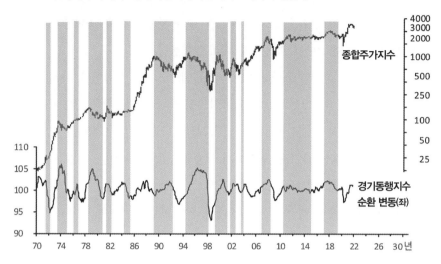

■ 음영은 경기와 주가 추이가 어긋난 기간

• 음영은 주가와 경기 추이가 어긋난(경기확장 불구 주가 하락, 경기수축 불구 주가 상승) 기간
인데, 어긋난 기간은 전체 기간 대비 짧다. 때문에 주가와 경기는 동행했다고 하겠다.

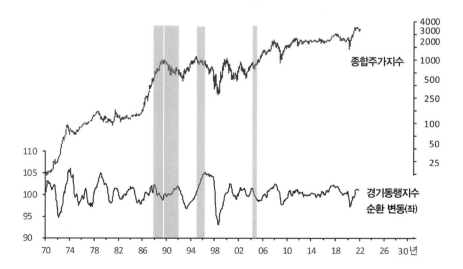

경기확장 기간에 주가 폭등, 경기수축 기간에 주가 폭락

우측 그림은 1974년 이후 10회의 주가 등락 기준, 주식, 부동산, 금리의 해당 기간 수익률이다. 첫 그림에서 보듯 **주가 상승 기간 중 종합주가지수 상승률은 다른 자산가격 상승률 대비 월등했다.**

예컨대 10회 중 5회에 걸쳐 주가 상승률이 100%를 상회했다. 특히 3차 상승 기간인 1982년 5월~1989년 3월 중 종합주가지수 상승률은 778%나 된다. 해당 기간 중 부동산 상승률은 174%였다. 또 10차 상승인 **2020년 3월~2020년 연말까지 상승률도 58%나 된다. 동일 기간 중 부동산 상승률은 2%에 그쳤다**(경기동행지수는 2020년 5월 이후 상승). 물론 주가 바닥에서 주식 매입, 주가 정점에서 주식 매도를 가정한 것이고, 상승 직전의 주가 폭락에 따른 기저효과도 상당하다. 주가 상승률이 부풀려진 것인데, 그렇다 해도 주가 상승 기간 중 주식의 성과는 컸다.

반면, 둘째 그림의 **주가 하락 기간 중 주식에서 손실은 다른 자산 대비 컸다.** 기회 손실까지 감안하면 손실은 엄청 불어난다. 예컨대 IMF 외환 위기 기간인 5차 주가 하락 기간 중 회사채를 보유했으면 50.9%의 수익을 얻었다. 당시 주가 하락 73.1%까지 감안하면 기간 중 주식과 회사채 간 수익률 격차는 124%나 된다. 10차 하락 기간인 **2018년 1월~2020년 3월에도 주가가 31.6% 떨어졌다. 기간 중 이자 수입은 4.9%, 부동산 상승률은 9.3%였다. 회사채 대비 36.5%, 부동산 대비 40.9%나 되는 기회 손실**을 입었다.

이처럼 **주식 성과는 경기 상황에 따라 편차가 크다.** 때문에 **주식투자에 앞서 향후 경기, 특히 세계 경기**(수출 때문에)**를 살펴야 하는데,** IMF의 향후 5년간 세계 경기 전망이 도움 된다. 다만 IMF 전망은 대체로 낙관적이기에 자료를 가감해서 활용해야 한다.

■ 주가 상승 기간 기준 자산 간 수익률 비교. 주식이 월등

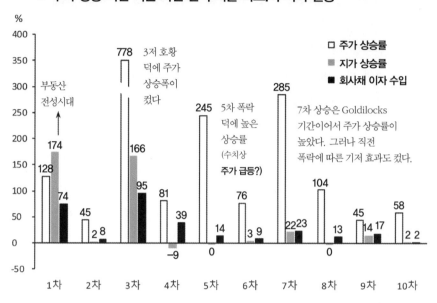

■ 주가 하락 기간 기준 자산 간 수익률 비교. 금리가 우월

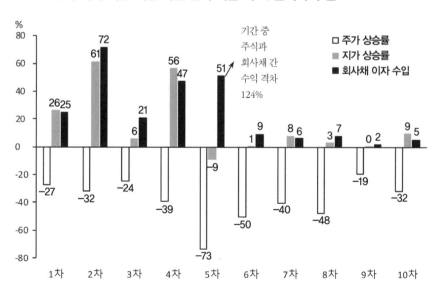

2. 50년간 둔화된 자산 수익률, 때문에 큰 기대는 금물

2020년에는 코로나 위기 속에 자산가격이 폭등했다. 우선 종합주가지수가 전년 말 대비 31%나 상승했다. 1970~2019년까지 50년간 연평균 상승률 10.7% 대비 큰 성과였다. 아파트 시세도 전국, 서울 모두 1986~2019년의 연평균 상승률 6%, 6.3%보다 크게 높은 7.8%, 11.6%를 기록했다. 전국과 서울 지가(地價)는 2020년에 3.0%, 4.0%씩 상승했다. 2000~2019년 중 두 부문의 연평균 상승률은 2.9%, 3.8%였다.

그러나 **1970년 이후 주식, 부동산, 금리 등 각 자산가격 상승률은 추세적으로 낮아지고 있다. 주식의 경우 1970년대, 1980년대 연평균 수익률은 각각 22.0%, 22.6%**(배당 제외)**이었지만, 2000년대와 2010년대 수익률은 각각 5.4%, 2.7%에 그쳤다.** 저축성 예금 금리는 1970년대 연평균 17%에서 2020년에는 1.1%로 낮아졌다.

부동산도 수익률 저하를 피할 수 없었다. **1970년대 전국과 서울의 연평균 지가(地價) 상승률은 각각 27.4%, 38.2%였다. 그러나 1980년대부터 지가 상승률은 급격하게 낮아져 2010년대 전국과 서울의 연평균 지가 상승률은 각각 2.4%, 2.7%에 그쳤다.**

정리하면 **특정 연도에 일시적으로 자산 수익률이 높아지기도 했지만 자산가격 상승률의 큰 추세는 낮아지고 있다.** 자산의 수익률 저하는 각 자산이 예전보다 흔해졌거나 각 자산의 생산성이 낮아졌기 때문일 듯하다. 때문에 자산 수익성의 구조적 저하는 받아들여야 한다. 이 관점에서 보면 2020년 중 각 자산가격 상승률은 이례적으로 높았다. 향후 **각 자산이 높은 성과를 연이어 낼 수도 있겠지만 추세적 수익률 저하는 감안해야 한다.**

■ 10년 단위 연평균 자산 수익률은 50년간 추세적으로 둔화

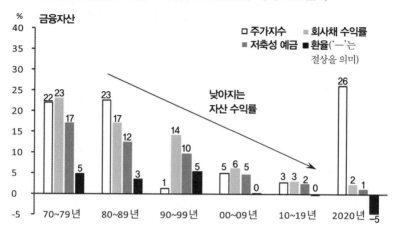

금융자산

범례: □ 주가지수 ■ 회사채 수익률 ■ 저축성 예금 ■ 환율('─'는 절상을 의미)

낮아지는 자산 수익률

구분	주가지수	회사채 수익률	저축성 예금	환율
70~79년	22	23	17	5
80~89년	23	17	12	3
90~99년	1	14	10	5
00~09년	5	6	5	0
10~19년	3	3	2	0
2020년	26	2	1	-5

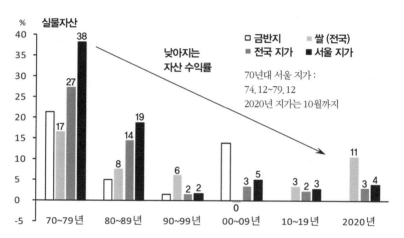

실물자산

범례: □ 금반지 ■ 쌀 (전국) ■ 전국 지가 ■ 서울 지가

낮아지는 자산 수익률

70년대 서울 지가 : 74. 12~79. 12
2020년 지가는 10월까지

구분	금반지	쌀 (전국)	전국 지가	서울 지가
70~79년	21	17	27	38
80~89년	5	8	14	19
90~99년	1	6	2	2
00~09년	14	0	3	5
10~19년	3	2	3	
2020년		11	3	4

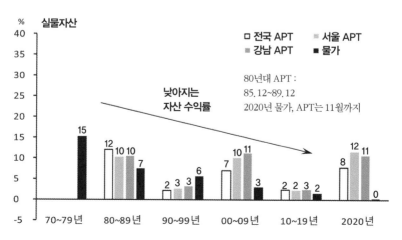

실물자산

범례: □ 전국 APT ■ 서울 APT ■ 강남 APT ■ 물가

낮아지는 자산 수익률

80년대 APT : 85. 12~89. 12
2020년 물가, APT는 11월까지

구분	전국 APT	서울 APT	강남 APT	물가
70~79년				15
80~89년	12	10	10	7
90~99년	2	3	3	6
00~09년	7	10	11	3
10~19년	2	2	3	2
2020년	8	12	11	0

■ 10년 단위로 본 자산 수익률 (연평균)

- 1970년 이후 모든 자산의 수익률이 둔화되었다. 각 자산의 경제적 효용성이 그만큼 감소한 것으로 볼 수 있다.

부동산이 절대 우위였던 1970년대

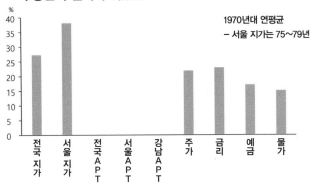

금리 상품이 절대적 우위인 1990년대

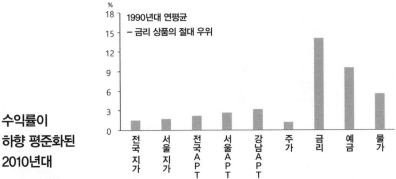

수익률이 하향 평준화된 2010년대

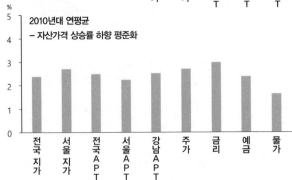

- 10년 단위로 볼 때 시간이 경과하면서 **금융자산 선호 현상**이 다소 높아졌다. 그러나 이 추세도 바뀔 수 있다.

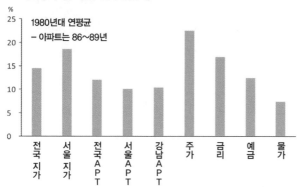

주식이 부각된 1980년대

1980년대 연평균
- 아파트는 86~89년

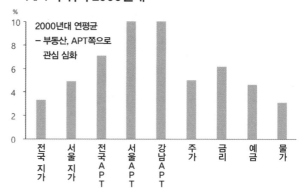

APT 우위의 2000년대

2000년대 연평균
- 부동산, APT쪽으로
관심 심화

각 자산의
연평균 수익률

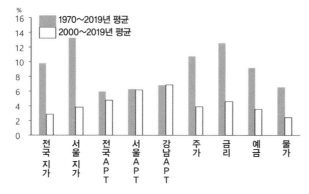

1970~2019년 평균
2000~2019년 평균

3. 여건 변화 초기 대응의 적절성 여부가 성과를 좌우

가. 여건 변화 초기에 급등락하는 주가

재난, 질병 치료, 사회적 이슈 등 어느 사안이든 사안 발생 초기 대응을 중시하듯, **주식투자에서도 주가 추세 변화 초기의 대응이 중요하다.** 상승 초기에 머뭇거리면 주가가 엄청 상승해도 성과를 얻지 못하고, 하락 초기에 미적미적하면 큰 손실을 입기 때문이다. 옆의 그림들은 각 주가 등락 기간의 초기, 중기, 말기 수익률이다.

먼저, 주가 상승의 경우를 본다. **10회의 주가 상승 중 8회에 걸쳐 초기의 수익률이 가장 높았다.** 예컨대 우측 첫 그림 기간은 금융위기 이후 상승 국면인 2008년 10월~2011년 5월이다. 당시 상승 초기의 상승률은 70.7%나 된다. 주가 하락 국면에서도 초기 대응은 중요한데, **8회의 하락 사례 중 6회에 걸쳐 초기 주가 하락률이 가장 높았다.**

초기 대응 강조는 상승 국면 초기에서 주식 매입 주저, 하락 국면 초기에서 주식 매도 주저 때문이다. 실로 주가 상승 국면 초기의 경기는 여전히 부진하기에 주가의 추가 하락을 우려하거나 주가가 상승해도 상승폭이 적을 것으로 생각한다. 이래서 주식 매수를 주저한다. 설혹 주식을 매입해도 하락 우려 때문에 단기매매만 한다. 그 결과 종합주가지수의 큰 폭 상승에도 불구하고 성과가 저조하다.

하락 국면 초기에서는 손실 확정이란 부담 때문에 주식 매도를 주저한다. 그러나 매도를 주저하면 결국 손실이 더 커진다.

때문에 **주식투자에 있어 주가의 추세 변화 파악**(1장-2, 5장 참조)**이 최우선 고려 사안이다.** 또 상황 변화를 파악하면 단호하게 결정해야 한다. 쪼잔하지 않은 큰 구도의 전략을 가져야만 성과를 얻는다.

■ 금융위기 수습 국면에서 초기의 빠른 주가 상승

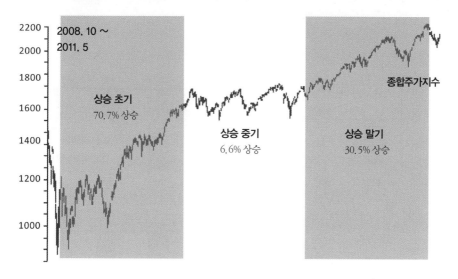

■ 코로나 수습 국면에서 초기의 주가 상승은 빨랐던 편

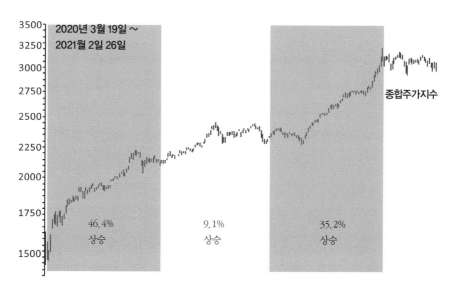

■ 추세 하락 기간 중 주가 추이: 주가 하락 초기에 급락

- 하락 기간을 3등분 했을 때 주가 하락 초반에 주가 급락
- 하락 추세로 전환된다고 판단되면 손절매 감수

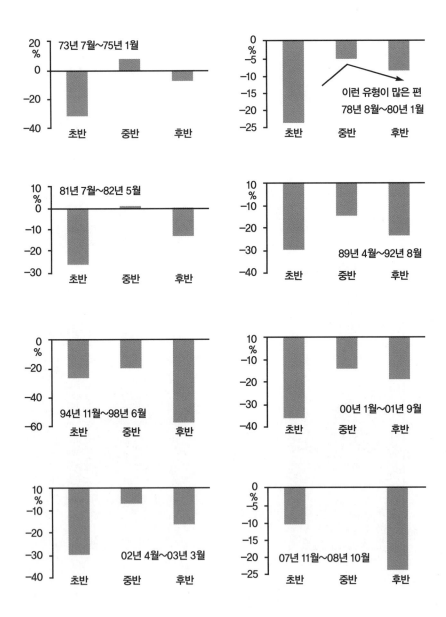

■ 추세 상승 기간 중 주가 추이: 주가 상승 초기에 급등

- 상승 기간을 3등분 했을 때 주가 상승 초기에 주가 급등
- 상승 기간에는 Buy & Hold, 다만 Portfolio 재구성은 필요

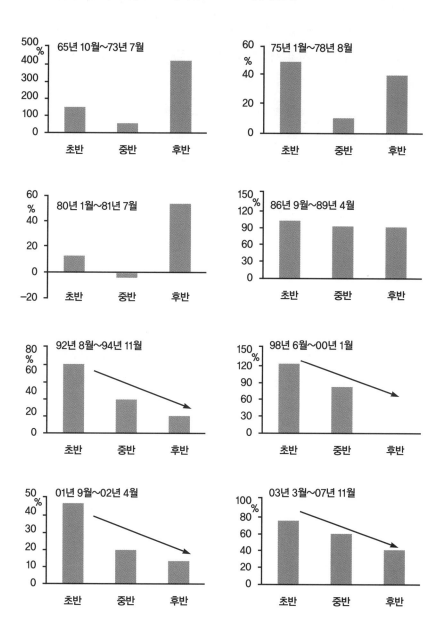

나. 여건 변화가 발생되면 급격하게 변동하는 모든 자산가격

자산가격 급등락 뒤의 늦은 상황 파악은 공포와 과욕 때문

자산가격 등락 관련, 통상의 전망은 순차적 진행을 가정한다. 가격 상승의 경우 은행 이자가 붙듯 순차적으로, 그러나 은행 이자보다 많은 상승을 기대한다. 하락은 전혀 생각하지 않지만 떨어져도 순차적 하락이고, 감내 가능한 범위일 것으로 예상한다.

그러나 **자산가격은 상황 변화를 순차적으로 반영하지 않는다. 순식간에, 그리고 급격하게 상황 변화를 반영한다.** 투자자들은 이 같은 양상을 예상하지 않았기에 주가의 급등락을 의아해 한다. 또 그러한 상승·하락이 지나치다고 여긴다.

그러나 자산가격의 폭등·폭락은 의외이지 않다. **자산가격의 급변은 바뀐 여건을 조금씩이나마 꾸준히 반영하지 않은 데 따른 반작용**일 뿐이기 때문이다. 즉 자산가격이 바뀌는 여건을 순차적으로 반영해 왔다면 폭등·폭락은 발생하지 않았을 것이다.

실로 시장 참여자들이 그간의 상황에 매몰되면 여건 변화를 감지하기 어렵지만, **시간이 경과되면서 투자자 모두가 여건 변화를 공감하게 된다. 그러면 매수든 매도든 공격적 자세**를 취한다. **매수 과정에서는 탐욕이, 매도 과정에서는 공포**가 더 덧붙여진다. 이 때문에 자산가격이 급격히 변동한다.

이런 여건 변화에 따른 급등락은 주식뿐만 아니라 금리, 상품(commodity) 등 모든 자산가격에서 발생한다. 다만 주가가 더 심하게 표출될 뿐이다(변동은 가상화폐가 가장 심한 편이다). 이래서 **자산가격의 변화와 관련해서는 초기 대응이 중요하다.** 때문에 **부정적이든 긍정적이든 상황 변화를 인지하면 결단**해야 한다.

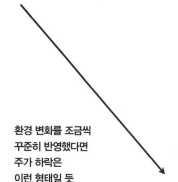

- 통상의 경우 주가가 하락해도
  순차적 하락 예상

- 현실에서는 버티던 주가가 급락

환경 변화가 시작되었으나
일부 투자자만 환경 변화를
인지했거나, 인지했어도
그간의 손실에 연연해서
결단을 못했지 않았을까?

환경 변화를 조금씩
꾸준히 반영했다면
주가 하락은
이런 형태일 듯

환경 변화를 모두가
인지한 이후에 바뀐 여건을
한꺼번에 반영하기에
이런 형태로 주가가 폭락

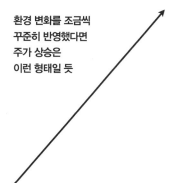

- 통상의 경우 주가가 상승해도
  순차적 상승을 예상

- 현실에서는 급격한 주가 상승

환경 변화를 조금씩
꾸준히 반영했다면
주가 상승은
이런 형태일 듯

환경 변화를 시장참여자
모두가 인지하면 바뀐
여건이 한꺼번에 반영된다.
이 때문에 이런 형태로
주가가 폭등한다.

일부 투자자만 환경 변화를 인지했거나,
인지했어도 그간의 단조로운 주가행태에
익숙해져 결단하지 못하고 투자를 주저?

1) 여건 변화를 인지하자 빠르게 변동한 오피스텔과 금리

모든 자산가격은 환경 변화를 인지하면 그 변화를 빠르게 반영한다. 첫 그림은 서울과 경기 지역 오피스텔 가격 추이다. 2011년 3.8%이었던 예금 금리가 2014년에 2% 내외로까지 떨어졌지만 오피스텔 가격은 큰 변화가 없었다. 임대 수익률 대비 금리가 크게 낮지만 투자자들은 낮아진 금리에 인내했던 것이다.

그러나 **2015년에 2% 이하로 예금 금리가 떨어지자 더 이상 낮은 금리에 인내하지 않았다. 2%란 심리적 마지노선이 무너지자 금리 상품 이외에서 투자 대상을 찾았다. 이 때문에 2015년부터 오피스텔 가격이 상승했다.**

그 이후 한때 예금 금리가 소폭 상승하기도 했지만 2018년부터 오피스텔 가격은 2015~17년보다 더 빠르게 상승했다. 이미 부동산에 대한 군중심리가 형성되었고, 임대 수익률이 금리보다 높다는 환경을 뒤집을 수 없었기 때문이다.

둘째 그림은 3년 만기 국채 수익률 추이다. 2006~08년 상반기까지 금리는 다소의 기복에도 불구하고 높은 수준에서 등락했다. 하지만 **금리는 2008년 상반기~2014년 상반기에 빠르게 하락했다. 또 그 이후인 2014년 하반기~2016년 상반기 중에는 이전보다 더 빠른 속도로 하락했다.** 추세적으로 낮아지는 경제 수준에 대해 금리가 순응했기 때문이다.

이처럼 **투자자들이 환경 변화를 인식하면 그 때부터 자산가격은 빠른 속도로 바뀐다.** 그런데 **주가는 금리나 부동산보다 환경 변화에 더 빠르게 반응**한다. 주가의 즉각적 환경 변화 반영은 앞서 보았듯이 환경 변화 초기의 심한 주가 등락률에서 확인할 수 있다.

▪ 초기에 완만하게 상승하던 오피스텔 가격이 급등으로 돌변

- 금리보다 높은 임대 수익률이란 인식 확산 때문에 가격 급등

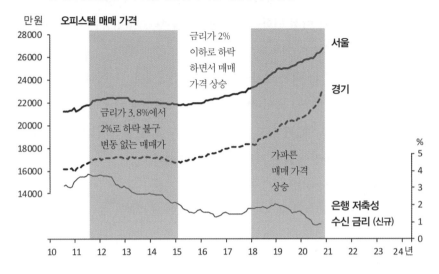

오피스텔 매매 가격

금리가 2% 이하로 하락 하면서 매매 가격 상승

금리가 3.8%에서 2%로 하락 불구 변동 없는 매매가

가파른 매매 가격 상승

서울

경기

은행 저축성 수신 금리 (신규)

▪ 시간이 경과하면서 하락 속도가 더욱 더 빨라진 국채 수익률

- 경기 수준(성장률)저하를 억제할 수 없다는 인식이 확산되면서, 더욱 더 가팔라진 금리 하락 속도, 이제는 더 내릴 수도 없는 상황

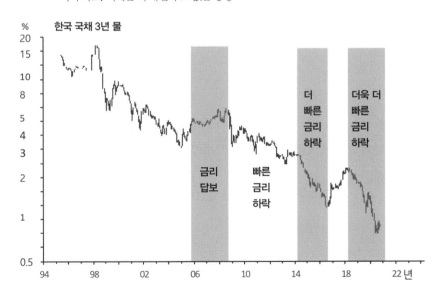

한국 국채 3년 물

금리 답보

빠른 금리 하락

더 빠른 금리 하락

더욱 더 빠른 금리 하락

2) 상황 변화를 뒤늦게 한꺼번에 반영했던 중국 주가 사례

여건 변화에 대한 주가의 격한 반응은 시간이 소요되더라도 반드시 표출된다. 또한 **주가가 여건 변화를 늦게 반영할수록 주가 반응은 더 격렬해진다.** 스프링을 억누를수록 반발력이 거세지는 것과 같다.

예전 중국 주가는 이익 증가를 후행해서 반영했다. 즉 이익이 증가해도 당장의 중국 주가는 하락하거나 답보했다. 때문에 중국 주가는 이익과 무관한 것으로 여겨지기도 했다. 그러나 **중국 주가가 뒤늦었지만 이익 증가에 반응하면서 짧은 기간에 엄청 급등했다.**

대표적 사례가 2002~07년이다. 그림의 기간 1, 2가 이에 해당된다. 기간 1인 2002~05년 중 중국의 기업 이익은 증가했고, 금리는 하락했지만 중국 주가는 줄곧 하락했다. 이익증가·금리하락에도 불구하고 주가 하락은 당시 중국밖에 없었다. 논리적으로 설명하기 어려운 특이한 경우였다.

논리적으로 설명하기 어려운 상황이 그 뒤에도 발생했다. 2005년 6월~2007년 10월(기간 2)에 중국 주가가 510%나 상승했기 때문이다. 해당 기간 중 기업 이익이 170% 증가했지만, 기업 이익만으로 당시의 엄청난 주가 상승을 설명하긴 부족했다. 이는 결국 2002~2005년의 이익증가·금리하락이 2005년 6월~2007년 10월 주가에 반영되었다는 추론으로 귀결된다. 주가가 상승했어야 할 2002~2005년에 오히려 하락했기에 반사적으로 2005년 6월~2007년 10월에 급등했던 것이다.

상황 변화를 늦게 반영한 또 다른 사례로 2009년 7월~2015년 6월의 경우가 있다. 그림에서는 기간 5, 6이 이에 해당된다. 2009년 7월~2014년 5월, 즉 기간 5에서 중국 기업의 이익은 증가했다. 그러나 주가는 추세적으로 하락했다. 당시에도 중국에서만 이런 양태가 발생했다. 반면, 기간 6인 2014년 6월~2015년 6월 중 주가는 이익이 정체했지

■ **뒤늦게 이익 증가를 반영하며 급등했던 중국 주가 사례**

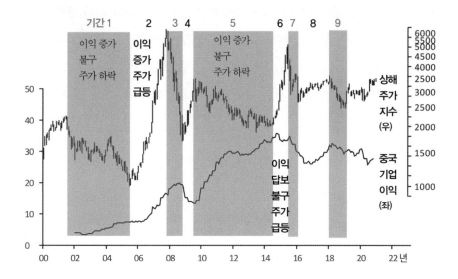

만 160%나 상승했다. 2014년 6월 이전의 이익 증가가 뒤늦게 주가에 반영된 것이다.

이처럼 어느 국가의 주가이든 뒤늦게라도 바뀐 여건을 충분히 반영한다. 우리 주가도 2003년과 2020년에 이익 증가를 뒤늦게 반영하면서 급등한 바 있다

한편 2014~2015년에 주가지수가 160%나 상승하는 과정에서 2015년 심천증권시장의 PER(주가/1주당순이익)이 70배를 상회하기도 했다. 이익으로 투자 원본을 되찾는데 70년이나 걸리는 것이다. 주가 상승이 엄청 과열되었던 것인데, 이익 증가가 뒤늦게 반영되면 이런 폐해도 발생한다. 이래서 2015년 6월 이후 이익이 감소하자 중국 주가가 폭락했다. 이런 양태는 개도국의 한계라 하겠다.

3) 상황 변화가 반영되면서 급변한 유가

유가는 대체로 상황 변화를 늦게 반영하는 편이다. 그러나 바뀐 상황이 반영되면 유가는 급등락했다. 첫 유가 폭등은 1973년 3차 중동전쟁 당시 OPEC(석유수출국 기구)의 석유 감산 조치 때문인데(1차 석유파동), 그 이후 유가 상승이 지속됐다. 유가 상승 지속은 유가가 소득 대비 매우 낮았고, 당시 주식, 부동산 등 여러 자산가격이 상승한 이후여서 마땅한 투자 대상도 없었기 때문이었다.

1999년 하반기(그림의 B)의 유가 상승 여건도 1970년대와 비슷했다. 특히 1999년에도 1970년대 같이 유가가 소득 대비 낮았다. 또 그때까지 주가 등 여러 자산가격이 크게 상승해서 다른 투자 대상이 물색되던 상황이었다. 유가 상승 여건이 갖춰진 셈인데, 여건에 비해 물건 가격이 낮으면 상승하기 마련이다(유가 상승 여건이 갖춰졌다는 것은 상황 대비 유가 상승의 후행을 의미한다).

한편 1973년부터 시작된 유가 상승은 1980년(그림의 A)까지 이어졌다. 또한 1999년부터 시작된 유가 상승은 2014년까지 이어졌다(그림의 C, D). 두 경우 모두 높은 유가가 오랫동안 지속됨에 따라 당시 각국의 소득이 유가를 감내하기 어렵게 되었다.

결국 석유 소비가 둔화되었다. 이렇게 되자 유가가 하락했고, 이로 인해 석유 공급이 과잉되기 시작했다. 재정의 상당 부문을 석유 수출로 충당하는 산유국들은 석유 공급을 늘려서 부족한 재정을 메우려 했기 때문이다. 이 과정에서 석유 공급이 경쟁적으로 늘어났다.

그러자 초기의 점진적 유가 하락이 폭락으로까지 악화되었는데, 1980년 초반 40달러였던 유가가 1986년 7월에는 7달러대로 떨어졌다. 예전 최고의 1/4 이하로까지 떨어진 것이다.

또 2014년 하반기부터, 즉 시점 D부터 하락한 유가는 2016년에

■ 1974년 이후 유가 관련 주요 이슈 (1974~2020년)

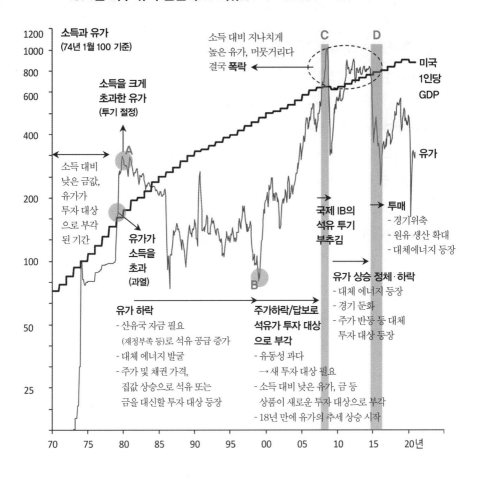

소득과 유가
(74년 1월 100 기준)

소득을 크게
초과한 유가
(투기 절정)

소득 대비
낮은 금값,
유가가
투자 대상
으로 부각
된 기간

소득 대비 지나치게
높은 유가, 머뭇거리다
결국 **폭락** ←

미국
1인당
GDP

유가

A

유가가
소득을
초과
(과열)

B

국제 IB의
석유 투기
부추김

투매
- 경기위축
- 원유 생산 확대
- 대체에너지 등장

유가 하락
- 산유국 자금 필요
  (재정부족 등)로 석유 공급 증가
- 대체 에너지 발굴
- 주가 및 채권 가격,
  집값 상승으로 석유 또는
  금을 대신할 투자 대상 등장

주가하락/담보로
석유가 투자 대상
으로 부각
- 유동성 과다
  → 새 투자 대상 필요
- 소득 대비 낮은 유가, 금 등
  상품이 새로운 투자 대상으로 부각
- 18년 만에 유가의 추세 상승 시작

유가 상승 정체·하락
- 대체 에너지 등장
- 경기 둔화
- 주가 반등 등 대체
  투자 대상 등장

2008년의 1/6로 떨어졌다. 유가가 소득에 비해 지나치게 높다는 점이 공급과잉과 맞물려 폭락한 것이다.

결론은 **상황이 바뀌면 늦더라도 자산가격은 바뀐 상황을 반영하고, 이때 모든 자산가격은 급격히 바뀐다는 점**이다. 때문에 **큰 여건의 전환 여부를 늘 파악**해야 한다.

4. 주가는 지극히 어려운 상황을 매번 극복했다

가. 주가 급락과 급등 계기였던 해외경제 쇼크

구조적으로 큰 부담 사안도 극복해 온 주가

1997년 이후 세계적 사건과 연계된 **주가 급락의 경위는 구조적 사안에 의한 것과 경과성 사안에 의한 것**으로 구분할 수 있다. **경과성 사안이란 기업 이익에 별달리 영향을 끼치지 않은 일시적 사안을 말한다. 이에 비해 구조적 사안이란 기업 이익에 현저한 영향을 끼치는 사안**을 뜻하는데, 구조적 사안에 해당되는 IMF 외환위기, IT 버블 후유증, 금융위기, 코로나19 팬데믹 사태 등은 당시 주가 하락폭이 매우 컸다. 해외 발 쇼크는 여과 없이 그대로 우리 경제를 억눌렀기 때문이다. 특히 각 사건이 매번 새로운 형태였고, 사안의 부정적 파장을 가늠하기 어려웠기에 매번 당혹스러웠다. 그 결과 기업 이익은 한때 '마이너스(-)'로까지 악화되었다. 그러나 경제와 주가는 그 난관을 극복했다.

실로 **IMF 외환위기, IT 버블 후유증, 금융위기, 코로나19 사태 등은 우리뿐만 아니라 각국 모두를 매우 고통스럽게 했다. 사건 발생 초기에 발생 원인과 사건 파장의 크기를 제대로 파악하지 못했고, 대처 방법이 주먹구구식이었기 때문이다.**

이러니 초기 대응 과정에서 당국과 투자자 모두 우왕좌왕했다. 때문에 공포가 커졌고, 이 공포가 각 사건 당시 종합주가지수를 직전 최고치 대비 절반 이하로 하락시켰다. 이로 인해 개별 종목 단위에서의 손실은 엄청 컸다. 물론 이런 상황은 우리뿐만 아니라 각국 모두에서 정도 차이만 있지 비슷했다. 즉 각국 주가가 폭락했고 금리는 폭등했다. 부도 위험이 엄습한 것이다. 때문에 사건 발생 당시 주가 회복 기대는 전혀 없었다. 경제 자체가 다시는 회복할 수 없는 나락에 떨어진 것 같았다.

그러나 **시간이 소요되었지만 주가는 각 사태 모두를 극복했다.** 실제로 다음 페이지 그림에서 보듯 네 건 모두 짧게는 5개월(코로나19 팬데믹 사태), 길게는 4년가량(IMF 외환위기, 금융위기) 소요되었지만 주가는 예전의 수준을 회복했다.

이 같은 **주가 회복·상승은 모든 국가가 각 사건 발생 이후 경기부양에 적극 나섰기 때문**이다. 국가경제는 페달을 밟지 않으면 쓰러지는 자전거와 같아서 앞으로 나아가야만 한다. 때문에 각국은 경제위기에 적극 대처할 수밖에 없었다. **그 덕에 우리의 수출이 해외 발(發) 큰 사건 직후 엄청 늘었다. 또 그 수출 증가가 기업 이익을 증가시켰고 주가 상승을 유발했다**(1장-3 참조).

한편, **경기부양에는 늘 부작용이 수반된다.** 경기부양의 정도가 강할수록 재정적자가 늘고(미래 세대의 부담), 투기와 물가상승이 심해진다. 2020년 중 각국 정부 부채의 급증, 세계적 자산가격의 폭등, 세계적 물가 급등이 그 사례다. 그러나 각국은 경기부양을 포기할 수 없었다. **부양책은 상당한 '마이너스' 요인을 내재하지만 경기부양으로 인해 얻는 것이 잃는 것보다 많기 때문이다.**

어찌 보면 부정적 사안 발생 우려 때문에 경기부양 포기는 중환자(심각한 경기 부진)가 수술(경기부양)로 인한 흉터(부작용) 때문에 수술을 기피하는 것과 같다. 작은 것(부작용)은 큰 것(경기)을 정상화한 이후 재차 치유하면 된다.

정리하면 그간 **세계적 규모의 큰 쇼크 사안도 적극적 경기부양에 힘입어 극복되어 왔다. 때문에 향후 발생할 세계적 큰 사건에 당황하지 않았으면 한다.** 시간이 소요되겠지만 결국 극복될 것이기 때문이다.

남유럽 파문, 미국의 신용등급 하락, QE 축소, 중국 부채문제, 영국의 브렉시트(Brexit) 등은 당시에 부담스런 사안이었다. 그러나 이들 사안들은 단기 경과성 이벤트에 불과했다.

우측 그림에서 보듯이 이때는 주식을 적극 매입했어야 했다. 실제로 이들 사안들로 인한 주가의 하락 기간은 짧았고, 사건 이후 주가 반등도 빨랐다. 거론된 사태가 IMF 외환위기, 금융위기 등과는 달리 기업 이익에 영향을 거의 끼치지 않았기 때문이다.

9.11 테러, 걸프 전쟁, 북핵 문제 등 정치적 문제가 주된 주가 하락 요인인 적도 있었다. 그러나 정치적 사안으로 인한 주가 하락 기간은 짧았고 주가의 반등 속도도 빨랐다. 경과성 경제 요인같이 정치적 사건이 기업 이익에 미치는 영향은 적기 때문이다. 결국 당시의 주가 하락은 과민한 반응이라 하겠다.

정리하면 그간 경제와 주가는 여러 어려움을 잘 극복해왔다. 적극적인 경기 부양책이 경기가 충분히 회복할 때까지 이어졌기 때문이다. 앞으로도 어려운 상황이 도래하면 예전 정책이 되풀이 될 것 같다. 때문에 극단적 상황이 발생해도 차분하게 대응했으면 한다.

■ 해외 발 부정적 쇼크가 주가 폭락을 야기했지만,
경기부양으로 인해 주가가 회복되었다.

1. IMF 외환위기
2. 9.11 테러
3. 걸프전쟁
   카드채 파문
   북핵 문제
4. 미국 발 금융위기
5. 남유럽 파문
6. 미국 신용등급 하락
7. QE 축소(버냉키발언)
8. 미국 금리 인상
   중국 부채 문제
   (위안화 하락)
9. Brexit
10. 코로나19

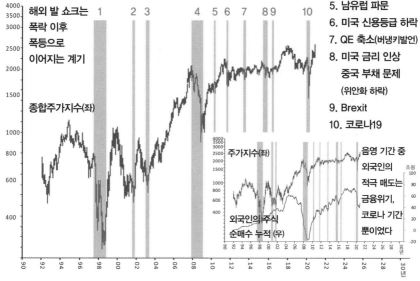

해외 발 쇼크는
폭락 이후
폭등으로
이어지는 계기

종합주가지수(좌)

주가지수(좌)

외국인의 주식
순매수 누적 (우)

음영 기간 중
외국인의
적극 매도는
금융위기,
코로나 기간
뿐이었다

나. 해외 발 경제 쇼크가 또 발생하지 않을까?

10년에 1~2 차례씩 발생한 세계적 경제 파문이 주가 폭락 야기

앞서 보았듯이 우리 주가는 해외의 정치·경제적 사건으로부터 곧바로 영향을 받았다. 문제는 큰 사건이 10년에 1~2차례씩 발생한 점이다. 즉 주기적으로 큰 문제가 발생했다.

사건 발생 시점은 대체로 10년 단위 초반 또는 후반인데, **1970년대 세계 경제 파탄은 1차, 2차 석유파동**(OPEC의 과도한 욕심과 투기) 때문이었다. **1980년대 후반에는 북미 지역에서 발생된 저축은행 파산**(부동산 투기 여파) **과 일본 경제 위축**(일본의 자산 거품과 과도했던 일본 경제 확장의 후유증)이 세계 경제에 부담을 끼쳤다. 이로 인한 세계 경제에 부정적 영향은 1990년대 초까지 이어졌다.

1990년대 후반에는 개도국의 외환위기(부채문제에서 발단)가 개도국 전체를 파국으로 몰아갔다. 이어 **2000년대 초반에는 세계적 IT 버블 붕괴**(투기로 인한 큰 후유증)가, **2000년대 후반에 미국 발 금융위기**(부채문제에서 발단)가 세계경제에 큰 부담을 끼쳤다. 또 금융위기 여진이 **2010년대 초반에 남유럽 발 파문**을 야기했다. 전혀 예기치 못한 **코로나19 사태**가 2020년에는 세계 경제를 위기에 빠뜨렸다. 이처럼 큰 부담이 10년에 1~2차례 씩 발생했다.

문제는 큰 부담 사안의 주기적 발생 여부인데, 향후에도 발생 가능성이 높을 수 있다. 물론 그간 큰 부담 사안의 주기적 발생을 이유로 향후 큰 부담 사안 발생 거론은 적절하지 않다.

그러나 그간의 큰 사건 발생 원인이 현재의 세계 경제에 내재해 있다. 예컨대 2020~21년 중 세계적인 주식 및 부동산 등 자산가격의 급등에 따른 후유증 발생 우려, 2020년 현재 GDP 대비 289.4%나 되는 세계 부채 규모는 큰 부담이다. 사실 각국의 부채가 너무나 많기에 외부 충격

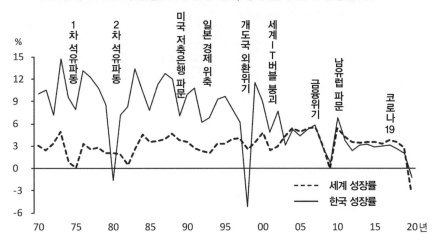

■ 10년에 1~2번씩 발생한 세계적 사건, 향후엔 무엇이 발생할까?

이 발생하면 세계 경제가 크게 흔들릴 수 있다.

게다가 1970년대 후반에 발생했던 하이퍼인플레이션(Hyper Inflation) 성격의 물가상승이 2021년에 발생했다. 질병 문제, 기후변화로 인한 자연재해도 향후에 큰 부담을 유발시킬 수 있다. 때문에 **사건 발생 시기나 사건 파장의 크기를 추정할 수는 없지만, 큰 쇼크의 재발 가능성은 적지 않다. 남유럽 사례와 같이 적어도 여진은 발생할 듯싶다.**

그러나 그럴 경우 예전 같이 기회가 될 수 있다. 경제가 악화되면 각국 정부는 온갖 수단을 동원해서 경기를 부양시키려 할 것이기 때문이다. 어찌 보면 주식투자는 위기를 활용하는 것이라 하겠다.

한편 **각국 정부는 경기 부양에 따른 부채 증가를 전혀 개의치 않을 것 같다. 늘어난 부채, 이로 인한 물가 불안 등 여러 부작용을 현 정권의 문제가 아닌 차기 정권 문제로 여길 듯**하기 때문이다.

■ 1970년 이후 세계적 주요 경제 사건과 2020년 이후 사건

앞으로 어떤 사건이 발생할까?

주요 이슈	1970년대	1980년대	1990년대
실물 경제	• 한국 포함 세계적 고성장 (그러나 종속이론 팽배로 고성장이 낮게 평가 되었다)	• 한국 포함 세계적 고성장 – 특히 한국의 두드러진 성장	• 한국 성장률, 중속으로 전환. 한국 기업 부채 과다 • 일본의 장기간 잃어버린 경기 시작
물가	추세적 고물가 Hyperinflation 이후 Stagflaion (70년대 후반)	• 기복은 있지만 추세적 물가 안정 ————	
금리	• 1950년대 초부터 상승	• 81년부터 추세적 하락 ————	
초유의 경제 사건	• 1, 2차 석유파동	• 한국은 3저 효과를 잘 활용 • 원자재 가격 하락 과정에서 자원 수출국 등 **28개 신흥 국가에서 Default 발생** • 미국, 캐나다 저축은행 위기 발생 (80년대 후반)	• **개도국 외환위기(IMF)** • 90년대 초 스칸디나비아 3개국 금융위기 발생 • 1997년 후반 한국 포함 대다수 개도국 외환위기
부채			
자산 가격		• 일본 Bubble • 선진국 주가 상승 지속	• 선진국 주가 지속 상승
산업	• 중후 장대 산업 ————		

2000년대	2010년대	2020년대 (?)
• 중반까지 Goldiloks (고성장과 물가 안정)	• 성장률, 종전 대비 둔화 • 중국, 인도 경제 비중 확대	• 성장률, 2021년 급반등 - 다만 장기 측면에서는 추세적 둔화 우려(?)
	• 금융위기 이후 대대적 경기부양 불구 절대 수준이 낮아진 세계 성장률	
────────────────→ Deflation 우려 • 각국의 통화 공급 급증 불구 세계적으로 극히 낮은 저물가		• 정상화 or Deflation 장기로는 Inflation(?) Stagflation(?)
• 초 저금리. 특히 마이너스 금리 (경제 논리로 설명 불가)		→• 금리, 초저 수준 지속(?) - 미국 2023년까지 0%금리? – 급락에 따른 반등(?)
• 08년 미국발 금융위기 - 역설적으로 각국 자금이 미국으로 유입	• 남유럽 경제위기	• 부채 증가로 Default 위험 국가 증가 가능성(?) - 위험을 처리할 최종 대부자가 있나(?)
		• 코로나19 등 질병 문제(?) • 기후변화로 인한 자연재해
• 각국 부채 급증		• 대다수 국가 부채 폭증
• 2000년대 후반 이후 각국의 주가, 부동산 가격 지속적 상승		• 자산가격, 더 상승? Bubble 와해?
──→• 벤처산업 활성화 거론	• 4차 산업 거론	• 코로나와 자연재해로 인해 주도 산업의 변화(?)

5. 동시에 진행되는 주가의 동반 등락과 주가 등락폭의 차별화

가. 국가 간 주가 동조화(동반 등락)와 등락폭의 차별화

각국 주가는 대체로 동조화한다. 즉 동일 시점에서 **각국 주가가 같이 상승하고 같이 하락한다. 주가의 국제적 동조화는 모든 국가가 개방경제를 취한 데 따라 세계 경제 부침을 같이 하기 때문**이다.

실로 세계 경제는 한 몸통이 되어 각국 경기가 좋으면 같이 좋고 나쁘면 같이 나쁜지 오래되었다. 게다가 자본시장은 이미 세계화되어 있다. 주식투자에 있어 국가 간 장벽은 엷다는 것인데, 그러다 보니 각국에서 자금 유출과 유입이 동일 시점에서 발생한다. 더구나 각국의 주식투자 관련 기준도 비슷하다. 이래서 국가 간 주가 동조화를 피할 수 없다. 물론 국가 간 등락 시차는 다소 있다.

각국 주가가 동조화하지만 등락폭 크기는 각기 다르다. 예컨대 동일 시점에서 **미국 주가가 상승(하락)할 때 우리 주가도 상승(하락)한다. 그러나 미국과 우리의 주가 등락폭 크기는 다르다.** 이 같은 양상은 미국과 한국 간 경제 격차 때문이다. 부연하면 양국 경기 모두가 좋아도 더 좋은 쪽이 있고 덜한 쪽이 있다. 그런 격차가 주가 등락폭 차이를 만든다. **주가 등락폭 차이의 누적은 일정 기간 이후 둘째 그림에서 같은 큰 격차를 만든다.** 때문에 각국 주가가 같이 등락하는 것 같지만 장기로는 완전 별개라 할 수 있다. 2021년 한국과 미국 주가 간 양태도 우측 그림의 A국가와 B국가 같았다.

국가 간 주가 차별화 거론은 장기 추세 측면에서 미국 주가 상승을 한국 주가 상승으로 여기지 않아야 하기 때문이다. 그 이유는 제8장에서 상세하게 설명한다.

■ 동일 시간대에서 각국 주가는 동반 등락 (동조화)

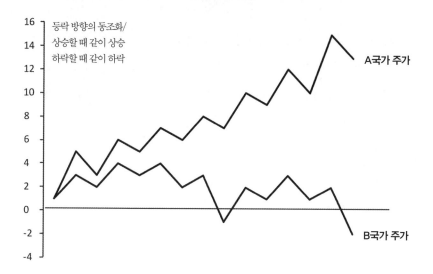

등락 방향의 동조화/
상승할 때 같이 상승
하락할 때 같이 하락

A국가 주가

B국가 주가

■ 그러나 일정 기간 경과 후 결과는 아래와 같은 차별화 발생

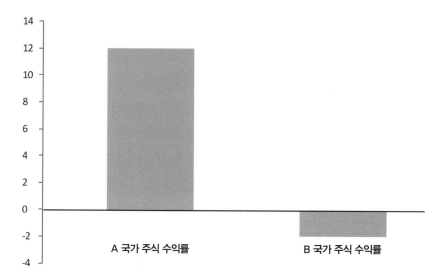

A 국가 주식 수익률

B 국가 주식 수익률

나. 개별 종목과 종합주가지수 간 동조화와 차별화

모든 주식의 주가는 동조화와 차별화를 동시에 진행

앞·뒷집 집값이 상승하면 본인 집값도 오른다. 상권(商圈) 전반이 쇠락하면 내 가게 매출도 감소한다. 이처럼 개별 단위는 큰 흐름에 종속되기 마련인데, **종목 개개의 주가는 주식시장 전반 상황에 지배를 받는다.**

즉 대다수 종목의 주가는 상승할 때 같이 상승하고 하락할 때 같이 하락한다. **종합주가지수와 개별 종목 간 동반 등락을 형상화하면 첫 그림의 세 가지 유형과 같다.** 물론 종합주가지수와 개별 종목 주가 간 방향 연동성은 예시한 유형 외에도 여러 유형이 있다. 극단적으로는 개별 종목과 종합주가지수 간 등락 방향이 전혀 다를 수 있다.

그러나 **대부분의 경우 첫 그림의 유형 1, 2, 3에서 벗어나지 않는다. 또한 유형 1, 2, 3에서 벗어나도 예외 기간은 길지 않다.**

둘째 그림은 **첫 그림 세 유형의 일정 기간 경과 후의 결과다.** (첫 그림 세 유형이 일정 기간 경과한 후의 결과를 보여준다.) 각 유형에서 종목 1은 종합주가지수와 성과의 크기는 다르지만 성과의 방향성은 같았다. 종목 2의 경우 각 시점에서 종합주가지수와 해당 종목의 진행 방향은 같았지만 누적 결과는 전혀 달랐다. 시간이 경과되면 이처럼 전혀 다른 결과가 도출되기도 한다.

통상의 경우 **차별화에 강한 부류는 이익 증가 종목군이고, 차별화에 취약한 부류는 이익 감소 종목군이다.**

■ 모든 종목 주가는 등락 방향 동조화와 차별화를 동시에 진행

- 등락 방향 동조화: 상승(하락)할 때 같이 상승(하락)
- 차별화: 주가 등락 방향이 같지만 등락 진폭은 다른 크기

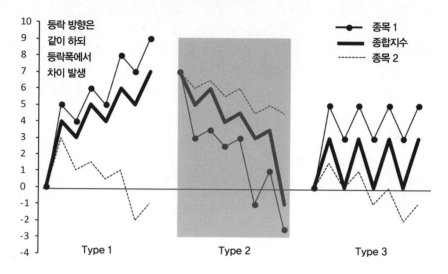

■ 등락폭 차별화로 인해 Type 1, 2, 3의 일정 기간 이후 결과

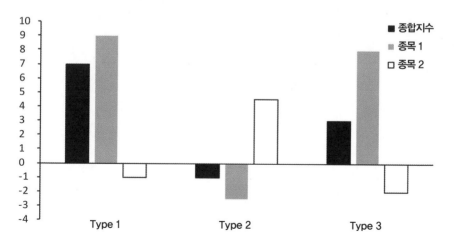

제3장

주가는 이익의 그림자일 뿐

주가는 이익의 그림자일 뿐

주가는 이익과 금리에 의해 형성된다. 물론 두 부문 이외의 요인도 주가에 영향을 미치지만, **주가 형성의 주요 요인은 이익과 금리다. 즉 이익과 금리가 주가의 큰 틀을 만들고, 여타 요인은 두 부문이 만든 주가에 일시적 영향을 미치는 부수적 사안이다.**

이익과 금리가 주가에 끼치는 영향은 다르다. **이익은 주가의 높이뿐만 아니라 주가의 방향을 결정한다. 금리는 이익이 증가할 때 이익 증가의 정도보다 주가 상승폭을 더 확대하고, 주가가 하락할 때는 이익 감소의 정도보다 하락폭을 적게 한다.** 이는 현재의 금리 수준이 워낙 낮기 때문인데, 앞으로도 주가 등락폭에 낮은 금리의 긍정적 영향은 이어질 것 같다.

그러나 금리가 주가 방향에 미치는 영향은 극히 적다. 부연하면 이익이 추세적으로 증가하지 않으면 금리가 낮아도 주가가 상승하기 어렵다. 때문에 주가 등락의 방향 추정은 이익 중심으로 이루어져야 한다.

성장률과 환율은 주가의 정·저점 추정 또는 주가의 등락 방향 설정에 있어 큰 도움 되는 지표였다. **물가도 주가, 경제, 그리고 기업의 이익에 상당히 영향을 미쳤다.** 이익, 성장률, 환율, 물가를 같이 고려하면 주가의 등락 방향 추정에 있어 신뢰가 높아질 것 같다.

1. 주가는 이익 수준보다 이익의 추세적 증감을 중시

주가 형성의 주 요인은 이익과 금리

주가와 관련된 이론은 많지만 주가를 적절하게 설명할 방법은 마땅치 않다. 예컨대 학계에서는 자본자산가격모형(CAPM, Capital Asset Pricing Model)을 중시한다. 그러나 CAPM은 자산운용 실무에서 거의 배제되어 있다. 현실과 CAPM 논리 간 간극이 커서 CAPM을 적용하기 어렵기 때문이다.

실무에서는 CAPM보다 이익할인(割引)모형을 선호한다. 이익할인모형은 가장 원론적이고 오래된 모형인데, 이 모형은 미래 각 연도의 이익을 해당 각 시점의 금리로 할인한 것이다. 단순하게 표현하면 다음과 같다.

$$주가 = \frac{\sum_{i=1}^{n} 이익_i}{\sum_{i=1}^{n} (1+금리)^i}$$

개인적으로는 이 모형을 좋아한다. 원론적이고 단순하기 때문이다. 복잡하면 실전에서 쓸 수 없다. 그러나 할인모형도 한계가 많다. 먼 훗날의 이익과 금리 추정은 불가능하기 때문이다. 사실 **주가는 추정이 불가능한 장기 이익보다 향후 1년 정도의 이익을 중시한다.** 때문에 이익과 금리로 주가를 파악하되, 향후 1년 이익 전망을 활용했으면 한다.

주가는 이익 수준보다 이익 증감 방향을 중시

이익과 금리로 주가를 판단하되 좀 더 감안할 사안이 있다. 우선 이익과 관련된 사안이다. **이익은 이익 규모인 이익 수준과 이익 증감 추세인 이익 방향 두 부문으로 나누어진다**(1장-1-가 참조). 그런데 **주가는 이익 수준**

보다 이익의 증감 추세인 이익 방향을 더 중시한다.

　실제로 **주가는 이익 규모가 작아도 이익이 추세적으로 늘어나면 상당히 상승했다.** 이익 증가 기간 중 주가의 추세적 상승은 향후 늘어날 이익이 현재의 주가 상승을 뒷받침해 줄 것이란 기대 때문이다. 즉 미래에 발생될 이익을 선반영하는 것이다. 이런 현상은 개별 종목 단위에서 더 격렬하게 발생한다.

　또한 **주가 상승이 상당 기간 지속되면 투자자들은 주가 상승이 장기간 이어질 것으로 기대한다.** 상당 기간의 주가 상승과 이익 증가로 인해 주가 상승과 이익 증가를 당연한 것으로 여기기(이것은 착각이다) 때문이다. 그 결과 **주가 상승 말기에는 통상 이익 수준보다 매우 높은 주가를 형성한다. 투기가 발생하는 것이다.** 사실 주가 상승 과정에서는 매번 투기가 발생했는데, 주식투자에서는 투기가 필연적으로 발생한다.

　때문에 **주식시장 전반이 하락으로 전환되면 주가가 엄청 하락하곤 했다.** 조만간 줄어들 이익을 늘어날 것으로 예상하고 주가가 상승했기에 충격은 클 수밖에 없다. 이래서 **이익 규모가 커도 추세적으로 이익이 감소하면 주가는 늘 크게 하락했다**(직전에 과도하게 상승했던 후유증이다).

　이익 감소 기간에 주가는 이익 수준보다 매우 낮게 형성되곤 한다. 향후 이익도 불투명할 것이라고 우려하기 때문이다. **이익이 감소하지 않고 답보만 해도 개별 종목 단위에서는 상당히 하락하곤 했다.** 이익 규모가 엄청 큰 데도 불구하고, 단지 이익 증가의 답보로 인해 주가가 상당히 하락하면 당혹스럽다. 그러나 이런 경우는 대체로 이전의 주가 상승 과정에서 이익 수준이 충분히, 또는 과도하게 반영되었을 듯하다. 이래서 이익이 답보할 때 주가가 하락하는 것이다.

　이런 점에서 보면 **주가는 페달을 계속 밟아야**(이익이 계속 증가해야) **넘어지지 않고 앞으로 나아갈 수 있는 자전거**와 같다.

앞에서 서술한 주가와 이익 간 인과관계, 즉 이익 방향(추세적 이익 증감)에 따르는 주가 추이는 첫 그림에서 볼 수 있다. 그림의 음영은 큰 구도에서 본 이익 증가 기간이다. 여백은 이익 감소 또는 답보 기간이다. 첫 그림에서 보듯 **이익 증가 기간인 음영에서 주가는 추세적으로 상승했다. 반면 이익이 감소·정체한 여백(餘白) 기간에서 주가는 하락하거나 답보했다.**

물론 음영 내에도 짧은 이익 감소 기간이 있다. 또 여백 기간에서도 짧은 이익 증가 기간이 있지만 소소한 부분 때문에 큰 구도의 이익과 주가 간 인과관계가 저해 받지 않을 것 같다. 이익과 주가 간 세세한 인과관계는 3장-3을 참조했으면 한다.

둘째 그림은 미국의 1871년부터 주가와 이익 추이를 보여준다. 음영은 큰 구도로 본 이익 증가 기간이다. **이익이 증가한 음영 기간 중 미국 주가는 추세적으로 상승**했다. 반면 여백은 이익이 감소했거나 정체된 기간이다. 여백 기간 중 미국 주가는 하락하거나 정체했다(일부 예외 존재). 양국 모두 시간대를 초월해서 주가가 이익 방향에 따라 등락했던 것이다.

때문에 주식투자에서는 무엇보다 향후 이익 증감 여부와 이익 증감 기간을 중시해야 한다. 이익 추정 없이 주식투자에 나서는 것은 별빛도 없는 밤에 산길을 걷는 것과 같지 않나 싶다.

- 음영의 이익 증가 기간에 주가는 추세적으로 상승

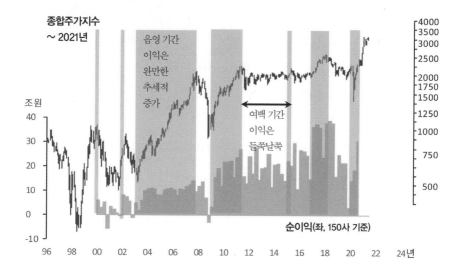

- 미국 주가는 음영의 이익 증가 기간에서 추세적으로 상승, 이익 감소·정체 기간인 여백에서 주가는 하락 내지 답보 (1871년 ~)

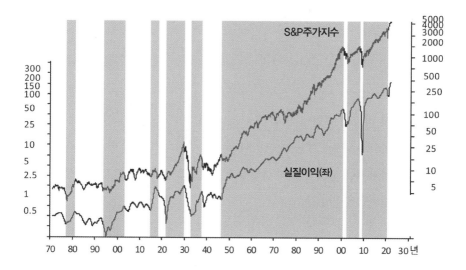

2. 주가는 이익의 계절성 때문에 계절을 탄다

통상 2분기 취약, 3분기 바닥, 4분기 상승?

첫 그림은 1990년대, 2000년대, 2010년대 각 월의 평균 종합주가지수 추이다. 다만 2000년대는 극단적인 주가 등락이 많아서 극단적 5년을 제외한 경우와 그렇지 않은 경우 둘로 나누었다.

첫 그림에서 보듯 **주가의 계절성이 뚜렷하다. 주가는 1분기 중 보합, 2분기는 4월 이후 취약, 3분기 중 바닥 형성, 4분기에 상승했다. 또한 해당 년 기준 첫 주가 고점**(주가의 첫 추세적 하락 시작)**이 3~5월에 16회나 발생했다. 월별로는 4월이 30회 중 8회로 가장 많았다.** 이래서 4월을 마(魔)의 사월(四月)이라 했다.

3~5월 중 주가의 첫 고점 형성은 이익 정점이 2~3분기에 많았기 때문인 듯하다(2000~19년 중 2분기 이익 정점이 6회, 3분기 이익 정점이 7회. 둘째 그림 참조). 통상 주가 정점이 이익 정점 2개월 전~이익 정점 1개월 후 사이에서 형성(5장-1-가-2 참조)된 것을 감안하면 3~5월 중 주가의 첫 정점 형성은 자연스럽다.

2000년 이후 1분기 이익 정점도 5회나 되는데, 5회 중 4회에 걸쳐 분기별 이익 규모가 1분기 > 2분기 > 3분기 > 4분기였다. 시간이 경과할수록 경기가 악화된 것인데, 이런 경우 연간 내내 주가 추이가 여의치 않았다. 다만 2001년 4분기 주가는 9.11 테러를 극복하기 위해 **미국 등 각국이 경기부양책을 실시한 덕에 급반등**했다. 참고로 2021년 이익도 1분기가 정점이었음을 밝힌다.

예전에 선배들이 주가가 2분기를 기점으로 하락하면 '찬바람 날 때 보자' 했다. 그런데 **실제로 8~10월에 주가 바닥이 많았다. 3분기 중반~10월 중 주가 바닥 형성의 외면적 이유는 연말 배당을 겨냥한 선취매**

■ 연중 첫 주가 고점은 4~5월, 저점은 8~10월인 경우가 많은 편

• 2000년대 A는 극단적 5년을 제외한 나머지 5년 기준

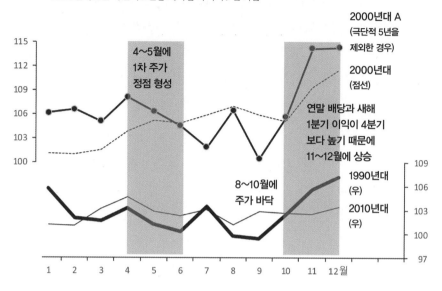

■ 이익 정점은 2~3분기에, 이익 바닥은 4분기에 많았던 편

• 이익의 계절성이 주가의 계절성과 연관된 듯

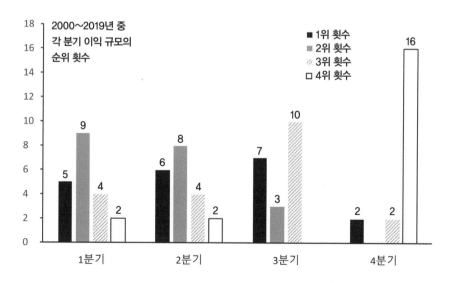

로 여겨진다.

그러나 4분기 주가를 상승시킨 가장 큰 실체는 통상 4분기 이익이 바닥이었기 때문이지 않나 싶다. 실제로 2000~19년 20회 중 4분기 이익이 16회에 걸쳐 가장 적었다(앞 페이지 둘째 그림 참조).

4분기 주가 상승을 이익 바닥과 연계시킨 것은 주가 바닥이 통상 이익 바닥 2개월 전~이익 바닥 1개월 후 사이에서 형성되기 때문이다(5장-2-가-2 참조).

그러나 연말의 주가 상승은 오래 지속되지 않았다. 사례의 30회 중 17회만 신년 1월 주가가 전년 말보다 높았기 때문이다. 요컨대 많은 경우 주가 상승의 연속성이 없었다. 이런 양상은 해당 년 4분기 주가가 해당 년 4분기와 신년 1분기 이익으로부터 영향을 받지만, 신년 1월 주가는 신년 1~2분기 이익으로부터 영향을 받기 때문인 듯하다. 신년 효과(1월 중 주가 상승)는 속설 내지 단순 기대인 것 같다.

정리하면 통상의 경우 **주가는 1분기 중 (강)보합, 2분기 중 취약, 3분기 바닥 형성, 4분기 상승(반등)으로 요약된다.** 이런 주가의 계절적 현상은 기업 이익과 수출의 계절성 등을 감안하면 자주 반복될 것 같다.

■ 각 년도의 월별 주가 추이 (월말 기준)

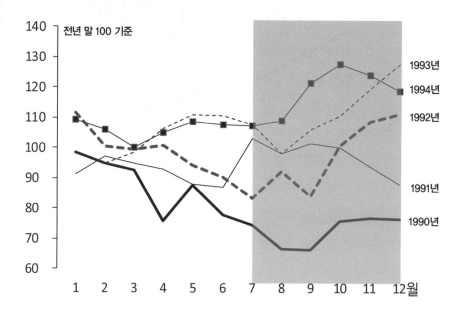

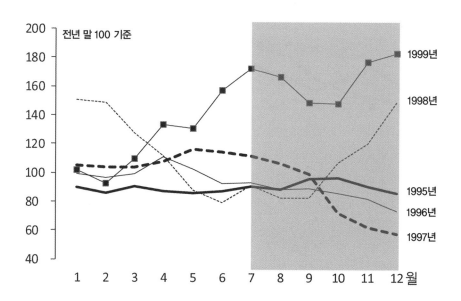

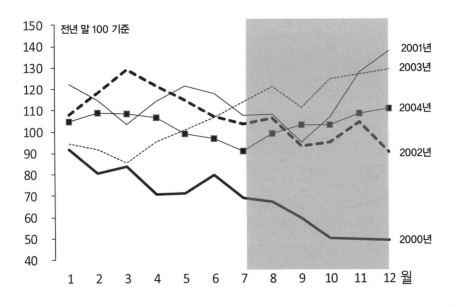

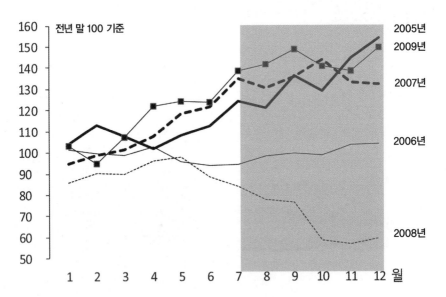

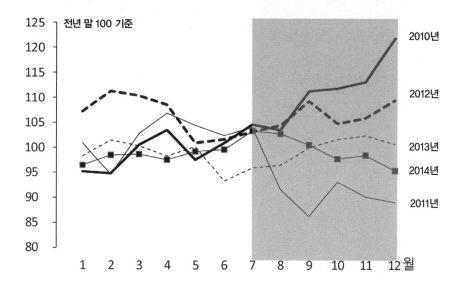

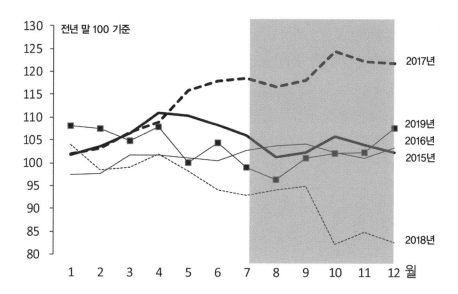

3. 주가는 늘 이익을 금리보다 중시

가. 최악 여건인 금리상승·이익감소, 그러나 당시 주가 상승

이익과 금리가 맞물린 상황은 넷으로 나누어진다. 즉 1) 금리상승·이익감소, 2) 금리상승·이익증가, 3) 금리하락·이익감소, 4) 금리하락·이익증가로 구분해 볼 수 있다.

주식시장에서 **최악은 금리상승·이익감소**가 겹친 경우인데, 금리상승·이익감소는 2000년 이후 세 번 있었다. 그런데 **당시 주가는 하락할 것이란 선입견과 달리 강보합 내지 상승했다. 금리상승·이익감소 상황과 관련하여 감안할 사안은 그 기간이 2~3개월로 짧다는 점이다. 즉 기간이 짧기에 상황 판단을 당시의 금리상승·이익감소에 국한하지 않아야 했다.**

이 관점에서 보면 금리상승·이익감소 당시 주가의 상승 내지 강보합이 이해된다. **금리상승·이익감소 직후 상황이 금리상승·이익증가로 바뀌었기 때문**이다. 실제로 기간 1~3 이후에 금리는 상당 기간에 걸쳐 상승했지만 이익은 증가했다. 즉 **긍정적으로 바뀌는 이익이 사전에 반영되어 금리상승·이익감소 당시 주가가 상승 내지 강보합을 이룬 것**인데, 통상 주가의 추세적 상승은 이익 바닥 2개월 전~이익 바닥 1개월 후 중에 시작된다. 즉 기간 1~3 당시 주가 상승·강보합은 이익 증가 직전의 통례를 따른 것이라 하겠다.

당시 각 상황을 구체적으로 살피면 음영 1에서 이익이 바닥을 형성했고, 그 이후 1년 이상 이익이 증가 내지 고원권을 유지했다. 음영 2 직후 이익은 곧 예전의 높은 수준으로 회귀했다. 음영 3 직후에서도 이익이 바닥을 형성한 이후 줄곧 증가했다. 이 같은 각 상황의 전후를 감안하면 비록 최악의 여건이었지만, 세 경우의 주가 상승·강보합은 자연스런 것

■ 최악 상황인 금리상승·이익감소 국면에서 주가는 보합 유지

• 음영은 금리상승·이익감소 국면

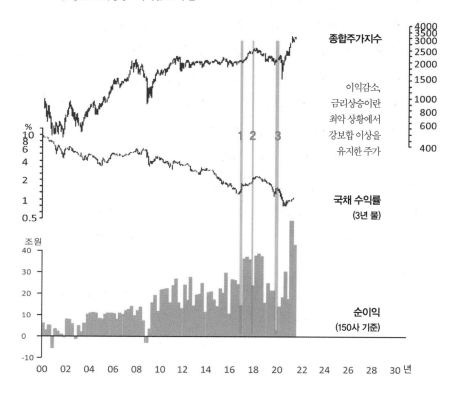

이라 하겠다. 특히 예기치 않은 코로나19 사태가 없었다면, 음영 3 이후 주가는 줄곧 상승을 이어갔을 것 같다. 이익이 계속 증가했기 때문이다.

정리하면 최악의 기간은 매우 짧았다. 때문에 상황 판단을 당시의 금리상승·이익감소 기간에 국한해서 할 것은 아니었다. 사례에서 당시 주가는 곧 있을 이익 증가를 반영해서 상승·강보합을 유지했다. 주가가 이익을 금리보다 중시했던 것이다. 한편 금리상승·이익감소 상황은 발생하기 어려운 예외로 취급할 수 있다. 발생 빈도가 세 번뿐이고 무엇보다 기간이 짧기 때문이다.

나. 최적 여건인 금리하락·이익증가 - 주가 하락 징후?

주식시장에서 **최적 여건은 금리하락·이익증가**가 겹친 경우다. 금리하락·이익증가는 2000년 이후 세 번 있었는데, 해당 기간 중 주가의 큰 흐름은 일반적 추론과 달리 하락 내지 답보했다. 다만 음영 3은 예기치 않은 코로나로 인한 하락이어서 음영 1, 2와 달리 볼 수 있다.

최적 여건인 금리하락·이익증가와 관련하여 감안할 사안은 발생 빈도도 작지만 **그 기간이 3~5개월로 짧은 점**이다(이례적 상황이라 할 수 있다). **기간이 짧기에 상황 판단을 당시의 금리하락·이익증가에 국한하지 않고 그 이후의 상황까지 고려**해야 한다. 그런데 금리하락·이익증가 기간 직후 상황은 금리하락·이익감소로 바뀐다. 즉 금리하락·이익증가에도 불구하고 당시의 취약한 주가 흐름은 곧 있을 이익 감소를 반영한 것이라 하겠다. 당시 개별 상황을 살펴본다.

음영 1(음영 전반에 주가 상승, 후반에 주가 급락)**은 이익 정점 전후인데, 음영 1 이후 이익은 세 분기 연이어 감소했다. 음영 2**(급락 이후 반등으로 기간 전체는 약보합) **경우는 음영 이전에 이익이 정점을 형성했다. 즉 음영 2에서 이익 증가는 일시적이었다**(이익 쌍봉). 또 음영 2 이후 이익은 연이어 감소했고, 급기야 2008년 4분기 이익이 '마이너스'를 기록했다. 통상 이익 정점 전후에서 주가의 하락 전환을 감안하면 음영 1, 2에서 취약한 주가는 당연한 것이었다.

한편 **음영 3 기간 중 주가는 급락했지만 음영 1, 2와 달리 곧바로 급상승했다. 음영 3 이후의 이익이 음영 1, 2 이후와는 달리 줄곧 증가했기 때문이다.** 사실 코로나19 사태가 없었다면 음영 3에서 금리는 그렇게 심하게 하락하지 않았을 것이다. 코로나19 사태가 발생하지 않았다면 한국은행이 기준금리를 크게 인하하지 않았을 것이기 때문이다. 즉 음영 3은 음영 1, 2와 같은 금리하락·이익증가 경우에 해당된다 할 수

■ **최적 상황인 금리하락·이익증가 국면에서 주가 하락**

• 음영은 금리하락·이익증가 국면

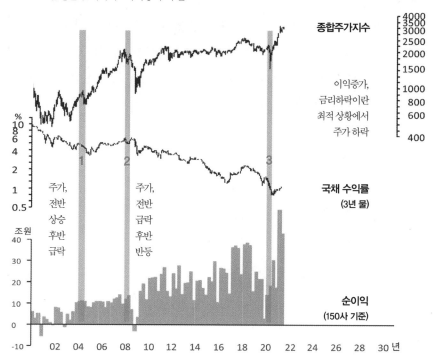

없다. 예외라 하겠다.

정리하면 음영 1, 2의 금리하락·이익증가 기간은 짧다. 때문에 상황 판단을 금리하락·이익증가에 국한할 것 아니라 전후 상황을 감안해서 해야 한다. 이 관점에서 보면 **금리하락·이익증가 기간의 주가 하락은 곧 있을 이익 감소를 반영한 것이다. 결국 당시 주가는 금리보다 이익 추이에 따라 반응했다고 하겠다.** 두 경우뿐이어서 일반화시킬 수 없지만, **금리하락·이익증가는 주가 상승 종료 징후**인 셈이다. 한편 금리하락·이익증가의 경우도 발생하기 어려운 예외로 취급할 수 있다. 발생 빈도가 적고 기간이 짧기 때문이다.

다. 금리상승·이익증가 기간 중 주가는 추세적으로 상승

금리상승·이익증가 기간 중 주가 추이는 3장-1의 "주가는 이익 수준보다 이익의 추세적 증감을 중시", 그리고 3장-4의 "주가에 있어 금리는 무엇일까?"에서 살펴볼 수 있다. 다만 3장-1에서는 주가의 정·저점을 기준으로 이익 추이를, 3장-4에서는 금리의 정·저점 기준으로 이익과 주가 추이를 파악한 것과 달리 여기서는 금리와 이익 두 부문을 동시에 감안해서 주가 추이를 파악했는데, 결론은 같다.

그림의 **음영은 금리가 상승하지만 이익은 증가하는 기간**인데, 세분하다 보니 3장-1, 3장-4에서보다 사례가 많아졌다. 예컨대 음영 6의 기간은 매우 짧지만 다양한 사례 때문에 기록했다.

금리상승·이익증가의 경우는 각 상황을 일일이 기술할 필요가 없다. 그림의 음영 기간에서 보듯 **금리상승·이익증가 당시 주가는 모두 상승**했기 때문이다. 부연하면 **이익 증가가 금리 상승이란 부담을 상쇄·압도해서 주가가 상승했다.** 때문에 이익이 주가 방향을 결정했다고 할 수 있다.

특히 음영 기간 모두에서 주가가 상승하기도 했지만, 이익증가·금리상승 기간이 상당히 긴 편이다. 또 사례도 다양해서 이익이 주가 방향을 결정한다는 믿음을 두텁게 한다.

■ 음영의 금리상승·이익증가 국면에서 주가는 상승

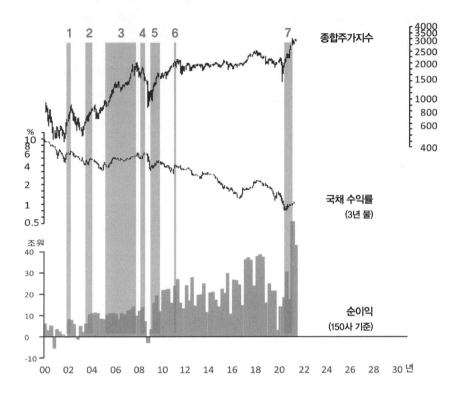

라. 금리하락·이익감소(정체) 기간 중 주가는 하락 내지 정체

우측 그림의 음영은 금리가 하락하지만 이익이 감소·정체할 때다. 초점은 이익이 여의치 않아도 금리가 하락하면 주가가 상승할지 여부다. 결론부터 언급하면 **금리가 하락하지만 이익이 감소하거나 정체된 상황에서 주가는 하락했거나 정체했다.**

부연하면 **금리 하락은 주식 가치를 제고시키지만 이익 감소는 주식 가치를 하락시킨다. 그런데 양자(兩者) 합(合)의 결과는 주가에 '마이너스'였다.** 특히 음영 5(2011~16년)에서 이익은 정체했지만, 당시 금리의 하락 속도는 매우 빨랐고 오래 지속되었다. 주가를 이익/(1+금리) 관점에 보면 이익이 정체했지만 금리가 빠르게 하락했으니 주가는 상승할 만했다.

그러나 당시 주가는 상승하지 못했다. 다만 일정 폭 내에서 등락을 반복했다. 그 결과 박스권 장세가 5년 넘게 이어졌다. 이는 이익이 늘지 않으면, 금리가 하락해도 주가 상승이 어렵다는 점을 시사한다. 그만큼 **주가는 이익 방향**(이익의 추세적 증가 여부)**을 중시**했던 것이다.

물론 음영 3의 금리하락·이익감소 기간에 주가가 상승했다. 그러나 음영 3 기간은 매우 짧고, 음영 3 후반의 주가 상승 시점은 이익 바닥 직전이었다. 이익 바닥 직전의 주가 상승은 자연스런 사안이기에(5장-2 참조) 음영 3에서 주가 상승은 의외이지 않다. 즉 음영 3에서도 주가는 금리보다 이익을 중시했다.

한편 **금리하락·이익감소**(정체) **기간은 4개 국면**(금리상승·이익감소, 금리상승·이익증가, 금리하락·이익감소, 금리하락·이익증가) **중 가장 길다.** 물론 주가가 고통을 인내하고 추후에 상승했지만 고통스런 기간이 즐거웠던 기간보다 긴 셈이다. 실로 주식투자는 인내와의 싸움이라고 하겠다.

이상의 네 국면을 정리하면 **이익증가·금리상승, 이익감소·금리하락이 일반적 상황이고, 이익증가·금리하락, 이익감소·금리상승은 발생 빈**

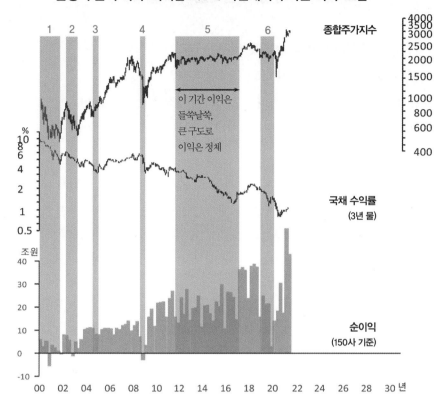

도가 낮은 일시적 현상이었다. 또 주가 방향(주가의 추세적 등락)은 금리나 이익 수준보다 이익의 방향성(이익의 지속적 증감 여부)을 더 중시했다. 때문에 향후 주가의 상승 여부는 향후 기업 이익(이익 추정치)의 추세적 증감 여부로 판단해야 하겠다.

경험에서 보면 주가는 현 시점으로부터 향후 12개월 간 이익을 중시했다. 또 3분기 이상 연이어 이익이 증가할 때 주가가 크게 상승했다. 2020년 3월 이후 주가 급등이 대표적인 사례다.

4. 주가에 있어 금리는 무엇일까?

가. 주가의 등락 방향(추세)을 못 바꾸는 금리
금리가 상승해도 이익이 증가하면 주가 상승 지속

주식시장에서는 금리가 낮아지면 주가의 추세적 상승을 기대한다. 반면 금리가 상승하면 주가 하락을 우려한다. 그러나 이는 지나친 기대이거나 우려이지 않나 싶다.

우선 금리 상승을 지나치게 우려하지 않았으면 한다. 실로 금리가 하락하다가 또는 낮은 수준에 있다가 상승하면 주가는 화들짝 놀란다. 특히 오랫동안 낮은 금리 상태에서 주가가 상승했었다면 정책 금리 인상이나 시중금리 상승을 매우 부담스럽게 여긴다. 2021년 1분기 시중금리 상승 때 주가 반응이 그러했다. 그간의 주가 상승을 낮은 금리 덕으로 여겼기 때문이다.

특히 2021년 1분기 시중금리 상승이 미국 쪽에서부터 거론되었기에 주식시장은 긴장했다. 금리 상승 기간 중 외국인은 통상 주식을 매도했기 때문이다(3장-9-가 참조).

그러나 **금리가 상승해도 이익이 증가하면 주가는 통상 추세적 상승을 이어갔다. 그 사례가 그림의 음영 1, 2-1, 3의 주가 추이다.** 당시 주가는 금리 상승에도 불구하고 상승했다. 상승했다는 정도에 그치지 않았다. **주가 상승 기간도 길었고 상승폭도 컸다.** 예컨대 음영 2-1 경우 금리 상승 기간이 35개월이나 된다. 금리도 회사채 수익률 기준 3.73%에서 6.16%로 뛰어올랐다. 그러나 그 기간 중 주가는 148%나 상승했다. 다만 기간 2의 후반인 2-2에서 주가가 하락했는데, 당시는 미국 발 금융위기를 겪던 기간이었다.

금리의 상승에도 불구하고 음영 1, 2-1, 3에서 주가 상승은 앞 페이지

■ 음영 같이 금리가 상승해도 주가 상승 기간은 길었다.

• 금리가 상승해도 이익이 증가하면 주가는 상승했다.

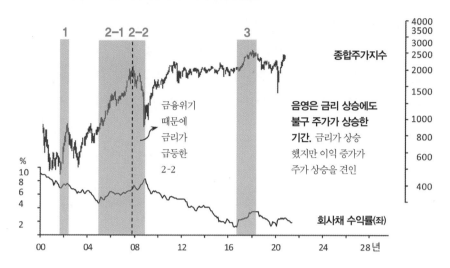

■ 위 그림과 동일 기간인 음영의 금리 상승 기간 중 이익은 증가

• 금리 상승 후반부인 기간 2-2에서는 이익 둔화·감소

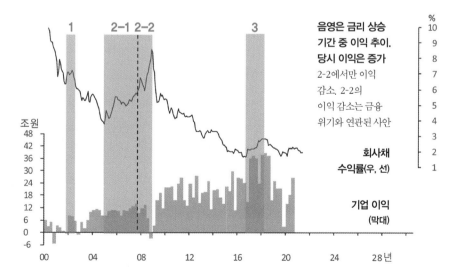

둘째 그림에서 보듯 금리 상승 기간에 이익이 증가했기 때문이었다. 다만 기간 2-2에서 이익은 미국 발 금융위기 여파로 인해 답보·감소했고, 이 때문에 주가가 폭락했다.

정리하면 앞 페이지 그림의 기간 1, 2-1, 3의 금리 상승 기간 중 주가 상승은 이익 증가란 긍정적 부분이 금리 상승이란 부정적 부분보다 더 부각되었기 때문이었다. 즉 **주가는 이익 증가를 금리 상승보다 더 중시**했던 것인데, 세 경우는 이익 감소가 곧바로 종합주가지수를 하락시킨 것과 대비된다. 이러한 점 감안하면 **금리 방향과 주가 방향 간 연관성은 낮다**고 하겠다.

금리가 하락해도 이익이 감소·정체하면 주가도 하락·정체

금리가 하락할 때도 주가 방향에 금리의 영향력은 거의 없었다. 우측 그림의 음영은 2000년 이후 주목되는 다섯 번의 주가 하락 기간이다. 기간을 더 세분할 수 있지만 큰 구도 중심으로만 국한했기에 5회로 했다.

5회의 주가 하락 기간(음영 기간) **중 기간 3에서만 금리가 상승했다.** 기간 3에서 금리 상승은 **미국 발 금융위기** 때문이었다. 당시는 각국 모두가 위기의 정도를 전혀 가늠할 수 없었다. 때문에 세계적으로 다급한 자금 수요가 급증했다. 이런 상황에서는 부도를 막는 것이 최우선 과제인데, 우리도 이런 여파를 피할 수 없었다. 그 결과 우리 금리도 급등했다.

그러나 **나머지 네 음영의 주가 하락 기간에서 금리는 하락했다.** 특징은 **금리하락·주가하락**(답보 포함) **기간이 매우 긴 점**이다. 이 경우 가장 짧은 적이 기간 2인데, 그래도 그 기간은 12개월이나 된다.

금리 하락에도 불구하고 주가가 답보했던 기간 4는 무려 5년 7개월이나 된다. 5년 7개월 간 금리가 회사채 수익률 기준 4.54%에서 2.15%로 2.39%p나 하락했지만, 즉 금리가 절반 이하로 떨어졌지만 주가는 줄곧

■ 금리 하락이 상당 기간 진행된 이후 주가 상승 시작

• 음영은 주가하락·정체 기간이다. 주가의 하락·정체 기간 중 금리는 추세적으로 하락했다(기간 3 제외).

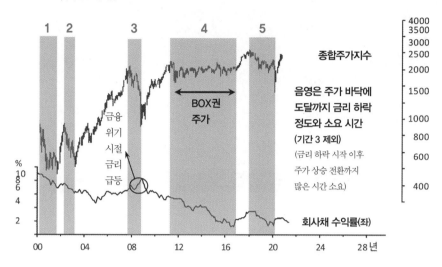

제자리 뜀뛰기만 했다.

기간 5의 경우도 금리가 하락을 시작한지 2년 지나서야 주가가 상승했다. 당시 회사채 수익률은 2.86%에서 1.63%로까지 하락했고, 예금금리는 0%대로 떨어졌다.

요컨대 **금리가 오랫동안 대폭 하락한 이후에야 주가가 상승했다. 장기간 금리 하락 이후 주가 상승은 금리 하락의 경기 자극까지 시간 소요가 상당함을 뜻한다.** 결국 이런 사례들은 금리 방향과 주가 방향 간 연관성이 적다는 것을 뜻한다. 때문에 이익이 여의치 않는 상황에서는 금리 하락을 주가 상승의 계기로 여기지 않아야 한다.

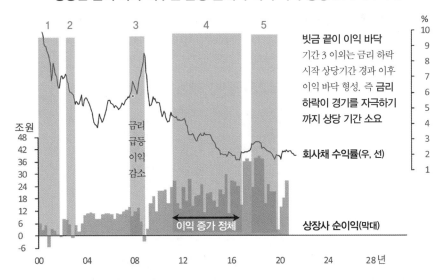

■ **상당한 금리 하락 이후인 음영 끝에서 이익 바닥 형성** (경기 회복 시작)

빗금 끝이 이익 바닥
기간 3 이외는 금리 하락
시작 상당기간 경과 이후
이익 바닥 형성. 즉 **금리
하락이 경기를 자극하기
까지 상당 기간 소요**

회사채 수익률(우, 선)

금리
급등
이익
감소

이익 증가 정체

상장사 순이익(막대)

조원 %

실제로 **금리 하락 이후 이익 증가까지 시간이 많이 소요된다.** 위 그림의 음영은 앞 페이지 그림의 음영 기간(주가하락 기간)인데, **음영 기간 중 금리는 줄곧 하락(기간 3 제외)했지만 기업 이익은 여의치 않았다.** 금리가 하락했다고 이익이 곧바로 늘지 않았던 것이다.

사실 **금리가 하락하고 금리 수준이 낮아도 기업 이익이 줄면** 주식 매입이 꺼림칙하다. **기업들이 여전히 부실**하기 때문인데, 실로 경기수축이 진행 중일 때 주식 매입은 무모하다. 통상 주가는 이익 바닥 직전까지 여의치 않았기 때문이다. 지나친 우려이겠지만 기업 이익이 줄면 부도 위험에 직면할 수도 있다. 이래서 투자자들은 기업 이익의 회복 가능성이 높아질 때(이익 바닥 2개월 전)까지 금리가 낮더라도 주식 매입을 꺼려했다. 정리하면 **금리 등락 방향이 주가의 등락 방향에 미치는 영향은 극히 적다는 것**이다. 때문에 금리 추세의 상승·하락 전환을 곧 주가의 하락·상승으로 여기지 않았으면 한다.

나. 금리는 이익 증가 기간 중 주가 상승을 증폭시키는 촉매

이익 증가 정도보다 주가를 더 크게 상승시키는 금리

금리가 주가의 등락 방향에 미치는 영향은 적지만 주가 등락폭에 대한 영향은 크다. 금리의 주가 등락폭에 미치는 영향은 이익이 증가할 때 주가가 이익 증가의 정도보다 더 큰 폭으로 상승한 점에서 확인할 수 있다. 주가가 이익 증가뿐만 아니라 당시의 낮은 금리까지 반영했기에 이익 증가의 정도보다 주가가 더 상승했던 것이다.

실로 이익 증가만큼만 주가가 상승하고, 이익 감소만큼만 주가가 하락한다면 PER(주가/1주당순이익)은 이익 증감 여부와 관계없이 항시 같아야 한다. 즉 주가가 상승하든 하락하든 PER은 늘 일정해야 한다. 그러나 **이익 증가 국면에서 PER은 통상 상승했다.** 다음 페이지 그림의 음영은 주가 상승 기간인데, 실은 이익 증가 기간이다. 이익이 증가했기에 주가가 상승한 것인데, **음영 기간 중 PER은 내내 상승했다. 이익 증가폭보다 주가 상승폭이 더 컸던 것**이다. 이는 주가가 이익 증가와 낮은 금리를 동시에 반영했다는 반증이다.

대략 금리(이자/원금) ≒ 1/PER(1주당순이익/주가)로 여겨진다. 때문에 금리에 걸맞는 PER이 형성되어야 한다(이자는 1주당순이익, 원금은 주가에 해당). 예컨대 금리가 2%이면 PER은 50배(1/0.02), 금리가 3%이면 PER은 33배로 가정할 수 있다.

그러나 주식은 위험자산이기에 PER은 항시 금리 대비 낮은 수준이었다(예를 들어, 증권거래소 기준 2019년 종합주가지수 PER은 18.2배. 당시 회사채 수익률은 1.937%였다). 때문에 위험을 줄여주는 긍정적 자극이 발생하면 PER이 상승할 수 있는데, 이래서 이익 증가 기간에 PER이 빠르게 상승했다. 즉 이익 증가 기간에 주가는 낮은 금리 덕에 이익 증가 정도보다 더 큰 폭으로 상승했다.

이익 증가 구간에서 금리의 주가 상승폭 확대는 금리가 하락하기 시작한 1981년부터였다. 이는 1980년대 초반과 2020년 PER 비교에서 확인할 수 있다. 1981년의 시장 PER은 2.5~3배이었고, 당시 회사채 수익률은 30% 내외였다. 그러나 2019년 말 현재 회사채 수익률은 1.93%이고, PER은 15배(향후 1년간 이익 기준)이다.

40년이 소요되었지만 금리 하락에 따라 PER이 다섯 배 이상 높아진 것이다. PER 다섯 배 상승이란 1주당 순이익 1000원 기준, 1980년대 초에 2500~3000원 하던 주가가 2019년에는 1만5000원으로 높아진 것이다. 이익은 동일한데 주가가 올랐으니 이를 금리 효과로 밖에 볼 수 없다.

한편 금리 하락은 돈 가치의 하락을 뜻하는데, PER 상승은 돈 가치의 하락(물가상승)을 반영한 것으로도 볼 수 있다. 참고로 1979년 말 대비 2019년 말 현재 소비자물가는 5.6배 상승했는데, 물가상승 정도는 동일 기간 중 PER의 5배가량 상승과 비슷하다.

이익 감소 대비 주가 하락 정도를 적게 하는 금리

우측 그림의 여백은 주가 하락·정체 기간이다. 각 여백의 전반부에서 PER은 대체로 상승했다. 이는 이익 감소 정도보다 주가 하락 정도가 작았거나 주가가 정체했기 때문이다. 이익 감소 대비 적은 주가하락·주가 정체는 주가 대비 높은 자산 가치와 낮은 금리 두 요인 때문으로 추정된다. 이처럼 금리는 주가가 하락할 때 주가 하락폭을 작게 하는 촉매였다.

다만 **여백 후반부에 짧은 기간 동안 PER이 낮아졌다. PER 하락은 이익이 증가했기 때문이 아닌 주가 하락폭이 이익 감소폭보다 컸기 때문**인데, 통상 주가 하락 말기에는 심한 공포로 인해 주가가 폭락하곤 한다. 그 결과 주가 하락 후반에 PER이 자주 하락했다. 그러나 그 공포 기간,

■ 음영의 주가 상승 과정에서 PER 상승은 주가가 이익 증가뿐만 아니라
낮은 금리까지 반영하기 때문

• 여백 기간(주가 하락) 후반부의 PER 하락은 이익 감소 정도보다 (공포로 인해) 주가 하락이
더 컸기 때문인데, 다만 기간은 짧은 편이다.

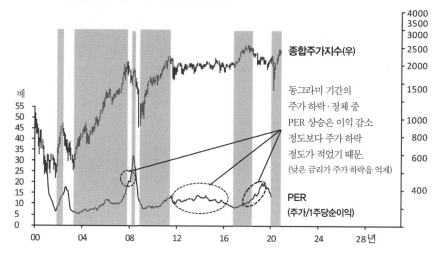

즉 낮은 PER 기간은 짧았다(6장-15 참조).

정리하면 **금리가 주가 방향에 미치는 영향력은 작다.** 즉 금리가 상승
(하락)했다 해서 주가가 추세적으로 하락(상승)하지 않는다. **그러나 금리는
주가의 등락폭에 늘 긍정적인 영향을 끼쳤다. 요컨대 이익이 증가하면
주가는 이익 증가뿐만 아니라 낮은 금리 수준까지 반영한다. 또 금리는
주가가 하락할 때 이익 감소 정도보다 하락을 덜하게 한다.**

이러한 금리의 주가 등락폭에 긍정적 영향은 금리 수준이 워낙 낮기
때문이다. 향후 금리가 상승해도 금리 수준이 워낙 낮기에 이익이 증가
하면 주가는 이익 증가 정도보다 더 상승할 것 같다.

다. 미국 주가도 금리 등락보다 이익 증감에 따라 등락

물가 불안이 커지면 금리 상승 가능성도 높아지기 마련

금리 상승은 대체로 세 경우 때문에 발생한다. 첫째는 물가가 상승할 때다. 둘째는 경기가 확장 후반기를 넘어 쇠퇴기로 접어들 때다. 이때는 경우에 따라 부도 위험이 커지는데, 부도 위험이 커지면 금리는 상당히 상승한다.

셋째는 경기가 침체에서 벗어나면서 지나치게 낮았던 금리가 정상화되는 경우다. 예컨대 미국의 중앙은행인 FRB는 (사실은 모든 국가가 동일) 미국의 경기침체가 해소되었다 싶으면 각국 금리에 큰 영향을 끼치는 미국의 기준금리를 인상하거나 통화정책을 바꾸었다. 2021년에도 경기가 회복되고 물가가 불안해지는데 따라 주식시장에서는 금리 상승을 우려했다. 특히 우측 그림에서 보듯 미국 기준금리는 인상이 시작되면 상당히 상승했기에 우려가 컸다.

금리 급상승 불구, 이익이 증가하면 미국 주가는 상승

그러나 **경기가 확장되면, 즉 이익이 증가하면 금리 상승이 주가에 미치는 부정적인 영향은 미국에서도 일시적이고 미미**했다. 단적인 사례가 다음 페이지 그림의 '가'와 '나'의 경우다. 당시 상당한 금리 상승이 있었지만 주가는 다소의 기복을 겪은 이후 상승을 이어갔다.

우선 '가'(2013년 6월)의 경우 FRB 의장인 버냉키가 단지 통화 공급을 확대하지 않겠다고 했을 뿐인데도 유통 금리가 급등했다. '나'는 2016년 말 미국의 기준금리 인상을 앞두고 2016년 6월부터 유통 금리의 급상승이다. **당시 두 경우의 기간 대비 금리 상승 속도는 1980년 이후 가장 빨랐는데 금리는 거의 수직 상승했다.**

이로 인해 채권 가격이 폭락했다. 당시의 세계적인 금리 급등으로 인

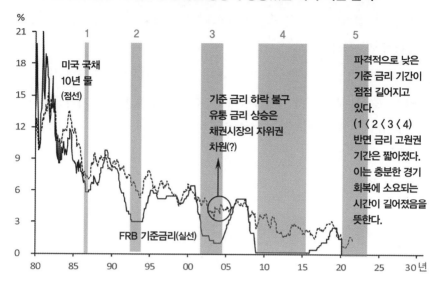

■ 금리가 상승 쪽으로 반전되면 상당히 상승했던 미국 기준 금리

해 우리 증권시장에서도 채권뿐만 아니라 ELS 등 여러 금융상품에서 큰 손실이 발생했다.

이처럼 **채권시장이 어수선해지면 미국 주식시장이 긴장한다.** 주식시장은 늘 금리 상승을 부담스럽게 여겼기 때문이다. 실제로 당시 **금리가 가파르게 상승하자 일일 단위로 주가 기복이 심했다.** 그러나 당시 주가는 일시적 소폭 하락에 그쳤다. 주가가 별달리 흔들리지 않았던 것은 당시 기업 이익 증가 때문인데, 2013년 5월 22일~6월 24일 중 S&P500의 하락률은 7.5%(장중 최고 최저 대비)에 불과했다. 2016년에도 S&P500은 8월 15일~11월 3일 중 5.1% 밖에 하락하지 않았다. 요컨대 두 경우의 주가는 두 달 내외에서 소폭 혼선을 겪은 후 기업 이익 증가에 힘입어 줄곧 상승했다.

상기의 두 경우는 금리가 상승하더라도 이익이 증가하면 주가가 상승했던 일반적 사례의 일부인데, 우측 첫 그림의 음영 1~8은 기간 2를 제외하고 금리가 상승했지만 주가가 상승했던 기간이다. 기간 2에서도 주가가 하락하지는 않았다. 기간 2 전반에 주가가 다소 하락했으나 곧 반등했기 때문이다.

8회의 금리 상승 국면에서 7번이나 되는 주가 상승은 둘째 그림의 음영 1~8에서 보듯 당시 이익이 증가했기 때문이다. 즉 **이익 증가가 금리 상승이란 부담을 제압하고 주가를 상승으로 이끌었다.** 미국 주가도 우리 경우와 같이 금리보다 이익을 더 중시했던 것이다. 때문에 금리 상승을 곧바로 주가에 부담으로 볼 것은 아닌 듯싶다.

금리 하락 불구, 이익이 감소하면 하락했던 미국 주가

두 그림의 사선(斜線) A~E는 주가 하락 기간이다. 첫 그림에서 보듯 당시 금리는 추세적으로 하락했다. 특히 기간 B, C에서 금리 하락 기간은 길었고 금리 하락폭도 컸다.

그러나 당시 주가는 추세적으로 하락했다. **주가 하락은 미국 기업의 이익이 둘째 그림의 A~E에서 보듯 줄거나 정체했기 때문**이다. 즉 금리가 하락해도 이익이 여의치 않으면 기업의 부실화 우려를 불식시킬 수 없었던 것이다. 결국 그간 우리와 미국 모두의 주가 흐름이 금리 등락보다 이익 증감에 의해 이루어졌다 하겠다.

한편 기업 이익의 정·저점과 주가의 정·저점 간 시점은 꼭 일치하지 않았다. 주가의 선행성, 당시 주가의 과열·폭락 정도가 각 시점마다 다르기 때문이다. 그러나 지나치게 경제 변수 간 시차 일치에 연연해 할 것은 아닌 듯하다. 그 시차가 그리 크지 않기에 정확한 시차 일치에 집착하지 않았으면 한다. **주가의 마지막 행태**(주가의 정·저점 형성)**는 주가의 기술적 측면에서만 설명이 가능하지 않나 싶다.**

■ 1~8에서 금리 상승 불구, 미국 주가 상승. 이는 당시 이익 증가 때문

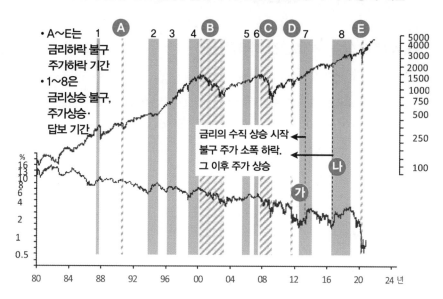

- A~E는 금리하락 불구 주가하락 기간
- 1~8은 금리상승 불구, 주가상승·담보 기간

금리의 수직 상승 시작 ←
불구 주가 소폭 하락. ←
그 이후 주가 상승

■ 1~8은 윗 그림의 금리 상승 기간. 당시 이익은 증가

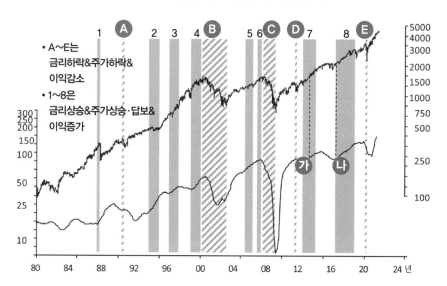

- A~E는 금리하락&주가하락&이익감소
- 1~8은 금리상승&주가상승·담보&이익증가

5. 금리의 과거와 미래

가. 41년간 상승 후 40년간 하락한 금리

1980년대 초반부터 추세적으로 하락한 금리

1980년대 초반 이전까지 미국의 금리는 41년간 상승했다. 실제로 1941년 1월 1.95%이었던 미국의 국채 수익률(10년 물 기준)이 그 이후 줄곧 상승해서 1981년 9월에는 바닥 대비 7배 이상 뛴 15.3%가 되기도 했다.

금리 상승의 원인은 물가상승이었다. 둘째 그림에서 보듯 1940년대부터 물가가 불안했는데, 그래도 금리는 1950년대 중반까지 완만하게 상승했다. 그러나 결국 물가상승 압박을 견디지 못하고 1950년대 중반부터 금리가 급등했다. 특히 1970년대 물가 급등이 금리를 크게 자극했다. 두 차례 유가 파동으로 인해 1972년 말 배럴 당 1.87달러였던 유가가 1979년 11월에 40달러를 넘어선 점이 큰 부담이었다.

물가가 폭등하니 세계적으로 경기가 엄청 악화되었다. 그때까지 경제학 교과서에 없었던 스태그플레이션(Stagflation, 물가 급등 속에 경기침체까지 발생하는 최악의 상황) 현상까지 발생했다. 이로 인해 우리의 회사채 수익률도 32%까지 상승했다.

다행히 1980년대 초반 이후 금리가 빠르게 안정되었다. **세계 경기 후퇴**(석유 수요 감소 요인)**로 인한 유가 폭락과 고금리가 물가를 안정**시켰기 때문이었다. 1980년대 금리 하락 속도는 1970년대 금리 상승 속도와 비슷했다. **금리가 빠르게 상승한 만큼 하락할 때도 빠르게 하락**한 것이다. 이처럼 가격 추이는 대칭적인 경우가 많다.

■ 1980년대 초반 이후 추세적으로 하락한 금리

• 금리는 41년 간 상승 이후 40년에 걸쳐 하락

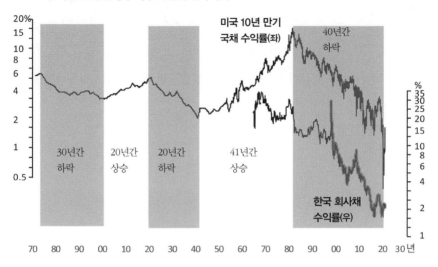

■ 물가 추이에 따라 등락한 금리

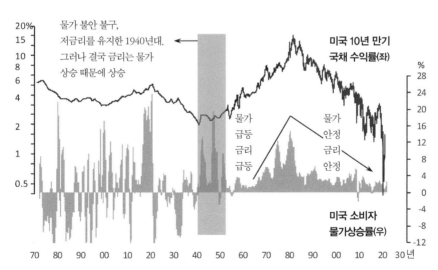

나. 지나치게 낮은 2020~21년 금리는 상승 압박받을 듯

성장률과 물가 대비 극히 낮은 2020~21년 금리 수준

2020~21년에 각국은 소모성 정책자금을 많이 풀었고 금리를 크게 낮추었다. 코로나19로 인해 어쩔 수 없었지만 **2020~21년 금리 수준이 너무 낮았다. 통상 금리 높이는 물가와 성장률의 합(合) 또는 명목성장률 수준**으로 여기기 때문이다.

사실 미국의 금리 수준은 1990년대 중반까지 성장률과 물가의 합보다 높았다. 예컨대 1990~94년 중 10년 만기 국채 수익률 평균은 7.3%로, 물가와 성장률 합 6.1%보다 높았다.

그러나 그 이후 금리는 성장률과 물가의 합보다 낮아졌다. 실제로 2010~14년 중 10년 만기 국채 수익률 평균은 2.5%로, 물가 또는 성장률 중 어느 한 변수보다 약간 높은 수준이었다. 2015~19년 금리는 2010년대 전반부보다 더 낮아져 10년 만기 국채 수익률 평균이 2.2%로 떨어졌다. 또한 **2020년 9월 현재 10년 만기 국채 수익률은 0.68%에 불과해서 소비자물가상승률 1.4%**(전년 동기 대비)**보다 낮았다.**

우리 금리도 1990년대까지는 성장률과 물가의 합 수준 내외에서 형성되었다. 예컨대 1980~84년 중 성장률과 물가의 합은 20.3%, 회사채 수익률은 20%였다. 또 **1995~99년 중 성장률과 물가의 합은 10.4%, 회사채 수익률은 12.6%였다. 이때까지만 해도 금리는 물가를 보상하고 자본의 생산성을 인정했다.**

그러나 2000년대 회사채 수익률은 성장률과 물가의 합보다 낮았다. 2000~04년 중 성장률과 물가의 합은 9.3%였지만, 회사채 수익률은 6.6%, 3년 만기 국채 수익률은 5.6%에 그쳤다.

■ 2005년 이후 물가 수준 내외로 낮아진 미국 금리

• 금리 수준이 물가상승률 내외이면 세금, 거래 비용 등 때문에 실질 금리는 마이너스가
된다. 이렇게 금리가 낮아지면 투기가 발생한다. 다만 투기 발생 시점은 기업 이익이
증가할 때이다.

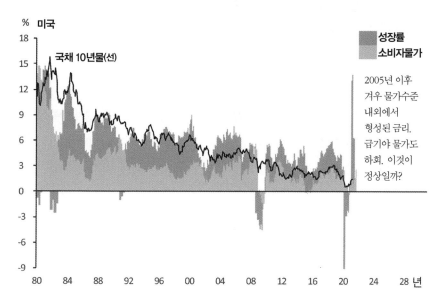

■ 성장률과 물가 대비 지나치게 낮아진 미국 금리   (단위: %)

기간	물가 (A)	성장률 (B)	A+B	10년 만기 국채 수익률
1980~84년	7.5	2.5	10.0	12.4
1985~89년	3.6	3.8	7.4	8.7
1990~94년	3.6	2.4	6.1	7.3
1995~99년	2.4	4.0	6.4	6.0
2000~04년	2.5	2.7	5.3	4.7
2005~09년	2.6	1.1	3.7	4.1
2010~14년	2.0	2.1	4.1	2.5
2015~19년	1.6	2.4	3.9	2.2

또 우측 그림에서 보듯이 **2010년부터 우리 금리는 더욱 더 낮아져, 물가보다 약간 높은 수준에서 형성**되었다. 특히 **국채 수익률은 물가보다 낮은 수준에서 형성**되기도 했다. 2020년 연평균 국채 수익률(3년 만기) 0.98%는 세금, 거래 비용, 물가상승률 0.5%를 감안하면 초라하기 짝이 없다. 실질 금리는 '마이너스'라 하겠다.

경제 상황 대비 지나치게 낮은 금리는 지속되기 어려워

지나치게 낮은 금리는 지속되지 않는다. 극단적으로 어려운 경제상황이 끝없이 이어지지 않기 때문이다. 극단적 경기 상황이 마무리되면 경기는 머지않아 정상화된다. 그렇게 되면 금리도 경기 회복에 따라 상승하는데, 사전에 금리 상승을 대비 않으면 장기채권의 경우 큰 피해를 입게 된다. 이래서 경기 정상화에 앞서 유통 금리가 상승하곤 한다.

당국도 지나친 통화 공급 확대와 낮은 금리가 유발하는 폐해를 인식하고 있기에 **급한 경기 상황이 마무리되면 통화 관리와 정책 금리 인상에 나선다.** 물론 현대통화이론(MMT, Modern Monetary Theory) 쪽에서는 재정 적자를 늘리라 한다. 돈을 계속 풀라는 것이다. 그러나 재정적자 확대와 통화가치의 하락은 큰 부담을 초래한다. 로마 시절에도 국가를 망치려면 통화 공급을 확대하라고 했다. 4세기부터 급격하게 늘어난 로마의 재정적자와 통화가치 하락이 로마 쇠락 원인의 하나로 꼽힌다.

실로 **지나치게 낮은 금리는 큰 폐해를 유발한다. 물가뿐만 아니라 부동산 등 자산가격을 부풀려 계층 간 자산 양극화를 심화**시키기 때문이다. 특히 2019년 현재 주택 소유율은 전국 56.3%, 서울 48.6%에 불과하다. 무주택가구가 워낙 많기에 지나치게 많이 풀린 돈 때문에 집값이 급등하면 정치권도 험악해진다.

■ 2000년 이후 성장률과 물가의 합보다 낮아진 우리 금리 수준

- 지나치게 낮은 금리가 장기간 이어진데 따라 부동산, 주식, 가상화폐 등 자산가격에서 거품이 발생했다.
- 지나치게 낮은 금리는 계층간 자산 양극화를 초래하여 계층간 불평등을 심화시킨다.

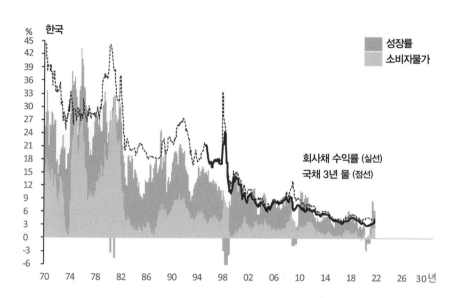

■ 성장률과 물가 대비 지나치게 낮아진 우리 금리

(단위: %)

기간	물가 (A)	성장률 (B)	A+B	회사채 수익률	국채 3년 만기 수익률
1980~84년	12.6	7.6	20.3	20.0	
1985~89년	4.2	10.2	14.4	13.9	
1990~94년	7.0	8.6	15.7	15.4	
1995~99년	4.4	6.0	10.4	12.6	11.5
2000~04년	3.2	6.0	9.3	6.6	5.6
2005~09년	3.0	3.9	6.8	5.7	4.7
2010~14년	2.3	3.9	6.2	3.8	3.1
2015~19년	1.1	2.8	3.9	2.2	1.7

또 경기는 순환한다. 즉 이번에 경기가 회복되어도 일정 기간이 경과되면 재차 수축된다. 때문에 경기가 회복된 이후에도 **낮은 금리를 유지하면 다음 경기 수축기에서 쓸 정책 수단**(금리 인하)**이 없다.** 이래서 경기가 회복되면 정책 금리가 곧바로 인상되곤 했다.

다. 2021년 이후 금리가 상승해도 절대 금리 수준은 낮을 듯

금리가 상승기로 접어들면 관심은 금리 상승 수준에 쏠리는데, 이와 관련된 미국의 금리 사례를 살펴본다. 금리 바닥인 그림의 시점 B는 2012년 7월인데, 당시 10년 만기 국채 수익률은 **1.38%**이었다. 이후 금리는 **2013년 말 3.0%**(B1)까지 상승했는데, 2013년 미국의 성장률은 1.8%, 물가상승률은 1.5%였다. 금리가 성장률과 물가의 합 3.3% 내외까지 상승했던 것이다.

C는 2016년 7월로 당시 금리는 1.32%였다. 이후 금리는 기준금리 상승에 따라 **2018년 11월 3.26%**(C1)까지 상승했는데, 2018년 성장률은 3.0%, 물가상승률은 2.4%였다. 2018년 금리 정점은 물가와 성장률 합 5.4%보다 크게 낮았지만, 그래도 금리는 바닥에서 2%p 가량 올랐다.

IMF는 2021년 4월에 2021년과 22년의 미국 성장률을 각각 6.4%, 3.5%로, 물가상승률은 2.3%, 2.4%로 예상했다. 성장률과 물가의 합이 2013년이나 2018년보다 훨씬 높다. IMF의 예측을 감안하면 **2021년 이후 금리는 2021년 이전보다 높아질 듯하다.** 또 2013년, 2016년과 비교하면 향후 3%대 초반까지 금리 상승은 가능할 듯싶다. 사실 논리로만 따지면 그 이상 금리 상승도 가능하다. 그러나 장기 측면에서 금리가 크게 높아질 것 같지 않다. 미국의 성장률이 장기간 2021~22년 같은 높은 수준을 유지할 수 없기 때문인데, IMF는

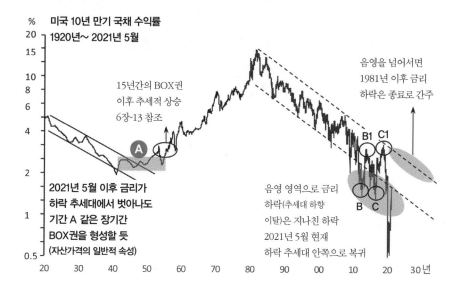

■ 2020~2021년 금리 급등 불구 금리의 큰 틀은 여전히 안정 유지

미국 10년 만기 국채 수익률
1920년~ 2021년 5월

15년간의 BOX권
이후 추세적 상승
6장-13 참조

음영을 넘어서면
1981년 이후 금리
하락은 종료로 간주

2021년 5월 이후 금리가
하락 추세대에서 벗어나도
기간 A 같은 장기간
BOX권을 형성할 듯
(자산가격의 일반적 속성)

음영 영역으로 금리
하락(추세대 하향
이탈)은 지나친 하락
2021년 5월 현재
하락 추세대 안쪽으로 복귀

2023~26년 중 미국 성장률을 1.7~2.1%로 잡고 있다.

한편 금리가 3%를 상회하면 1981년 이후 형성된 하락 추세에서 벗어난다. 그러나 금리의 하락 추세에서 이탈이 곧 금리의 추세적 상승을 뜻하지는 않는다. 금리가 하락 추세에서 벗어나도 위 그림의 A 같이 상당 기간 일정 범위(박스권)에서 등락할 듯싶다. A의 기간은 15년이나 된다. 즉 금리의 추세 전환에는 상당 기간이 소요되는데, 모든 자산가격의 추세 변화 과정에서는 시간이 소요된다.

때문에 **향후 금리가 상승으로 반전해도 금리의 절대 수준은 낮을 것 같다.** 이런 상황에서 이익 증가는 주가 상승을 촉발한다(3장-4-다, 7장-6 참조). 물론 주가의 상승 속도는 다소 높아지는 금리에 적응해야 하겠지만, **향후에도 미국 주가의 상승 여부는 여전히 금리보다 이익에 의해 좌우될 것 같다.**

6. 주가 정·저점 파악에 큰 도움 되는 성장률

가. 성장률 정·저점은 주가 정·저점을 선행 내지 동행

성장률과 이익은 성격이 다르다. 성장률은 부가가치 기준으로 산출되기 때문인데, 그렇다 해도 성장률 정·저점은 주가의 정·저점 추정에 큰 도움이 된다. 성장률은 경제활동의 최종 결과이기 때문인데, 그간 **성장률 정·저점은 주가의 정·저점을 선행 내지 동행**했다. 특히 주가 정점 대비 성장률 정점의 선행성은 경제 변수 중 가장 빠른 편에 속한다. 다만 **성장률이 주가에 미치는 영향력은 이익보다 덜한 편**이다.

성장률 정점은 대체로 주가 정점을 선행

우측 그림은 2018년까지 9회에 걸친 성장률 정점과 주가 정점(주가의 하락 시작) 간 관계인데, 2011년에는 성장률 정점과 주가 정점 간 연관성(그림의 B)이 없었다. 그러나 2011년을 제외한 나머지 경우 성장률 정점이 주가 정점을 선행·동행했기에 주가의 추세 전환 파악에 큰 도움이 되었다.

시차 측면에서 9회 중 5회에 걸쳐 성장률 정점이 주가 정점을 앞섰고, 2회는 성장률 정점과 주가 정점이 일치했다. 성장률 정점이 주가 정점을 후행했던 1회의 시차도 2개월에 불과했다. 이처럼 성장률 정점이 주가 정점을 상당히 선행했거나 동행했기에 주가 정점 파악에 도움이 된다. 다만 여러 차례에 걸친 성장률 정점과 주가 정점 간 상당한 시차(성장률 정점 이후 주가 하락 시작까지 시차)는 감안해야 한다,

한편, 주가는 성장률보다 기업 이익으로부터 더 영향을 받는다. 예컨대 2009년(그림의 A) 3분기 이후 성장률은 둔화되었지만, **2011년까지 주가의 강보합·상승은 당시 기업 이익 증가 때문**이었다. 이는 주가가 성장률보다 이익으로부터 더 영향을 받았음을 시사한다. 그러나 성장률 정

▪ 주가 정점을 선행한 경우가 많았던 성장률 정점

• 성장률 정점 내외에서는 주식 매도

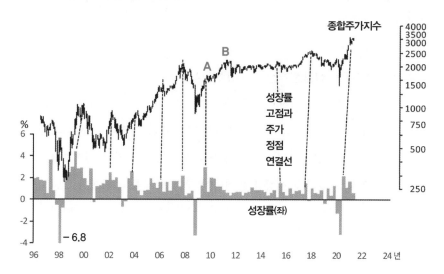

▪ 9회 중 5회에 걸쳐 성장률 정점이 주가 정점을 선행. 1회만 후행

해당 년	주가 정점	성장률 정점	주가 대비 선행 시차	이익 정점	성장률 대비 선행 시차
2000년	1월 4일	99년 2분기	6개월 선행	1분기	후행
2002년	4월 22일	1분기	1개월 선행	2분기	후행
2004년	4월 23일	03년 4분기	4개월 선행	2분기	2분기 선행
2006년	5월 11일	1분기	1.5개월 선행	3분기	2분기 후행
2007년	11월 1일	4분기	동행	3분기	1개월 선행
2009년	9월 23일	3분기	동행	증가지속	
2011년	5월 2일	?	?	2분기	?
2015년	4월 23일	3분기	2개월 선행	3분기	동행
2018년	1월 29일	17년 3분기	4개월 선행	2분기	3분기 선행

점이 형성되었다고 여겨지면 향후 이익 부문을 면밀히 검토했으면 한다. 참고로 2021년에도 1분기가 성장률 정점이었고, 종합주가지수도 1월부터 답보했다.

주가 바닥 추정과 성장률 저점은 대체로 동행

우측 그림은 성장률 저점과 종합주가지수 바닥을 연결한 선이다. 그림과 표에서 보듯이 **성장률 저점은 6회에 걸쳐 주가 바닥과 동행했다.** 또 **1998년, 2015년, 2018년에는 성장률 저점이 주가 바닥 시점보다 빨랐다. 다만 2020년에는 성장률 저점이 주가 바닥을 후행했다.** 그러나 당시 주가 바닥과 성장률 바닥 간 시차가 짧기(12일에 불과)에 2020년 경우도 양자(兩者)가 동행한 것으로 볼 수 있다.

한편 성장률 저점은 성장률 고점보다 주가의 추세 전환 파악에 있어 정확도가 높다. 성장률 고점과 주가 고점 간 시차는 일정하지 않지만 성장률 저점과 주가 저점 간 시차는 일정했기 때문이다.

성장률 저점은 이익 저점과 비교해도 유용한 투자 지표였다. 성장률 저점은 2004년부터 이익 저점을 선행했거나 동행했기 때문이다. 사실 2020년에도 성장률 저점이 이익 저점을 선행했다고 볼 수 있다. 코로나19 사태가 없었다면 주가 바닥은 2019년 8월, 성장률 바닥은 2019년 3분기, 이익 바닥은 2019년 4분기였기 때문이다.

정리하면 주가와 이익 대비 성장률의 선행 내지 동행은 주가의 추세 판단에 큰 도움 된다. 더구나 **주요 연구단체의 성장률 예측**(성장률의 정·저점 추정)**은 비교적 정확한 편이다. 때문에 성장률 정·저점이 예견되면 향후 이익을 면밀히 살폈으면 한다.**

■ 대체로 주가 바닥 시점 또는 주가 바닥에 앞서 성장률 저점 형성

• 성장률이 바닥에 근접하면 순차적으로 분할해서 주식을 매수

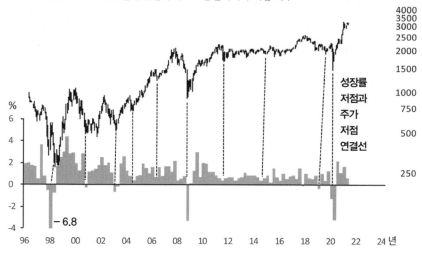

■ 성장률 저점은 주가 저점과 6회에 걸쳐 동행, 3회는 선행, 1회 후행

해당 년	주가 저점	성장률 저점	주가 대비 선행 시차	이익 저점	성장률 대비 선행 시차
1998년	6월 16일	1분기	2.5개월 선행		
2000년	10월 31일	4분기	동행	4분기	동행
2003년	3월 17일	1분기	동행	02년 4분기	선행
2004년	8월 4일	3분기	동행	4분기	후행
2006년	6월 14일	2분기	동행	2분기	동행
2008년	10월 27일	4분기	동행	4분기	동행
2011년	9월 26일	3분기	동행	4분기	후행
2015년	8월 24일	2분기	2개월 선행	4분기	후행
2019년	8월 6일	19년 1분기	4개월 선행	4분기	후행
2020년	3월 19일	2분기	0.4개월 후행	19년 4분기	선행

나. 우리 성장률은 추세적으로 낮아질 듯

모든 기관이 성장률을 추세적 둔화로 예상

우측 자료는 예전에 작성되었지만 새롭게 작성되는 것이 없이 재차 인용했다. **초점은 성장률 예측 수치의 정확도보다 성장률 추세**에 있다. 수치를 맞춘다는 것은 불가능하기 때문이다. 결론은 **예측 기관별 전망은 다르지만 우리의 장기 성장률 전망이 여의치 않다**는 쪽으로 모아진다. 해외 자료 중 가장 부담스런 전망은 일본경제연구소의 것인데, 동 자료에 따르면 2021~30년 중 우리 성장률은 평균 1.7%로 추정된다.

일본경제연구소 전망보다 더 심각한 전망도 있다. 김세직 서울대 교수는 다음 페이지 첫 그림에서 보듯 우리 성장률이 5년 단위로 1%p씩 하락을 지적하고 있다. 이 연장선에서 보면 머지않아 우리 성장률이 '0~1%' 대로 떨어질 수도 있다.

이런 상황은 근면(勤勉), 자조(自助), 협동(協同)을 통한 자립(自立)이란 가치관의 훼손과 연관이 있을 것 같다. 본인 노력에 의해 성취한 자립은 가장 큰 기쁨인데, 이런 가치관이 오래 전에 엷어진 듯하다.

■ **주요 단체의 장기 한국 성장률 전망은 둔화로 일관**

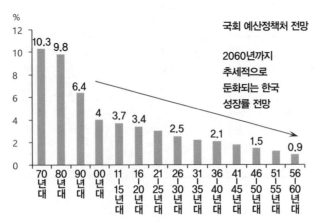

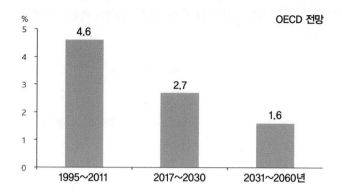

OECD 전망

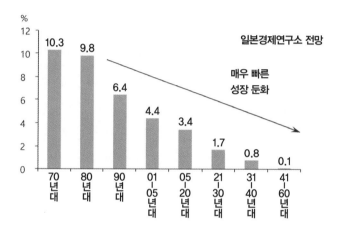

일본경제연구소 전망

매우 빠른
성장 둔화

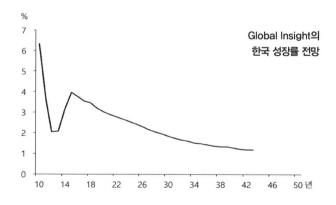

Global Insight의
한국 성장률 전망

1990년대 이후 성장률이 급격히 둔화된 일본, 일본을 답습하는 한국

우측 둘째 그림은 한·일 간의 성장률을 비교한 것이다. 통상 한국 경제는 일본을 20년가량 후행한다고 했다. 이를 참조해서 2020년까지 우리 성장률 추이를 일본 대비 22년가량 후행시켜 작성했다. 그렇게 해보니 **1980년 이후 2020년까지 우리의 성장률 추이와 일본의 1958~98년 성장률 추이 간에는 여러 유사점이 있었다.**

이 연장선에서 우리의 2021~30년에 해당되는 일본의 1999~08년을 살펴본다. 1999~08년 중 일본 성장률은 평균 1.0%, 최고 2.8%, 최저 -1.1%였다. 매우 좁은 폭에서 일본 경제가 유지되어 왔던 것이다.

그간의 한·일 간 성장률 양태가 유사하다 하여 향후 우리의 전망을 그간의 일본 양태로 예상할 수는 없다. 그러나 **그간의 상황이, 그리고 현재의 유사한 상황은 부인할 수 없다.**

부채 부담에 시달리는 세계 경제, 격화되는 국가 간 경쟁, 여의치 않은 내수 활성화, 기업에 대한 심한 규제를 감안하면 추세 측면에서 우리 성장률은 심각한 둔화 국면에 직면한 것 같기도 하다.

■ **정부별 장기 성장률 하락 추이**

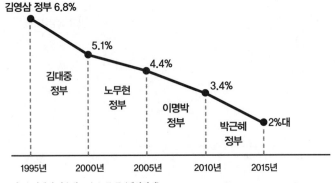

자료) 김세직 서울대 교수 논문 중 (매일경제)

■ KDI의 장기 성장률 전망은 지속적 둔화

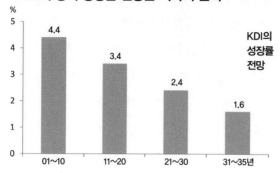

■ 한국 성장률 추이가 일본보다 22년 후행을 가정하고 비교한 그림

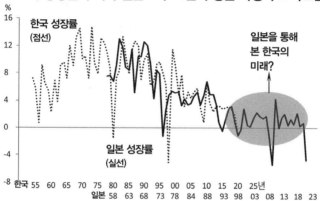

■ 중국 성장률이 한국보다 19년 후행을 가정하고 비교한 그림

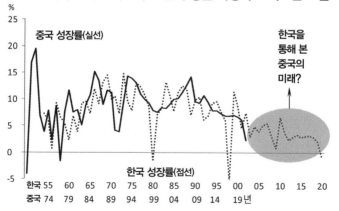

다. 주가에 있어 성장률 수준은 그렇게 중요하지 않아

예전에 성장률 낮은 국가의 주가 성과가 좋았던 편

2010년 이후 성장률이 극히 낮아지면서 주식시장뿐만 아니라 국가경제 전반이 큰 부담을 받았다. 무엇보다 일자리가 만들어지지 않았기 때문이다. 실로 그간 일자리는 일회성 또는 아르바이트 부문에서만 만들어졌다.

그러나 과거 사례로 보면 성장률이 낮은 국가 또는 성장률이 낮은 기간의 주가 상승률이 높았다. 물론 이는 성장률이 잠재성장률을 하회해도 괜찮다는 것을 의미하진 않는다.

제레미 시겔(Jeremy Siegel)의 분석에 따르면 첫 그림에서 보듯 **장기적 (1900~2006년)으로는 저성장 선진국의 주가 상승률이 고성장 선진국 주가 상승률보다 컸다.** 예컨대 분석 기간 중 남아프리카공화국의 평균 성장률은 1.5%를 하회하지만 연평균 주가 상승률이 7%를 넘어섰다. 반면 일본의 연평균 성장률은 3.5%를 넘어섰지만, 일본의 주가 상승률은 5%를 하회했다. 이러한 선진국 집단의 성장률과 주가 상승률 간의 관계는 첫 그림에서 역(逆)비례로 표현되었다.

개발도상국가에서도 둘째 그림에서 같이 고성장 국가보다 저성장 국가의 주가 상승률이 높았다. 예컨대 2006년 당시까지 남미 국가의 성장률은 우리 성장률보다 상당히 낮았지만 남미 국가의 주가 상승률이 우리보다 엄청 높았다(환율은 감안하지 않았다).

이런 결과로 보면 성장률이 낮다고 주가 흐름을 부정적으로 볼 것은 아닌 듯하다.

■ 저 성장률 국가의 주가 상승률이 더 높아 (선진국, 1900~2006년)

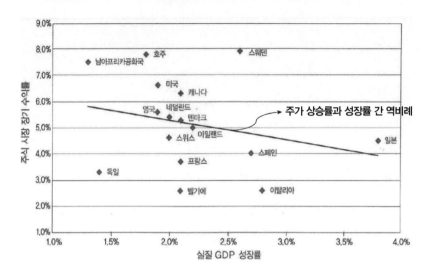

■ 개도국도 성장률 낮은 국가의 주가 상승률이 더 높아 (~ 2006년)

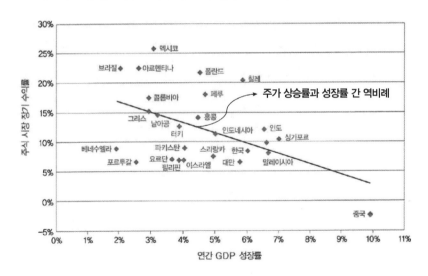

한국에서도 저성장 기간 성과가 고성장 기간보다 월등

우리도 성장률 낮은 기간의 주가 상승률이 성장률 높았던 기간보다 좋았다. 비교 기간은 1990~96년(높은 성장)과 2000~07년(상대적으로 낮은 성장 기간)이다. 주가 성과가 극단적이었던 1997~99년(IMF 외환위기로 인한 심한 주가 등락 기간)은 제외했다.

결과는 1990~96년의 주가 상승률은 -28%, 2000~07년 주가 상승률은 84%였다. 이는 저성장 기간의 기업 수익성이 월등했고 금리도 더 낮았기 때문이다.

실제로 1990~96년 중 4.4%였던 기업의 평균 자기자본순이익률이 2000~07년에는 9.3%로 배 이상 높았다. 금리는 회사채 수익률 기준 1990~96년 중 15.4%에서 12.6%로 하락했지만, 2000~07년에도 9.9%에서 6.7%로 하락했다. 하락률 개념으로 2000~07년 중 금리는 1990~97년보다 더 떨어진 셈이다. 즉 낮은 성장 기간인 2000~07년의 주식투자 여건이 월등 좋았던 것이다.

정리하면 **주가는 외형인 성장률 수준보다 내실인 기업 이익과 금리로부터 더 영향을 받았다.** 때문에 성장률 높이에 연연해 할 것은 아닌 것 같다. 그러나 **성장률 정·저점은 앞에서 보았듯이 중시해야 한다. 성장률 정·저점은 경기의 추세적 전환을 의미하기 때문이다.**

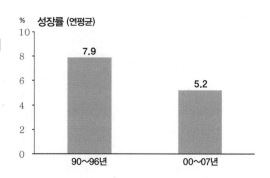

■ 1990~1996년보다 2000~2007년 성장률이 낮은 편

■ 낮은 성장 기간의
　주가 상승률이 월등

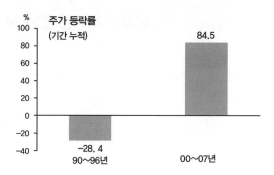

■ 낮은 성장 기간에는
　부동산 상승률도
　높았던 편

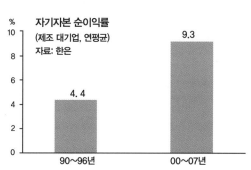

■ 낮은 성장 기간의
　자기자본 순이익률이
　월등 높은 편

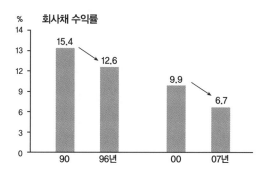

■ 낮은 성장 기간 금리는
　성장률 높은 기간보다
　크게 낮아

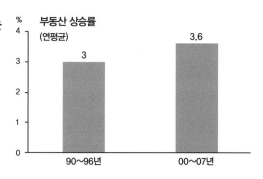

7. 환율과 주가는 닮은 꼴 형제

주가와 환율 추이는 매우 닮았다. 원화 가치와 주가가 동반 등락했기 때문이다. 부연하면 **원화 가치 상승**(원화절상, 원/달러 하락) **기간에 주가가 상승했고, 원화 가치 하락**(원화절하, 원/달러 상승) **기간에 주가가 하락**했다.

　물론 시차적으로 매우 정확하게 또 매월 그렇지는 않지만 방향 측면에서 원/달러 등락과 주가 등락이 서로 어긋난 기간은 짧았고, 엇갈린 횟수도 적었다. 짧은 예외 기간 때문에 원화 환율과 주가 간 밀접한 연동성이 부인되지는 않을 것 같다.

원화절상 기간에 주가 상승, 원화절하 기간 중 주가 하락

첫 그림의 빗금은 원화 강세 기간이다. **원화 가치 상승 기간 중 주가 하락은 첫 그림의 기간 A뿐**인데, 기간 A의 후반에 미국과 이라크 간 전쟁이 있었다. 이 때문에 전 세계적으로 주가가 전쟁 발발 직전까지 하락하거나 정체했다.

　즉 기간 A의 후반은 전쟁이란 특수한 사정 때문에 환율과 주가 간 연계성이 적었다. 이러한 예외적 상황 때문에 기간 A를 이유로 해서 환율과 주가 간 연관성이 적다고 할 수 없다. 사실 A의 기간도 전체 기간 대비로는 짧다.

　첫 그림의 기간 B를 통틀어 보면 기간 B는 원화 강보합 기간인데, 기간 B 중 주가는 보합권을 형성했다. 그런데 기간 B를 세분하면 대체로 빗금의 원화절상 때 주가가 상승했고, 여백 기간인 원화절하 때 주가가 하락했다. 이처럼 원화 강세와 주가 상승은 큰 구도뿐만 아니라 세세하게도 밀접했다.

■ 음영의 원화절상 기간 중 주가는 대체로 상승

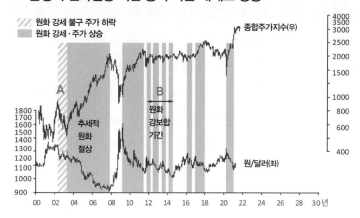

■ 음영의 원화절하 기간 중 주가는 대체로 하락

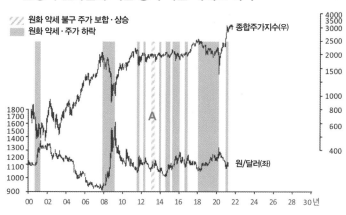

■ 원화 가치 장기 보합권

• 장기간 원화 가치 높은 기간에 주가 하락, 장기간 원화 가치 낮은 기간에 주가 상승

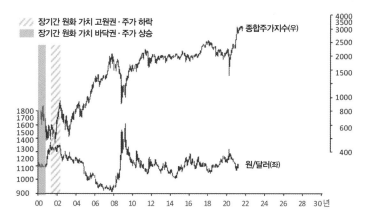

앞 페이지 둘째 그림의 음영은 원화절하 기간이다. 원화 가치 하락 기간 중 주가 상승은 A뿐인데, A의 기간이 짧다. 때문에 통상의 경우 원화 절하 기간 중 주가 추이는 여의치 않았다고 하겠다.

앞 페이지 셋째 그림에서 **원화 가치는 2000년 내내 고원권에서 답보했는데, 당시 주가는 하락했다. 반면 2001년 후반~2002년 전반의 원화 가치 바닥권에서 주가가 상승**했다. 장기간 환율의 고평가·저평가가 기업 이익 증감에 상당한 영향을 끼쳤기 때문인 듯하다.

환율과 주가 간 연관성은 환율이 경제의 실상을 표출하기 때문

환율과 주가 간 높은 연관성은 환율이 우리 경제의 실상을 표출하기 때문인데, 우측 그림의 **음영과 빗금은 원화절상 기간이다. 해당 기간 중 상장사 이익은 증가했고, 이익 증가로 인해 주가가 상승**했다. 다만 기간 '가'의 원화절상 기간에 이익은 줄었고, 이로 인해 당시 주가도 하락했다. 그러나 '가'의 기간은 짧았다(예외로 취급 가능하다).

원화가 절상되면 수출 채산성이 떨어져 이익이 부담을 받는다. 그러나 빗금 기간 중 이익은 원화절상에도 불구하고 증가했는데, 이익 증가는 수출 증가에 기인한다. 실제로 **원화절상은 대부분 수출 증가 기간에 이루어졌다.** 원화절상으로 인해 수출 채산성은 줄었지만, 이를 충분히 상쇄할 정도로 수출이 늘었기에 이익이 늘어난 것이다.

한편 여백 기간은 대체로 원화절하 또는 원화 바닥권인데 당시 수출은 추세 측면에서 여의치 않았다. 그 결과 기업 이익이 감소하거나 정체했다. 이 때문에 주가도 당시에 부진했다.

정리하면 **원화절상은 우리 경제의 확장을, 원화절하는 우리 경제의 한계를 표현한 것**이라 하겠다. 이처럼 원화 등락과 주가 등락이 동행해왔다. **수출이 기업 이익, 환율, 주가를 좌우**해 온 셈이다.

■ 수출 증가 → 원화절상과 이익 증가 → 주가 상승

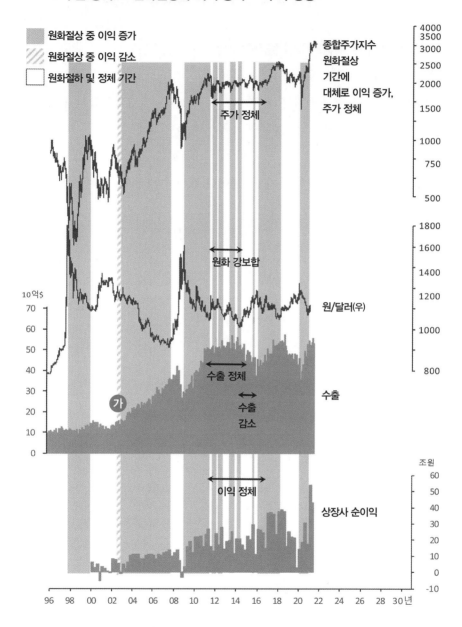

원화절상 중 이익 증가
원화절상 중 이익 감소
원화절하 및 정체 기간

종합주가지수
원화절상
기간에
대체로 이익 증가,
주가 정체

주가 정체

원화 강보합

원/달러(우)

10억$

수출 정체

수출
감소

수출

이익 정체

상장사 순이익

조 원

96 98 00 02 04 06 08 10 12 14 16 18 20 22 24 26 28 30년

8. 주가에 부담된 경우가 많았던 물가상승

가. 주가에 큰 부담되었던 물가상승률 3%

지나치게 높거나 낮은 물가는 주가에 부담

주가와 경제에 있어 물가는 세 경우로 나누어진다. **극단적으로 낮은 물가, 적당한 물가, 지나치게 높은 물가 셋인데,** 국가경제 차원뿐만 아니라 주가 입장에서도 적당한 물가상승이 이어져야 한다. 그래야 경기가 활달해지기 때문인데, **적당한 물가상승률이란 표현이 애매하지만 대략 2%대 내외**이지 않나 싶다. 실제로 물가상승 기간이었지만 주가가 상승했던, 우측 그림 음영 4, 7, 9, 11에서의 물가상승률은 3% 안쪽인데, 당시 경기는 경기동행지수 기준 확장 기간이었다. 즉 기업 이익이 증가하면서 경기가 활달한 기간이었다.

물가는 너무 낮아도 곤란하다. 물가가 너무 낮다는 것은 그만큼 수요 부진 또는 공급과잉을 뜻한다. 이런 상황이 이어지면 기업의 매출과 기업 이익이 부담을 받는다. 또 낮은 물가가 장기간 지속되면 자산가격도 하락해서 금융권이 확보한 담보 가치도 떨어진다.

극단적인 저물가 폐해의 대표적 사례가 미국의 대공황과 1990년대 일본 경제인데 당시 주가는 엄청 폭락했다. 사실 우리도 장기간 낮은 수준의 물가안정이 주가에 도움이 되지 않았던 경우를 경험한 바 있다. 우측 그림의 기간 '가'가 이에 해당된다. 당시 기업 이익은 정체했거나 줄었다. 그 결과 당시 주가도 정체 또는 하락했다.

물가가 너무 상승해도 기업 이익이 줄어든다. 소비가 위축되고, 생산비도 상승하기 때문이다. 그러면 주가도 부진해진다. 우측 그림에서 보듯 2000년 이후 12회의 물가상승 기간 중 8회에 걸쳐 주가가 하락했는데(4, 7, 9, 11 이외 기간. 당시 물가상승률은 대체로 3% 상회) 당시 경기는 대체로 경

■ 주가에 부담된 적이 많았던 3% 내외의 물가상승률 (yoy기준)

- 2000년 이후 물가상승 기간 중 기업 이익은 대체로 부진했다. 때문에 물가상승 기간 중
  주가는 여의치 않은 편이었다. 특히 물가상승률 3% 이상에 주가 상승은 드물었다.
- 수요부진·공급과잉으로 인한 낮은 물가는 주가에 부담된다.

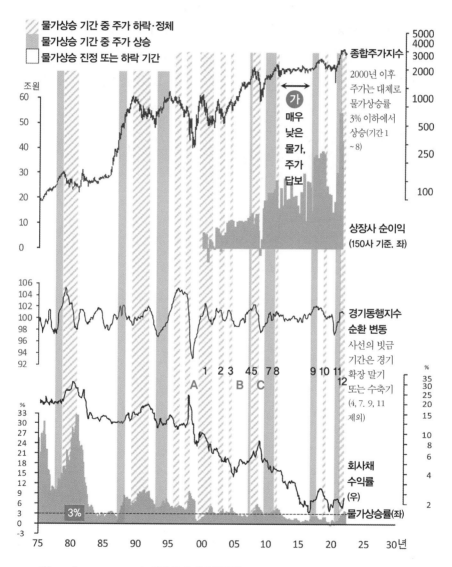

주) yoy(year on year): 전년 동기 대비 증감률

기확장 말기 내지 수축 초기였다. 상당한 물가상승은 끝물 경기란 뜻인데, **2000년 이후 물가상승률 3% 이상에서 주가가 상승한 경우는 드물었다.** 앞 페이지 그림의 기간 C 초반에서 주가가 상승했지만 이는 폭락에 따른 일시적 반등일 뿐이었다.

또 **물가상승률 3% 이상 기간에서는 물가상승이 둔화되어도 주가가 여의치 않았다.** 앞 페이지 그림의 기간 A, B, C 각 초반이 이에 해당된다. 당시 물가는 진정되기 시작했지만 높았는데, A, B, C에서 추세적 주가 상승은 물가상승률 3% 이하부터였다. 그 이전에 주가는 답보(박스권 유지)했다. 정리하면 물가상승 기간, 특히 물가상승률 3% 이상 기간에서는 세심하게 투자 여건을 살펴야 하겠다.

수입 물가가 상승해도 수출이 증가하면 물가 안정, 기업 이익 증가

수입 물가가 빠르게 상승하면 소비자물가뿐만 아니라 우측 그림의 음영 1~7에서 같이 주가도 부정적인 영향을 받는다. 수입 물가상승이 기업 이익을 저해하기 때문인데, 2021년 2분기부터 빠른 수입 물가상승도 기업 이익에 큰 부담을 끼쳤지 않나 싶다. 실로 2021년 10월 현재 수입 물가상승률은 35.8%(전년 동월 대비. 원화 기준)나 되지만 수출 물가상승률 25.3%에 그쳤다. 이 때문에 2021년 상장사 이익이 1분기 이후 둔화된 것 같다. 부연하면 2021년 수출가격에는 수입 물가상승이 충분히 전가(轉嫁)되지 못한 것 같다.

물론 수입 물가가 큰 폭으로 상승해도 기업 이익이 늘어난 경우가 적지 않다. 그림의 사선(斜線) 빗금 가, 나, 다의 경우 수입 물가상승률이 수출 물가상승률보다 높았지만 당시 상장사 이익은 증가했고, 소비자물가도 3% 안쪽에서 안정되었다. 수입 대비 압도적으로 많은 수출이 원화절상에도 불구하고 기업 이익을 크게 늘렸기 때문이다.

■ 수출이 결국은 물가를 좌우

- 수입 물가상승에도 불구하고 가~다에서는 수출 증가로 인해 주가가 상승하고 원화도 절상(물가안정 요인)되어 물가가 안정되었다.
- 수입 물가상승 기간 1~7에서 수입 대비 수출이 여의치 않아 주가가 하락했고 물가는 상승했다.

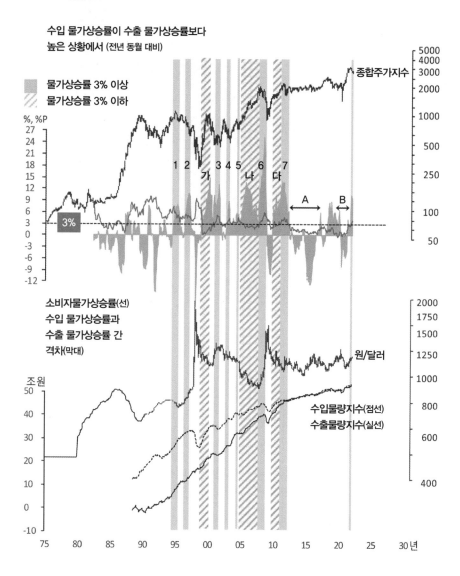

수입 물가상승률이 수출 물가상승률보다
높은 상황에서 (전년 동월 대비)

물가상승률 3% 이상
물가상승률 3% 이하

종합주가지수

소비자물가상승률(선)
수입 물가상승률과
수출 물가상승률 간
격차(막대)

원/달러

수입물량지수(점선)
수출물량지수(실선)

그러나 2021년 10월 현재 수출물량지수(2015년 100 기준)는 123.9, 수입물량지수는 121로 양자(兩者)의 추이는 엇비슷한데, 이런 양상은 2015년 이후 추세로 굳어졌다. 물량 측면에서 수출 입지가 좁아진 것인데, 때문에 수입 물가상승이 빠르면 기업 이익 증감을 세밀하게 따져 주식투자 참여 여부를 결정해야 한다.

미국 주가도 물가상승률 3% 이상은 부담스러워했던 편

미국도 물가상승 기간에 주가가 여의치 않은 적이 많았지만 물가에 대한 미국 주가의 반응은 우리와 차이가 있었다. 우측 그림의 빗금은 물가상승 기간 중 미국 주가 등락인데, 물가상승에도 불구하고 주가가 상승한 경우가 우리보다 많았다. 또 주가 상승 기간도 길었다.

그런데 **주가, 물가 두 변수가 동시에 상승한 기간의 물가상승률은 대체로 3% 이하**였다. 예컨대 기간 A(물가상승률 3% 이하)에서 물가의 추세적 상승에도 불구하고 주가는 상승했는데, 당시 기업 이익은 증가했다.

물론 기간 1, 2, 4, 5에서 물가상승률이 3%를 상회했지만 주가가 상승했다. 그러나 그 사례는 1990년 이전이었다. 그 이후 물가상승률 3% 이상(기간 6~9)에서 주가는 정체·하락했는데, 당시 기업 이익은 감소하거나 이익 증가 속도가 현저히 둔화되었다.

이런 점에서 보면 **2021년 2분기**(시점 10)**부터 3% 넘는 물가상승에도 불구하고 주가상승·이익증가는 예외**인데, 이 사례는 향후에도 관심을 끌 것 같다. **초점은 고물가 상황에서 이익 증가 원인과 지속 기간일 듯싶다. 이익 증가 여부가 주가 방향을 설정하기 때문이다.** 정리하면 물가상승기의 주식투자는 금리 상승, 기업 이익 둔화 가능성을 다각적으로 검토한 이후 시행하여야 하겠다.

■ 미국 주가에 부담된 적이 많았던 3% 내외부터의 물가 (yoy기준)

- 물가 3% 이상 기간 중 이익 증가 경우 − 기간 1, 2, 3, 4, 5, 11
- 물가 3% 이상 기간 중 이익 감소 경우 − 기간 6, 7, 8, 9, 10
- 물가상승 기간에 금리는 상승 또는 정체(하락 멈춤)했다.

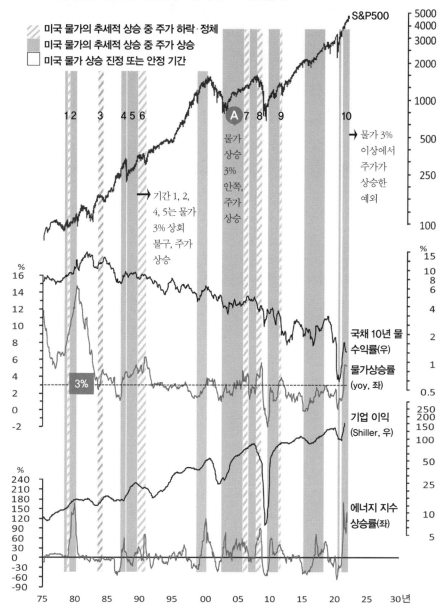

범례:
- 미국 물가의 추세적 상승 중 주가 하락·정체
- 미국 물가의 추세적 상승 중 주가 상승
- 미국 물가 상승 진정 또는 안정 기간

S&P500

1 2 3 4 5 6 A 7 8 9 10

물가 상승 3% 안쪽, 주가 상승

→ 물가 3% 이상에서 주가가 상승한 예외

→ 기간 1, 2, 4, 5는 물가 3% 상회 불구, 주가 상승

3%

국채 10년 물 수익률(우)

물가상승률 (yoy, 좌)

기업 이익 (Shiller, 우)

에너지 지수 상승률(좌)

75 80 85 90 95 00 05 10 15 20 25 30년

나. 그간 짧으면 2년, 길게는 9년간 상승했던 원자재 가격

소비자물가와 수입 물가 상승을 유발하는 자원(commodity)가격 상승은 두 경우로 나뉜다. 그림에서 보듯 추세적 상승(A 시리즈)과 반등(B 시리즈) 두 경우인데, 자원가격이 추세적으로 상승할 때는 물론 반등할 때도 수입 물가와 소비자물가가 크게 상승했다. 문제는 예전 사례에 비추어 볼 때 2021년 현재 자원가격 상승폭과 상승 기간이 적지 않을 가능성이다.

통상 **자원가격 상승은 소득 대비 자원가격이 낮고, 세계 경기가 회복**(자원 수요 증가 요인)**할 때 시작되었다.** 더구나 당시엔 주식, 부동산 등 여러 자산가격이 이미 상당히 상승했다. 그래서 후발 주자인 자원가격은 쉽게 상승할 수 있었는데, **통상 자원가격은 소득이 감내하기 어려울 때까지 상승했다**(2장-3-나 참조). 모든 자산가격의 최종은 투기에 의한 급등이기에, 물가와 주가에 큰 부담될 정도로까지 자원가격 상승은 각오해야 할 사안이라 하겠다.

워낙 낮은 수준에서 자원가격 상승이 시작되었기에 상승 기간도 오랫동안 지속되었는데, 자원가격 상승 종료는 통상 상당한 경기둔화 시점에서 이루어졌다. 예컨대 세계 성장률이 2010년 5.4%에서 2014년 3.5%까지 순차적으로 둔화·정체된 이후 또는 급격한 세계 성장률 둔화 시점(예, 개도국의 외환위기, 금융위기 시절)에서 자원가격 상승이 종료되었다. 이래서 **그간 자원 가격 반등의 경우도 그 기간이 2~4년, 추세적 상승 기간은 7~9년이나 되었다.**

그런데 2021년 11월 현재 자원 시장 여건은 예전의 자원가격 상승 기간 상황과 비슷하다. 우선 소득 대비 자원가격이 낮다. (1974년 1월 100 기준, 2019년 소득(미국)은 901, 2021년 11월 현재 에너지는 717, 비에너지는 259) 특히 유가의 경우 예전 최고 대비 60%선에 불과하다. 또 세계 경기는 회복 중이다. 즉 자원 수요가 적지 않다. 게다가 주가, 부동산 등 각 자산가격이

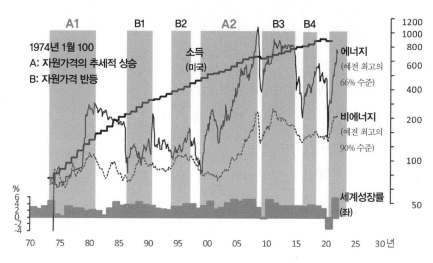

■ 경기와 소득에 따라 형성된 자원가격, 음영은 자원가격 상승 기간

주) 유가는 1974년부터 시장가격에 의해 형성되었다. (1974년 1월 100 기준 이유)

그간 급등했다.

때문에 2021년 현재 자원은 투자 대상으로 꼽힐 만한 상황이라 하겠다. 이런 상황을 글로벌 투자은행(IB, investment bank)들이 놓치지 않을 것 같다. 투기를 부추길 것인데, 예전에 모사(某社)의 경우 미국 의회 청문회에 불려갈 뻔할 정도로까지 유가 투기를 부추겼다는 의심을 받았다.

사실 자산가격의 최종은 투기에 의한 급등이기에 향후 자원가격에서 투기 발생은 자연스런 현상이라 여겨야 한다. 특히 여러 자산가격이 이미 크게 상승했기에 자원가격 급등은 통례적 사안일 뿐이다. 문제는 2007~14년과 같이 소득 대비 높은 자원가격의 장기간 지속 가능성을 배제 못하는 점이다. 이래서 모두가 자원가격 상승을 부담스러워한다.

9. 두렵지도, 기대되지도 않는 외국인의 주식 매도·매수

주가 추세에 외국인 매매의 영향은 제한적

주식시장에서는 외국인 주식매매를 매우 비중 있게 다룬다. 심지어 외국인 매매에 따라 주가 추세가 바뀔 것으로 여기기도 한다. 그러나 그간 **주가의 큰 흐름, 즉 주가 추세는 외국인 매매가 아닌 상장사 이익 증감과 국내 자금에 의해 좌우되었다.**

우측 첫 그림의 기간 A인 1992~2004년 3월 중 외국인은 매수 일변이었다. 그러나 큰 구도의 종합주가지수 추이는 1000 이하에서 등락이었다. 또 기간 C에서도 외국인의 매수에도 불구하고 주가는 답보했다.

반면, 첫 그림의 기간 B1인 2004년 4월~2007년 11월 중 **주가는 외국인의 지속적인 주식 매도에도 불구하고 크게 상승**했다. 또 2020년 2월 이후(기간 E, 코로나) 외국인의 대량 매도에도 불구하고 주가는 급등했다. **주가 급등 기간 B1, E는 우리 기업의 이익 증가 기간**이었는데, 기업 이익이 증가하자 대거 유입된 국내 자금이 외국인 매물을 소화하고 주가를 상승으로 이끈 것이다. 요컨대 외국인 매매가 주가 등락의 방향에, 즉 주가 추세에 영향을 미치지 못한 것이다.

한편 **2004년 이후 외국인의 우리 주식 매입은 별달리 늘지 않았다.** 둘째 그림에서 보듯 외국인 주식 순매수 누적 정점은 시점 A인 2004년 8월이었다. 그 이후 외국인 주식 순매수 누적 정점은 시점 B인 2019년 7월인데, 당시는 2004년 8월 대비 11조 1892억 원 밖에 늘지 않았다 (주식매매 개장 시간 기준). 15년간 연평균 7459억 원 정도의 매입에 불과했다. 이러한 점에서 보면 외국인의 한국에 대한 관심은 줄어든 듯하다. **때문에 외국인 매매보다 국내 자금이나 경제 여건을 중심으로 주가를 전망해야 하겠다.**

■ 외국인의 매수·매도가 주가 추세에 미치는 영향은 제한적

• 정치인들이 우리 시장의 MSCI 선진국 가입을 모색한다고 한다. 그러나 제도적 요인이
주가에 미치는 영향은 일시적이다. 기업 이익의 구조적 증가를 꾀할 수 있는 방안을 모
색했으면 싶다.

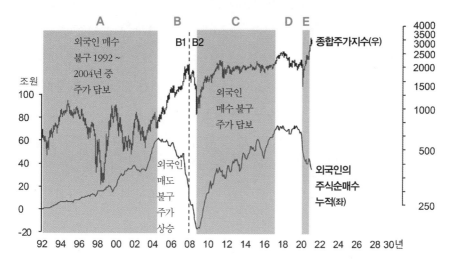

■ 2004년 이후 외국인의 한국 주식 매수는 소극적(?)

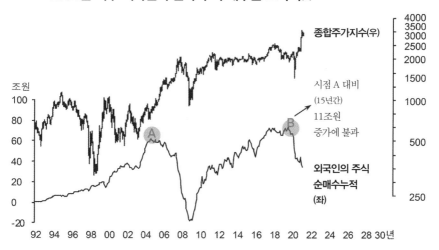

10. 외국인은 어떤 투자 지표를 중시할까?

가. 외국인은 투자 지표 중 금리를 가장 중시
금리 등락과 연관성이 큰 외국인의 매수·매도

외국인은 투자 판단에 있어 금리, 기업 이익, 미국 주가 추이, 환율 등 여러 요인을 감안하는데, 그 중에서 금리를 가장 중시하는 것 같다. 예컨대 첫 그림의 음영 A, 즉 1998~2004년 **금리 하락 기간 중 외국인은 우리 기업의 이익과 환율이 여하튼 주식을 줄곧 매수했다.**

또 음영 B의 2009~2016년 9월의 금리 하락 기간에도 외국인은 주식을 추세적으로 매수했다. 빗금 C, D에서도 주식 매수 내지 보유를 유지했다. 다만 코로나19로 인해 기간 E에서는 금리 하락에도 불구하고 주식을 매도했다.

반면, 첫 그림의 여백 기간 1인 2004~08년의 **금리 상승 기간에 외국인은 당시 우리 기업들의 이익 증가에도 불구하고 주식을 매도했다.** 또 금리 상승 기간 2, 3, 4 모두에서 주식을 처분 내지 관망했다.

물론 금리가 상승할 때 외국인의 주식 매수, 그리고 금리가 하락할 때 외국인의 주식 매도도 있었지만 그런 예외 기간은 짧았다. 금리 상승에도 불구하고 주식 매수는 둘째 그림의 '2'로 표기된 기간 한 번 정도인 듯하다. 금리 하락 중 주식 매도(둘째 그림에서 1로 표기)는 세 차례가 있었지만, 그 기간도 역시 짧았고 매도 규모도 크지 않았다. 다만 코로나19 사태 땐 급박한 상황이었기에 기간 대비 매도 규모가 컸다.

정리하면 외국인의 매매 구도는 금리 상승 시 매도, 금리 하락 시 매수였다. 장기간 지켜온 행태이기에 앞으로도 **외국인은 금리 등락에 따라 주식을 매수·매도할 것 같다.**

■ 외국인은 투자기준에서 금리를 가장 중시하는 듯

• 음영의 금리 하락 기간 중 외국인은 주식 매수

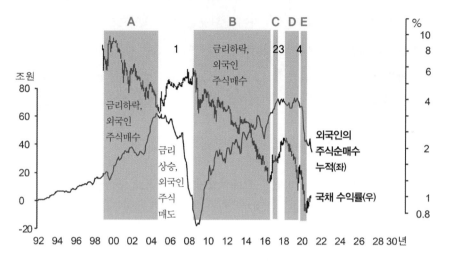

■ 음영은 금리 하락(상승) 불구, 외국인의 주식 매도(매수) 기간

• 1: 금리 하락 불구, 외국인이 주식을 매도했지만, 그런 경우는 세 차례뿐이었고, 주식 매도 기간도 비교적 짧았다.
• 2: 금리 상승 불구, 외국인의 주식 매수는 1회뿐이었다.
• 두 사례는 외국인의 금리에 역행 매매 가능성이 적음을 시사

나. 2008년 이후 외국인은 환율을 금리만큼 중시

2007년까지 환율은 외국인 주식투자에서 중시되지 않았던 편

2007년까지 외국인은 주식투자에서 환율을 주요 요인으로 취급하지 않았다. 첫 그림의 음영은 원/달러 가치 추이에 역행한 외국인의 주식매매 사례다. 즉 원/달러 절하 불구 주식 매입, 원/달러 절상 불구 주식 매도 사례인데, **외국인은 1997년까지 원화절하 불구, 우리 주식을 꾸준히 매수했다.**

그 이후에도 외국인은 환율보다 다른 요인을 더 중시했다, 예컨대 **2004~2007년 중 외국인은 원화절상에도 불구하고 주식을 매도했다.** 당시는 원화절상뿐만 아니라 기업 이익도 늘었지만 금리 상승 때문에 외국인이 주식을 매도했다. 2007년까지는 금리가 절대적으로 중시되었던 것이다.

2008년 이후 외국인은 원화절상 시기에 대체로 주식 매입

2008년 이후 외국인은 원화절상 기간에 주식 매수, 원화절하 기간에는 매도 내지 관망했다. 물론 첫 그림 기간 A(2019년)의 원화절하 기간 중 주식 매수, 기간 B(코로나19)의 원화절상 기간 중 주식 매도가 있었지만 그 기간은 짧다. 그만큼 환율이 중요해진 것이다.

흥미로운 것은 2014년 중반 이후인 둘째 그림의 음영 기간이다. **음영넷**은 환율과 금리가 주가에 상호 다른 영향을 끼친 기간이다. **주가에 금리가 긍정적**(부정적)**이면 환율은 부정적**(긍정적) **영향을 끼친 기간**인데, 당시 외국인 매매는 약간의 매도 우위 내지 관망했다. 상호 역(逆)으로 진행된 금리와 환율의 영향이 상쇄된 것이다. 이제 **환율은 외국인의 투자 과정에서 금리만큼 중요해진 것 같다.**

- 1: 원/달러 절하 불구, 외국인의 주식 매수   • 2: 원/달러 절상 불구, 외국인의 주식 매도

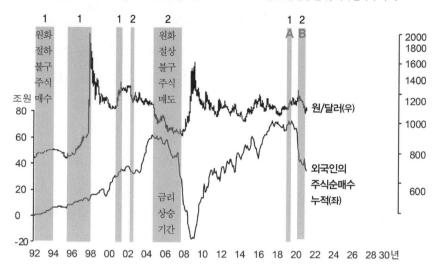

2014년 이후 환율과 금리가 주가에 상호 다른 영향을 끼칠 때 외국인 매매는 약간 매도 우위 내지 관망 (부정적 영향의 중화)

- 1: 금리하락 · 원화절하 기간   • 2: 금리상승 · 원화절상 기간

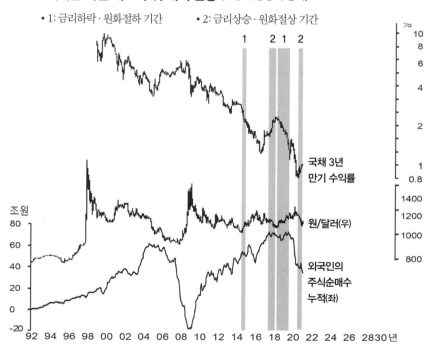

다. 기업 이익은 금리, 환율보다 상대적으로 덜 중시되는 듯

외국인은 이익 증감보다 금리와 환율을 더 중시하는 듯

주가는 이익을 중시한다. 이익이 추세적으로 늘면(줄면) 주가는 상승(하락)했다. 지극히 원론적인 것이지만 다른 것을 중시하다 보면 이 부문이 간과되곤 한다. 외국인 역시 여타(금리, 환율) 부문에 매몰되어 이익을 간과하는 것 같다. 인적 능력의 한계라 하겠다.

첫 그림의 음영은 기업 이익의 증가에도 불구하고 외국인의 우리 주식 매도 기간이다. 둘째 그림의 음영은 기업 이익이 감소·정체했지만 외국인의 우리 주식 매수 기간이다. **첫 그림의 음영과 둘째 그림의 음영 기간의 합은 1992년 이후 2021년 2월까지 기간의 절반을 상회한다.** 즉 **이익 추이와 상반되는 외국인의 매매행태가 너무 잦았다. 이런 점에서 보면 이익에 대한 외국인의 관심은 적었지 않나 싶다.**

물론 개별 종목 단위에서는 이익 증가 종목을 많이 매수하고 이익이 여의치 않은 종목을 처분했을 것이다. 그러나 주식매매 전체 구도 측면에서 보면 이익과 외국인의 주식매매 간 연관성은 적었다.

즉 외국인은 이익보다 여타 요인을 더 중시했던 것이다. 앞서 보았듯이 **외국인들의 전통적 금리 중시, 2008년 이후 금리와 환율 중시, 또 이벤트 중시로 인해 기업 이익이 덜 감안된 것 같다.** 실로 코로나19 발생 직후 이익 증가, 금리 하락, 원화절상 불구 외국인의 대량 매도는 주가 형성 요인이 간과된 대표적 사례라 하겠다.

정리하면 외국인이 이익을 도외시하지 않겠지만, 외국인의 투자 판단 기준에서 이익은 후순위인 듯하다. 투자성향이나 투자 기준이 잘 바뀌지 않는 점을 감안할 때, 외국인은 **향후에도 기업 이익보다 금리와 환율을 더 중시할 것 같다.**

■ 음영은 외국인이 이익 증가 불구, 주식을 매도한 경우

• 외국인 투자자는 이익보다 금리, 환율을 중시

음영은 이익 증가
불구 외국인의
주식 매도 기간.
당시 금리 상승

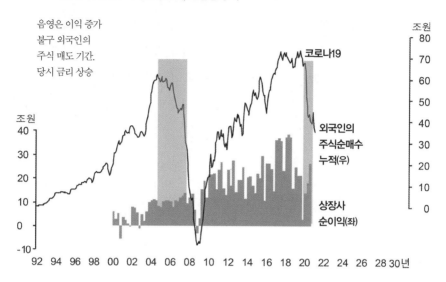

■ 음영은 외국인이 이익 감소·정체 기간에 주식을 매수한 경우

음영은 이익 감소
정체 불구 외국인
주식 매수 기간

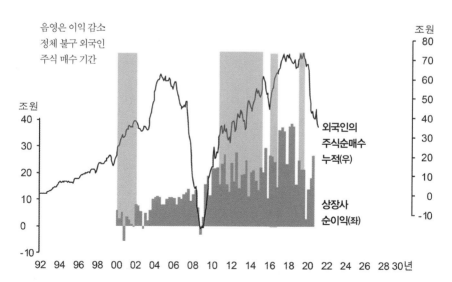

라. 외국인은 2018년 이후 미국 주가 상승 불구, 자주 매도

외국인의 우리 주식에 대한 관심은 예전보다 적어진 듯

큰 구도로 보면 외국인의 한국 주식 매매는 미국 주가 추이와 연동되어 있었다. 그러나 2004년 이후 양상이 달라졌다. 특히 **2018년 이후로는 미국 주가의 상승에도 불구하고 외국인의 우리 주식 매도가 자주 발생했다.** 이런 점에서 보면 우리 주식에 대한 외국인의 선호가 줄어든 것 같기도 하다. 첫 그림의 음영은 미국 주가의 하락 기간 중 외국인의 우리 주식 매입 기간이다. 한국 주식에 집착했던 기간인데, 당시까지만 해도 한국 이외에서 투자할 만한 개도국이 적었다. 그러나 2001년 이후 이런 양상은 없어졌다. 특히 2004년 이후 외국인의 우리 주식에 대한 시각은 크게 달라졌다. 2004~07년에 미국 주가가 상승했지만 외국인은 금리 상승 때문에 우리 주식을 줄곧 매도했다.

다행히 2009~17년에 외국인은 우리 주식을 매입했다. 이 기간 중 외국인은 대체로 미국 주가 상승 기간에 주식을 매수했고, 미국 주가 하락 기간에 매도했지만 누적치는 '플러스'였다.

그러나 2018년부터 부담스런 상황이 재차 발생했다. 2018년 이후에도 미국 주가가 상당히 상승했지만 외국인의 우리 주식 외면이 잦아진 것이다. 예컨대 둘째 그림의 **음영 B, C. D에서 보듯 미국 주가 상승 기간에 외국인은 우리 주식을 매도했다.** 특히 기간 D에서는 코로나19로 인한 부담 때문이겠지만 주식을 상당히 매도했다.

이러한 점에서 보면 예전보다 외국인의 우리 주식에 대한 기대는 적어진 듯하다. 그만큼 우리 기업의 국제경쟁력이나 이익 창출력이 약화된 것 아닌지 우려된다.

■ 음영은 미국 주가 하락 불구, 외국인의 한국 주식 매수 기간

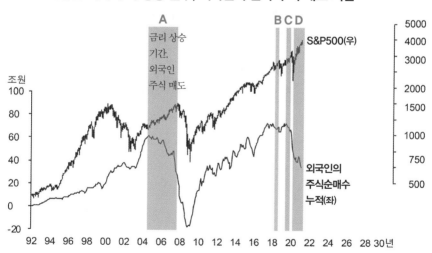

■ 음영은 미국 주가 상승 불구, 외국인의 한국 주식 매도 기간

바. 외국인 매매 요약

외국인, 금리와 환율 중심으로 투자 여부 결정

외국인 매매 관련 사안을 정리하면 다음과 같다. 첫째, **외국인의 주식 매수·매도가 주식시장 전반의 흐름을 상승이나 하락으로 이끌지 않았다.** 주식시장 전반의 흐름은 국내 자금 사정과 기업 이익 추이가 좌우했다. 다만 개별 종목 단위에서는 외국인의 영향을 많이 받았을 수 있다.

둘째, **외국인은 금리를 중시**한다. 2010년 이후 금리 상승 기간 중 외국인의 주식 매입은 거의 없다. 금리 하락 중 주식 매도가 세 차례 있었지만 그 기간은 짧다. 이런 점에서 보면 외국인은 금리를 투자 판단에서 가장 중요한 잣대로 여긴 것 같다.

셋째, **환율의 영향이 커지고 있다.** 2010년 이후 환율은 금리 못지않게 외국인의 주식매매에 영향을 끼치는 것 같다.

넷째, **기업 이익과 외국인 매매 간 연관성이 낮았다.** 물론 외국인이 기업 이익을 간과한다고 할 수는 없지만 외국인 매매와 기업 이익 간 연관성은 금리나 환율보다 상대적으로 낮았다.

정리하면 금리와 환율을 중시하는 외국인의 행태는 이익을 중시하는 주가의 속성과 차이가 컸다. 때문에 외국인 매매는 단순 참고에 그쳐야 할 것 같다.

■ 음영은 외국인의 주식 매수(매도) 불구 주가 하락(상승)한 경우

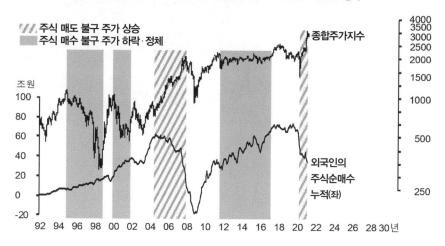

■ 금리 하락(상승) 기간 중 외국인의 주식 매도(매수) 빈도는 적었다

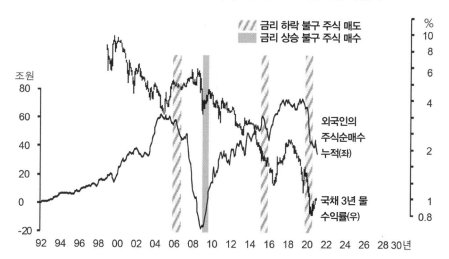

■ 2008년 이후 원화절상(절하) 기간 중 외국인의 주식 매도(매수) 빈도는
   적었다.

■ 기업 이익 증가(감소·정체) 기간 중 외국인의 주식 매도(매수)가 잦았다.

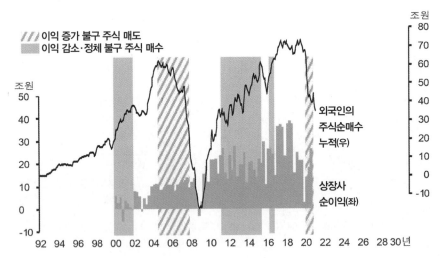

■ 미국 주가 상승(하락) 기간 중 외국인의 주식 매도(매수)가 잦았다.

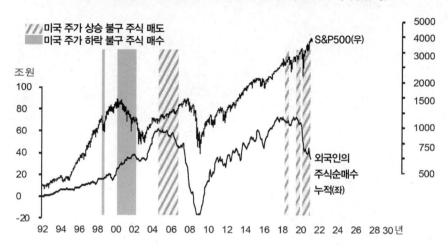

제4장

주가 전망의 정확도를 높이는 추세선과 이익의 결합

주가 전망의 정확도를 높이는
추세선과 이익의 결합

기업 이익이 주가의 등락 방향을 결정하지만, 기업 이익만으로 주가의 정·저점 추정은 여의치 않다. 주가 정·저점(주가의 추세 변화 시작점)이 이익 정·저점 전후에서 형성되지만, 주가 정·저점과 이익 정·저점 간 시차가 일정하지 않기 때문이다. 그 부족 부분을 기술적 분석인 추세선이 보완해 준다.

추세선은 이익의 증가·감소 기간 중 주가가 비교적 일정한 속도로 등락하기 때문에 형성되는데, 주가는 종종 기존 추세선(또는 주가모형)을 이탈한다. 이처럼 주가의 흐름이 기존과 현저히 다를 때를 주시해야 하는데, 판독의 초점은 주가의 기존 추세선 이탈 당시 이익 추세의 변화 여부에 둔다. 조사 결과 당시 이익 추이가 바뀌는 과정이면 이에 대응해야 한다. 이 같은 추세선에 의한 주가 판독은 이익 추세로 주가를 전망하는 방법의 역순(逆順)인데, 이익의 추세 변화를 매 순간 파악할 수 없기에 택하는 것이다.

실로 추세선은 많은 장점을 지녔다. 추세선은 1) 작성 과정이 단순하다. 2) 판단 기준이 단순 명확하다. 3) 이익과 연계하면 중장기 주가 흐름 판독의 정확성을 높인다. 특히 추세선이 만드는 특정 주가모형은 주가 정·저점에서 반복해서 출현한다. 때문에 주가의 정·저점 파악이 용이한데, 주요 주가모형은 몇 개에 불과하다. 몇 가지 모형만 숙지하면 상당한 성과를 거둘 것 같다. 4) 주가모형(추세대)을 이용해서 향후 목표 주가도 추정할 수 있다. 5) 추세선은 다른 기술적 지표보다 빨리 주가의 중장기 상승·하락 전환을 파악한다. 이처럼 추세선의 장점은 많다. 추세선을 잘 활용했으면 한다.

1. 기술적 주가 분석에서 가장 유용한 추세선

추세선은 주가의 일정 범주 이탈을 기회 또는 위기로 상정(想定)

이익 추세가 바뀌면 주가 추세가 바뀐다. 늘 그랬기에 이익 추세의 변화는 곧 주가 추세의 변화라 하겠다. 때문에 주가의 현저한 뒤틀림은 이익 추세의 변화 과정일 가능성이 높다.

이러한 추세 전환의 개연성을 감안할 때 주가 자체로 향후 주가 추세의 변화 가능성을 타진해 볼 수 있다. 그 수단이 추세선인데, 추세선과 이익을 결합하면 주가 추세의 전환 여부 파악이 용이해진다. 참고로 추세선 자체만 놓고 보면 개념적으로 **계량경제학의 ARIMA모형**(이전 경제 변수 수준[예전 주가]이 차후의 해당 경제 변수 수준[향후 주가]에 영향을 준다는 가정 하에 만든 수학적 모델)과 유사한 점이 없지 않다.

복잡해 보이지만 **주가의 상승·하락 기간**(즉 이익 증가 또는 감소 기간) **중 주가는 비교적 일정한 속도로 등락한다.** 예컨대 첫 그림에서 보듯이 주가는 비교적 일정한 등락폭을 유지하는 가운데 일정 속도로 상승·하락했다. 비유하자면 수학의 1차 함수 기울기와 같이 일정한 속도로 주가가 등락한다. 그러나 시간이 경과되면 경기변동이나 해당 회사의 실적 변동에 의해 주가가 기존 추세를 벗어난다. 예컨대 그림의 C, E 경우가 이에 해당된다. C는 주가 추세의 하락 전환 가능성과, E는 주가 추세의 상승 전환 가능성과 관련된 사안이다.

또한 **주가의 추세 변화에 앞서 주가 상승·하락 막바지에서는 통상 탐욕과 공포로 인해 주가의 뒤틀림 현상이 발생한다.** 예컨대 첫 그림의 A, B, D가 이에 해당된다. 세 경우는 그간 일정 추세를 유지했던 주가의 파격적 뒤틀림 현상인데, 통계학에서는 A, B, D 세 사례를 단순한 특이치 (outlier)로 간주한다.

■ 주가의 기존 추세대 이탈은 주가의 추세 전환을 의미

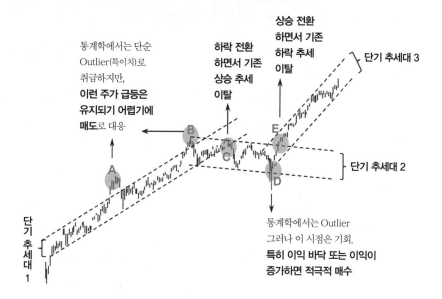

통계학에서는 단순 Outlier(특이치)로 취급하지만, **이런 주가 급등은 유지되기 어렵기에 매도로 대응**

하락 전환 하면서 기존 상승 추세 이탈

상승 전환 하면서 기존 하락 추세 이탈

단기 추세대 3

단기 추세대 2

통계학에서는 Outlier 그러나 이 시점은 기회. **특히 이익 바닥 또는 이익이 증가하면 적극적 매수**

단기 추세대 1

■ 기술적 분석은 통상에서 벗어난 특이 상황을 활용

• 통계학에서 단순 Outlier(특이치)로 취급하는 분포의 양극단을 기술적 분석에서는 큰 기회, 또는 위기로 여긴다.

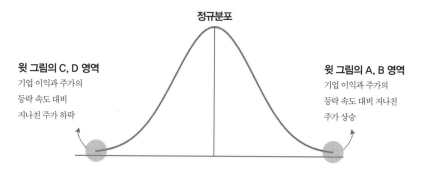

정규분포

윗 그림의 C, D 영역
기업 이익과 주가의 등락 속도 대비 지나친 주가 하락

윗 그림의 A, B 영역
기업 이익과 주가의 등락 속도 대비 지나친 주가 상승

그러나 추세 분석에서는 사례에서 같은 주가의 현저한 뒤틀림 현상을 주가의 정·저점(추세 변화)과 연관된 것으로 여긴다.

상황 판단력을 높이는 이익과 추세선 간 결합

주가의 상당한 뒤틀림 현상을 곧바로 주가의 추세 변화로 볼 수는 없다. 때문에 보완이 필요한데, 주가의 뒤틀림 현상이 발생되면 당시 기업 이익 추세의 변화 여부를 파악했으면 한다.

요컨대 기업 이익과 추세선을 결합해서 상황을 크로스체크(cross check)하는 것인데, 주가의 뒤틀림 당시 이익 추세에서 변화가 있다면 적극 대응해야 한다(통상 이익 전망에 기초하여 행하는 주가 전망과 달리 주가 추이 → 이익 체크 → 주가 전망 과정). 이는 **소소한 시세가 아닌 큰 시세의 변화를 내다보고 하는 중장기 관점에서의 대응이다.** 이때는 쫀쫀하게 대응하지 않아야 한다(2장-1, 3, 6장 참조).

반면, 당시 이익이 기존의 증가 감소 추세를 유지 중이면 주가 뒤틀림을 일시적 현상으로 판단한다. 사례 A는 일시적 뒤틀림 현상 경우에 해당된다. 이런 경우는 기존 견해를 유지해야 하는데, 이 책에서는 이와 관련된 여러 사례를 다루었다.

한편 **추세선으로 상황 판독은 이익의 정·저점과 연관되었기에 무엇보다 미래 이익의 정·저점 시점 파악을 중시해야 한다.** 미래 이익의 정·저점 관련해서는 애널리스트들의 이익 추정치를 참고할 수밖에 없는데, 이래서 실력 있는 애널리스트의 역할이 중요하다. 증권업계가 애널리스트를 좀 더 육성했으면 한다.

또 이익 추정치 활용과 관련해서 고려할 사안은 이익 추정치의 변동이 잦다는 점이다. 때문에 주기적으로 이익 추정치의 변화 여부, 특히 이익 정·저점 시점의 변화 여부를 반드시 확인해야 한다.

너무 많은 장점을 지닌 추세선·추세대 분석

추세선과 이익을 결부하면 상황 판단이 쉬워진다. 판단의 수월성이 추세선 분석의 장점인데, 이밖에도 추세선 분석은 다음과 같은 여러 장점을 갖고 있다.

첫째, 추세선과 추세대(위 추세선과 아래 추세선으로 구성된 주가 등락 범위) **작성 과정이 단순**하다. 추세선 작성은 해당 종목 주가의 저점과 저점, 고점과 고점을 연결하면 그것으로 완료된다. 이처럼 작성 과정이 단순하다. 때문에 초보자도 몇 번 작성하면 추세선에 익숙해지는데, 추세선은 각 증권사가 제공하는 주가 차트에서 작도(作圖)할 수 있다. 다만 차트는 로그 차트를 활용했으면 한다(1장-14 참조).

둘째, 추세선은 주가모형을 도출한다. 일부 모형은 빈번하게 발생하는데, 특히 **추세대, 박스권 모형, 쐐기모형, 확산모형** 등 일부 모형(5장, 6장 참조)은 주가의 중장기 추세 전환 판단에 있어 큰 도움이 된다. 때문에 몇 가지 모형은 숙지했으면 한다.

셋째, 추세선과 추세대는 향후 주가 전망을 내포한다. 때문에 추세선·추세대로 향후 주가를 가늠해 볼 수 있다. 이 책에서 사례를 예시했다. 엑셀(Excel)로도 추정이 가능하다.

넷째, 추세선은 다른 기술적 지표보다 빠르게 주가의 중장기 상승·하락 전환을 파악한다. **다섯째,** 다른 단기 기술적 지표, 특히 CCI(현재 가격이 평균 주가와 차이가 나는지를 보여주는 지표로, 과매수(+200) 구간과 과매도(-200에 근접) 구간에서는 단기이지만 주가 추세의 방향 전환 가능성이 높은 편이다)**와 병행해서 상황을 판단하면 추세선은 단기 주가 흐름 파악에서도 성과를 낼 수 있다.**

여섯째, 다른 자산가격 추이에도 추세선 분석을 적용할 수 있다. 예컨대 추세선 분석은 해외 주식, 가상화폐, 환율, 금리는 물론 주택가격 추이에도 적용이 가능하다. 관련 사례를 이 책에서 설명했다.

2. 작성이 쉽고, 판단 기준이 단순 명쾌한 추세선

주가의 저점과 저점을 연결하면 완성되는 상승 추세선

추세선과 추세대 작성 과정은 단순하다. **추세선은 해당 종목 주가 추이가 가장 그럴듯하게 보이는 저점과 저점, 고점과 고점을 연결하면 그것으로 완료된다.** 예컨대 주가 상승의 경우라면 첫 그림 같이 주가의 저점과 저점을 연결한다. 이후 **둘째 그림에서 같이 주가의 윗변에 이미 작성된 아랫선을 평행하게 긋는다.** 이렇게 작성된 주가의 위·아래 두 추세선을 **추세대**(趨勢帶)라 한다.

이러한 사례의 추세대는 기본 주가모형인데, 추세대의 변형모형(예를 들어, 쐐기모형, 박스권 주가, 확산모형 등)이 자주 발생한다.

위 추세선은 저항선, 아래 추세선은 지지선 개념

주가 상승 과정에서 **주가의 저점과 저점을 연결한 아래 추세선을 지지선**으로 여긴다. 주가가 아래 추세선 이하로 하락하지 않는다고 가정하는 것이다. 때문에 주가가 지지선(아래 추세선)을 상당히 하회하면 주가의 추세 상승이 종료된 것으로 본다. 특히 **추세 이탈 시점의 이익이 정점 내외이면, 즉 향후 이익이 줄어드는 시점에서 주가가 기존 상승 추세선을 이탈하면 하락 전환**했다고 본다(5장-1 참조).

그러나 **이익 증가 기간 중 주가의 상승 추세대의 아래 추세선 하회는 주식 매입 기회**로 여긴다. 특히 **추세 이탈 시점과 이익 정점**(이익 추정치 기준) **간 시차가 크면 주가의 추세선 하향 이탈은 과도한 하락**으로 본다. 상승 여력이 있는 상황에서 주가 하락이기 때문이다.

상승 추세대의 위 추세선은 저항선으로 여긴다. 즉 주가가 위 추세선을 뚫고 상승하지 않는다고 본다. 때문에 **주가가 위 추세선에 접하면 매**

■ 주가 상승 과정에서 추세선 작성 첫 단계는 주가 저점과 저점 연결

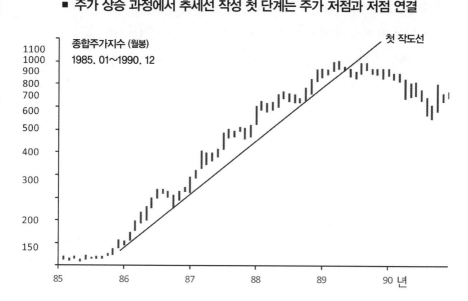

종합주가지수 (월봉)
1985. 01~1990. 12

첫 작도선

■ 둘째 단계는 주가 윗변에 아랫선과 평행한 선(線) 작도(作圖)

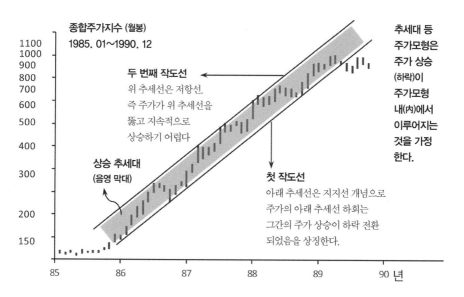

종합주가지수 (월봉)
1985. 01~1990. 12

두 번째 작도선
위 추세선은 저항선.
즉 주가가 위 추세선을
뚫고 지속적으로
상승하기 어렵다

상승 추세대
(음영 막대)

첫 작도선
아래 추세선은 지지선 개념으로
주가의 아래 추세선 하회는
그간의 주가 상승이 하락 전환
되었음을 상징한다.

추세대 등
주가모형은
주가 상승
(하락)이
주가모형
내(內)에서
이루어지는
것을 가정
한다.

도를 고려한다. 주가가 저항선을 뚫고 상승하려면, **주가의 상승 속도를 기존보다 더 빠르게 하는 동인**(예, 예전보다 빠른 이익의 지속적 증가)이 있어야 한다. 때문에 주가가 위 추세선에 접하면, 특히 당시 이익이 정점 내외이면 주식을 처분해야 한다.

주가 하락 관련 추세선 작성 방법은 주가 정점과 정점 연결

우측 그림은 2018~19년 주가 하락 기간인데, **하락 추세선은 주가가 상승할 때의 역순으로 작도한다. 우선 주가의 정점과 정점을 먼저 연결한다.** 이후 이 연결선을 주가의 아랫변에 적용하면 하락 추세대가 완성되는데, **주가 정점과 정점 간 연결한 선을 저항선**으로 여긴다. 즉 주가의 하락 추세대 윗선 상회는 힘겹다는 것이다. 그림의 경우도 위 추세선을 뚫기까지 20개월 소요되었다.

　그러나 주가가 위 추세선을 상회하면 추세적 주가 하락의 종료로 여긴다. 특히 **이익 저점**(이익 추정치 기준) **내외에서 주가가 위 추세선을 상회하면 주가가 상승 전환했거나 하락 추세가 멈췄다고 본다.**

　다만 주가가 첫 그림의 A에서 같이 하락 추세대 윗선을 상회해도 이익 바닥과 해당 시점 간 시차가 크면 추세대 윗선 상회를 일시적 사안으로 간주한다. 즉 단순 반등으로 여긴다. 이익의 지속적 증가가 뒷받침되지 않으면 주가의 지속적 상승이 어렵기 때문이다.

　주가 저점과 저점을 연결한 아랫선은 지지선이 된다. **주가가 하락해도 하락 추세대의 아랫선 이하로 하락은 지나친 하락**이라 여기는 것이다. 때문에 **주가가 아래 추세선 이하로 하락하면 재차 아래 추세선 위로 반등**하곤 한다. 둘째 그림의 아래 동그라미 기간이 이에 해당된다. 이처럼 추세선은 중장기 추세 전환 여부 파악에서 뿐만 아니라 단기 매매에서도 유용하다.

■ 주가 하락 과정에서 추세선 작성 첫 단계는 주가 정점과 정점 연결

종합주가지수 일봉
2018. 01~2019. 12

첫 작도선

추세선 상회 불구, 추세 전환이
안 된 것은 이익 바닥 시점이
당시보다 한참 뒤였기 때문, 즉
그 이후도 상당 기간 이익이
감소. 따라서 당시는 매도 시점

■ 둘째 단계는 주가 아랫변에 윗선과 평행한 선 작도

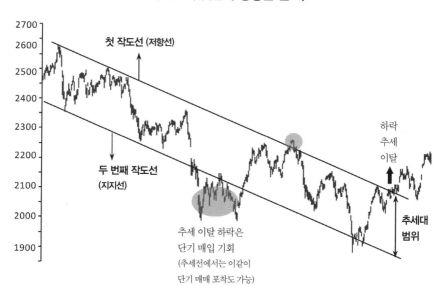

첫 작도선 (저항선)

두 번째 작도선
(지지선)

추세 이탈 하락은
단기 매입 기회
(추세선에서는 이같이
단기 매매 포착도 가능)

하락
추세
이탈

추세대
범위

3. 판단력을 높이는 추세선과 이익의 결합

가. 추세선과 이익의 결합으로 본 종합주가지수 추이

기업 이익 추이에 따라 추세선, 추세대(주가모형) 형성

우측 그림 등 14개 사례는 2000년 이후 종합주가지수의 추세선과 주가 모형을 상장사 이익(150사 기준)과 연계시킨 것이다.

우선적으로 주시할 사안은 기술적 측면의 주가 정·저점 시점과 이익 정·저점 간 연관성이다. 결과부터 정리하면 **주가의 기술적 행태 변화도 이익 정·저점 내외에서 이루어졌다.** 이런 점에서 보면 이익과 주가의 기술적 행태는 한 묶음이라 하겠다(5장 참조). 사실 주가행태는 이익을 반영하는 과정이기에 그럴 수밖에 없다. 이 때문에 주가모형을 보고 이익 추이를 추론하기도 한다.

기술적 측면에서 **주가의 상승멈춤·하락전환은 통상 주가의 상승 추세대 위 추세선 상향 시도에서 시작**하는데, 이익 정점에서 주가의 윗 추세선 상향은 과한 것이다. 이는 마지막 주가 상승을 분출하는 과정으로 주가의 하락 전환의 첫 징후다. **하락 전환의 최종 징후는 주가의 아래 추세선 하향 이탈인데 이는 주가 상승의 와해를 의미**한다.

주가의 하락멈춤·상승전환 징후는 이익 바닥 시점에서 주가의 하락 추세대 아래 추세선 하향 돌파에서 시작된다. 이는 상황이 어렵긴 해도 지나친 하락인데, 이럴 경우(이익 바닥에서 주가의 아래 추세선 하향 돌파)가 통상 주가 바닥이었다. 체념성 매물의 최종 정리 과정이라 하겠다. 상승 전환의 최종 상징은 주가의 위 추세선 상향 이탈인데, 이때가 대체로 이익 바닥 분기 직 전후였다. 이처럼 추세선과 이익을 결합시키면 상황을 크로스체크 할 수 있다.

■ 이익 정점 전후에서 쐐기모형을 완성한 이후 하락한 주가지수

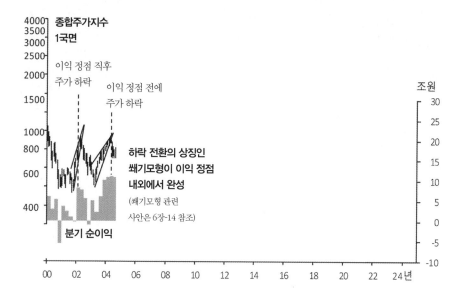

종합주가지수
1국면

이익 정점 직후
주가 하락

이익 정점 전에
주가 하락

**하락 전환의 상징인
쐐기모형이 이익 정점
내외에서 완성**

(쐐기모형 관련
사안은 6장-14 참조)

분기 순이익

조원

■ 이익 증가로 저항선 돌파, 이 과정에서 상승 추세대 형성

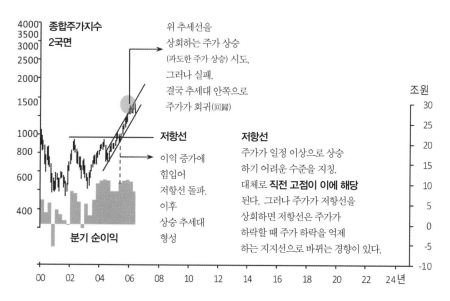

종합주가지수
2국면

위 추세선을
상회하는 주가 상승
(과도한 주가 상승) 시도.
그러나 실패.
결국 추세대 안쪽으로
주가가 회귀(回歸)

저항선

이익 증가에
힘입어
저항선 돌파.
이후
상승 추세대
형성

분기 순이익

조원

저항선

주가가 일정 이상으로 상승
하기 어려운 수준을 지칭.
대체로 **직전 고점이 이에 해당**
된다. 그러나 주가가 저항선을
상회하면 저항선은 주가가
하락할 때 주가 하락을 억제
하는 지지선으로 바뀌는 경향이 있다.

■ 일시적 이익 감소로 주가 하락, 그 결과 추세대 기울기와 폭 수정

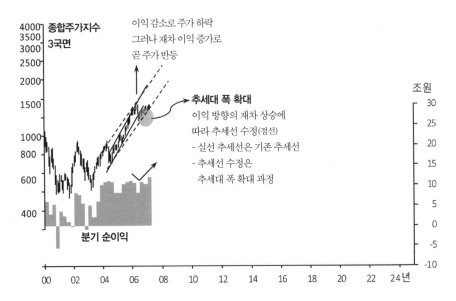

■ 주가 하락(이익 감소) 과정에서는 하락 확산모형을, 주가 상승(이익 증가) 과정에서는 쐐기모형을 형성

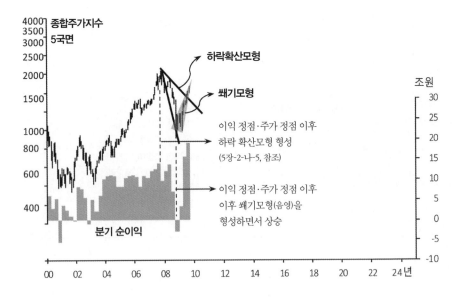

■ 3차 중기 상승 추세대 형성, 그 결과 장기 상승 추세대 폭 확대

3번째 중기 상승 추세 출현
주가가 상승했지만 추세대 윗선,
특히 장기 추세대 윗선에
접근하지는 않았다.
주가가 장기 추세대 윗선에 접근
못한 것은 주가 상승 탄력 약화 과정
주가의 상승 탄력 약화는
이익 증가가 둔화되거나 이익이
정점에 근접했다는 의미

■ 이익이 정체한 음영 기간에 BOX권 주가 형성

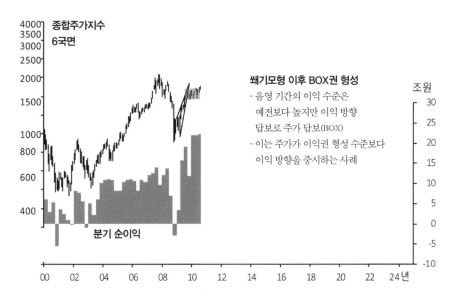

쐐기모형 이후 BOX권 형성
- 음영 기간의 이익 수준은
  예전보다 높지만 이익 방향
  답보로 주가 답보(BOX)
- 이는 주가가 이익권 형성 수준보다
  이익 방향을 중시하는 사례

■ 이익 증가로 인해 중기 상승 추세대 형성

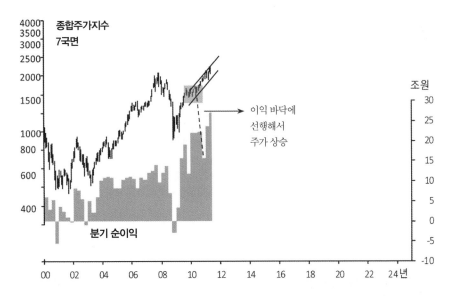

■ 이익 증가 둔화를 감안, 상승 추세대 위 추세선을 쐐기형으로 수정

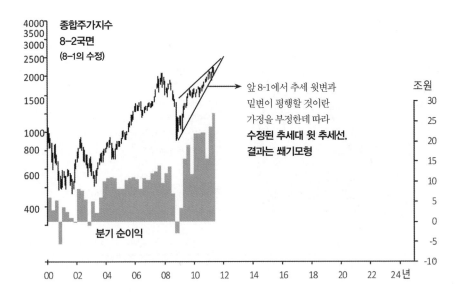

▪ 상승 추세대의 위 추세선을 수정할지 여부에 대한 검토

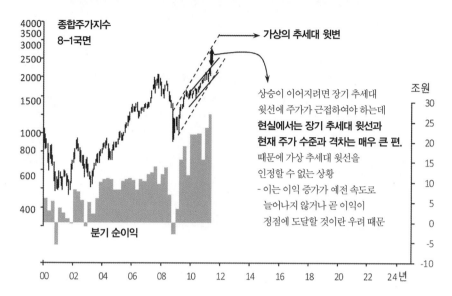

종합주가지수
8-1국면

가상의 추세대 윗변

상승이 이어지려면 장기 추세대
윗선에 주가가 근접하여야 하는데
**현실에서는 장기 추세대 윗선과
현재 주가 수준과 격차는 매우 큰 편.**
때문에 가상 추세대 윗선을
인정할 수 없는 상황
- 이는 이익 증가가 예전 속도로
　늘어나지 않거나 곧 이익이
　정점에 도달할 것이란 우려 때문

분기 순이익

▪ 쐐기모형 이후 주가 하락은 이익 감소에 기인

종합주가지수
9국면

이익 정점 직후
주가가 쐐기모형을
하향 이탈, 급락

분기 순이익

■ 큰 구도로는 이익 정체, 그 결과 BOX권 주가 형성

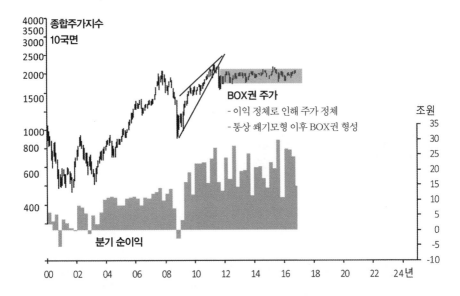

종합주가지수
10국면

BOX권 주가
- 이익 정체로 인해 주가 정체
- 통상 쐐기모형 이후 BOX권 형성

조원

분기 순이익

■ 이익 감소로 하락 추세대 형성

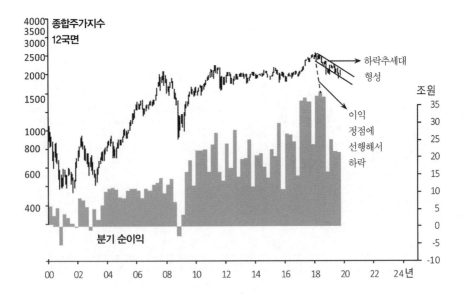

종합주가지수
12국면

하락추세대 형성

조원

이익 정점에 선행해서 하락

분기 순이익

■ 이익 증가에 따라 상승 추세대 형성

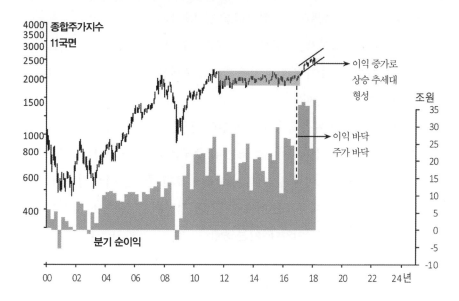

■ 이익 수준은 낮지만, 추세적 이익 증가로 인해 주가 상승

• 코로나19로 인해 통례와 달리 주가 바닥이 이익 바닥을 후행했다.

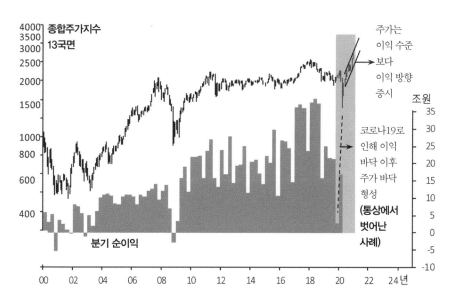

나. 추세선과 이익의 결합으로 본 개별 종목 추이

개별 종목 매매는 종합주가지수 정·저점을 감안해서 시행

2000년 이후 삼성전자, LG화학, 현대자동차, NAVER, 엔씨소프트, 셀트리온 등 여섯 종목 주가의 추세 전환 과정을 추세선(주가모형)과 이익을 결합시켜 살펴보고자 한다.

결과를 정리하면 **여섯 종목의 추세 전환 징후는 주가의 기존 추세대**(또는 주가모형) **아래 추세선**(하락 전환 시) **또는 위 추세선**(상승 전환 시) **이탈로 표출되었는데, 그 시점이 이익 정·저점 내외였다. 또한 주가는 이익 정·저점 내외에서 통상 위 추세선 또는 아래 추세선과 접점을 형성했는데, 당시가 대체로 주가 정점·바닥이었다. 이는 종합주가지수의 양태와 같다.**

그러나 시차적 측면에서 개별 종목 주가의 정·저점과 해당 종목의 이익 정·저점이 불일치하는 경우가 없지 않다. **이는 종합주가지수의 등락과 관련이 있다.** 개별 종목 주가는 해당 종목 이익보다 종합주가지수(상장사 전체 이익)의 움직임에 더 영향을 받기 때문이다. 즉 종합주가지수가 상승(하락)하면 해당 종목의 이익이 감소(증가)해도 해당 종목 주가가 상승(하락)하는 경우가 적지 않다. 그 결과 개별 종목 주가의 정·저점과 해당 종목의 정·저점이 일치하지 않는 경우가 발생하는데, 이 때문에 상장사 전체 이익의 흐름을 살피는 것이 중요하다.

또한 **종합주가지수 정·저점 시점과 개별 종목 주가의 정·저점 시점이 다른 경우도 있었다.** 종합주가지수의 상승·하락 전환 시점에서 모든 종목이 늘 같이 상승·하락 전환하지 않았던 것이다. 정·저점 시점이 달랐던 것은 해당 종목 이익의 정·저점 시점이 상장사 전체 이익의 정·저점 시점과 달랐거나, 해당 종목 관련 특정 테마 때문이었다.

그런데 이런 경우 이들 종목 주가는 통상 이중 바닥(쌍바닥) 또는 이중 천정(쌍봉)을 형성했다. 그러나 쌍바닥, 쌍봉인지라 대체로 앞 고점(저점)

242

과 뒤 고점(저점) 간 격차가 크지 않다. 부연하면 **종합주가지수 정·저점 이후 개별 종목의 추가 상승·하락 정도는 아쉬울 정도로 크지 않았다.** 때문에 종합주가지수 정·저점 내외에서는 순차적 매도·매수를 검토해야 하겠다.

이와 관련해서는 다음 페이지 그림의 셀트리온 경우가 참고가 된다. 그림의 시점 B에서 종합주가지수가 정점을 이루었지만 셀트리온의 주가 정점은 시점 C였다. 그러나 B와 C 간 주가 격차(최고치 기준)는 4.8%에 불과했다. 더구나 시점 B 이후 한때 셀트리온은 36%나 하락했다. 고생에 비해 추가로 얻은 수익은 별 것 없었다. 때문에 셀트리온의 실질적 주가 정점은 시점 B로 볼 수 있다. 이래서 개별 종목 매매도 종합주가지수 정·저점 시점에서 했으면 한다.

한편 **여섯 종목 사례 그림에는 에프앤가이드**(Fn Guide) **자료에 의거, 2021년 분기별 이익 전망치도 삽입되어 있다.** 이익 추정 시점은 2021년 5월 중순 또는 그 이전이다. 그러나 이익 추정치는 자주 수정된다. 때문에 이익 추정치의 변화 과정을 적어도 분기에 한번 정도는 확인해야 한다. 이익 전망치는 에프앤가이드 자료를 활용하거나 본인이 거래하는 증권사에 문의하면 얻을 수 있다. 대부분 증권사는 이익 추정치를 제공하고 있다.

단기 기술적 지표 CCI를 추세대, 기업 이익과 병행해서 분석

이익과 추세선(주가모형)을 결합해서 주가를 분석하되 종목 단위에서는 다른 보조 기술적 지표 활용도 권한다. 다음 페이지 그림의 CCI(각 증권사의 주가 차트에서 제공) 지표가 그 사례이다. 물론 CCI로는 주가의 중장기 추세 전환 여부를 추정하기 어렵다.

그러나 CCI는 주가의 단기 추세의 전환 여부 판단에 큰 도움이 된다. **CCI 정·저점 이후 단기 추세선**(추세대)**상에서 주가의 단기 정·저점이 형성되기 때문**이다. 즉 CCI가 사전적으로 조만간 있을 단기 추세선상의 단기 정·저점을 예고하면, 이 예고를 참고로 해서 단기 추세선에서 발생할 주가 정점·바닥을 대비하자는 것이다. 그런데 단기 추세대상의 주가 정·저점과 CCI상의 주가 정·저점 간 시차는 극히 짧다. 때문에 단기 매매와 관련해서는 CCI만을 활용해도 가능할 것 같다.

사례를 살펴본다. 우측 그림에서 보듯 CCI 정점 이후 단기 주가 정점이 일관되게 발생했다. 또 A, C 사례에서 보듯 CCI 정점 직후 주가와 추세대 윗선 간 접점(단기 정점 징후)이 형성되었다. (그림이 복잡해지기에 추세대 내의 단기 추세선[추세대]은 작도하지 않았다.)

예시하지 않았지만 CCI 바닥 이후 단기 주가 바닥도 일관되게 형성되었다. 이런 유용성 때문에 **CCI는 특히 박스권 주가가 장기간 이어질 경우 적절한 투자 지표로 활용**된다. **이익, 추세선과 더불어 CCI 활용을 권한다.** 물론 다른 단기 기술적 지표도 CCI와 같은 성과를 낼 것도 같다.

덧붙여 **추세선**(추세대) **작도를 특정 모형에 국한하지 않고 다양하게 작성했으면 한다. 다각적 추세선 작성은 생각의 폭을 넓히기 때문**인데, 이 책에서는 삼성전자에서 시도해 보았다(4장-3-나-1 참조).

- **CCI 정점 이후 단기 주가 정점 형성 (CCI의 유용성)**
- **시점 B1에서 CCI가 향후 있을 주가 고점을 예고**
- **B1 이후 시점 B에서 주가가 추세대 윗선을 상향 이탈했다.** 주가의 추세대 윗선 돌파는 과잉 상승이어서 주식을 매도하여야 한다. 즉 시점 B1에서부터 매도 시점 파악 주시, B에서 매도
- C의 주가 수준이 높지만 **B와 C 간의 주가 수준 격차는 4.8%에 불과하다**(주가 쌍봉). 때문에 **B를 실질적 주가 고점**으로 볼 수 있다. 당시 종합주가지수 고점은 시점 B 직후였다. 즉 셀트리온은 종합주가지수 고점 경과 이후 시점 C까지 버텼다. 그러나 실익은 없었다. 더구나 B에서 C로 넘어가는 과정 중 36%나 하락하기도 했다.

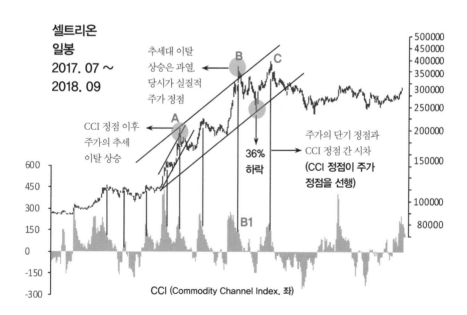

셀트리온
일봉
2017. 07 ~
2018. 09

추세대 이탈
상승은 과열.
당시가 실질적
주가 정점

CCI 정점 이후
주가의 추세
이탈 상승

36%
하락

주가의 단기 정점과
CCI 정점 간 시차
**(CCI 정점이 주가
정점을 선행)**

B1

CCI (Commodity Channel Index. 좌)

1) 삼성전자 사례

■ 이익 급증이 저항선 돌파 동인

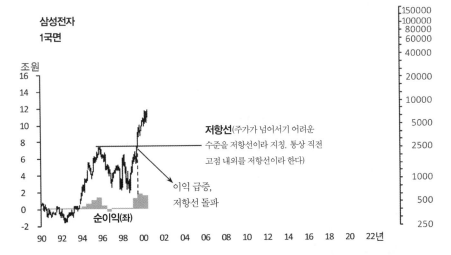

삼성전자
1국면

조 원

저항선(주가가 넘어서기 어려운
수준을 저항선이라 지칭. 통상 직전
고점 내외를 저항선이라 한다)

이익 급증,
저항선 돌파

순이익(좌)

■ 이익 바닥에서 주가 바닥 형성, 저항선 돌파 동인은 이익 급증

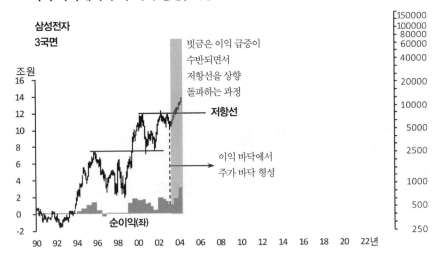

삼성전자
3국면

조 원

빗금은 이익 급증이
수반되면서
저항선을 상향
돌파하는 과정

저항선

이익 바닥에서
주가 바닥 형성

순이익(좌)

■ 쐐기모형 말기(윗선과 아랫선의 수렴)는 주가 하락의 상징, 결국 이익 정점
이후 주가 하락. 그 이후 종전 고점이 지지선 역할을 수행

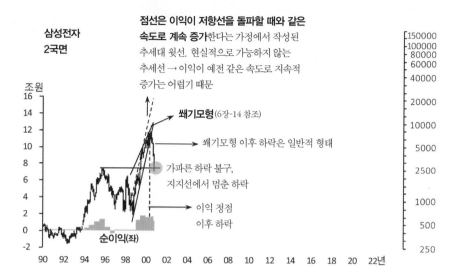

삼성전자
2국면

점선은 이익이 저항선을 돌파할 때와 같은
속도로 계속 증가한다는 가정에서 작성된
추세대 윗선. 현실적으로 가능하지 않는
추세선 → 이익이 예전 같은 속도로 지속적
증가는 어렵기 때문

쐐기모형(6장-14 참조)

쐐기모형 이후 하락은 일반적 형태

가파른 하락 불구,
지지선에서 멈춘 하락

이익 정점
이후 하락

순이익(좌)

■ 이익 증가에 힘입어 저항선 돌파

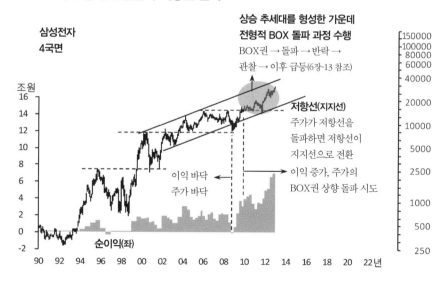

삼성전자
4국면

상승 추세대를 형성한 가운데
전형적 BOX 돌파 과정 수행
BOX권 → 돌파 → 반락 →
관찰 → 이후 급등(6장-13 참조)

저항선(지지선)
주가가 저항선을
돌파하면 저항선이
지지선으로 전환

이익 바닥
주가 바닥

이익 증가, 주가의
BOX권 상향 돌파 시도

순이익(좌)

■ 이익 바닥에서 주가의 상승 추세대 아랫선과 접촉은 바닥 징후

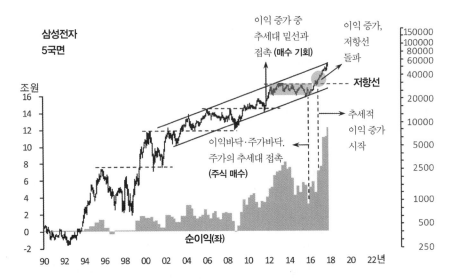

■ 장기 상승 추세대 모형으로 본 삼성전자의 주가 추이

• 중기 추세대 아랫선과 장기 추세대 아랫선이 접할 때가 주가 바닥인데, 당시가 대체로 이익 바닥 전후였다.

■ 2021년 1월 중 주가의 추세대 윗선 상회는 다소 격한(?) 시도

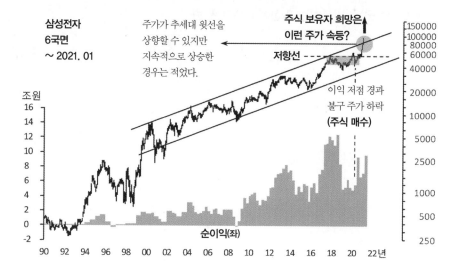

삼성전자
6국면
~ 2021. 01

주가가 추세대 윗선을
상향할 수 있지만
지속적으로 상승한
경우는 적었다.

주식 보유자 희망은
이런 주가 속등?

저항선

이익 저점 경과
불구 주가 하락
(주식 매수)

조원

순이익(좌)

■ 장기 쐐기모형으로 본 삼성전자의 주가 추이

• 시점 A, B, C에서 이익은 바닥 또는 증가 중인데, 당시 주가는 쐐기모형의 아래 추세선
   과 접촉 → 주식 매수 기회

삼성전자
~ 2021. 09

1, 2, 3선은 시간
경과에 따라 바뀐
아랫 추세선의
변화 과정

1선이 유지
되는 가운데
이익 저점 →
주식 매수

2선이 유지
되는 가운데
이익 증가 →
주식 매수

3선
유지,
이익
바닥
→
주식
매수

조원

순이익(좌)

2) LG화학 사례

■ 이익 증감을 반복하는 과정에서 BOX권 형성

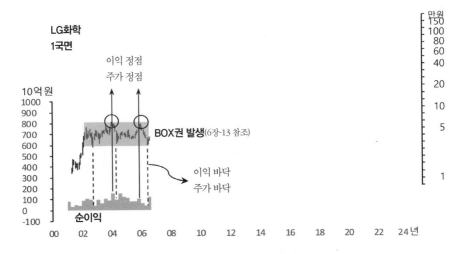

■ 금융위기와 이익 감소로 인해 하락 추세대 형성, 그러나 종전 BOX권 상단(종전의 저항선)이 하락을 저지하는 지지선으로 전환

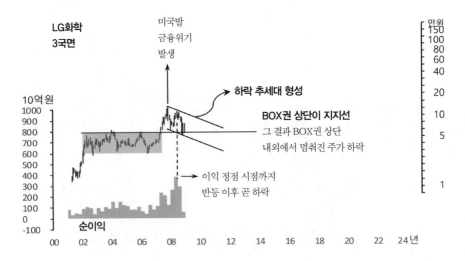

■ 이익 바닥에서 주가 바닥 형성, 이익 급증에 힘입어 BOX권 돌파

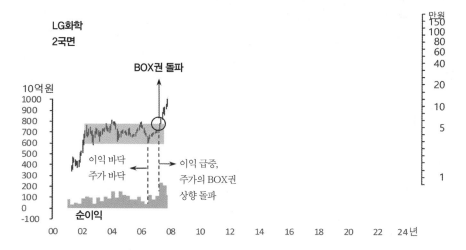

■ 이익 바닥에서 주가 바닥 형성, 이후 급등, 이어 상승 추세대 형성

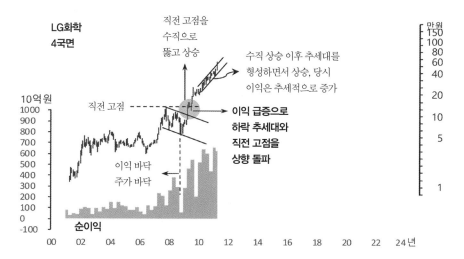

▪ 이익 정점 경과 이후 당시 종합지수 상승과 연계해서 상승 종합주가지수 하락과 동시에 하락 추세대 형성

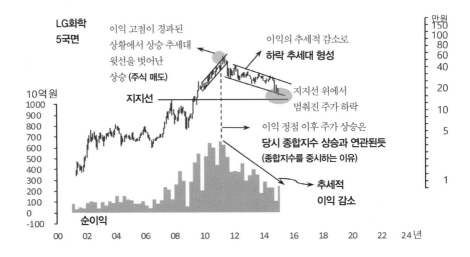

▪ 코로나가 없었다면 이익 바닥 시점인 2019년 10월에 주가 바닥이 형성되었을 듯

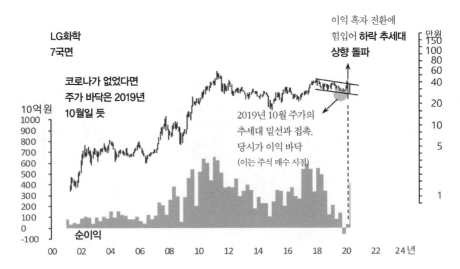

■ 이익 바닥 시점에서 주가와 하락 추세대 아랫선과 접촉 등 주가 바닥 징후 발생, 그 이후 주가 상승 전환

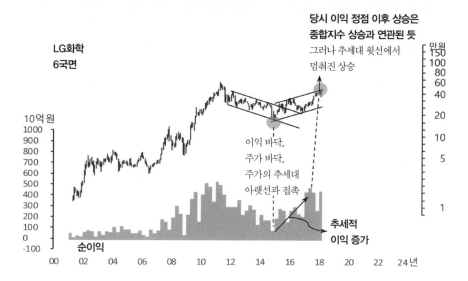

■ 이익 급증에 힘입어 주가 급등, 그러나 추세 유지는 불분명

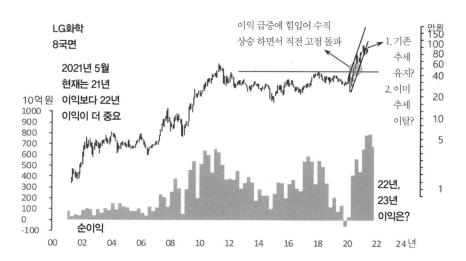

3) 현대자동차 사례

■ 이익 정점 직후 주가 하락, 주가의 추세대 윗선 돌파 시도는 실패

■ 직전 고점을 상향 돌파하면서 이익 정점 시점까지 상승

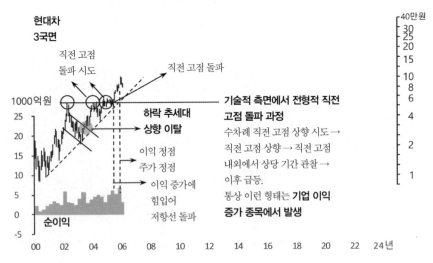

■ 이익 증가 중 주가의 하락 추세대 아랫선과 접촉은 주가 바닥 징후

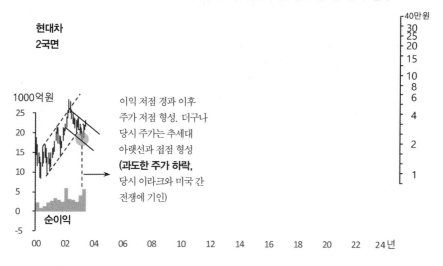

현대차
2국면

이익 저점 경과 이후
주가 저점 형성. 더구나
당시 주가는 추세대
아랫선과 접점 형성
(과도한 주가 하락,
당시 이라크와 미국 간
전쟁에 기인)

1000억 원

순이익

■ 이익 정점 이후 하락 추세대와 BOX권 형성

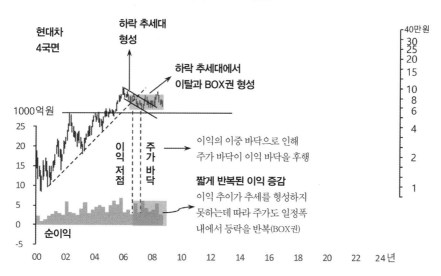

현대차
4국면

하락 추세대
형성

하락 추세대에서
이탈과 BOX권 형성

1000억 원

이익의 이중 바닥으로 인해
주가 바닥이 이익 바닥을 후행

짧게 반복된 이익 증감
이익 추이가 추세를 형성하지
못하는데 따라 주가도 일정폭
내에서 등락을 반복(BOX권)

순이익

■ 이익 바닥 직전 주가의 지지선과 하락 추세대 하회는 주가 바닥 징후

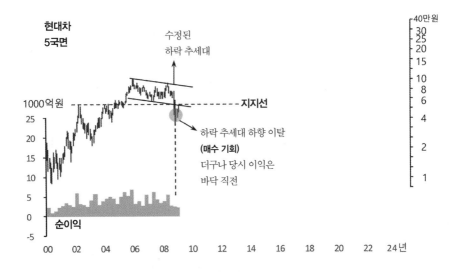

■ 이익 바닥에서 주가의 하락 추세대 아랫선 하회는 주가 바닥 징후

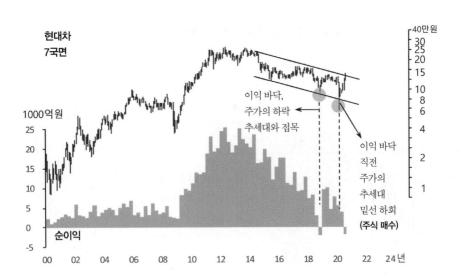

256

■ 이익과 연계되어 다양한 주가의 기술적 행태 표출

- 주가 수준 B는 예전에도 경험했기에 A에서 B까지는 빠르게 상승(반등)

  통상 급락 이후의 초기 상승은 매우 빠른 편

주가의 기술적 양태

1) **이익 바닥 직전에 주가 바닥 형성**
   이후 빠른 상승(A)
2) 직전 고점 상향 돌파 이후
   7개월간 **BOX권(B)**
   (당시 현대차 이익과
   종합지수 모두 정체)
3) BOX(B) 이후 **빠른 상승**은
   빠른 이익 증가에 기인
   당시 종합지수도 상승
4) **시점 C**에서 주가의
   상승 추세대 윗선 상향
   (과열 및 정점 징후)
5) **C 이후** 주가는 고원권에서
   BOX권(당시 이익 정체)
6) **D는** 이익과 주가 정점 시점
   → 실질적 주가 정점은 C
7) **E, 이익 반등으로 마지막**
   주가 반등

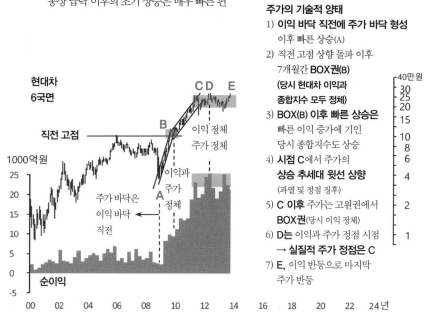

■ 초기는 종합지수 상승에, 그 이후는 이익 증가 기대에 힘입어 상승

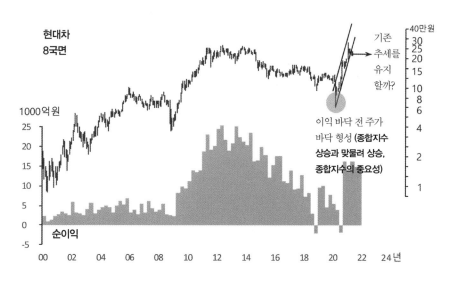

4) NAVER 사례

■ 이익 증감이 일정 범위였기에 BOX권 주가 형성

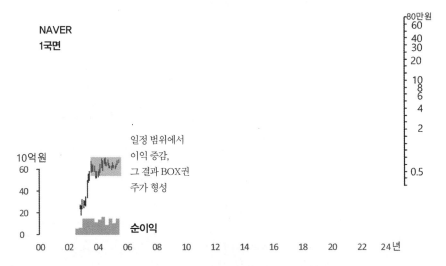

NAVER
1국면

일정 범위에서
이익 증감,
그 결과 BOX권
주가 형성

순이익

■ 이익 증가 불구 하락 추세대 형성, 지지선 내외에서 멈춘 하락

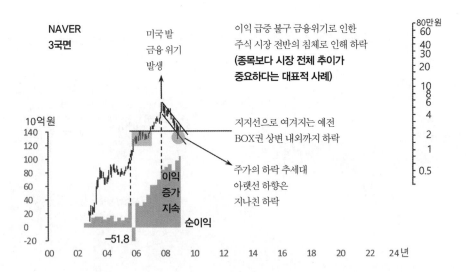

NAVER
3국면

미국발
금융 위기
발생

이익 급증 불구 금융위기로 인한
주식 시장 전반의 침체로 인해 하락
(종목보다 시장 전체 추이가
중요하다는 대표적 사례)

지지선으로 여겨지는 예전
BOX권 상변 내외까지 하락

주가의 하락 추세대
아랫선 하향은
지나친 하락

이익
증가
지속

순이익

−51.8

■ 미국의 금융위기로 인해 추세적 이익 증가 불구, 쐐기모형 형성

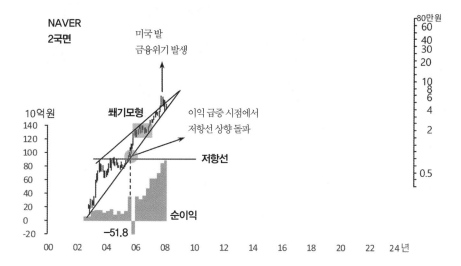

■ 이익 급증 시점에서 주가도 급등

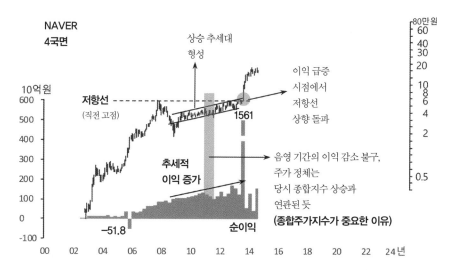

■ 이익 정점에서 BOX권 형성, 이후 하락 추세대 형태로 하락

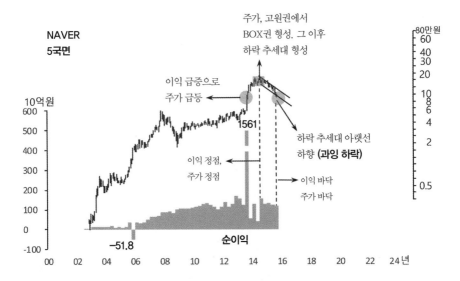

■ 추세적 이익 감소 기간 중 하락 추세대 형성

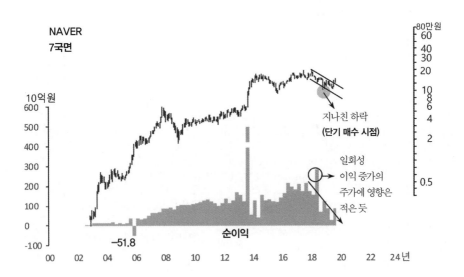

■ 상승 추세대 후반에 BOX권 형성 (당시 이익 정체)

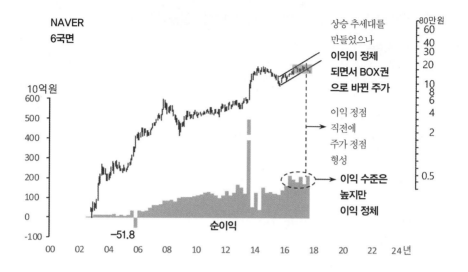

NAVER
6국면

상승 추세대를
만들었으나
**이익이 정체
되면서 BOX권
으로 바뀐 주가**

이익 정점
직전에
주가 정점
형성

**이익 수준은
높지만
이익 정체**

순이익

−51.8

■ 이익 바닥 시점에서 상승 전환, 이후 상승 지속

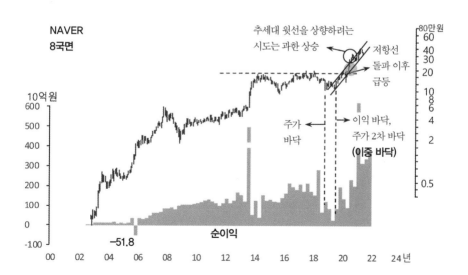

NAVER
8국면

추세대 윗선을 상향하려는
시도는 과한 상승

저항선
돌파 이후
급등

주가
바닥

이익 바닥,
주가 2차 바닥
(이중 바닥)

순이익

−51.8

5) 엔씨소프트 사례

■ 이익 정체로 BOX권에 갇혔던 주가가 이익 급증에 힘입어 급등

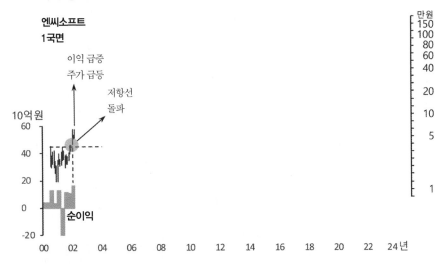

■ 추세적 이익 증가에 힘입어 상승 추세대 형성

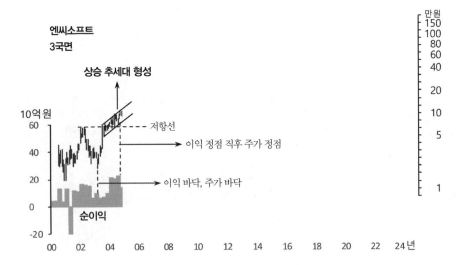

■ 주가 정점권에서 5개월 간 BOX권 형성, 그 이후 주가 하락

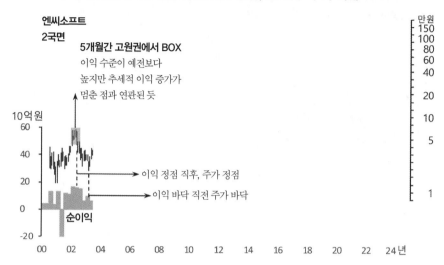

엔씨소프트
2국면

5개월간 고원권에서 BOX
이익 수준이 예전보다
높지만 추세적 이익 증가가
멈춘 점과 연관된 듯

이익 정점 직후, 주가 정점
이익 바닥 직전 주가 바닥
순이익

■ 이익 정점 이후 이익의 추세적 감소로 인해 하락 추세대 형성

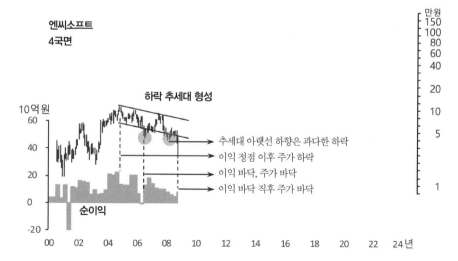

엔씨소프트
4국면

하락 추세대 형성

추세대 아랫선 하향은 과다한 하락
이익 정점 이후 주가 하락
이익 바닥, 주가 바닥
이익 바닥 직후 주가 바닥
순이익

■ 이익 정·저점 전후에서 주가 정·저점 형성

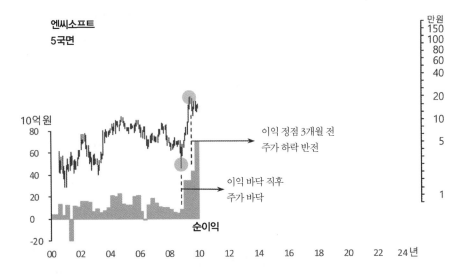

엔씨소프트
5국면

이익 정점 3개월 전
주가 하락 반전

이익 바닥 직후
주가 바닥

순이익

■ 이익 방향과 종합주가지수 추이에 따라 등락한 주가

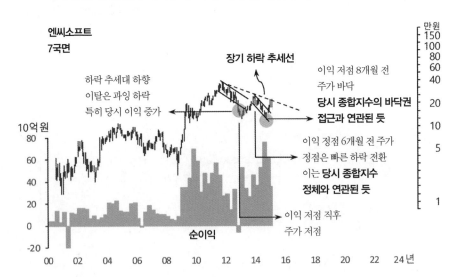

엔씨소프트
7국면

장기 하락 추세선

하락 추세대 하향
이탈은 과잉 하락
특히 당시 이익 증가

이익 저점 8개월 전
주가 바닥
**당시 종합지수의 바닥권
접근과 연관된 듯**

이익 정점 6개월 전 주가
정점은 빠른 하락 전환
이는 **당시 종합지수
정체와 연관된 듯**

이익 저점 직후
주가 저점

순이익

■ 이익 수준보다 이익 방향성에 따라 등락한 주가

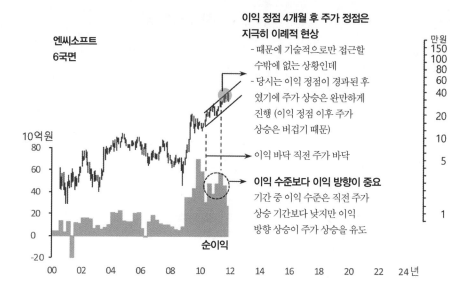

엔씨소프트
6국면

이익 정점 4개월 후 주가 정점은 지극히 이례적 현상
- 때문에 기술적으로만 접근할 수밖에 없는 상황인데
- 당시는 이익 정점이 경과된 후였기에 주가 상승은 완만하게 진행 (이익 정점 이후 주가 상승은 버겁기 때문)

이익 바닥 직전 주가 바닥

이익 수준보다 이익 방향이 중요
기간 중 이익 수준은 직전 주가 상승 기간보다 낮지만 이익 방향 상승이 주가 상승을 유도

순이익

■ 2021년 5월 중순 현재 장기 상승 추세대 유지

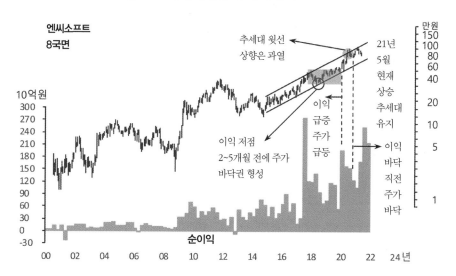

엔씨소프트
8국면

추세대 윗선 상향은 과열

21년 5월 현재 상승 추세대 유지

이익 저점 2~5개월 전에 주가 바닥권 형성

이익 급증 주가 급등

이익 바닥 직전 주가 바닥

순이익

6) 셀트리온 사례

■ 이익 감소로 주가가 크게 하락하면서 하락 추세대 형성

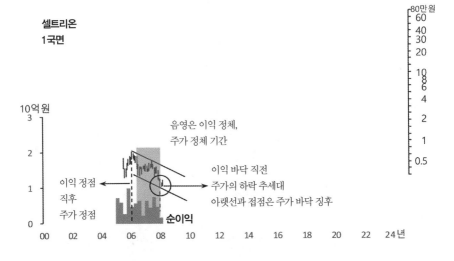

셀트리온
1국면

음영은 이익 정체,
주가 정체 기간

이익 정점
직후
주가 정점

순이익

이익 바닥 직전
주가의 하락 추세대
아랫선과 접점은 주가 바닥 징후

■ 이익의 추세적 감소 불구 BOX권 유지
BOX권 기간 중 주가는 이익 증감 방향에 따라 등락

셀트리온
3국면

추세적 이익 감소 불구 주가가
BOX권을 유지한 이례적 경우 발생
- BOX권 바닥 대비 상변은 100% 상회
  (외면은 BOX권이지만 큰 기복 발생)
- BOX권 기간 중 종합주가지수 등락
  테마 등에 따라 주가 등락

일회성
이익

순이익

추세적
이익 감소

■ 이익 증가에 따라 주가 급등, 그 이후 상승 추세대 형성

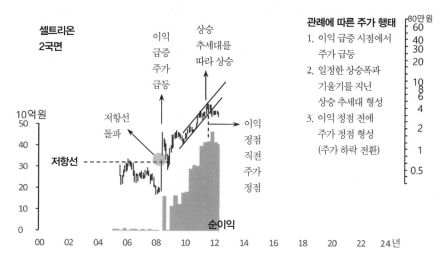

셀트리온
2국면

이익
급증
주가
급등

상승
추세대를
따라 상승

저항선
돌파

저항선

이익
정점
직전
주가
정점

순이익

80만원

관례에 따른 주가 행태
1. 이익 급증 시점에서
   주가 급등
2. 일정한 상승폭과
   기울기를 지닌
   상승 추세대 형성
3. 이익 정점 전에
   주가 정점 형성
   (주가 하락 전환)

10억원

00 02 04 06 08 10 12 14 16 18 20 22 24년

■ 이익 감소 불구, 종합지수 상승과 테마에 의거 주가 상승

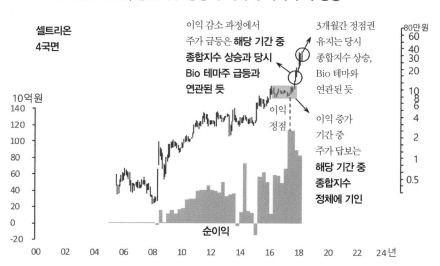

셀트리온
4국면

이익 감소 과정에서
주가 급등은 **해당 기간 중
종합지수 상승과 당시
Bio 테마주 급등과
연관된 듯**

3개월간 정점권
유지는 당시
종합지수 상승,
Bio 테마와
연관된 듯

이익
정점

이익 증가
기간 중
주가 답보는
**해당 기간 중
종합지수
정체에 기인**

순이익

10억원

00 02 04 06 08 10 12 14 16 18 20 22 24년

- 아래 그림의 기간 A에서 셀트리온의 이익은 증가했지만 주가는 답보했다. 이는 시점 A에서 종합주가지수가 정체했기 때문인 듯하다. 즉 시장 전체 추이가 셀트리온 상승을 억제했다.
- 아래 그림 기간 B에서 셀트리온은 **이익 감소 불구 상승했는데, 당시 종합주가지수는 상승 중이었다.** 이익 감소 불구, 셀트리온의 상승은 당시 종합주가지수 상승과 테마 부각에 힘입은 것 같다. 당시는 바이오 테마가 큰 관심을 끌었다.
- 명목상 **셀트리온 주가 정점은 2018년 3월이었지만, 2018년 1월** (종합지수 정점은 1월 말)**부터 셀트리온 주가는 정체**(쌍봉 형성)**했다.** 실제로 1월 고점과 3월 고점 간 격차는 4.8%에 불과하다. 때문에 실질적 주가 정점인 1월에 셀트리온을 처분했어야 했다.

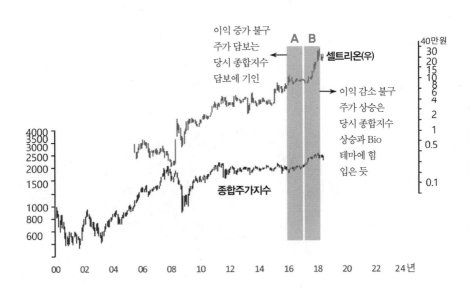

268

■ 종합주가지수로부터 절대적 영향을 받았던 셀트리온의 하락 과정

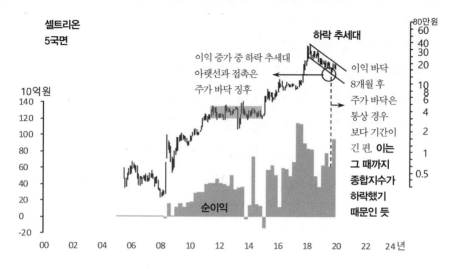

셀트리온
5국면

하락 추세대

이익 증가 중 하락 추세대
아랫선과 접촉은
주가 바닥 징후

이익 바닥
8개월 후
주가 바닥은
통상 경우
보다 기간이
긴 편. 이는
그 때까지
종합지수가
하락했기
때문인 듯

10억 원

순이익

■ 2021년 5월 현재 장기 상승 추세는 유지, 중기 상승 추세대는 와해

• 장기 상승 추세를 이탈하면 반등은 가능하나 추세적 상승은 버겁다.

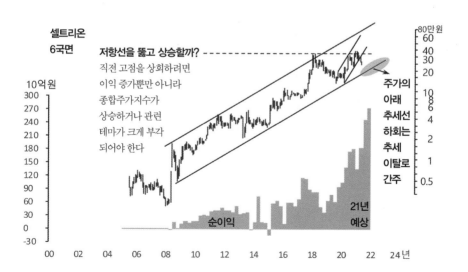

셀트리온
6국면

저항선을 뚫고 상승할까?
직전 고점을 상회하려면
이익 증가뿐만 아니라
종합주가지수가
상승하거나 관련
테마가 크게 부각
되어야 한다

주가의
아래
추세선
하회는
추세
이탈로
간주

10억 원

순이익

21년
예상

4. 추세대로 추정된 목표 주가로 향후 장세 판단

추세대로 주가 등락 범위 설정 가능

추세대나 주가모형으로 향후 주가의 최고와 최저를 가늠할 수 있다. 이 과정에서 얻는 추정치는 여러 곳에 활용되는데, 특히 **추정치 수준의 과도 여부는 향후 주가의 추세 전환 여부에 활용**된다.

사례를 통해 살펴본다. 첫 그림의 끝은 1989년 4월 상황이다. 당시 주가는 상승 중이었지만, 문제는 **위 추세선과 실제 주가 간 격차가 큰 점**이다. 4월 위 추세선 높이는 종합주가지수 1250이지만 4월 당시 종합주가지수 최고는 1015였다. 즉 주가가 그간의 상승 속도를 유지했다면 4월 중 종합주가지수는 최대 1250까지 가능했다. 그러나 **현실에서는 23% 나 격차**가 생겼다. 특히 4월 말 종합주가지수는 940이었기에 월말 기준으로는 33%나 차이가 났다.

물론 1989년 4월의 주가 위치가 아래 추세선에 근접했기에 아래 추세선을 딛고 치솟는 기대를 할 수 있다. 그러나 기업 이익 정점이 1989년 하반기였다(당시는 6개월 단위로 이익 발표. 4월에 이익을 정확하게 추정했다고 가정). 이익 정점 전후에서 주가 정점 형성을 감안하면 당시는 큰 기대를 하기 어려운 상황이었다.

또한 주가가 그간 5~8개월 주기로 위 추세선과 접했는데(5~8개월 단위로 중기 추세대 형성) 1989년 4월 현재 주가와 추세대 윗선과 간극 기간이 12개월이나 된다. 주가가 위 추세선까지 상승하지 못한 데 따라 긴 간극 기간이 발생한 것인데, 간극 기간이 긴 만큼 상승 추세대 내(內) 주가 등락 주기(주기적 중기 상승 추세대 형성)의 와해 가능성도 생겼다.

때문에 주가의 상승 유지 여부, 상승해도 상승 속도의 변화 가능성, 또 하락 전환 여부 등 여러 의문이 제기된다.

1단계: 위 추세선과 실제 주가와 격차가 커진 1989년 4월, 때문에 추세선 수정 및 향후 주가의 상승 여부 검토 필요

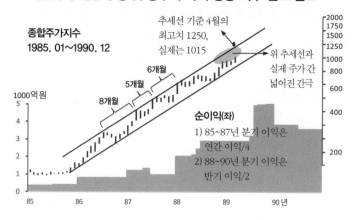

2단계: 추세대를 활용해서 1989년 6월, 12월의 주가 범위 추정

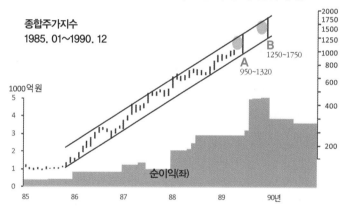

3단계: 위 추세선 수정과 주가의 상승 추세 이탈, 그 이후 하락 전환

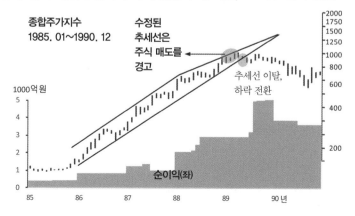

이 때문에 앞 페이지 둘째 그림에서는 **추세대를 활용하여 1989년 6월, 12월 종합주가지수를 범위를 추정했다.** 가정은 그간의 추세대가 이어진다는, 즉 그간의 상승 속도의 유지다(상승 추세대는 주가 상승이 일정 속도를 유지하지 못하면 주가의 하락 전환을 가정한다.)

이 가정하에 추정된 1989년 6월의 종합주가지수 범위는 최고 1320, 최저 950이었다. 또한 1989년 12월 범위는 최고 1750, 최저 1250이었다(앞 페이지 둘째 그림 참조). 기존 상승 추세가 이어진다면 4월 말 종합주가지수 940 대비 6월까지 최고 40%, 연말까지 최고 86% 상승이 가능한 것이다.

그러나 조만간 이익 정점 형성 등 여의치 않은 여건을 감안하면 연말까지 종합주가지수 1250~1750은 수긍하기 어렵다. 때문에 **추세선을 수정해야 한다.** 또 주가의 기존 추세선 이탈 가능성도 검토해야 한다.

그래서 앞 페이지 **셋째 그림 같이 위 추세선을 수정**했다. 그 결과 그간의 상승 추세대는 쐐기모형으로 바뀐다. 이렇게 되자 1989년 1~4월 **주가는 쐐기모형 윗선과 부딪친다. 이는 기술적 관점에서 매도다.** 주가가 위 추세선을 뚫고 상승하기 어렵기 때문이다. 결국 6월에 주가가 급격하게 하락했다.

한편 앞 사례는 주가 상승 말기에 추세대를 활용해서 향후 주가의 범위 측정과 추세 전환 여부를 추정한 것이다. 그러나 **주가 상승 중기, 즉 이익이 증가 중인 기간에 추세대로 향후 주가를 추정했다면, 추정치는 향후의 주가 등락 범위 설정에 활용**되었을 것이다. 이와 관련 우측 그림은 2017년 주가 상승과 관련 추세대를 통해 향후 주가 범위를 예측해 본 사례다. 엑셀로 추정했다.

1단계: 2017년 5월 말 현재 주가와 추세대

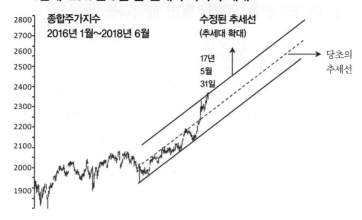

종합주가지수
2016년 1월~2018년 6월

수정된 추세선
(추세대 확대)

17년
5월
31일

당초의
추세선

2단계: 추세대를 활용, 이익 정점 분기까지 각 월의 주가 범위 추정

종합주가지수
2016년 1월~2018년 6월

추정된
각 월 주가의
최고/최저 범위

3단계: 추정치와 실제 주가 간 차이는 있지만 주가 범위 설정에 도움

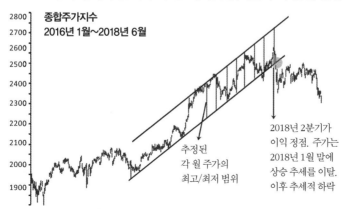

종합주가지수
2016년 1월~2018년 6월

추정된
각 월 주가의
최고/최저 범위

2018년 2분기가
이익 정점. 주가는
2018년 1월 말에
상승 추세를 이탈.
이후 추세적 하락

5. 주가의 전환 시점을 빨리 파악하는 추세선

주가의 상승 전환을 빠르게 포착한 추세선

주가 판단에 있어 가장 중요한 것은 중장기 주가 추이에 대한 견해다. 중장기 주가 추이가 상승하면 단기 손실은 감내할 수 있다. 반면 단기 주가 추이가 원만해도 중장기 추이가 불투명하면 마음이 조급해진다. 그러면 단기 매매에 몰두하게 되는데, 단기 매매에 집착하면 수익을 얻기 어렵다. 오히려 손실을 볼 수 있다.

때문에 기술적 지표 중에서도 중장기 추세 판단 지표를 찾아야 한다. 이와 관련 전통적 방법은 이동평균선에 의한 추론이다. **이동평균선에서는 중기 이동평균선**(60일선)**이 장기 이동평균선**(200일선)**을 뚫고 상승**하면 주가의 장기 추세가 좋아질 것으로 본다. 그러나 이 방법론에 의거한 주가의 추세 전환 시점 파악은 추세선에 의한 방법보다 늦다. 또한 이동평균선에 의한 매수·매도에서는 혼선도 자주 발생한다.

실제로 **주가의 추세 전환 시점 파악에 있어 이동평균선은 추세선보다 늦다.** 예컨대 주식 매수의 경우 이동평균선에 의한 매수 시점은 두 번째 그림의 시점 E다. 반면 추세선에 의한 주가의 상승 전환 시점은 첫 번째 그림의 시점 D(하락 추세대 이탈)이다.

특히 추세선에서는 주가 바닥 시점을 C로 상정한다. 시점 C에서 주가가 아래 추세선을 하회했는데, 그 시점(2019년 4분기, 이익 추정치 사용)이 이익 바닥이었기 때문이다. 즉 이익 바닥 내외에서 주가 저점 형성과 주가의 추세선 하회는 지나친 하락이란 점을 감안하여 시점 C를 주가 바닥으로 추정한 것이다.

이처럼 추세선은 이동평균선보다 주가의 상승 전환을 빨리 파악한다. 게다가 이동평균선 분석에서는 혼선도 잦다. 예컨대 이동평균선 기준으

■ 추세선이 이동평균선보다 주가의 상승 전환 시점을 빨리 파악

• 이동평균선에서는 주가 바닥 추정 방법도 마땅치 않다.

종합주가지수
2018년 1월 ~
2019년 12월

추세선

추세선 기준 주가가
하락에서 벗어난 시점

이익 바닥이 가까운 시점이라면
시점 A를 주가 바닥으로 볼 수
있다. 이동평균선에서는 이런
방법이 없다.

■ 이동평균선 기준 매매 시점 선정 과정에서 자주 발생된 혼선

종합주가지수

시점 A에서 매입,
시점 B에서 매도
같은 혼선도 발생

추세선 기준
주가가 하락
에서 벗어난
시점

200일 이동평균선 (실선)
60일 이동평균선 (점선)

이동평균선
기준 주가가
하락에서
벗어난 시점

로는 둘째 그림 A에서 매입, 시점 B에는 매도다. 이렇게 되면 오히려 손실이 발생한다.

빠르게 주가의 하락 전환을 포착한 추세선

우측 그림은 2016년 1월~2018년 6월의 종합주가지수 추이인데, 2018년 1월 이후 주가가 추세적으로 하락했다.

첫 그림에서 주가는 2018년 2월 6일 시점 E에서 아래 추세선을 벗어났다. 이는 이동평균선 기준 주가의 하향 이탈 시점인 셋째 그림의 시점 F보다 빠르다. **주가의 하락 전환 과정에서도 추세선이 이동평균선보다 빠르게 상황을 판단했던 것**이다. 특히 기업 이익 정점이 2018년 1분기였다(이때도 이익은 발표되지 않았기에 이익 추정치를 사용할 수밖에 없다). 때문에 **첫 그림의 시점 E(2월 6일)에서 주가의 아래 추세선 하향은 강한 하락 전환 경고**인 셈이다.

더구나 첫 그림의 시점 C에서 주가가 위 추세선과 접점을 형성했다. 이익 정점 직전에서 주가의 위 추세선과 접점 형성은 주가가 그간 충분히 올랐음을 뜻한다. 달리 표현하면 **시점 C 상황은 주식을 처분하라는 경고**였다. 이처럼 **주가의 추세적 하락 전환 파악도 추세선이 이동평균선보다 우월하다**(C가 실질적 주가 정점, 수치상 주가 정점은 시점 D이지만 C와 D 양자 간 격차는 1.8%에 불과 → 쌍봉).

한편 첫 그림에서 추세선의 시작점은 주가의 박스권 상향 이탈 시점인 B였다. 그러나 둘째 그림에서 같이 주가 바닥 A를 추세의 시발(始發)로 잡을 수 있다. 이렇게 하면 주가의 하락 전환 시점은 더 빨라진다. 이처럼 추세선(로그 차트로 된 추세선)은 매우 빠르게 상황 변화를 예시한다.

■ 추세선이 이동평균선보다 빨리 주가의 하락 전환 시점 포착

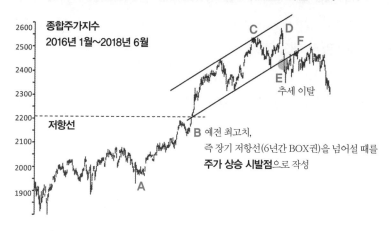

종합주가지수
2016년 1월~2018년 6월

저항선

B 예전 최고치,
즉 장기 저항선(6년간 BOX권)을 넘어설 때를
주가 상승 시발점으로 작성

추세 이탈

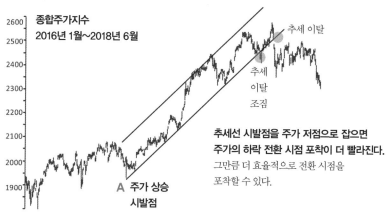

종합주가지수
2016년 1월~2018년 6월

추세 이탈

추세
이탈
조짐

A 주가 상승
시발점

**추세선 시발점을 주가 저점으로 잡으면
주가의 하락 전환 시점 포착이 더 빨라진다.**
그만큼 더 효율적으로 전환 시점을
포착할 수 있다.

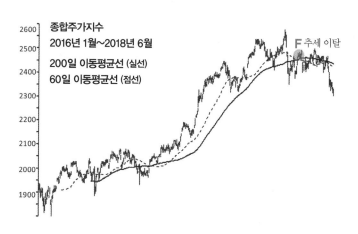

종합주가지수
2016년 1월~2018년 6월

200일 이동평균선 (실선)
60일 이동평균선 (점선)

F 추세 이탈

6. 추세대로 본 해외 주가, 가상화폐, 금리, 환율, 주택가격

가. 추세대로 본 해외 주가

각국 주가 추이를 추세선(추세대, 주가모형)으로 파악할 수 있다. 이때도 추세선과 기업 이익을 연계하면 결과가 더 좋을 듯하다. 물론 과거 중국 같은 예외도 있지만 이는 극단적 예외일 뿐이다.

2021년 4월 현재 미국 나스닥지수는 위 추세선을 살짝 상향 돌파했다. 주가의 기술적 측면에서 부담스럽지만, 이익이 증가 중이기에 있을 수 있는 범주의 주가 상승이라 하겠다. 관건은 향후 기업 이익의 증가 여부다. 1990년대 후반~2000년 초의 IT 버블 경우를 참조했으면 한다(7장-7 참조).

2021년 4월 현재 영국 주가는 2000년 이후의 박스권에 갇혔다. 2007년 최고치의 55% 수준인 중국 주가도 2015년 이후 박스권에 갇혔다. 이러한 형태는 이익 증가가 오랫동안 지속되고, 주가의 기술적 측면에서 몇 단계를 더 거쳐야 성과를 낸다(6장-13 참조, 박스권 종목의 특징).

독일 주가는 2021년 4월 현재 상승 추세대를 유지하고 있다. 또 중기적으로는 상승 추세대 내에 있는 박스권을 돌파 시도 중이다. 그러나 2000년 이후 큰 구도의 상승세는 둔화된 편이다. 또 경우에 따라서는 쐐기모형으로 바뀔 수도 있다. 그렇게 되면 독일 주가는 답답해진다.

추세선은 이처럼 해외 주가 추이 측정에도 활용된다. 어느 국가나 이익, 금리 등 주가 형성 요인에 대한 주가의 반응 행태는 비슷하고, 그 반응이 추세선에 투영되기 때문이다.

■ 1990년대 후반이 이어 두 번째로 위 추세선을 상향한 나스닥

• 향후 기업 이익의 지속적 증가 여부가 관건

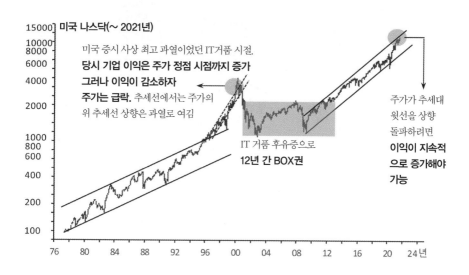

■ 2021년 8월 현재 BOX권을 넘어서지 못한 중국 주가

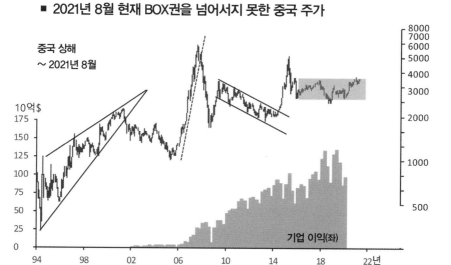

■ 상승 추세대 윗선이 1선과 2선을 놓고 기로에 선 독일 주가

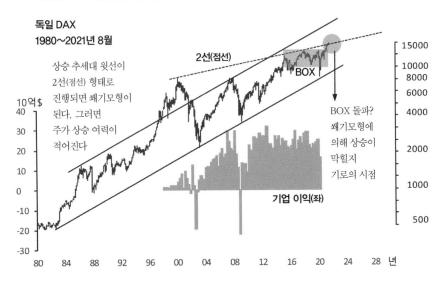

독일 DAX
1980~2021년 8월

2선(점선)

상승 추세대 윗선이
2선(점선) 형태로
진행되면 쐐기모형이
된다. 그러면
주가 상승 여력이
적어진다

BOX

BOX 돌파?
쐐기모형에
의해 상승이
막힐지
기로의 시점

기업 이익(좌)

■ 2021년 8월 현재 13년째 종전 고점을 돌파 못한 홍콩 주가

홍콩 항셍
~ 2021년 8월

■ 2021년 8월 현재 장기 BOX권(21년째)에서 갇힌 영국 주가

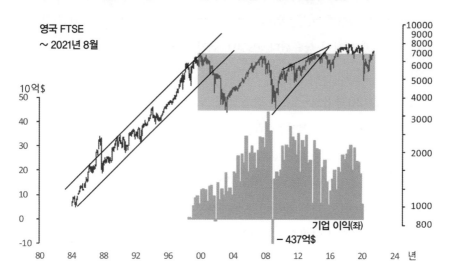

영국 FTSE
~ 2021년 8월

10억$

기업 이익(좌)

− 437억$

■ 상승 추세대 위 추세선을 넘지 못하는 일본 주가

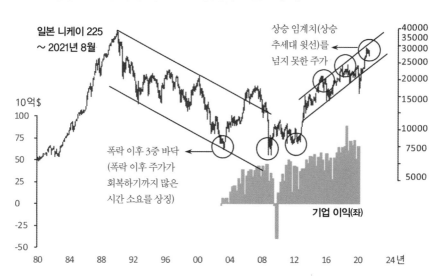

일본 니케이 225
~ 2021년 8월

10억$

상승 임계치(상승
추세대 윗선)를
넘지 못한 주가

폭락 이후 3중 바닥
(폭락 이후 주가가
회복하기까지 많은
시간 소요를 상징)

기업 이익(좌)

나. 추세대로 본 가상화폐의 급등락 과정

2021년 6월 현재 비트코인이 자산가격 역사상 전무후무하게 10년 만에 65만 배 가까이 상승했다. 또 비트코인 이후에 만들어진 가상화폐의 상승률도 엄청났다. 기간 기준으로는 비트코인보다 더 큰 성과를 냈다. 예컨대 2020년 3월~2021년 5월 중 도지코인은 무려 570배나 상승했는데, 기간 중 비트코인은 15.7배 상승했다.

가상화폐에 대한 논란은 많다. 그러나 가상화폐에 대해 긍정적인 쪽의 논거도, 또 부정적인 쪽의 논거도 아직은 주장 수준으로만 여겨지는데, 통상의 경우 어느 투자 대상이든 가격은 혼란 기간에 급등락한다. 논리가 정립되는 순간 가격은 일정 범주로 고정된다. 가상화폐 관련된 논리 정립에는 많은 시간이 소요될 것 같다.

여하튼 이제 가상화폐의 존재 자체는 인정되고 있는데, 가상화폐의 그간 결과는 주식선물·옵션보다 훨씬 좋았다. 무엇보다 가상화폐는 선물·옵션과 달리 시간이 경과해도 존속되었기 때문이다. 즉 당장 손실을 봤어도 인내하면 큰 성과를 거두었는데, 하락으로부터 복원력도 빨랐다. 실제로 가장 길었던 가상화폐의 하락 기간은 15개월에 불과했다.

그러나 가상화폐 투자 관련 단점도 상당하다. 무엇보다 가치 산정 기준이 마땅치 않은 점이다. 현실적으로 가상화폐 관련 투자 방편은 기술적 분석에만 의존하는데, 이를 보완하기 위해 가상화폐와 주가 간 동반 등락을 감안했으면 한다(1장-9 참조). 즉 기술적 분석과 주가와 동반 등락 두 부문을 동시에 고려하면 투자 판단의 안정성에 다소나마 도움이 될 것 같다. 이 책에서는 추세선과 추세선에 의해 형성되는 모형으로 가상화폐의 가격 추이를 살펴봤다.

■ 동반 등락하지만 저가 가상화폐일수록 상승률이 높은 편

• 음영은 가상화폐의 하락 기간

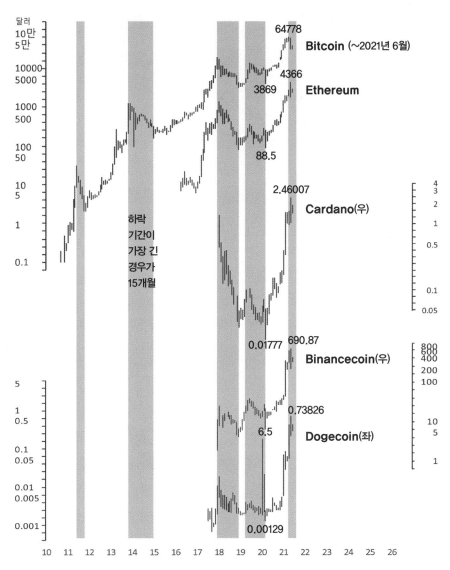

주) Investing.com 자료에 의거 작성. Data의 정확도는 보장하지 않았다.
(이하 상동)

■ 추세적으로 상승 중인 Bitcoin (월봉)

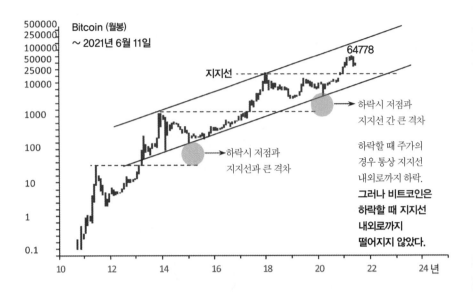

Bitcoin (월봉)
~ 2021년 6월 11일

64778

지지선

→ 하락시 저점과
지지선 간 큰 격차

→ 하락시 저점과
지지선과 큰 격차

하락할 때 주가의
경우 통상 지지선
내외로까지 하락.
**그러나 비트코인은
하락할 때 지지선
내외로까지
떨어지지 않았다.**

■ 확산모형의 아래 추세선을 이탈한 이후 하락, 그러나 지지선 형성 (?)

Bitcoin, 2국면 (일봉)
2019. 01. 01 ~
2021. 06. 11

64778 2021년 4월 14일
(2020년 3월 저점 대비
15.7배 상승)

31158
(직전 고점 대비
52% 하락)

3869.5
2020년 3월 13일

■ 저항선 돌파 이후 급등, 급등 과정에서 확산모형 형성

• 확산모형은 힘의 소진 과정

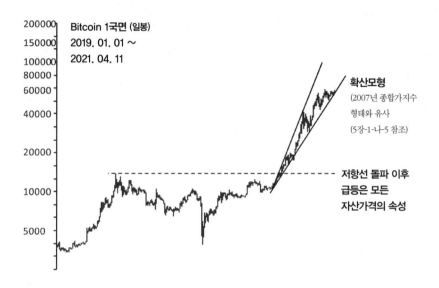

Bitcoin 1국면 (일봉)
2019. 01. 01 ~
2021. 04. 11

확산모형
(2007년 종합가지수
형태와 유사
(5장-1-나-5 참조)

저항선 돌파 이후
급등은 모든
자산가격의 속성

■ 6월 현재 아래 추세선과 맞물린 Bitcoin (상승·하락의 갈림길)

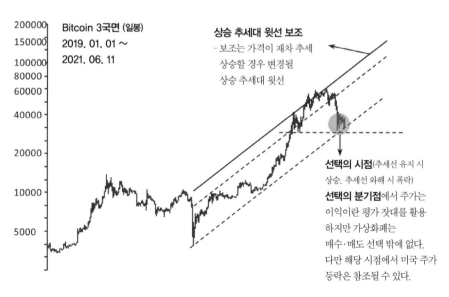

Bitcoin 3국면 (일봉)
2019. 01. 01 ~
2021. 06. 11

상승 추세대 윗선 보조
- 보조는 가격이 재차 추세
  상승할 경우 변경될
  상승 추세대 윗선

선택의 시점(추세선 유지 시
상승. 추세선 와해 시 폭락)
선택의 분기점에서 주가는
이익이란 평가 잣대를 활용
하지만 가상화폐는
매수·매도 선택 밖에 없다.
다만 해당 시점에서 미국 주가
등락은 참조될 수 있다.

■ 상승 중인 Ethereum (월봉)

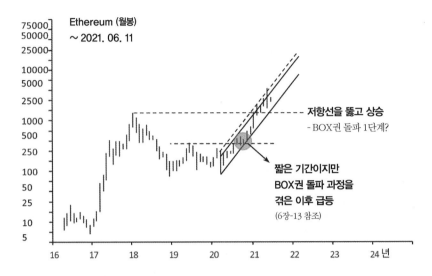

Ethereum (월봉)
~ 2021. 06. 11

저항선을 뚫고 상승
- BOX권 돌파 1단계?

짧은 기간이지만
BOX권 돌파 과정을
겪은 이후 급등
(6장-13 참조)

■ 확산모형으로 본 Ethereum

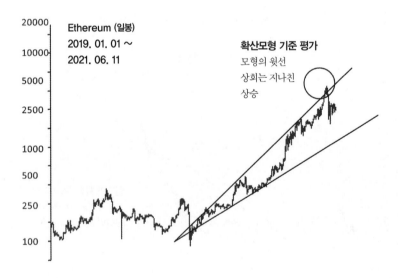

Ethereum (일봉)
2019. 01. 01 ~
2021. 06. 11

확산모형 기준 평가
모형의 윗선
상회는 지나친
상승

■ 2021년 3월 현재 상승 추세대를 유지하고 있는 Ethereum

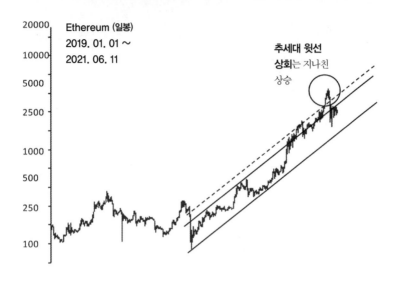

Ethereum (일봉)
2019. 01. 01 ~
2021. 06. 11

추세대 윗선 상회는 지나친 상승

■ 지지선이 형성되었나?

Ethereum (일봉)
2019. 01. 01 ~
2021. 06. 11

4366 2021년 5월 31일
(직전 저점 대비 48배 상승)

지지선 ?

1739
(직전 고점 대비
60% 하락)

88.5
2020년 3월 13일

■ 상승 중인 Dogecoin

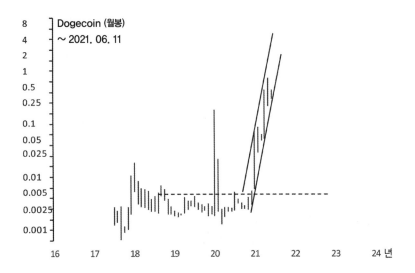

■ 하락에서 벗어나지 못했지만 지지선이 형성된 Binance Coin

■ 2021년 6월 초 현재 상승 추세대를 유지한 Dogecoin

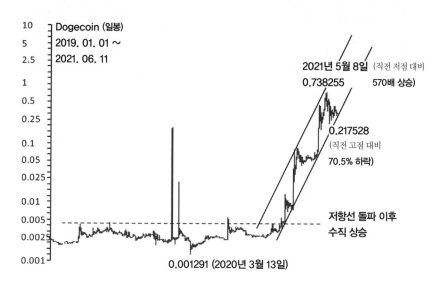

Dogecoin (일봉)
2019. 01. 01 ~
2021. 06. 11

2021년 5월 8일 (직전 저점 대비
0.738255   570배 상승)

0.217528
(직전 고점 대비
70.5% 하락)

저항선 돌파 이후
수직 상승

0.001291 (2020년 3월 13일)

■ 2021년 6월 초 현재 상승 추세를 유지한 Cardano

Cardano (일봉)
2019. 01. 01 ~
2021. 06. 11

2021년 5월 16일 (직전 저점 대비
2.46007   137배 상승)

추세대 윗선 상회 이후 정체
- 추세대 윗선을 넘어선
이후에는 지속적으로
빠르게 상승하기가
버겁기 때문인 듯

0.017774 (2020년 3월 13일)

다. 추세대로 본 강남 아파트와 은마아파트

모든 자산가격은 일정 추세로 등락한다. 주택가격도 역시 일정 추세로 상승했다. 첫 그림은 강남 아파트 가격 지수인데, 그림에서 여러 모형을 찾아볼 수 있다. 주가행태에서 자주 발생되는 상승 추세대, 박스권, 박스권 이후의 주택가격 급등, 쐐기모형 등이 주택가격 추이에서도 발견된다.

둘째 그림은 은마아파트의 실거래 가격 추이다. 은마아파트는 2006년 10월 정점 이후 2013년까지 하락했는데, 이 과정에서 두 번에 걸쳐 중기 하락 추세대를 형성했다.

하락 과정에서 흥미로운 것은 주택가격이 **하락 추세대의 아래 추세선을 벗어나지 않으려 한 점**이다. 둘째 그림의 시점 A, B가 이에 해당된다. 당시 은마아파트 시세는 최고치 대비 39%나 떨어지면서 하락 추세대를 하향 돌파했다(A와 B는 쌍바닥). 그러나 곧 반등했다. 지나친 하락에 대한 반발이었다. 이는 주가행태와 같다.

은마아파트 시세가 단기 추세대 기준으로는 2013년에, 장기 추세대 기준으로는 2015년에 하락 추세에서 벗어났다. 그 이후 10년 만인 2016년 10월에 2006년 10월의 최고치(저항선)를 상회했다.

예전 최고치를 돌파하자 은마아파트 시세는 주가의 저항선 돌파 이후 같이 빠르게 상승했다. 또 **2021년 8월 현재 상승 추세대를 유지하고 있는데, 아파트 시세가 상승 추세대 아랫선을 하향 돌파하기 전까지는 상승 유지로 본다. 한편 아파트 시세는 시점 1~4에서 보듯 상승 추세대 윗선을 뚫고 상승하지 않았다.** 가격이 저항선(상승 추세대 윗선)을 넘기 어려웠던 것이다. 이처럼 주택가격도 일정 추세나 모형을 형성하면서 등락하고 있다. 가격 세계의 행태는 동일한 것 같다.

■ 여러 유형의 모형을 형성하면서 상승한 강남 APT

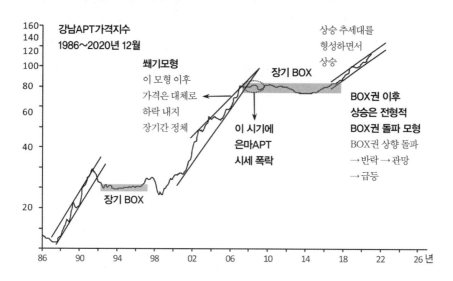

강남APT가격지수
1986~2020년 12월

쐐기모형
이 모형 이후
가격은 대체로
하락 내지
장기간 정체

장기 BOX

이 시기에
은마APT
시세 폭락

상승 추세대를
형성하면서
상승

BOX권 이후
상승은 전형적
BOX권 돌파 모형
BOX권 상향 돌파
→ 반락 → 관망
→ 급등

장기 BOX

■ 은마APT, 잦은 등락 불구 상승 추세대 유지

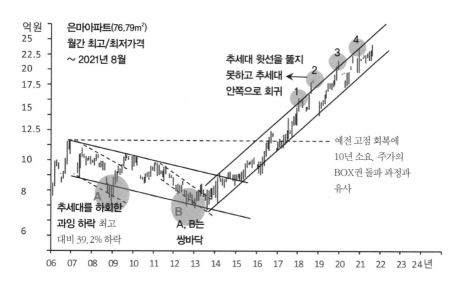

은마아파트(76.79m²)
월간 최고/최저가격
~ 2021년 8월

추세대 윗선을 뚫지
못하고 추세대
안쪽으로 회귀

예전 고점 회복에
10년 소요. 주가의
BOX권 돌파 과정과
유사

추세대를 하회한
과잉 하락 최고
대비 39.2% 하락

A, B는
쌍바닥

라. 추세대로 본 금리

추세선으로 금리의 지나친 상승·하락 여부를 판단할 수 있다. 첫 그림은 미국 국채 10년 물의 수익률 추이인데, **1981년부터 일정한 등락폭을 유지하면서 줄곧 하락했다. 이 과정에서 금리는 초대형 하락 추세대를 형성했다.**

이 초대형 하락 추세대의 하향 기울기는 추세적 미국 성장률 둔화와 물가안정 추이를 반영한 것이다. 또 하락 추세대 폭은 성장률과 물가의 진폭 크기를 반영한 것인데, **금리가 떨어져도 추세대 범위를 지켜가며 하락한다는 것이다.**

그런데 시점 A와 B에서 금리가 초대형 추세대 아랫선을 하향 돌파했다. 이 같은 금리의 초대형 추세대 아랫선 하회는 미국의 성장률과 물가 수준 대비 지나친 금리 하락이 원인이라 하겠다. 결국 금리는 A, B 이후 빠른 속도로 반등(상승)했다.

2020년에도 미국 국채 10년 물 수익률이 코로나19 여파로 1981년 이후 형성된 초대형 추세대의 아랫선을 재차 하향했다. 그 뿐 아니라 금리는 **2006년 이후 형성된 대형 추세대**(음영) **아랫선과 2019년 이후 형성된 중기 추세대 아랫선**(점선)**을 시점 C에서 하향 이탈**했다. 펀더멘털 (성장률과 물가) 측면에서 뿐만 아니라 기술적 측면에서도 도저히 있을 수 없는 수준으로까지 금리가 폭락한 것이다. 때문에 곧바로 빠르게 반등했다. 그 결과 2021년 4월 현재 금리는 1981년 이후 형성된 초대형 하락 추세대 안쪽으로 회귀했다.

이런 사례들은 추세선으로 금리 수준을 측정 또는 평가할 수 있고, 금리 수준 예측도 해 볼 수 있음을 시사한다(4장-4 참조). 이 때문에 금리 전망에서도 기술적 분석이 많이 활용되고 있다.

■ 초대형 하락 추세대 아랫선을 하향한 이후 급반등한 미국 금리

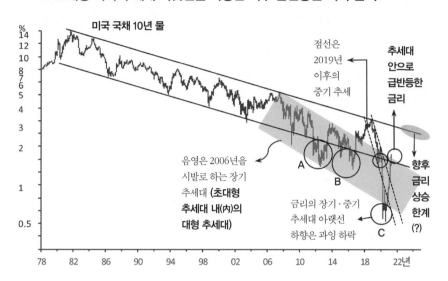

미국 국채 10년 물

점선은
2019년
이후의
중기 추세

추세대
안으로
급반등한
금리

음영은 2006년을
시발로 하는 장기
추세대 (초대형
추세대 내(內)의
대형 추세대)

금리의 장기·중기
추세대 아랫선
하향은 과잉 하락

향후
금리
상승
한계
(?)

A

B

C

■ 2016년 금리 저점 내외를 지지선 삼아 반등한 한국 금리

7.95 ('01. 04)

한국 국채 10년 물
2000. 12~2021. 04

향후
금리
상승의
한계?

2009년 이후
금리는 확산모형을
형성하면서 하락
(6장-15 참조)

지지선?

마. 추세대로 본 환율

환율 상황도 추세선, 추세대, 모형으로 검토할 수 있다. 실제로 첫 그림에서 보듯 달러 인덱스(Dollar Index, 달러 인덱스는 세계 주요 6개국 통화와 비교하여 미국 달러의 평균적인 가치를 지수로 나타내는 지표) 추이는 박스권, 추세대 등 여러 기술적 추이를 표출하고 있다. 이러한 기술적 측면에 미국의 성장률과 경상수지 추이를 덧붙이면 달러 인덱스 전망의 정확성을 높일 수 있다. 미국의 성장률과 경상수지는 중기 측면에서 달러 인덱스에 가장 큰 영향을 끼치기 때문이다(8장-8 참조).

참고로 2021년 4월 현재 달러 인덱스 위치는 2015년 이후 형성된 박스권 하단에 있다. 이는 2009~2015년 초에 형성된 박스권 상단이기도 하다. 즉 2021년 4월 현재는 종전의 저항선이 지지선이 되어 달러 가치 하락을 억제하고 있다. 만약 달러 가치가 박스권 하단을 상당히 밑돌면, 이는 미국 경제의 변고를 뜻한다. 변고 초기의 미국 주가는 취약할 수 있다.

원/달러는 2010년부터 2021년 중 대형 박스권을 형성했다. 10년 넘게 박스권을 형성했기에 박스권 내부에는 세 차례의 하락 추세(원화절상, 실선), 세 차례의 상승 추세(원화절하, 점선)가 있다. 10년 넘게 형성된 박스권인지라 박스권이 좀처럼 와해될 것 같지는 않다. 물론 일시적으로 원/달러가 박스권 상단과 하단을 오르내릴 수는 있다. 그러나 원/달러가 박스권을 상당히 상향한다면, 이는 우리 경제의 큰 변고를 뜻한다. 이럴 경우 주가가 받는 부정적 부담은 클 것 같다.

■ 2021년 4월 현재 셋째 BOX권 하단이 달러 인덱스 하락을 방어 중

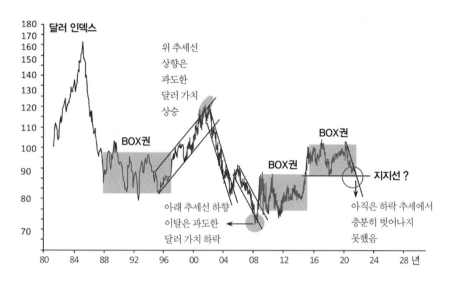

■ 장기 BOX권에 갇힌 원/달러, 2021년 2월에 중기 절상 추세대 와해

- 2010~2021년 4월 현재까지 장기 BOX권 형성
- BOX권은 3개의 원화절상, 3개의 원화절하 추세로 구성
- 2020년 3월 이후의 원화절상이 2021년 2월에 와해

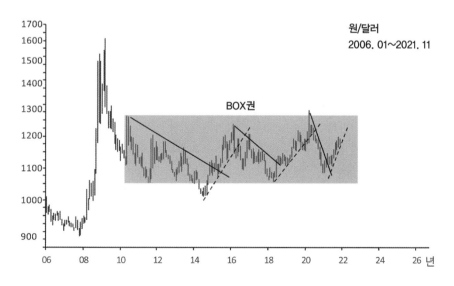

바. 추세대로 본 자원가격

■ 달러와 역(逆) 관계인 금값, 저항선을 돌파할까?

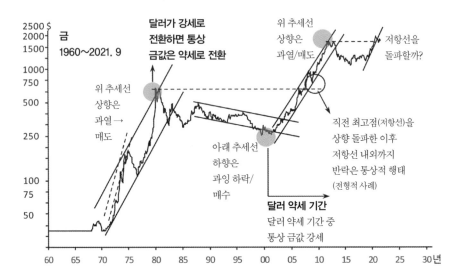

■ 2021년 9월 현재 직전 고점(저항선)에서 저항받는 구리 가격

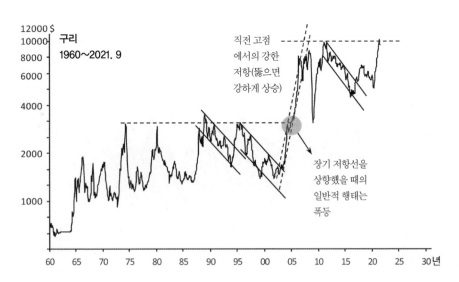

■ 2021년 9월 하락 추세대 이탈을 시도 중인 유가

- 낮은 유가와 세계 성장률 회복은 유가 상승 요인(3장-8-나 참조)
- 부동산, 주가 등 대다수 자산가격 상승, 석유는 다음 투자 대상(?)

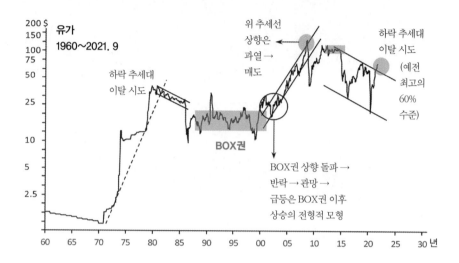

■ 2021년 9월 현재 직전 고점(저항선)에서 저항받는 철강석 가격

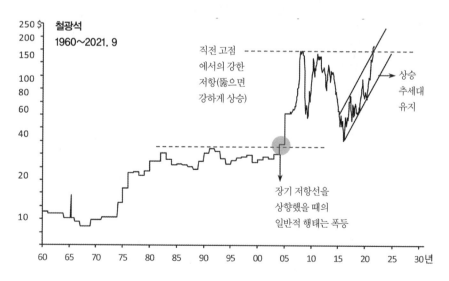

제 5 장

다섯 부문이
표출하는
종합주가지수의
사활 징후

다섯 부문이 표출하는
종합주가지수의 사활(死活) 징후

모든 종목의 주가는 주식시장 전반의 추이, 즉 종합주가지수로부터 절대적 영향을 받는다. 때문에 종합주가지수의 추세 전환 여부 판단이 주식투자에서 가장 중요하다.

이와 관련하여 **주목할 부문이 성장률, 기업 이익, 고객예탁금, 주가의 기술적 행태**(습성)**, 종목선정기준 등 다섯 변수다. 2000년 이후 종합주가지수의 추세적 상승·하락 전환 과정에서 다섯 변수가 주가에 반복적으로 그리고 절대적으로 영향을 끼쳤고, 주가 흐름의 변화를 예시했기 때문이다.**

실제로 2021년 1월 이후 주가의 정체·하락도 다섯 요인이 야기하고, 예시했다. 우선 2021년 성장률 정점과 이익 정점이 1분기였다. 고객예탁금도 1월 이후 정체했다. 또 2021년 연초까지 대다수 종목이 크게 상승해서 매입할 만한 종목이 적어졌다. 그래서 1월 이후에는 구심점 없는 짧은 순환매가 이어졌다. 여건이 전반적으로 불투명해진 것이다.

여건이 여의치 않자 주가 흐름이 뒤틀려졌다. 주가 자체가 주가의 정체·하락을 예시한 것인데, 종합주가지수는 4월에 2020년 3월 이후의 상승 추세에서 이탈했다. 이에 앞서 3월에 종합주가지수가 1월 최고 대비 10.3% 하락했다. 이는 통상 주가 정점 전에 발생하는 주가 기복인데, 거론한 현상들은 2021년 이전 8번의 상승멈춤·하락전환 과정에서 반복적으로 발생했던 사안이었다.

이처럼 다섯 변수는 주가에 큰 영향을 끼쳤거나 향후 주가 전망을 예시했기에 다섯 변수와 연계시켜 추세적 상승·하락 과정을 숙지했으면 한다. 한편 다섯 변수 중 기술적 부문을 좀 더 기술했다. 성장률, 이익, 고객예탁금은 수치로 표기되기에 간략하게 설명될 수 있지만, 주가의 기술적 부분은 정성적으로 설명해야 하기 때문이다.

이번 장에서는 각 상승·하락 기간도 수록했다. 생각보다 상승 기간은 짧고 고통스러운 기간은 길었다. 우리 경기의 확장 기간이 짧기 때문이지 않나 싶다.

1. 유사했던 2000년 이후 여덟 번 하락 전환 당시의 징후

성장률, 기업 이익, 주가의 기술적 양태, 고객예탁금 등 네 변수의 부정적 전환 전후에서 주가도 하락 전환했다. 이런 행태는 주가의 하락 전환 과정 8회 모두에서 유사했다. 또 **주가 정점권에서는 늘 짧은 순환매가 이어지는 가운데, 일부 테마주들에서 극단적 투기가 발생**했다. 다섯 부문의 행태가 반복된 점을 감안하면 향후 주가 정점(주가의 하락 전환)에서도 다섯 부문 행태는 유사할 것 같다.

가. 다섯 부문이 표출하는 종합주가지수의 정점 징후

1) 성장률 정점은 대체로 종합주가지수 정점을 선행

2000년 이후 2018년까지 종합주가지수 기준으로 주목할 만한 하락 전환이 8번 있었다. 그 8회 중 성장률과 종합주가지수 정점(하락 전환) 간 연관성 없는 경우도 있었다, 그러나 그런 경우는 1회뿐이었다. 나머지 **7회 중 성장률 정점의 주가 정점 후행은 1회인데, 후행 정도는 2개월이었다. 성장률 정점과 주가 정점이 동행한 경우도 1회였다.**

5회는 성장률 정점이 주가 정점을 선행했다. 때문에 성장률은 대체로 주가를 선행했다고 하겠다. 다만 선행 기간이 1~6개월로 다양했기에 성장률의 주가에 대한 선행 시차를 일률적으로 정하기 어렵다. 즉 주가와 이익 간 같은 시차적 안정성은 부족한 편이다. 그러나 성장률 정점은 주가 대비 선행성이 강하기에 상황 판단 지표로서의 가치가 매우 높다고 하겠다.

■ 주가 정점은 이익 정점 분기 2개월 전~1개월 후 중에 형성

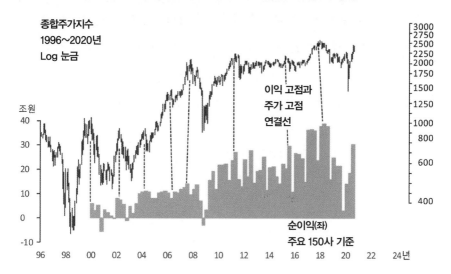

종합주가지수
1996~2020년
Log 눈금

이익 고점과
주가 고점
연결선

순이익(좌)
주요 150사 기준

■ 주가 정점은 이익 정점 분기 2개월 전~1개월 후 중에 형성

해당 년	주가 정점	성장률 정점	주가 대비 선행 시차	고객예탁금 정점	주가 대비 선행 시차	이익 정점	주가 대비 선행 시차
2000년	1월 4일	99년 2분기	6개월 선행	4월 3일 99년 8월 이후 정체	후행 실제는 선행	1분기	동행
2002년	4월 22일	1분기	1개월 선행	3월 14일	다소 선행	2분기	동행
2004년	4월 23일	03년 4분기	4개월 선행	4월 29일 03년 3월 이후 정체	동행	2분기	동행
2006년	5월 11일 1월 17일 (실질적 주가 정점)	1분기	1.5개월 선행 실제는 동행	1월 25일	4개월 선행 실제는 동행	05년 4분기	5개월 선행 실제는 1개월 선행
2007년	11월 1일	4분기	동행	6월 20일	4개월 선행	3분기	1개월 선행
2011년	5월 2일	?	?	4월 19일	동행	2분기	동행
2015년	4월 23일	3분기	2개월 후행	4월 21일 이후 정체	동행	3분기	2개월 후행
2018년	1월 29일	17년 3분기	4개월 선행	1월 29일	동행	2분기	2개월 후행

주 1) 주가 정점일은 일(日) 중 장중 최고가 기준. 이하 상동
주 2) 순이익은 주요 150사 기준. 이하 상동

2) 주가는 이익 정점 전후에서 하락 전환(주가 정점 형성)

주가 추세의 하락 전환은 빠르면 이익 정점 2개월 전부터, 늦어도 이익 정점 1개월 후에 발생했다(2006년 제외). 이익 정점과 주가 정점 간 시차는 다음과 같이 선행, 동행, 후행 세 경우로 분류된다.

첫째, 주가 정점이 이익 정점을 선행한 경우다. 사례는 **2015년, 2018년 두 차례**인데, 두 경우 선행 시차는 2개월이었다. 주가 하락 전환 전(前)의 특징은 짧은 이익 증가 기간과 큰 이익 기복이었다. 물론 2018년 주가 하락 전인 2017년에 이익이 늘었다. 그러나 당시 상장사 전체 이익은 반도체 등 몇 부문만 의존해서 늘었다.

요컨대 두 경우는 이익 증가와 주가 상승에 대한 기대가 크지 않은 상황이었다. 내심 불안감이 적지 않았던 것이다. 이런 불안 때문에 주가 정점(주가의 하락 전환)이 이익 정점을 앞섰던 것 같다.

둘째, 주가 정점이 이익 정점 분기에 속한 경우다. 주가 정점과 이익 정점의 동행 경우인데, **2000년, 2002년, 2004년, 2011년이 이에 해당**된다. 이익 정점과 주가 정점이 동일 분기였지만 주가 정점 시점은 해당 분기 전반부였다. 주가가 이익을 선행한 셈이다.

주가 하락 전환 전 네 차례의 특징은 주가의 큰 폭 상승이다. 그러나 당시의 큰 폭 상승은 그 이전 폭락에 따른 반사적인 것이다. 예컨대 1998년 6월~2000년 1월 중 종합주가지수 285% 상승(지수 277 → 1066)은 1994년 11월~1998년 6월 중 종합주가지수 폭락(1145 → 277)에 따른 단순한 되돌림이었다. 2001년 9월~2002년 4월 중 종합주가지수의 103% 상승(463 → 963)도 IT 거품 때문에 폭락(1066 → 463)했던 주가의 반등에 불과했다. 나머지 두 번의 주가 상승 성격도 정도 차이는 있지만 비슷했다.

내실은 폭락했던 주가가 예전 수준으로 회귀한 것이지만 외면은 가파른 주가 상승이었다. 그러나 여하튼 주가가 급등했는데, 이에 힘입어 네 경우의 이익 정점 대비 주가 정점(주가 하락의 시발점)이 2015년, 2018년보다 다소 후행한 것 같다.

셋째, 이익 정점 이후 주가가 정점을 형성한 경우다. 2006년, 2007년이 이에 해당된다. 2006년은 4개월 20일, 2007년은 1달가량 주가 정점이 이익 정점을 후행했는데, 두 경우는 골디락스(2003~07년) 기간에 속한다. 장기간에 걸쳐 경기가 활달하고 주가가 상승하면 그 연장선에서 향후를 낙관하는 경향이 없지 않은데, 이로 인해 당시 주가 정점이 이익 정점을 후행한 것 같다.

한편 2006년 주가 정점이 이익 정점을 5개월이나 후행했지만, 실질적 후행 기간은 1개월 정도였다. 실질적 주가 정점이 명목상 주가 정점보다 4월이나 빨랐기 때문이다(5장-1-나-4 참조). **때문에 주가는 이익 정점 직전·직후에서 하락 전환한다**고 볼 수 있다.

정리하면 주가 정점 전(前)의 이익이 고만고만하면 주가 정점(주가의 하락 전환)은 이익 정점을 선행했다. 주가 정점 전에 주가 상승폭이 컸던(사실은 폭락에 따른 반등) 경우는 이익 정점 분기에서 주가가 하락 전환했다. 장기간 경기가 활달했으면 이익 정점 이후 주가가 하락 전환했다. 이처럼 **경기 상황과 주가의 하락 전환 전 주가 등락 정도에 따라 주가의 하락 전환 시점이 다소 달랐다. 그러나 이익 정점 내외에서 주가의 하락 전환은 분명했다.**

한편 **2022년까지 9회의 큰 추세 측면에서 주가 정점이 4월 3회, 5월 2회, 1월 2회, 6월 1회**(2021년)**, 11월에 1회 발생했다. 상반기 중에, 특히 2분기를 기점으로 주가의 큰 추세가 하락 전환**했는데, 이런 점은 주가의 계절성과 연관된 듯싶다(3장-2 참조).

3) 기술적 측면에서 정형화된 주가의 하락 전환 징후

주가 추세의 하락 전환 과정에서 주가는 기술적 측면에서 통상 두 사안을 표출했다. **주가 정점 전에 상당한 주가 기복과 주가 정점 전후에서 일정한 주가모형 표출이 바로 그것이다.**

먼저, 주가 기복 관련 사안을 살펴본다. 8회의 주가 하락 전환 과정에서 7회에 걸쳐 주가는 정점 전에 부침을 겪었다. 첫 그림에서 주가는 주가 정점 직전에 26%나 하락(장중 최고·최저 대비, 이하 같음)했는데, 나머지 6회에서도 주가 정점 직전에 5.9~22%가량 하락했다.

큰 기복 이후 주가가 재차 상승했지만 하락 직전의 고점 대비 주가 정점까지 상승률은 크지 않았다. 첫 그림의 사례의 경우 1.6%에 그쳤다. 나머지 6회에 걸친 주가 정점 직전의 고점 대비 주가 정점까지 상승률도 1.8~5.2%에 불과했다. 이 같은 주가 정점 전 주가 기복은 조만간 있을 이익 정점(주가 하락의 계기)에 대한 불안을 표출한 것이라 하겠다. 즉 주가 정점을 사전 경고한 셈인데, 때문에 직전 고점을 실질적 주가 정점으로 볼 수 있다.

이런 주가의 습성은 2021년에도 발생했다. 2021년에도 1월의 정점 이후 종합주가지수가 10.3% 하락했다. 이후 주가가 재차 상승했지만 1월 고점(실질적 고점)과 6월 고점(명목상 정점) 간 격차는 1.5%에 불과했다. 예전 사례가 반복된 것이다.

주가 정점(주가의 하락 전환) 관련 **두 번째 주가의 기술적 특징은 특정 주가모형의 반복적 발생**이다. 쐐기모형, 박스권, 확산모형, 상승 추세대 하향 이탈 등 부담스런 주가행태가 주가 정점 전후에서 구체화되는데, **주 관심사는 쐐기모형과 상승 추세대, 박스권 셋이다.**

첫 그림은 1999년에 발생한 쐐기모형(6장-14 참조) **이후 주가 하락인데, 2002년, 2004년, 2011년에도 쐐기모형이 발생했다.**

■ 쐐기모형 이탈 이후 주가 하락 (2000년 이후 4회 발생)

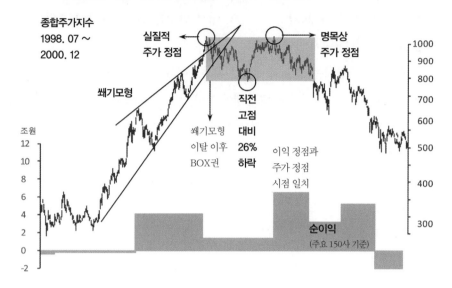

종합주가지수
1998. 07 ~
2000. 12

실질적
주가 정점

명목상
주가 정점

쐐기모형

직전
고점
대비

쐐기모형
이탈 이후
BOX권

26%
하락

이익 정점과
주가 정점
시점 일치

조 원

순이익
(주요 150사 기준)

■ 상승 추세대 이탈 이후 주가 하락 (2000년 이후 5회 발생)

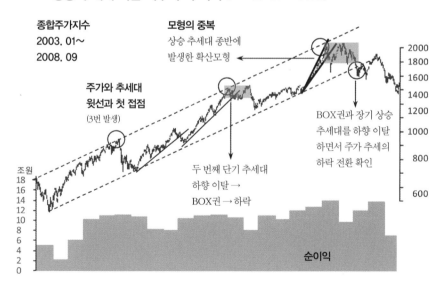

종합주가지수
2003. 01~
2008. 09

모형의 중복
상승 추세대 종반에
발생한 확산모형 ←

주가와 추세대
윗선과 첫 접점
(3번 발생)

BOX권과 장기 상승
추세대를 하향 이탈
하면서 주가 추세의
하락 전환 확인

두 번째 단기 추세대
하향 이탈 →
BOX권 → 하락

조 원

순이익

둘째 그림은 2007년에 주가가 상승 추세대를 하향 이탈한 이후 주가의 하락 전환 사례다(6장-16 참조). 이런 양상은 2006년, 2011년, 2015년, 2018년에도 발생했다.

한편 2007년에는 상승 추세대가 확산모형과 겹쳤는데(두 번째 그림의 상승 추세대 후반에 발생), 모형의 중복 발생이 잦다. 2011년에도 상승 추세대와 쐐기모형이 겹쳤는데, 작은 모형은 추세 전환의 예비 동작이다. 상승 추세의 종료 여부는 큰 모형으로 판단한다. 예컨대 2007년은 확산모형이 주가의 하락 전환을 먼저 예시했고, 주가의 하락 추세대 이탈로 추세 상승이 종료된 경우다.

주가의 추세 전환 이전에 주가의 정점 징후도 표출되는데, 징후는 주가의 위 추세선(쐐기모형 또는 상승 추세대의 윗선)과 접하거나 근접이다. 통상 이때가 단기 주가 정점 또는 하락 추세로의 전환점이었다. 특히 접점 형성 시점이 이익 정점(이익 추정치 활용) 전후이면, 당시를 주가 정점으로 간주해도 무방하다.

주가가 상승 추세대 또는 쐐기모형을 하향 이탈한 이후 재차 상승해도 상승은 일정 범주에 그친다. 주가가 이익 증가를 이미 충분히 반영했기 때문이다. 예컨대 첫 그림에서 주가가 쐐기모형을 하향 이탈(1999년 7월) 이후 재차 상승했지만 추세 상승을 이루지 못했다. 단지 명목상 상승, 즉 반등만 했을 뿐이었다.

이래서 주가 정점권 대부분에서 박스권이 발생했다. 첫 그림의 쐐기모형 이후, 두 번째 그림의 두 번째 중기 상승 추세대 이후, 그리고 세 번째 상승인 확산모형 이후 박스권(음영)이 그 사례다. 그런데 이익 정점 전후에서 박스권은 향후 주가 전망에 대한 부질없는 갈등(상승 기대와 하락 예상 간 대립)일 뿐이다. 박스권 주가는 이익 정점 시점까지 주가 하락 유예에 불과하기 때문이다. 실제로 박스권 종반 모두에서 주가가 폭락했다. 정리하면 **주가의 하락 전환 시 늘 상당한 주가 기복과 특정 주가모형이 발생했다.** 발생의 반복성을 고려하면 향후에도 이런 주가의 습성은 재현될 듯싶다.

4) 고객예탁금은 주가의 하락 전환보다 앞서 정체·감소

주가의 하락 시 **고객예탁금 정점**(자금 유출 시작)**은 주가 정점** (주가 하락 시작)**과 이익 정점을 동행 내지 선행**했는데, 선행했던 경우가 많았다. 주가의 상승 전환 관련해서도 고객예탁금 바닥(자금 유입 시작)은 주가 바닥(주가 상승 시작), 이익 바닥보다 빨랐던 경우가 많았다(1장-10 참조). 이 때문에 고객예탁금을 주가의 추세 전환 파악과 관련된 주요 지표로 여기는 것이다.

5) 주가 상승 말기에는 짧은 순환매 성행

종합주가지수 정점권에서는 매입할 만한 종목이 마땅치 않다. 이미 대부분 종목의 주가가 큰 폭으로 상승했기 때문이다. 이래서 **종합주가지수 정점권에서는 짧은 순환매가 빠르게 진행되는데**, 주식시장 전체 대비 이때 주시되는 종목의 비중은 극히 작다. 때문에 종합주가지수가 상승하긴 어렵다. 다만 일부 종목이 테마에 힘입어 극단적 상승을 하기도 한다. 그러나 결국 폭락했다. 투기로 얼룩지면서 어정쩡한 개별 종목 매매 관련 상황이 마지막 단계라 하겠다.

한편 각 연별 사례에서 종목 매매 기준(주가 정점권에서 순환매)은 기술하지 않았다. 구체적 사안은 1장-2, 5를 참조했으면 한다.

나. 주가의 하락 전환 과정이 유사한 각 연별 사례

1) 2000년의 하락 전환

성장률, 이익, 예탁금 모두 악화되자, 주가도 곧 하락

당시 성장률 정점은 1999년 2분기로 주가 정점보다 6개월가량 앞섰다. 상장사 이익 정점은 2000년 1분기로 종합주가지수 정점(장중 고점 기준으로 1월 4일, 코스닥 정점은 3월 10일)과 시차적으로 일치했다. 주가 상승 기간 중 늘어나던 고객예탁금은 주가 정점 4개월 전인 2000년 8월부터 정체했다. 세 부문 모두 악화되자 주가도 하락 전환했던 것이다.

쐐기모형에서 하향 이탈과 주가의 큰 기복은 하락 전환 징후

2000년 하락 전환 관련된 주가의 기술적 행태는 주가의 쐐기모형에서 하향 이탈과 큰 기복이었다. 주가는 1998년 4분기~1999년 3분기 중 쐐기모형 형태로 상승했다. 그러나 주가가 쐐기모형을 하향 이탈하자, 1999년 7월 12일(직전 고점)~10월 26일 중 26% 하락했다. 그 이후 주가가 반등했지만 직전 고점인 7월 12일 대비 주가 정점 2000년 1월 4일까지 상승률은 1.6%에 불과했다. 실질적 주가 정점이 1999년 7월인 셈인데, 쐐기모형과 주가 정점 5개월 전의 주가 기복이 사전에 주가 정점을 경고했던 것이다.

한편 주가는 쐐기모형을 하향 이탈한 이후 박스권(음영)을 형성했다. 이는 주가의 쐐기모형 아랫선 이탈 시점인 **1999년 하반기와 이익 정점 2000년 1분기 간 상당한 시차** 때문이었다. 양자 간 상당한 시차로 인해 주가가 이익 정점까지 하락하지 않고 버틴 것이다. 그러나 주가는 추세적 상승으로 복귀하지 못했다. 이처럼 주가가 추세 상승에서 벗어나면 재차 추세 상승을 이루기 어렵다(6장-16 참조).

정리하면 **성장률, 이익, 주가행태**(주가의 기술적 추이), **고객예탁금 등 주가**

▪ 2000년 주가의 하락 전환 과정에서 발생된 사안

- 성장률 정점 6개월 이후 주가 정점 형성
- 이익 정점 분기에서 주가 정점 형성
- 예탁금은 주가와 이익 정점(2000년 1분기) 4개월 전부터 정체
- 주가 정점 5개월 전에 큰 주가 기복 발생. 이후 주가 상승 정체
- 주가 정점 전 쐐기모형과 BOX권은 주가 정점을 사전 경고(?)

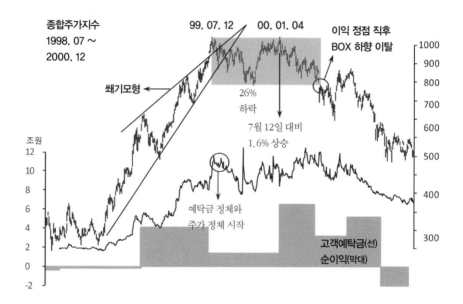

종합주가지수
1998. 07 ~
2000. 12

99. 07. 12   00. 01. 04

이익 정점 직후
BOX 하향 이탈

쐐기모형

26%
하락

7월 12일 대비
1.6% 상승

조원

예탁금 정체와
주가 정체 시작

고객예탁금(선)
순이익(막대)

를 형성하는 주요 요인이 2000년 연초를 전후해서 동시에 여의치 않
아졌다. 네 변수 모두가 전형적 주가 하락 징후를 표출한 것이다. 이후
2018년까지 7차례의 하락 전환 과정도 2000년과 유사했다.

특정 부문에서 지나친 투기 발생도 주가 상승 말기의 특징

앞서 거론된 주가의 쐐기모형 하향 이탈 이후 상황을 더 살펴본다. 1999년 7월에 하락한 종합주가지수가 10월~11월 중반에 걸쳐 반등했다. **그러나 매기(買氣)가 짧게 순환하면서 반등했기에 종합주가지수 상승(반등)은 실익 없는 명목상 상승에 불과했다.**

이렇게 되자 매기가 화려한 '테마'로 포장된 종목을 선호했다. 미래에 대한 환상과 빨리 큰 성과를 내려는 조급증이 맞물려 이런 양태를 만들었는데, 이 과정에서 닷컴(dot com) 주식을 중심으로 한 특정 부류가 주목받았다. 그 결과 우측 그림과 같이 일부 부류가 종합주가지수의 정체에도 불구하고 폭등했다. 이처럼 주가 상승 말기에는 일부 테마에 편승한 투기가 종종 발생한다. 주가 상승 말기였던 **2017년 4분기~2018년 1월 중 바이오 주식 폭등도 1999년 후반의 닷컴 주식 폭등과 유사한 성격**이라 하겠다(5장-9-가 참조).

그런데 당시 일각에서는 이런 상황을 합리화하려 했다. 합리화를 위해 PSR, PEG 등 터무니없는 주가 추정 방법을 동원했다. 기업 이익 전망도 미화했다. **2020~21년에도 한 때 PDR**(price dream ratio, 주가 꿈 비율)**을 거론하는 등 어이없는 주장까지 등장**했다. 부끄러운 합리화인데, 이런 현상은 주가 상승 말기 징후라 하겠다(1장-5 참조). 실제로 **2000년 1분기 이후 상장기업 전체 이익이 감소하자 빈약한 근거와 투기에 의해 상승한 코스닥은 최고 대비 86%나 하락했다.**

이익 정점 이후 자제해야 할 투기에 참여

1999년 상황을 구구하게 설명한 것은 이런 상황이 재발될 것 같기 때문이다. 2021년에도 미래 산업으로 분류되는 쪽에서 1999년 하반기~2000년 1분기와 같은 심한 투기가 발생했다. 결과는 큰 손실로 종결

■ **1999년 4분기~2000년 1월 중 주가는 코스닥만 상승**

• 1999년 8월 이후 자금 유입 정체로 인해 대형주가 상승하기에는 자금 여력의 부족 때문에 매물 부담이 적은 코스닥 쪽으로 매기가 선회하였고, 더구나 당시 나스닥 폭등이 코스닥 상승을 부추겼다.

• 그러나 2000년 1분기 이후 이익이 감소하자 코스닥은 폭락했다.

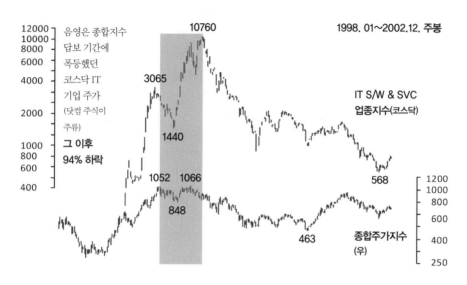

되었는데, 주가 정점권(투자자들이 흥분된 상황)에서 투자자를 유혹하는 테마는 앞으로도 자주 만들어질 것 같다. 주가의 속성이기에 그러려니 하지만 폐해가 크기에 유의해야 한다.

실로 투기가 종료되면 그 이후 상황은 허망하기 짝이 없다. 예컨대 2006년까지 급등했던 은마아파트도 그 이후 2년 간 39%나 하락했다. 2006년 고점을 되찾는 10년이나 소요되었는데, 주식 쪽은 이런 경우가 더 많고 심하다. 이렇게 되면 매입을 강하게 권유했던 쪽도 심드렁하게 그런 적 있었나 외면한다. 때문에 이익 정점 이후, 특히 주식시장 전체 이익 정점 이후 주식투자는 신중해야 한다.

2) 2002년의 하락 전환

성장률, 이익, 고객예탁금 세 변수가 악화되자, 주가도 하락

2002년 당시 종합주가지수 정점(주가의 하락 전환 시점)은 4월 22일이었다. 성장률 정점은 1분기로 주가 정점보다 1개월 앞섰고, 상장사 이익 정점은 2분기로 종합주가지수 정점과 시차적으로 일치했다. 고객예탁금은 이익과 주가 정점(4월 22일) 이전인 2002년 3월 14일 부터 정체했다.

1~2분기에 성장률, 이익, 고객예탁금 모두가 악화되었던 것인데, 세 변수가 악화되자 주가도 4월 말부터 하락했다.

주가 기복과 쐐기모형 이후 주가 급락은 하락 전환 징후

2002년에도 주가 하락 관련 전형적인 주가의 기술적 행태가 발생했다. 우선 1999년에 발생했던 쐐기모형이 2002년에도 출현했다. 쐐기모형은 이익 증가의 둔화로 인한 상승 추세대 윗선의 상승 탄력 약화 때문에 발생하는데, 2002년 이익 정점과 쐐기모형의 정점은 2분기였다. 이익 추이와 주가의 기술적 행태가 일치한 것이다.

주가는 주가 정점 이전부터 쐐기모형 윗선과 접했다. 주가의 과한 상승 징후인데, 이 때문에 주가 정점 전의 직전 고점인 4월 8일 이후 주가가 7.3% 하락했다. **주가 추세의 하락 전환에 앞서 주가 기복이 컸던 것이다.** 그 이후 주가가 반등했지만 직전 고점인 4월 8일부터 주가 정점인 4월 22일까지 상승률은 1.8%에 불과했다. 2000년 같이 주가 정점 전 상당한 주가 기복, 직전 고점 대비 주가 정점까지 낮은 성과가 재현된 것이다.

요컨대 주가행태 측면에서 쐐기모형과 주가 기복이 주가 정점을 사전 경고한 것이라 하겠다.

정리하면 2002년 주가 정점 전후에서 성장률과 이익의 정점 형성,

■ 2002년 주가의 하락 전환 과정에서 발생된 사안

- 성장률 정점은 주가 정점을 1개월 선행
- 이익 정점 분기에서 주가 정점 형성
- 고객예탁금은 주가와 이익 정점 1개월 전부터 정체
- 주가 정점 전에 상당한 주가 기복, 이후 실질 주가 상승은 정체
- 쐐기모형을 하향 이탈한 이후 주가 급락

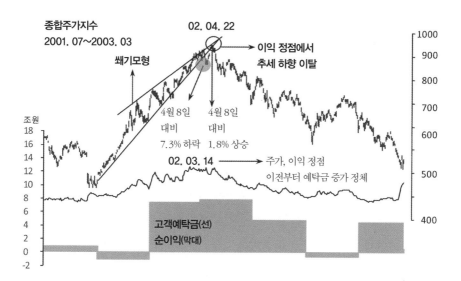

고객예탁금 정체 및 감소, 부정적 주가모형과 주가 기복 같은 주가 자체의 경고 등 부정적 징후가 있었다.

2000년 주가의 하락 전환 과정에서 발생했던 네 사안의 악화가 되풀이된 것이다. 2000년 경험을 이때 참작했다면 당시의 주가 하락으로부터 위험을 줄였을 듯싶다.

3) 2004년의 하락 전환

성장률, 이익, 고객예탁금 모두가 악화되자, 주가도 하락

당시 성장률 정점은 2003년 4분기로 주가 정점(주가의 하락 전환)이었던 2004년 4월 23일보다 4개월 앞섰다. 상장사 이익 정점은 2분기로, 이익 정점과 주가 정점이 시차적으로 일치했다. 고객예탁금은 주가 정점 직후 급감했다. 성장률, 이익, 고객예탁금 모두가 악화되자 당시 주가도 하락으로 전환했던 것이다.

한편 2003년 3월~2004년 4월 중 고객예탁금이 정체했지만 주가가 상승했다. 예탁금 증가가 없어도 이익이 증가하면 주가가 상승할 수 있다는 사례인데, 이익이 그만큼 주가에 중요한 것이다.

쐐기모형 이후 주가 급락과 주가의 큰 기복은 하락 전환 징후

2004년 주가의 하락 전환 과정에서도 앞의 두 사례와 유사한 주가의 기술적 행태가 발생했다. 당초의 주가모형은 상승 추세대였으나 시간이 경과되면서 쐐기모형으로 바뀌었다. 쐐기모형이 연달아 세 번 발생한 것인데, 2004년 1분기부터 종합주가지수가 쐐기모형 위 추세선과 접했다. 주가 정점 징후(하락 전환 가능성)가 표출된 것인데, 종합주가지수와 쐐기모형 위 추세선과 접촉은 4월 말이 마지막이었다. 이익 정점이 2분기인 점을 감안하면, 4월 중 쐐기모형 위 추세선과 주가 간 접점 형성은 주가 정점의 표출이라 하겠다.

주가 하락 관련 경고도 있었다. 주가 정점(4월 23일) **이전의 직전 고점인 3월 8일 이후 주가는 9.7% 하락했다. 주가 기복이 상당했던 것**인데, 그 이후 주가가 반등했지만 3월 8일 대비 4월 23일까지 상승률은 3.2%에 그쳤다. 예전같이 주가행태 측면에서 주가 하락 관련 일반적 징후(쐐기모형 출현, 주가 기복)가 표출된 것이다.

■ 2004년 주가의 하락 전환 과정에서 발생된 사안

- 성장률 정점은 주가 정점을 4개월 선행
- 이익 정점 분기에서 주가 정점 형성
- 고객예탁금은 주가 정점과 이익 정점 시점부터 급감
- 주가 정점 전 상당한 주가 기복, 이후 실질적 주가 상승은 정체
- 주가는 쐐기모형 아랫선을 하향한 이후 급락

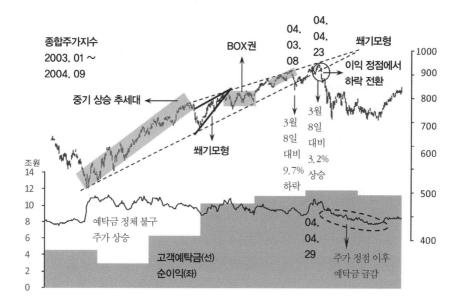

정리하면 주가 정점에 앞서 성장률 정점 형성, 부담스런 주가모형과 큰 주가 기복, 향후 이익 감소 등 부정적 징후가 있었다. 또 주가 정점 직후부터 고객예탁금이 감소했다. 요컨대 2004년 주가 하락 과정에서도 네 부분의 양태는 앞의 2000년, 2002년 경우와 같았다. 2004년 사례는 과거가 현재와 단절되지 않았음을 시사한다. 이 때문에 예전 사례를 찾아보고, 사례를 통해 앞날을 추정하는 것이다.

4) 2006년의 하락 전환

성장률, 이익, 고객예탁금 세 변수의 악화 이후 주가 하락

2006년 성장률 정점은 1분기, 이익 정점은 2005년 4분기로 주가 정점 2006년 5월 11일보다 각각 1개월, 4개월 이상 앞섰다. 고객예탁금 정점도 2006년 1월 25일로 주가 정점보다 4개월 앞섰다. **2006년 주가는 세 변수를 상당히 후행해서 하락 전환했는데,** 주가의 후행은 당시가 골디락스 기간이었기 때문인 듯하다.

그러나 직전 고점인 1월 17일과 주가 정점(5월 11일)간 주가 격차는 **2.7%에 불과했다. 사실상 주가의 추세 상승이 1월에 멈추었다.** 그 이후는 명목상으로만 주가가 상승했을 뿐이었다. 이처럼 **2006년에도 세 변수의 변동은 곧바로 주가에 영향을 끼쳤다.**

■ 2006년 5월 주가의 하락 전환 과정에서 발생된 사안

- 이익 정점 이후 주가 정점 형성, 주가 정점 전 상당한 주가 기복
- 고객예탁금은 주가 정점 4개월 전부터 정체·감소

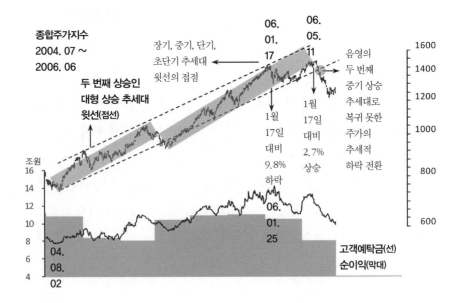

이익 정점 직후 기술적 측면에서 주가는 상승 한계에 직면

큰 구도로 본 2006년 상황은 2003년 3월부터 2007년 11월 초까지 4년 7개월 간 상승의 중간 과정이었다. 경기가 장기간 활달했기에 당시 주가는 초대형 상승 추세대를 형성했는데, 이 초대형 상승 추세대는 아래 그림에서 같이 3개의 상승 모형, 즉 쐐기모형, 대형 상승 추세대(음영), 확산모형으로 구성되어 있다. 첫 상승 모형인 쐐기모형은 이미 앞 페이지에서 다루었다.

■ **3개의 상승모형으로 구성된 2003~2007년의 초대형 상승 추세대**

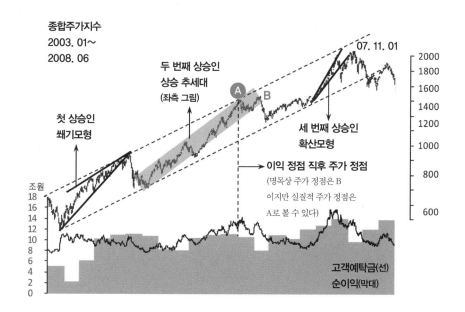

이번에 다루는 대형 상승 추세대(2004년 7월~2006년 6월, 앞 페이지 둘째 그림의 음영 영역)는 우측 그림에서 보듯 두 개의 중기 상승 추세대(음영)로 구성되었다. 또 대형 상승 추세대 내 두 번째 중기 상승 추세대는 세 개의 단기 상승 추세대로 구성되었다.

2006년 하락 전환 과정에서 주가의 기술적 특징은 상승 추세대 윗선과 주가의 접점 형성, 주가의 상당한 기복, 상승 추세대 이탈이었다. 이는 전형적인 하락 양태인데, 우선 주가의 상승 추세대 윗선과 접점 형성 과정을 우측 그림을 통해 살펴본다.

시점 A(2006년 1월)에서 세 번째 단기 추세대 윗선, 두 번째 중기 추세대 윗선(음영), 대형 추세대 윗선(점선) 모두가 수렴되었다. 시점 A는 앞 페이지 둘째 그림의 시점 A다. **시점 A에서 초대형, 대형, 중기, 단기 추세대 윗선 모두가 접한 상황, 즉 시점 A에서 주가는 네 개의 위 추세선을 뚫고 상승해야 하는 상황**이었다.

그러나 주가가 추세대 윗선을 상회하면서 지속적으로 상승하는 경우는 극히 적다. 더구나 당시 시점은 상장사 이익 정점(2005년 4분기)을 경과했다. 때문에 시점 A의 주가를 주가 정점으로 볼 수 있는데, 이는 첫 번째 하락 전환 징후였다. 결국 주가가 시점 A를 기점으로 하락 전환했다.

물론 주가 정점은 시점 B였다. 그러나 시점 A와 시점 B 간 주가 격차는 2.7%에 불과했다. 때문에 시점 A를 주가 정점으로 여길 수 있었다. **또 시점 A에서 B로 넘어가는 과정 중 주가는 9.8%나 하락했다. 이 같은 주가 기복은 명목상 주가 정점 B에 대한 경고로 볼 수 있다.** 주가 하락의 두 번째 징후인 큰 기복이 발생한 것이다.

한편 **2006년 5월 고점(B)은 두 번째 중기 상승 추세대**(두 번째 음영) **안쪽으로 복귀하지 못했다**(그림 참조). 이처럼 주가가 추세를 이탈하면 재차 추세 상승을 이루기 힘겨운데(6장-16 참조), 2005년 4분기 이후 여의치 않은 이익이 이런 상황을 유발했다. **결국 2006년 5월 말에 주가는 대형 상승 추세대를 하향 이탈했다. 즉 주가 하락의 최종 징후가 발생**한 것이다.

상승 종료 이후 주가는 당시가 골디락스 기간이었지만, 18.9% 하락했다. 또 2006년 정점 수준으로 회복까지 11개월 소요되었다.

정리하면 주가 정점 이전에 성장률과 기업 이익 둔화, 고객예탁금 감소, 주가의 상승 추세대 이탈과 상당한 주가 기복 등 부정적 징후가 있었다. 정도 차이는 있지만 당시에도 예전의 세 사례가 되풀이된 것이다.

■ **두 개의 중기 상승 추세대로 구성된 04년 7월~06년 5월의 상승**
　• 3개의 단기 상승 추세대로 구성된 두 번째 중기 상승 추세대 (음영)

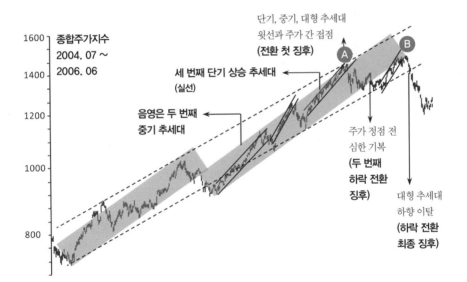

5) 2007년의 하락 전환

성장률, 이익, 고객예탁금의 악화로 인해 주가 하락

2007년은 2003년 3월~2007년 11월 초까지 4년 7개월 상승의 마지막인데, 당시 성장률 정점은 2007년 4분기로 주가 정점 11월 1일과 시차적으로 동행했다. 이익 정점은 2007년 3분기로 주가 정점을 1개월가량 선행했다(주가의 후행). 고객예탁금 정점은 2007년 6월 20일로, 주가 정점과 이익 정점을 상당히 선행했다. 세 변수가 주가 정점보다 먼저, 또는 비슷한 시점에서부터 악화된 것이다. 즉 세 변수가 여의치 않아지자 주가가 하락으로 전환했다.

이익 정점에서 확산모형 외해, 주가의 큰 기복은 하락 전환 징후

2007년에 주가는 2003~07년의 대형 상승 추세대를 하향 이탈(5장-1-가-3 참조)**하면서 상승을 종료했는데, 2007년에 국한하면 주가 정점 전에 흥미로운 확산모형이 출현**했다.

이 모형의 위 추세선은 아래 추세선보다 가파른 형태다. 4년 넘는 주가 상승에 따라 더 상승하기 전에 **주식을 매입하자는 조급증**이 이런 양태를 만들었다. 그러나 **이런 주가행태는 상승 여력을 빠르게 소진시킨다**. 급하게 상승한 만큼 상승 지속성이 부족한 것이다. 실로 5개월 만에 당시 50% 넘는 종합주가지수의 상승은 과했다.

때문에 이런 주가 상승 속도는 유지되기 어렵다. 이래서 주가 정점 직전의 주가 고점인 7월 26일 이후 22%나 하락했다(큰 주가 기복 발생). 그 이후 반등했으나 7월 26일 대비 주가 정점(11월 1일)까지 상승률은 3.5%에 그쳤다. 즉 11월 1일은 명목상 주가 정점에 불과한데, 7월과 11월에 걸쳐 쌍봉이 만들어진 것이다. 또 **쌍봉이 만들어지는 과정에서 박스권 주가가 형성되었다.** 그러나 이익 감소가 현실로 나타나자 주가가 박스권을

■ 2007년 주가가 정점에서 하락으로 전환할 때 발생된 사안

- 성장률 정점과 주가 정점은 동행
- 이익 정점 직후 주가 정점 형성
- 고객예탁금은 주가와 이익 정점 1~4개월 전부터 정체·감소
- 주가 정점 전 큰 주가 기복 발생, 이후 실질 주가 상승은 정체
- 주가가 확산모형과 BOX권을 형성한 이후 추세적으로 하락

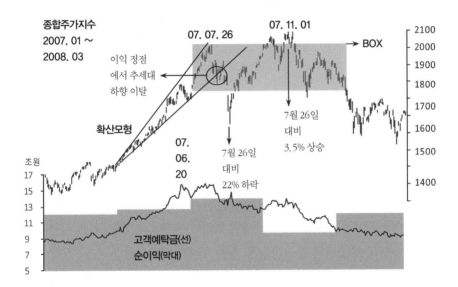

급격하게 하회했다. **주가행태 측면에서 연이어진 주가의 확산모형 하향 이탈, 주가의 큰 기복, 박스권 하향 이탈은 전형적 주가의 하락 전환 징후라 하겠다.**

정리하면 **2007년 주가 정점 당시에도 성장률, 이익, 고객예탁금, 주가의 기술적 행태 등 제반 여건이 여의치 않았다.** 이처럼 매번 주가 하락 전환 과정은 유사했다.

6) 2011년의 하락 전환

이익과 고객예탁금이 악화되자 주가는 하락 전환

2011년 당시는 성장률과 주가 간 인과성이 없었다. 그러나 2011년 이익 정점은 2분기, 종합주가지수 정점은 5월 2일로 분기 기준 이익 정점과 주가 정점이 시차적으로 일치했다.

고객예탁금은 주가 정점보다 앞선 2011년 4월 하순부터 감소했다. 이익과 고객예탁금이 여의치 않아지자 주가가 하락으로 전환한 것이다. 한편 그림의 시점 B에서 고객예탁금 증가는 미국의 신용등급 하락으로 인한 주가 폭락 때문이었다. 단기 차익을 겨냥해 고객예탁금이 증가했으나 곧바로 줄었다.

큰 주가 기복, 주가의 상승 추세대와 박스권 이탈은 하락 전환 징후

2011년 하락 전환 과정에서 주가의 기술적 특징은 주가의 상승 추세대 위 추세선과 접점 형성, 상승 추세대 말기에 쐐기모형 출현, 큰 주가 기복, 상승 추세 종반의 박스권 형성, 상승 추세대 이탈이었다.

일련의 그 과정을 살펴본다. 종합주가지수가 이익 정점 분기에 속한 시점 A에서 추세대 윗선에 접했다. 이익 정점 분기에서 주가의 추세대 위 추세선과 접점 형성은 주가의 충분한 상승을 뜻하는데, 해당 시점은 쐐기모형(상승 추세대 후반의 작은 모형) 말기였다. 두 사안은 주가 정점 징후를 표출한 것이라 하겠다.

그 이후 주가는 박스권을 형성했지만, 시점 B에서 폭락하면서 상승 추세대와 박스권을 급격하게 하향 이탈했다. 주가 하락 계기는 미국의 신용등급 강등이었지만 가장 큰 원인은 이익 감소인데, 시점 B에서 기업이익이 급감했다. 또한 **주가 정점 직전에 주가 기복도 컸다.**

1월 26일(주가 정점 전 직전 고점) 이후 주가는 11.3% 하락했다. 반면 1월

■ 2011년 주가가 정점에서 하락으로 전환할 때 발생된 사안

- 성장률과 주가 간 인과성이 없었다(예외였던 경우).
- 고객예탁금, 이익, 주가 세 부문의 정점 시점은 거의 일치
- 상승 추세대 내 쐐기모형 발생, 쐐기모형은 추세 전환의 예비 동작(상승 추세대 내 쐐기모형, BOX권 등 작은 모형이 중복 발생)
- 주가 정점 전 상당한 주가 기복, 이후 실질 주가 상승은 정체
- 주가가 정점권에서 BOX권을 형성한 이후, 상승 추세대 이탈

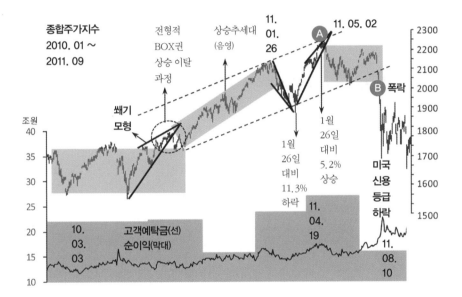

26일 대비 주가 정점인 5월 2일까지 주가 상승은 5.2%에 그쳤다. 이러한 주가행태는 하락 전환 과정의 전형적인 양태였다.

정리하면 **당시에도 예전 주가 하락 전환 과정의 현상들이 재현되었다.** 고객예탁금 감소, 부담스런 주가의 기술적 행태, 이익 감소는 예전의 다섯 사례와 흡사했다. 과거 사례가 이번에도 되풀이된 것이다.

7) 2015년의 하락 전환

주가는 이익과 성장률 정점보다 2개월 앞서 하락

2015년은 2011년 하반기~2016년 하반기까지 5년 간 보합 기간에 속하지만, 2015년 당시 주가 기복은 보합 기간 중 상대적으로 컸다. 이 때문에 당시 상황을 살펴보고자 한다.

　2015년 당시 주가 정점은 4월 24일, 고객예탁금 정점은 4월 21일이었는데, 주가 정점은 이익과 성장률 정점을 2개월 선행했다. 주가의 실물경제 선행은 당시 경기의 운신 폭이 협소(분기별 이익 추이가 증가 → 감소 → 증가 → 급감, 그림 참조)했기 때문인 듯하다. 세 변수가 여의치 않을 듯하자 주가가 먼저 하락한 것이다.

주가의 상승 추세대 상향 이탈은 과열, 이는 주가 정점 징후

2015년 하락 전환 과정에서 주가의 기술적 특징은 주가의 상승 추세대 위 추세선 상향(과도한 주가 상승은 하락 원인) **돌파였다.**

　당시 주가 상승 기간은 3개월 보름에 불과했으나 짧은 기간 중에도 주가의 기술적 측면에서 매도 징후가 있었다. 주가 상승이 과했기 때문인데, 그림에서 보듯 시점 A에서 주가가 상승 추세대 위 추세선을 상향 돌파했다. 그 결과 기존 상승 추세대를 벗어나는 단기 상승 추세대가 만들어졌다. 매우 특이한 경우로 기술적 측면에서 이같은 **주가의 상승 추세대 상향 돌파는 지나친 과열**로 여긴다. 즉 주가의 기술적 측면에서 당시 상황은 매도로 분류된다.

　그 이후 주가가 하락해서 기존 상승 추세대 안쪽으로 회귀했고, 이어 시점 B에서 상승 추세대 아래 추세선을 하향 이탈했다. 주가행태 측면에서 주가 상승 종료 징후인데, 이익 정점 전에 상승 추세대가 와해된 것이다(상승 추세대 윗선을 뚫고 상승한 후유증일 수 있다). 한편 2015년에는 주가 정점

■ 2015년 주가가 정점에서 하락으로 전환할 때 발생된 사안

- 성장률 정점이 주가 정점을 2개월 가량 후행한 특이한 경우 발생
- 이익 정점 2개월 전에 주가 정점 형성
- 고객예탁금은 주가 정점 시점부터 정체
- 주가의 상승 추세대 윗선을 상향 이탈, 이는 당시 기준 과열 징후
- 이익 정점 전에 주가의 상승 추세대 하향 이탈(주가 과열 후유증?)

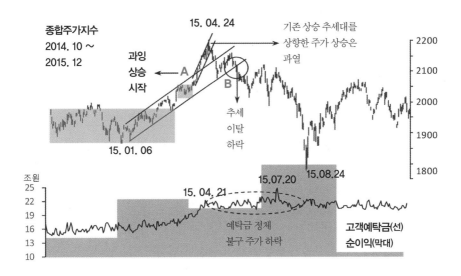

ㅁ직전에 통상 발생했던 전조(前兆), 즉 주가 정점 직전의 큰 주가 기복은 없었다.

정리하면 고객예탁금 정체, 이익 정점 전 주가의 상승 추세대 이탈, 성장률 둔화, 이익 감소 등 **종전 주가의 하락 과정에서 발생된 부정적 현상이 2015년에도 재현**되었다. 이처럼 주가 하락 과정은 늘 유사했다.

8) 2018년의 하락 전환

성장률, 이익, 고객예탁금 세 변수가 악화되면서 주가도 하락

당시 성장률 정점은 2017년 3분기로 주가 정점인 2018년 1월 26일보다 4개월가량 빨랐다. 또 2018년 고객예탁금 정점은 1월 8일로 주가 정점을 약간 선행했다. 당시 상장사 이익 정점은 2018년 2분기였다. 종합하면 성장률, 이익, 고객예탁금이 여의치 않아지는 시점을 전후로 해서 주가도 하락했던 것이다.

이익 정점 2개월 전 상승 추세대 외해는 주가 하락 징후

2016년 11월 이후 단기 상승 추세대 다섯 개를 형성하며 상승하던 주가가 **2018년에 장기 상승 추세대 윗선과 주가 간 접점 형성, 주가 기복, 장기 상승 추세대 이탈** 과정을 겪으면서 하락 전환했다. 이 모든 현상은 주가의 하락 전환 징후인데 일련의 과정을 살펴본다.

　주가는 시점 A(2017년 11월 2일)**에서 4번째 단기 추세대의 윗선과 접했는데, 시점 A는 주가와 장기 상승 추세대 윗선과 접점이기도 했다.** 즉 시점 A에서 주가는 장·단기 추세대 윗선을 뚫고 상승해야 했다. 그러나 추세대 윗선을 뚫고 상승하긴 어렵다. 때문에 시점 A 상황은 **주가의 하락 전환 관련 첫 징후**였다.

　다만 **시점 A와 이익 정점**(이익 쌍봉) **간 시차가 컸다.** 이 때문에 5번째 단기 상승 추세대가 만들어졌다. 그러나 5번째 상승에 앞서 2017월 11월 2일(시점 A) 이후 주가는 5.9% 하락했다(주가 기복 발생). **두 번째 하락 전환 징후 발생**인데, 2017년 11월 2일(직전 고점)~2018년 1월 26일(주가 정점) 중 주가 상승은 1.8%에 불과했다. 2017년 11월 2일이 실질적 주가 정점이라 하겠다.

　이후 주가는 2018년 2월 초에 2016년 11월 이후 형성된 상승 추세

■ **2011년 주가가 정점에서 하락으로 전환할 때 발생된 사안**

- 성장률 정점이 주가 정점을 4개월 선행
- 이익 정점 전에 주가 정점 형성
- 고객예탁금은 주가 정점 직전부터 담보
- 주가는 이익 정점 2개월 전에 상승 추세대를 이탈해서 하락 전환

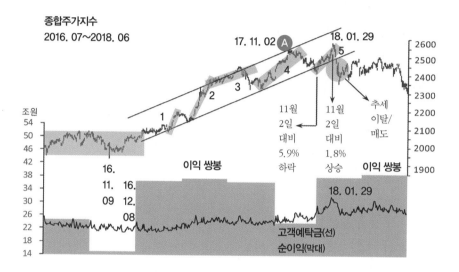

대 아래 추세선을 하향 이탈했다(최종 하락 전환 징후). 연이어진 주가의 상
승 추세대 윗선과 접점 형성, 주가 기복, 주가의 상승 추세대 아랫선 하향
이탈은 주가 하락 과정의 전형적 행태였다.

　정리하면 **8차례 모두에 걸쳐 성장률, 상장사 이익, 고객예탁금이 악화
되자 주가가 하락했다. 이 과정에서 주가는 정형화된 주가모형과 습성을
표출했는데, 네 부문은 항시 확인·예측이 되는 사안이었다. 때문에 향후
주가의 하락 전환 추정은 가능할 듯싶다.**

2. 매우 유사한 2000년 이후 8번의 상승 전환 당시 징후

8회에 걸친 주가의 하락멈춤·상승전환은 성장률, 기업 이익, 주가의 기술적 양태, 고객예탁금의 긍정적 전환을 계기로 이루어졌다. 당시 매매 기준은 보수적이었다. 다섯 변수의 양태가 늘 유사했던 점을 고려하면 향후에도 다섯 변수의 양태는 반복될 것 같다.

가. 다섯 부문이 표출하는 종합주가지수의 바닥 징후

1) 성장률 바닥과 주가 바닥은 대체로 동행

2000년 이후 2020년까지 종합주가지수의 하락멈춤·상승전환 8회 중 성장률 저점의 주가 저점 선행은 2015년, 2019년에 2회 있었다. 선행 시차는 2~4개월이었다. 성장률 저점의 주가 저점 후행은 2020년 1회 인데, 후행은 며칠에 불과했다. 실질적으로는 동행한 셈이다. 나머지 5회 는 분기 기준 성장률 바닥과 주가 바닥이 시차적으로 일치했다(3장-6-가 참조). 때문에 **큰 구도 측면에서 성장률 바닥과 주가 바닥은 동행한다고 하겠다.**

2) 주가는 통상 이익 저점 전후에서 상승 전환

주가는 빠르면 이익 바닥 분기 직전부터, 늦어도 이익 바닥 분기 2~3개 월 이후에 하락멈춤·상승전환했다. 분기 기준 주가 저점이 이익 저점을 선행한 경우는 2004년, 2015년, 2019년 세 차례였다. 이익 대비 주가 의 선행 시차는 1~2개월 정도였다.

■ 주가 바닥은 통상 이익 바닥 2개월 전∼이익 바닥 사이에서 형성

- 특수한 사정이 있었던 2003년, 2020년만 주가가 이익을 후행

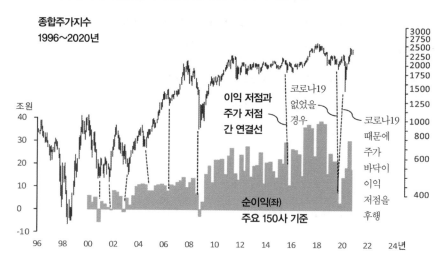

종합주가지수
1996∼2020년

이익 저점과
주가 저점
간 연결선

코로나19
없었을
경우

코로나19
때문에
주가
바닥이
이익
저점을
후행

순이익(좌)
주요 150사 기준

조 원

■ 주가 바닥에서 주가와 성장률, 이익, 고객예탁금 간 시차

시점	주가 바닥	성장률 바닥	주가 대비 선행 시차	고객예탁금 정점	주가 대비 선행 시차	이익 바닥	주가 대비 선행 시차
2000년	10월 31일	4분기	동행	11월 24일	1개월 후행	4분기	동행
*2001년	9월 17일	00년 4분기		8월 28일	1개월 선행	4분기	약간 후행
2003년	3월 17일	1분기	동행	3월 24일	동행	02년 4분기	2개월 선행
2004년	8월 4일	3분기	동행	7월 20일	약간 선행	4분기	2개월 후행
2006년	6월 14일	2분기	동행	2007년 1월 2일	7개월 후행	2분기	동행
2008년	10월 27일	4분기	동행	8월 26일	2개월 선행	4분기	동행
2015년	8월 24일	2분기	2개월 선행	8월 5일	약간 선행	4분기	1개월 후행
2019년	8월 6일	1분기	4개월 선행	2019년 6월 7일	2개월 선행	19년 4분기	2개월 후행
2020년	8월 19일	2분기	동행성 후행	계속 증가	—	19년 4분기	3개월 후행

* 2020년은 코로나19 사태가 없었으면 발생하지 않았을 듯

주) 2000년과 2001년은 한 묶음 기간으로 2000년에 주가 바닥 형성, 2001년에 주가 상승 시작

주가 바닥과 이익 바닥이 동일 분기였던 경우는 2000년, 2006년, 2008년이었다. 이익이 바닥을 치자 주가 하락이 멈춘 것이다.

이익 바닥 이후 주가 바닥 형성은 2003년, 2020년 두 경우인데, **주가 바닥의 이익 바닥 후행 정도는 2~3개월**이었다. 그런데 당시 사정이 있었다. 2003년은 미국과 이라크 간 전쟁 때문에 주가 바닥이 늦게 형성되었다. 이익이 증가 중이었지만 전쟁에 대한 불안으로 인해 주가 바닥이 늦게 형성된 것이다(당시 전쟁에 대한 불안 때문에 세계적으로 주가가 하락하였다). 전쟁이 없었다면 주가 바닥은 2002년 10월 쯤 형성되었을 것 같다.

2020년에도 코로나19로 인해 이익 바닥보다 주가 바닥이 늦게 형성되었다. 당시 이익은 증가했지만 코로나19 때문에 폭락했는데 코로나19가 없었다면 주가 바닥은 2020년 3월이 아닌 2019년 8월이었을 듯싶다. **2019년 4분기가 이익 바닥이었기 때문이다. 이 관점에서 보면 통상 주가 바닥은 이익 바닥 시점 또는 그 전에 형성된다 하겠다.**

결과를 놓고 보면 상기의 경우(이익이 증가 중이지만 외부 불안 요인 때문에 주가가 하락한 2003년, 2020년)가 가장 좋은 주식 매입 기회였다. 물론 이런 상황에서 과감한 행동은 쉽지 않다.

한편 **주가 바닥은 3월 2회**(2003년, 2020년), **6월 1회, 8월 3회**(2019년 포함), **9월 1회, 10월 2회**였다. 그러나 2003년, 2020년이 정상적 상황이었다면 2003년 주가 바닥은 2002년 10월, 그리고 2020년 주가 바닥은 2019년 8월이었지 않나 싶다.

즉 **주가 바닥은 주로 하반기에 형성되었는데, 하반기 주가 바닥은 연간 이익 바닥이 대체로 4분기인 점과 연관된 듯하다**(3장-2 참조). 이익 바닥 전~이익 바닥 시점 사이에서 주가의 상승 전환(주가 바닥 형성)을 감안하면 하반기 주가 바닥이 이해된다.

3) 주가의 기술적 측면에서 정형화된 상승 징후

주가 하락 말기에는 경기침체로 인한 부도 위험, 로스컷(loss cut) 물량, 신용 담보 부족 등으로 인해 매물이 대거 출회된다. 특히 그 시기의 기업 이익은 최악이다. 이래서 하락 말기에 주가는 통상 폭락했다. 이 하락 과정에서 **주가는 주로 하락 추세대 또는 하락 확산모형을 형성했다. 즉 주가가 두 모형을 상향 이탈해야 하락 추세에서 벗어나는데,** 종목 단위에서는 하락 말기에 하방 쐐기모형이 형성되기도 한다.

다음 페이지 첫 그림은 2000년 1월~2001년 10월 종합주가지수의 추이인데, **주가가 하락 추세대를 상향 이탈하면서 하락멈춤·상승전환이 이루어졌다.** 2003년, 2006년, 2015년(확산모형과 중복), 2019년에도 첫 그림 같은 과정을 밟았다.

주가가 하락 추세대에서 벗어나야 상승 전환으로 여기지만, 상승 전환에 앞서 주가 바닥 징후가 발생한다. 물론 주가 바닥과 주가 상승은 별개다. 주가가 바닥을 쳤어도 상승으로까지는 시간이 소요되기 때문이다. 그러나 주가 바닥 이후 주가 추이는 통상 안정적이다(6장-10 참조). 이 때문에 주가 바닥이 중시되는데, **주가 바닥 징후는 이익 바닥 시점에서 주가의 하락 추세대 아랫선 하향 이탈이다.**

첫 그림에서 A가 그 사례다. 이익 회복 직전 시점에서 주가의 하락 추세대 아랫선 하회(A)는 과도한 하락인데(6장-10, 11 참조) 2003년, 2006년, 2015년, 2019년에도 이런 상황이 발생했다. 반복성을 감안하면 이익 바닥 시점에서 주가의 하락 추세대 아랫선 하회 내지 접근은 주가 바닥 징후라 하겠다.

둘째 그림은 주가 하락 형태 중 최악인 하락 확산모형인데, 사례는 2008년이다. 하락 확산모형은 하락 추세대의 악화에서 시작된다.

악화가 최악으로 치닫는 양태인데(6장-15 참조), 이 모형은 1998년, 2004년, 2015년(하락 추세대와 중복), 2020년에도 발생했다. 큰 경제적 위기 때마다 발생하는 주가행태다.

하락 확산모형이 발생하면 주가가 바닥에 근접했다고 간주할 수 있는데, 이때는 이익 바닥 시점 파악에 나서야 한다. 최악의 폭락은 이익 바닥 시점에서 발생하기 때문인데, 이익 바닥이 경과하면 어떤 상황에서도 주가는 상승 내지 반등한다.

두 모형(하락 추세대와 하락 확산모형) **이후의 주가행태는 둘로 나뉜다. 우선 주가가 박스권을 형성하는 경우**인데, 주가의 추세적 상승 전 박스권 형성은 통과의례처럼 겪는다. 이 책에서 소개된 8개의 사례 중 6회에 걸쳐 첫 그림, 둘째 그림에서와 같은 박스권 주가 또는 박스권의 변형인 삼각모형이 발생했다. 통상 박스권 주가는 하락모형(하락 추세대 또는 확산모형) 내에서부터 시작된다. 박스권(관망 기간) 형성은 주가가 바닥을 쳤어도 여전히 심리적 부담이 크고, 경기가 빨리 좋아지지 않기 때문이다.

그러나 박스권 기간에도 기회는 있다. 박스권 상단과 하단 간 격차가 상당하기 때문인데, 종합주가지수 기준 박스권 하단과 상단 간 격차가 20% 이상인 경우도 적지 않았다. 때문에 주가 하락 이후 형성되는 박스권은 적극 활용될 수 있다. 이때의 매매 기법으로는 CCI와 단기 추세대를 채택했으면 한다.

주가 바닥 이후 박스권 없이 주가가 곧바로 V자 상승을 하기도 하는데, 2003년, 2020년 두 경우는 주가 바닥 이후 곧 급등했다. 주가 급등은 당시 기업 이익이 늘었기 때문이다. 즉 주가가 상승해야 할 때 폭락했기에 주가 하락이 멈추자(주가 하락을 야기한 외부 부담의 해소) 급등한 것이다. 때문에 이익을 늘 주시해야 한다.

■ 하락 추세대를 상향 이탈하면서 상승 전환한 2001년 사례

- 두 점선은 전형적 하락 추세대를 형성
- 2003년, 2006년, 2015년, 2019년에도 동일한 주가모형 발생

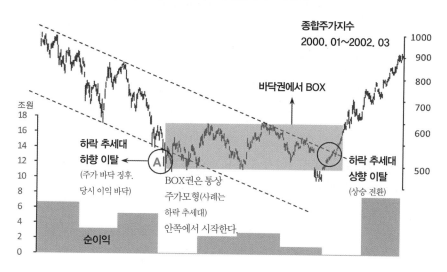

■ 하락 확산모형을 형성하면서 주가 바닥을 형성한 2008년 사례

- 1998년, 2004년, 2020년에도 하락 확산모형 발생

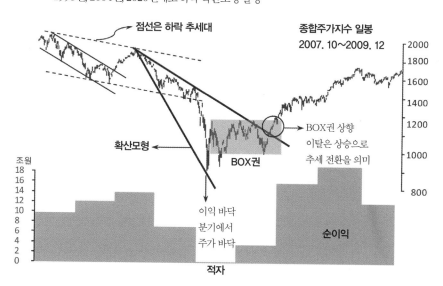

4) 대체로 주가 바닥 이전에 유입되는 고객예탁금

개인투자자는 그간 시장 상황을 빠르고 정확하게 파악했는데, 개인투자자의 예지력은 주가와 이익 대비 고객예탁금의 선행에서 엿보인다. 실제로 고객예탁금 바닥은 주가의 추세적 상승 전환 과정에서 종합주가지수 바닥을 다섯 번 선행했다. 한 번은 동행했고 두 번은 후행했다(1장-10-가 참조).

2003년, 2006년 두 차례에 걸쳐 고객예탁금이 주가를 후행했지만 당시에도 고객예탁금은 민첩했다. **주가가 추세적으로 상승하자, 즉 기업 이익이 제대로 늘기 시작하자 주식시장 내로 자금 유입이 빠르게 진행**되었다. 이 같은 적극적 반응 때문에 주가의 상승 전환 과정에서 고객예탁금이 주요한 지표로 여겨지고 있다.

5) 주가 바닥권에서 종목선정기준은 지극히 보수적

주가가 바닥권일지라도 투자자들의 심적 동요는 적지 않다. 경기가 바닥을 쳤어도 경기 수준이 워낙 낮고, 심리적으로도 그 이전 장기간 큰 폭의 하락 여파에서 벗어나지 못했기 때문이다.

이래서 종목선정기준이 지극히 보수적으로 진행된다. 예컨대 종목 선정은 주로 하락 과다 종목, 주가가 자산 가치 또는 이익 가치 대비 낮은 종목, 배당수익률 높은 종목 등에 맞추어진다(1장-5 참조). **이를 통칭해서 가치투자**라고 한다.

때문에 **주가의 큰 폭 하락 이후 종목선정기준이 보수적이면 이때를 주가 바닥권으로 볼 수 있다.** 각 개별 사례에서 종목선정기준 관련 사안은 생략했다.

성장률, 상장사 전체 이익, 고객예탁금, 주가의 기술적 추이, 종목선정 기준 등 다섯 변수는 종합주가지수(시장 전체 추이)에 절대적으로 영향을 끼쳤고 향후 주가를 예시했다. 때문에 다섯 변수를 늘 주시해야 한다.

종합주가지수를 중시하는 것은 모든 종목이 종합주가지수에 종속되기 때문이다.

종합주가지수와 개별 종목 간 관계는
부처님 손바닥과 손오공의 재간과 같다.

나. 주가 상승 전환 과정이 유사한 각 연별 사례

1) 2000년에 멈춘 주가 하락, 2001년의 상승 전환

성장률과 이익 회복 시점에서 주가도 안정 도모

2000년에는 주가 하락이 10월 31일에 멈췄다. 당시 성장률과 상장사 이익 바닥은 4분기였다. 성장률과 이익이 2000년 4분기에 저점을 형성하자 주가 하락도 멈췄던 것이다.

주가 하락이 멈췄지만 주가가 곧바로 상승하지 않았다. 주가 바닥 이후에도 이익이 부진했기 때문이다. 그림에서 보듯 2001년 이익 수준은 낮았고, 하반기 이익이 상반기 대비 줄었다. 그 결과 주가는 일정 범위에서 등락을 반복했다.

추세적 주가 상승은 주가 바닥 11개월 이후인 2001년 9월 17일부터였다. 상장사 이익이 2001년 4분기 이후 추세적으로 늘었기 때문이다. **이익이 2000년 4분기, 2001년 4분기에 쌍바닥을 친 후 주가 상승이 시작된 것이다.**

주가 바닥 직후 안정된 고객예탁금 추이

주가의 상승 전환 국면에서 자금 흐름은 긍정적이었다. 실제로 주가가 2000년 10월 31일 바닥을 형성하자 고객예탁금 유출도 2000년 11월 24일에 멈췄다. 이후 고객예탁금은 2001년 9월까지 주가 추이가 단조롭고 이익도 여의치 않았지만 점증했다.

증권시장으로 현저한 자금 유입은 2001년 9월 중순부터였다. 계기는 9.11 테러로 인한 주가 폭락이었다. 주가 폭락으로 인해 단기 차익의 기회가 발생하자 자금이 유입되기 시작한 것이다. 이런 가운데 이익이 2001년 4분기를 바닥을 쳤다. 그러자 개인 자금이 주식시장으로 빠르게 유입되었다.

■ 2000년 주가 바닥과 2001년 주가 상승 전환 시점에서 발생 사안

- 2000년 주가 바닥은 이익 바닥과 성장률 바닥 시점에서 형성
  2001년 주가 바닥은 이익 저점 직전에서 형성
- 2000년 주가 하락 말기의 하락추세대 하향 이탈(시점 A, 과도한 주가 하락)과 그 이후
  BOX권은 주가 바닥 징후, 2001년 4분기에 주가의 하락 추세대 상향 돌파(시점 B)는 주
  가 상승 시발점
- 고객예탁금은 이익 바닥 직후부터 증가

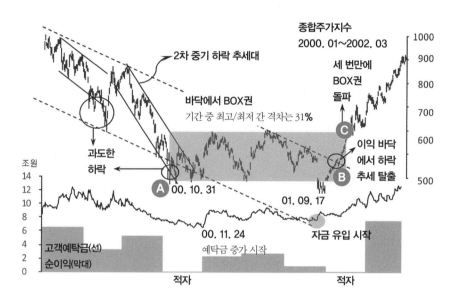

정리하면 주가가 바닥을 쳤지만 여의치 않은 기간이 오랫동안 지속되
었다. 그러나 고객예탁금은 소폭씩이지만 점증했다. 그러다가 이익 증가
가 현실화되는 시점에서 개인 자금 유입이 급증했다. 개인투자자들이 상
황 파악을 예리하게 했던 것이다.

기술적 측면에서 2000~01년 중 주가의 하락 멈춤 관련 첫 징후는 주가의 하락 추세대 아랫선과 접점 형성이었다. 두 번째 징후로는 박스권 주가였다.

2000~01년 중 주가는 하락 추세대를 형성하면서 하락했다. 해당 기간의 하락 추세대는 두 개의 중기 하락 추세대로 구성되었는데, 앞 페이지 그림에서 보듯 **주가가 두 중기 하락 추세대 아랫선을 하향 이탈**했다. 주가의 하락 추세대 하향 이탈은 주가의 반등 가능성 또는 바닥 징후로 여긴다. 상황이 여의치 않아도 지나친 하락(주가의 하락 추세대 아랫선 하향 이탈)은 상승을 유발하기 때문이다.

특히 2000년 10월 주가의 두 번째 중기 하락 추세대 아랫선과 장기 추세대 아랫선 하회(그림의 시점 A)는 크게 주목받았다. 주가가 하락 추세대 아랫선을 하회할 정도로 주가 하락이 과도하기도 했지만, 당시가 이익 바닥이었기 때문이다(6장-9 참조).

이럴 경우 주가는 대체로 바닥권을 형성하는데, 시점 A 이후 주가는 통상의 경우를 따랐다. 주가는 그림에서 같이 **11개월**(음영)**에 걸쳐 3중 바닥을 만들면서 일정 범위**(박스권)를 오르내렸다.

당시의 박스권은 주가 바닥 이후 이익이 여의치 않았지만, 여하튼 주가가 2차 중기 하락 추세대에서 벗어났기 때문이었다. 이익이 여의치 않아도 주가가 하락 추세에서 벗어나면 통상 안정되곤 한다(6장-10 참조). 물론 당시 큰 틀은 여전히 하락 추세였다. 때문에 박스권 상변이 장기 하락 추세대 윗선을 넘지 못했다.

당시 주가가 박스권에 갇혔지만 실망할 것은 아니었다. 기회가 많았기 때문이다. 실제로 당시의 박스권 상단과 바닥 간 31%나 되는 격차는 여러 번에 걸쳐 투자 기회를 제공했다.

2001년 이익 바닥에서 주가의 하락 추세대 상향 이탈은 상승 징후

2001년 주가행태 측면에서 주가의 상승 전환 징후는 주가의 하락 추세대와 박스권 상향 이탈이었다. 그 과정을 살펴본다. 종합주가지수가 2001년 10월 말 시점 B에서 2000년 1월 이후의 장기 하락 추세대 윗선을 넘어섰다. 주가가 하락 추세에서 벗어난 것이다.

이어 2001년 12월에는 당시의 이익 바닥(2000년과 2001년의 쌍바닥)에 힘입어 주가가 박스권 상단을 뚫고 상승했다. 주가의 장기 박스권 상향 돌파는 상승 국면으로 진입을 뜻하는데(6장-13 참조), 그 이후 주가는 이익 증가에 힘입어 줄곧 상승했다.

부연하면 당시 **주가의 하락 추세대와 박스권 상향 돌파는 이익의 추세적 증가라는 새로운 환경을 반영하는, 즉 주가의 추세적 상승 징후를 표출하는 방편이었다.** 이처럼 이익과 주가의 기술적 행태는 묶여 있다. 때문에 두 부문을 별개로 다루지 않았으면 한다.

2000년 주가 바닥, 2001년 상승 전환은 예측 가능했던 사안

2000년의 주가 하락 멈춤과 2001년 주가 상승 전환은 **성장률, 이익, 고객예탁금, 주가의 기술적 행태 네 부문 모두가 긍정적으로 바뀌면서 이루어졌다.** 주가 하락 과정에서는 네 부문 모두가 악화되었는데, 이처럼 상승과 하락 과정은 대비된다.

한편 2000년과 2001년 당시 성장률, 고객예탁금 추이, 주가의 기술적 행태, 이익 바닥(당시로는 추정, 애널리스트 전망 활용)은 주가 바닥 또는 주가의 상승 전환 전에 확인·예측되는 사안이었다. 요컨대 당시에 주가 상승 포착 기회가 있었던 것이다. 2001년 이후 7번의 주가 상승 전환 과정에서도 정도 차이는 있지만 2000~01년 사례가 재현되었다.

2) 2003년의 상승 전환

성장률, 이익, 고객예탁금 회복 이후 주가 상승

2003년 중 **종합주가지수 바닥은 3월 17일이었고, 성장률 바닥도 1분기였다. 이익 저점은 2002년 4분기였고, 고객예탁금 바닥은 주가 바닥보다 두 달 앞선 1월 24일이었다.** 세 변수가 주가의 상승 전환에 앞서 상승 여건을 만들어 놓은 셈이다.

당시 이익 바닥보다 주가 바닥의 후행은 미국과 이라크 간 전쟁이 3월 20일에 발생했기 때문이다. 이 전쟁은 2002년에 예고되었다. 이 때문에 각국 주가가 2003년 3월까지 침체했다. 전쟁이 없었다면 주가 바닥은 2002년 4분기에 형성되었을 듯싶다. 조기 주가 바닥 가능성은 2002년 4분기 이익이 바닥이었기 때문이다.

이익 바닥 이후 주가의 하락 추세대 상향 돌파는 주가 상승 징후

기술적 측면에서 2003년 주가의 상승 전환 징후는 주가의 하락 추세대 아랫선과 접점 형성, 하락 추세대 상향 이탈인데, 2003년 3월까지 주가는 하락 추세대를 형성했다. 이 하락 추세대는 3개의 중기 하락 추세대, 박스권, 쐐기모형 등으로 구성되었다.

하락 과정에서 **주가는 장기 하락 추세대 아랫선과 시점 A에서 접했는데, 당시가 이익 바닥이었다.** 때문에 시점 A의 주가행태를 주가 바닥 징후로 볼 수 있었다. 그러나 전쟁 때문에 주가 바닥은 시점 B로 바뀌었는데, 시점 B에서도 주가는 아래 추세선과 접했다.

이어 **종합주가지수는 시점 C에서 중기 하락 추세대**(음영) **윗선을 뚫고 상승했다.** 이 같은 주가 양태는 당시의 이익 증가를 반영한 것인데, 때문에 당시를 주가의 상승 전환 시점으로 여길 수 있었다.

■ 2003년 주가가 상승 전환할 때 발생된 사안

- 성장률 바닥과 주가 바닥은 시차적으로 일치
- 이익 바닥 2.5개월 후 주가 바닥 형성, 미국·이라크 간 전쟁이 일찍 발발했다면 주가의 상승 전환은 일찍 이루어졌을 듯
- 주가 바닥 2개월 전부터 고객예탁금 증가
- 이익 바닥 이후 주가가 하락 추세대 상향 이탈

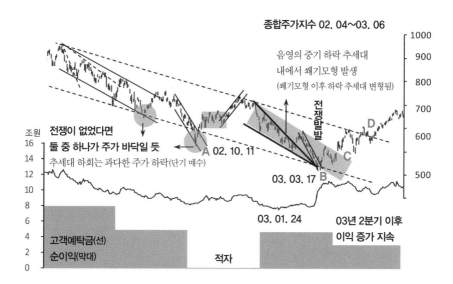

종합주가지수 02. 04~03. 06

그 후 시점 D에서 주가가 장기 하락 추세대를 상향 돌파했다. 이는 주가의 기술적 측면에서 상승 전환을 굳히는 과정이었다. 요컨대 2000년에는 이익 바닥 경과 이후 주가의 장기 하락 추세대 아랫선과 접점(B), 장기 하락 추세대 상향 이탈이란 주가의 기술적 행태를 통해 주가 바닥 징후가 표출되었다.

정리하면 당시 주가 바닥 내외에서 성장률, 이익, 고객예탁금, 주가행태 모두가 긍정적이었는데, 이는 2001년 경우와 유사했다.

3) 2004년의 상승 전환

성장률, 이익, 고객예탁금 회복 전후로 주가가 상승

2004년의 경우 **종합주가지수 바닥은 8월 4일, 성장률 바닥은 3분기** (성장률과 주가는 동행), **이익 저점은 4분기**(주가 바닥보다 2개월 후행)였다. **고객예탁금 바닥은 2004년 7월 20일로 주가 바닥을 다소 선행했다.** 이처럼 2004년 주가 하락 진정과 상승 전환은 세 변수의 회복 전후에서 이루어졌다.

최악의 하락 확산모형 출현, 이익 바닥 2개월 전 하락 추세에서 이탈

주가의 기술적 측면에서 2004년 바닥 징후는 하락 확산모형과 삼각모형(박스권의 변형)**이었다.** 당시 상황을 살펴본다. **하락 확산모형은 주가 하락 행태 중 최악이지만 하락 기간은 대체로 짧은데,** 당시 주가는 5월 말에 하락 확산모형을 이탈하면서 하락을 종료했다.

주가가 5월에 하락을 멈췄지만 8월까지 답보했다. 실제로 5월 18일 (확산모형 내의 주가 바닥)과 8월 4일(주가 바닥 시점) 주가 수준은 비슷했다. 3개월간 바닥권에서 주가 답보는 이익 바닥 시점과 주가의 하락 이탈 시점 간 시차가 상당했기 때문이었다. 부연하면 이익 바닥이 확연해질 때(이익 바닥 2개월 전)까지 **주가가 상승을 대기했던 것이다.**

이래서 **주가 하락 멈춤 이후 3개월에 걸쳐 3중 바닥이 형성**되었다. 그 과정에서 **삼각모형(A)이 도출**되었는데, 통상 삼각모형 끝자락에서 이익에 대한 주가 반응이 정해진다(이익 증감 방향이 뚜렷해지는데 따라 주가 등락 방향이 결정된다).

때문에 모형 끝에서 주가는 상승하든 하락하든 크게 등락하는데, 2004년 3분기의 삼각모형은 주가 상승으로 귀결되었다. 당시 주가 상승은 이익 바닥 2개월 전이었기 때문이다(이익 바닥 2개월 전부터 주가 상승 가능).

■ 2004년 주가가 상승 전환할 때 발생된 사안

- 성장률 바닥과 주가 바닥 시점은 일치
- 이익 바닥 2개월 전에 주가 바닥 형성
- 삼각모형과 3중 바닥은 주가 바닥 징후, 이익 바닥 2개월 전에 주가는 하락 추세대(삼각모형 A)를 상향 이탈
- 고객예탁금은 주가 바닥과 이익 바닥 전부터 증가

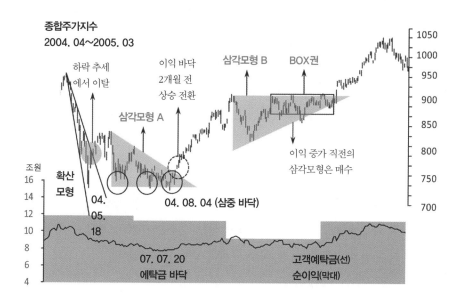

여하튼 당시에도 하락 확산모형과 삼각모형의 주가행태가 주가 바닥 징후를 표출했다.

정리하면 당시 주가 바닥 시점에서 성장률, 이익, 고객예탁금, 주가의 기술적 행태는 앞의 두 사례와 유사했다. 당시 주가 상승 반전은 예전의 두 사례를 답습했던 것이다.

4) 2006년의 상승 전환

고객예탁금 감소 불구, 성장률과 이익 회복 시점부터 주가 상승

2006년 당시 **종합주가지수 바닥은 6월 14일, 성장률 바닥과 이익 바닥은 2분기로, 주가 바닥, 성장률 저점, 이익 저점이 동일 시점이었다.** 실물경기 회복 시점부터 주가가 상승한 것이다.

고객예탁금 바닥은 2007년 1월 2일로 주가 바닥 6개월 이후 형성되었다. 고객예탁금 감소·정체 불구 당시의 주가 상승은 고객예탁금 증가 없이도 주가 상승 가능성을 예시한다. **주가 형성의 실체는 고객예탁금이 아닌 기업 이익 증감이기 때문이다**(1장-10 참조). 다만 주가 상승이 현실화(직전 주가 고점 상회)되자 고객예탁금이 급증했다. 주가가 상승하면 투자자의 관심은 높아지기 마련이다.

이익 바닥에서 주가의 하락 추세대 이탈, 박스권은 주가 바닥 징후

기술적 측면에서 2006년 주가 상승 전환 징후는 주가의 하락 추세대 아랫선과 접점 형성, 박스권, 하락 추세대 상향 이탈이었다.

종합주가지수는 2006년 5월 11일 이후 18%나 떨어졌다. 이 과정에서 주가는 일정 등락폭과 기울기를 유지하면서 하락했다. 하락 추세대가 형성된 것이다. 다행히 주가 하락은 1달여 만에 마무리되었다. 당시가 이익 바닥 시점이었기 때문이다. 그런데 **하락 말미에 주가가 하락 추세대 아랫선과 접점을 형성했다.** 이익 바닥 시점에서 이 같은 주가 양태는 주가 바닥 징후라 하겠다.

또 주가는 **하락 추세대를 이탈한 이후 박스권을 형성**했다. 다만 당시가 이익 바닥 시점이었기에 박스권 기간도 짧았다. 이후 주가는 이익 증가와 맞물려 박스권 4개를 상향 돌파하며 상승했다(그림 참조).

요컨대 당시에도 기간은 짧지만 이익 바닥 시점에서 주가의 하락 추세

■ 2006년 주가의 상승 전환 과정에서 발생된 사안

- 성장률 바닥과 이익 바닥 시점에서 주가 바닥 형성
- 주가 상승 중반까지는 예탁금 줄었다(예탁금 증가 없이도 주가 상승이 가능하다는 사례, 즉 주가는 이익을 중시). 그러나 주가의 추세 상승이 시작되자 엄청 빠르게 자금이 유입되었다.
- 주가의 하락 추세대 상향 이탈 과정에서 BOX권 형성은 주가 바닥 징후

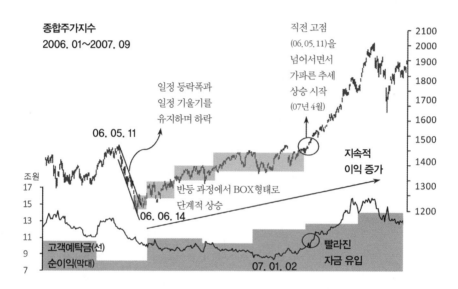

대 아랫선과 접점 형성, 박스권 형성이란 기술적 측면의 주가 바닥 징후가 표출되었다.

정리하면 2006년 고객예탁금 추이는 예전과 달랐다. 그러나 예전같이 성장률과 이익 바닥 시점에서 주가 바닥이 형성되었고, 주가의 기술적 측면에서도 전형적인 주가 바닥 징후가 표출되었다. 큰 구도로 보면 2006년 주가 바닥 형성 과정은 예전과 유사했다.

5) 2008년의 상승 전환

성장률, 이익, 고객예탁금 회복에 따라 주가도 상승 전환

2008년 **종합주가지수 바닥은 10월 27일, 성장률과 이익 바닥은 4분기였다. 2006년에 이어 주가, 성장률, 이익 바닥이 동일 시점이었다. 고객예탁금은 주가 바닥 2개월 전부터 늘었다.** 세 변수가 호전됨에 따라 주가도 하락에서 상승으로 전환한 것이다

이익 바닥 전후에서 하락 확산모형과 박스권 형성

주가의 기술적 측면에서 **2008년의 주가 바닥**(상승 전환) **징후는 주가 바닥권**(이익 바닥)**에서 하락 확산모형과 박스권 출현이었다.** 바닥 형성 과정에서 하락 초기의 주가 행태는 1-1선과 1-2선으로 구성된 하락 추세대였다. 그러나 2-1선과 2-2선 형태로 하락 추세대가 바뀌었다. 그마저 시점 A에서 미국 발 금융위기로 인해 주가가 2-2선을 급격하게 하향 이탈했다.

결국 **하락 추세대는 2-1과 2-3으로 구성되는 하락 확산모형으로 악화**되었다. 이 모형은 IMF 외환위기 시절, 2004년, 2020년 3월에도 발생했는데, 급락(시점 A) 때문에 하락 기간은 단축되었다.

급락했던 주가는 2-1과 2-2로 형성된 하락 추세대 안쪽으로 반등했다. 상황이 어려웠지만 주가가 지나치게 하락(하락 추세대 아랫선 하향 이탈)했기 때문인데, 급격한 하락은 통상 큰 반등으로 이어진다. 특히 주가 급락 시점이 이익 바닥 시점이었기에 당시 주가 반등은 자연스런 현상이었다.

이후 주가는 6개월에 걸쳐 박스권을 형성했다. 박스권 주가는 2009년 1분기 이익의 흑자 전환에도 불구하고 낮은 이익 수준 때문인데, 여하튼 당시 주가는 이익 바닥 시점에서 하락 확산 모형, 박스권 형성을 통해 바닥 징후를 표출했다. 이후 주가는 시점 B에서 하락 확산모형 위 추세선

■ 2008년 주가가 상승 전환할 때 발생된 사안

- 성장률 바닥과 이익 바닥 시점에서 주가 바닥 형성
- 하락 확산모형과 이익 바닥 이후 BOX권 형성은 주가 바닥 징후
- 이익 바닥 한 분기 이후 주가의 하락 추세대 상향 이탈
- 고객예탁금은 주가와 이익 바닥 1개월 전부터 증가

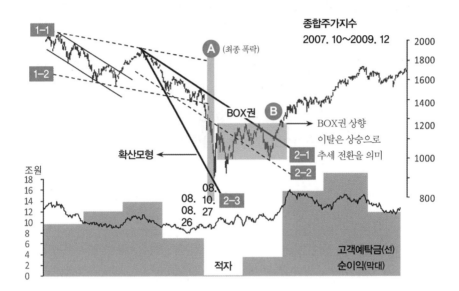

을 상회했고, 이어 박스권을 상향 돌파했다. 이는 전형적 주가 상승 시작 징후인데, 당시 이익은 증가 중이었다.

정리하면 **2008년에도 성장률, 이익, 주가행태, 고객예탁금 네 변수 추이가 긍정적으로 전환하자 주가도 상승으로 전환했다.** 2008년에도 종전 사례가 되풀이된 것이다.

6) 2015년에 멈춘 주가 하락, 2016년 말에 상승 전환

성장률, 이익, 예탁금 세 변수의 회복 전후에서 주가 안정

주가는 2015년 8월에 하락을 멈췄고, 주가의 추세 상승은 2016년 11월부터 시작되었다. 하락 멈춤과 상승 시작 간 시차가 큰데, 이는 **2000~01년 경우와 유사**하다(6장-2-나-1 참조). 두 경우의 이익 추이(이익의 쌍바닥)가 유사했기 때문이다.

2015년 성장률은 주가 바닥보다 2개월 앞서 바닥을 형성했다. 이익 바닥은 주가 바닥보다 1개월가량 뒤인 4분기였다. 고객예탁금 바닥은 주가 바닥보다 약간 앞선 8월 5일이었다. 성장률, 이익, 고객예탁금 세 변수의 회복 전후를 기점으로 주가가 바닥을 형성했던 것이다.

주가가 바닥을 쳤지만 그 이후 휴식(박스권)은 2016년 4분기까지 이어졌다. 주가가 15개월 간 정체했는데, 이는 그림에서 보듯이 주가 바닥 이후 이익이 추세적으로 늘지 않았기 때문이다.

주가의 추세적 상승은 2016년 11월 9일부터였다. 당시 이익 바닥이 2016년 4분기였기 때문이다. **이익이 이중 바닥을 형성한 이후 주가가 상승했던 것이다. 당시 고객예탁금은 주가 상승 시작점보다 다소 앞서 늘어나기 시작했다.** 또 당시 성장률 저점은 **2016년 1분기로 주가의 상승 출발 시점보다 매우 앞섰다.** 세 변수가 추세적으로 회복되자 주가도 추세적으로 상승했던 것이다,

2015년에도 주가 바닥 징후를 표출하는 주가모형 발생

주가의 기술적 측면에서 2015년 주가 바닥 징후는 하락 추세대, 하락 확산모형, 박스권 출현이다. 2015년의 주가 하락 정도는 2008년 같이 험악하지 않았지만 주가 하락 양태는 거칠었다. 하락 초기의 주가 양태는 1-1선과 1-2선(점선)으로 형성된 하락 추세대였다.

■ 주가 바닥과 주가 상승 전환 시점에서 발생된 사안

- 성장률 바닥은 주가 바닥 2개월 전에 형성
- 2015년 8월 주가 바닥은 이익 바닥 1개월 전에 형성, 2016년 주가 바닥은 이익 바닥 시점에서 형성
- 2015년, 2016년 고객예탁금은 주가 바닥 전부터 증가
- 2015년 주가 바닥 징후는 주가의 하락 추세대 이탈, 확산모형, BOX권. 2017년 주가의 BOX권 상향 돌파는 상승 전환을 의미

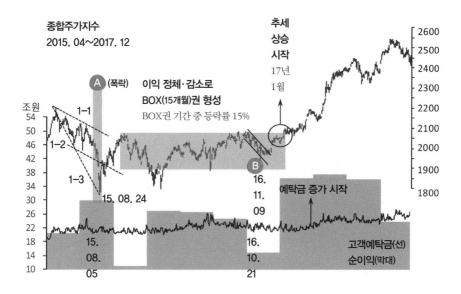

그러나 시점 A에서 폭락(당시 미국 금리 인상, 위안화 가치 하락이 악재)으로 인해 종합주가지수는 1-1과 1-2로 구성된 하락 추세대를 크게 하향 이탈했다. 그 결과 1-1과 1-3으로 형성되는 하락 확산모형이 출현했다.

주가가 시점 A에서 폭락했지만, 곧 1-1과 1-2로 구성된 하락 추세대 안쪽으로 급반등했다. 2008년 같이 상황이 어려워도 하락 추세대 아랫선 이탈은 지나친 하락이어서 반등한 것이다. 더구나 주가 폭락 직후가 이익 바닥 시점이었다. 때문에 당시의 주가 반등은 통상적 주가행태라 하겠다.

이후 주가는 2016년 4분기까지 박스권을 형성했다. 주가가 하락 추세대에서 벗어났지만 여전히 이익이 여의치 않았기 때문이었다. 부연하면 이익의 추세적 증가가 이루어지지 못하면서 주가 상승이 이익 증가 시작 시점(이익의 쌍바닥)까지 대기해야 했던 것이다. 이 과정에서 박스권 주가가 형성된 것이다.

정리하면 2015년에 주가는 주가의 하락 추세대 하향 이탈과 하락 확산모형, 그 이후 박스권이란 기술적 사안을 통해 바닥 징후를 표출했다. 이처럼 주가 바닥권 행태는 늘 몇 유형으로 요약된다.

2016년 말에 주가는 이익 바닥 시점에서 상승 전환 징후 표출

주가의 기술적 측면에서 **2016년 주가의 상승 전환 징후는 주가의 하락 추세대 아랫선과 접점 형성, 박스권 상향 이탈이었다.**

2015년 4분기 이후 형성된 박스권 내에서 마지막 주가 하락이 2016년 4분기에 있었다. 앞 페이지 그림의 B(단기 하락 추세대)가 이에 해당되는데, 이를 확대한 것이 우측 그림이다.

당시 **주가는 우측 그림의 시점 A에서 하락 추세대 아랫선을 하향 이탈했다.** 이익 바닥 시점에서 이 같은 주가의 하락 추세대 아랫선 하향 이탈은 여러 사례에서 보았듯이 전형적 바닥 징후였다. 또 다른 **바닥 징후는 주가가 시점 B에서 1달 이상 박스권을 형성한 점이다.** 그 이후 시점 C에서 주가가 하락 추세대를 벗어났다. 이쯤 되면 주가의 기술적 측면에

■ **2016년의 마지막 단기 하락 추세대를 상향 돌파한 주가**

- 이익 바닥 시점에서 주가의 단기 하락 추세대 아랫 추세선 하향 이탈(과도한 주가 하락), 그 이후 BOX권 형성은 주가 바닥 징후

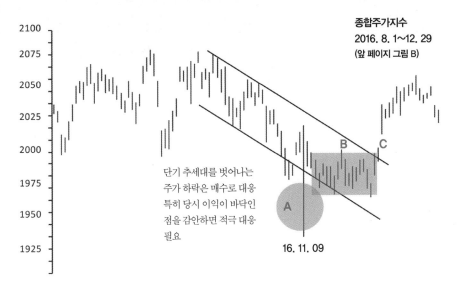

종합주가지수
2016. 8. 1~12. 29
(앞 페이지 그림 B)

단기 추세대를 벗어나는
주가 하락은 매수로 대응
특히 당시 이익이 바닥인
점을 감안하면 적극 대응
필요

16. 11. 09

서 주가가 하락에서 벗어난 것으로 볼 수 있다. 그 이후 주가는 2017년 1월에 앞 페이지 그림의 박스권(음영) 상단을 뚫고 상승했다. 이익 증가 초기에 주가의 박스권 상단 상회는 주가의 상승 추세로 진입을 뜻하는데, 2016년에도 주가행태가 주가의 상승 전환 가능성을 충분히 예고했던 셈이다.

　정리하면 성장률, 상장사 이익, 고객예탁금이 회복 내지 안정된 이후 주가가 하락을 멈추었고(2015년) **상승으로 전환**(2016년)**했다.** 세 변수의 안정에 따라 주가가 안정된 것이다. 이렇게 되니 주가 자체도 기술적 측면에서 바닥 징후(이익 바닥에서 하락 추세대 이탈, 주가의 하락 추세대 아랫선과 접점 형성, 박스권)를 표출했다. 이번에도 앞의 다섯 사례와 유사했다. 같은 현상이 반복된 것이다.

7) 2019년에 멈춘 주가 하락

성장률, 이익, 예탁금 세 변수의 회복 전후에서 주가 안정

2019년 **당시 성장률 바닥은 1분기로 주가 저점 8월 6일을 4개월가량 선행했다. 고객예탁금 바닥 6월 7일도 주가 바닥을 2개월가량 선행했다. 이익 바닥은 2019년 4분기로 주가 바닥보다 2개월가량 후행했다.**

정리하면 세 변수의 회복 전후에서 주가도 회복되었던 것이다. 참고로 2019년 주가의 이익 선행은 2004년, 2015년 이어 세 번째였다.

하락 추세에서 이탈, 박스권은 주가 바닥 징후

기술적 측면에서 2019년 주가 바닥(상승 전환) 징후는 주가의 하락 추세대 아랫선과 접점 형성, 박스권 출현이었다.

2018년 1월 이후 주가는 전형적인 하락 추세대를 형성했다. 이 과정에서 주가는 시점 A에서 이익 급감 때문에 일시적으로 하락 추세대 아랫선을 하회했다. 그러나 주가의 하락 추세대 아래 추세선 이탈(이익 감소 속도보다 주가 하락 속도가 큰 현상으로 여김)은 지나친 하락이어서 곧바로 하락 추세대 안쪽으로 주가가 회귀했다.

이어 주가는 시점 B에서 하락 추세대 아랫선과 접했는데, 시점 B는 이익 바닥 2개월 전이었다. 이익 바닥 시점이 당시보다 2개월 뒤인 점을 감안하면 주가와 하락 추세대 아랫선 간 접점은 주가 바닥 징후라고 하겠다. 주가와 아래 추세선 간 접점 형성은 2000년, 2003년, 2015년에도 발생했다. 그 이후 주가는 이익 바닥 기간인 C에서 하락 추세대를 상향 이탈했는데, 그 이전에 음영으로 표시된 박스권을 2019년 1분기부터 만들었다. 하락 추세대 이후 박스권 발생은 주가 하락 종료 과정에서 통례인데, 이처럼 당시에도 주가 바닥과 관련된 주가 자체의 여러 징후가 있었다.

■ 2019년 주가 바닥에서 발생한 사안

- 성장률 바닥은 주가 바닥 4개월 전에 형성
- 2019년 8월 주가 바닥은 이익 바닥 2개월 전에 형성
- 고객예탁금은 주가 바닥 전부터 증가
- 하락 추세대 이후 BOX권 형성, 주가의 하락 추세대 아랫선과 접점 형성은 주가 하락의 종료 과정

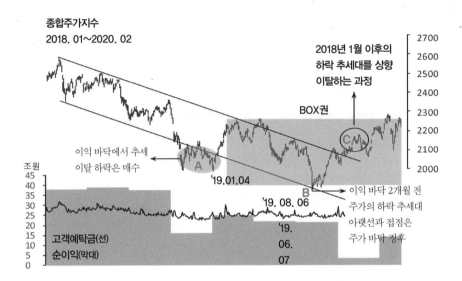

정리하면 2019년 주가 바닥에서 성장률, 이익, 고객예탁금, 주가의 기술적 행태는 앞의 여섯 사례와 유사했다. 동일한 현상이 반복된 것인데, 이런 연유로 인해 과거 사례를 중시하는 것이다.

8) 2020년의 상승 전환

이익 증가, 성장률 회복이 주가 상승을 유발

2020년 종합주가지수는 코로나19로 인해 1439(2020년 3월 19일)까지 하락했다. 예전 최고는 2018년 1월 2607이었다. **2020년 성장률은 2 분기에 -3.3%까지 악화되었다**(3분기부터 성장률은 '플러스'로 전환되었다). 그 결과 성장률 바닥이 주가 바닥보다 늦게 형성되는 첫 경우가 발생했다. 그러나 성장률 바닥과 주가 바닥 간 시차가 열흘 남짓했다. 때문에 2020 년의 경우 주가 바닥과 성장률 바닥이 동행했다고 할 수 있다.

코로나19 발생 당시 기업 이익은 주가 폭락, 성장률 격감과 달리 증 가했다. 실제로 상장사 이익은 2019년 4분기를 바닥으로 늘었는데, 2020년 분기별 이익 규모는 3분기 〉 2분기 〉 1분기 〉 2019년 4분기였 다. 또 2021년 이익은 2020년보다 늘었다.

통상의 경우 이익이 늘어나면 주가는 상승했다. 때문에 이익 증가 초 기인 2020년 1분기는 엄청 좋은 주식투자 기회였다. 그러나 **팬데믹 공 포에 눌려 2020년 2~3월 중 주가가 폭락했다.**

다행히 2020년 3월 말부터 종합주가지수가 수직 상승했다. **성장률이 곧 회복되고, 이익도 장기간 추세적으로 늘어날 것이란 기대가 2020년 2분기부터 형성되었기 때문이다.**

이러한 2020년 주가 추이는 2003년과 유사했다. 2003년에는 3월까 지 주가가 미국과 이라크 간 전쟁으로 인한 공포(유가 급등 우려 등) 때문에 이익의 흑자 전환에도 불구하고 하락했다. 그러나 사후에 이익의 흑자 전환을 반영해서 주가가 급등했는데, 2003년과 2020년 양상은 동일한 성격이라 하겠다.

한편 **2020년 상장사 전체 이익은 2017년, 2018년보다 적었다. 그 러나 주가는 연신 사상 최고치를 경신했다.** 분기 기준 이익 증가가 2021

▪ 2020년 주가 상승 전환 시점에서 발생 사안

- 코로나19로 인해 성장률 바닥이 주가 바닥을 12일 후행
- 2020년 주가 바닥은 이익 바닥 3개월 후에 형성(코로나19 때문)
- 고객예탁금은 주가 바닥 전부터 증가
- 2020년 3월 전후의 하락 확산모형은 주가 바닥 징후, 2020년 3분기 중 주가의 BOX권 상향 돌파는 추세적 주가 상승 징후

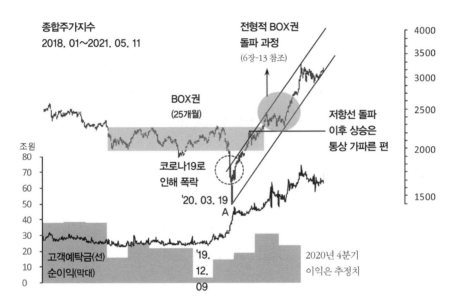

년 1분기까지 이어졌고, 이 과정에서 2020년의 낮은 금리가 주가 상승을 지나치다 할 정도로 증폭시켰기 때문이다(전 세계적 현상이었지만 우리가 더 심했다). 실로 2020년은 낮은 금리가 주가를 크게 상승시킨 전형적 사례로 기록될 것 같다(3장-4 참조).

고객예탁금은 주가 바닥 이전부터 증가

고객예탁금 바닥은 2019년 6월 7일로 주가 바닥보다 9개월이나 선행했다. 코로나19가 없었다고 가정해도 고객예탁금 바닥은 주가 바닥(2019년 주가 바닥은 8월)을 2개월가량 선행했다. 이는 개인투자자들의 놀라운 예지력이라 할 수 있는데, 특히 2020년 2~3월 주가 폭락 과정에서 엄청 많은 고객예탁금이 유입되었다.

물론 그 자금 중 상당 부분이 주가 폭락에 따른 단기 반등을 겨냥한 것으로 추정된다. 그러나 **향후 기업 이익 증가에 대한 강한 믿음이 없으면 자금이 유입되기 어렵다.** 이러한 점은 그만큼 **개인투자자들이 정확하게 기업의 이익증가 · 주가상승 가능성을 파악**했다고 하겠다. 정리하면 당시 주가의 상승 전환은 성장률, 상장사 이익, 고객예탁금 추이의 긍정적 전환을 반영한 것이었다.

하락 종료 징후는 하락 확산모형, 상승 징후는 박스권 상향 돌파

기술적 측면에서 2020년 주가 바닥과 상승 전환 징후는 하락 확산모형 출현과 주가의 박스권 상향 돌파였다. 두 모형은 주가 바닥 모형과 상승 모형의 대표적 상징이다. 사실 주가모형만 잘 살펴도 주가의 상승 전환 가능성을 타진할 수 있다.

우선, 주가 바닥권에서의 행태인데 **2020년 2~3월 주가 폭락 과정에서 우측 그림과 같은 하락 확산모형이 만들어졌다.** 짧은 기간이었지만 그 기간 중 하락폭은 컸고, 반등은 작았기에 하락 확산모형 규모가 컸다. 이 모형은 앞서 보았듯이 하락 막바지에서 자주 발생하는데, 큰 하락 확산모형 내에 작은 하락 확산모형이 있다. 초점은 작은 하락 확산모형인데, 실로 당시 주가 하락은 절벽에서의 추락 같았다. 이런 주가 폭락은 금융위기 이후 처음이었다.

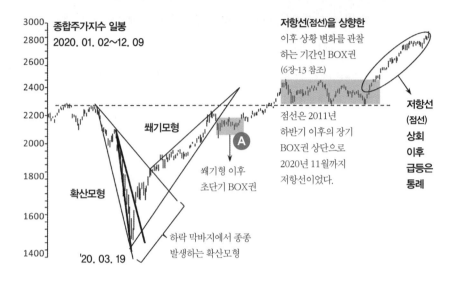

■ 2020년 2〜3월 주가 바닥에서 하락 마무리인 확산모형 출현,
이후 2020년 3〜4분기에 전형적 상승 과정인 BOX권 돌파 출현

종합주가지수 일봉
2020. 01. 02〜12. 09

저항선(점선)을 상향한
이후 상황 변화를 관찰
하는 기간인 BOX권
(6장-13 참조)

쐐기모형

확산모형

A

쐐기형 이후
초단기 BOX권

점선은 2011년
하반기 이후의 장기
BOX권 상단으로
2020년 11월까지
저항선이었다.

저항선
(점선)
상회
이후
급등은
통례

하락 막바지에서 종종
발생하는 확산모형

'20. 03. 19

하락 확산모형 이후 주가 바닥 과정에서 통상 발생하는 박스권 주가는 없었다. 휴식 기간(박스권) 없이 하락 확산모형 이후 주가가 곧바로 수직 상승했다(사실은 급락에 따른 반사적 반등이 빨랐던 것에 불과하다). 주가의 수직 상승은 종전의 하락 확산모형 시절과 달리 2020년 연간 내내 기업 이익이 증가했기 때문이었다.

3월 19일 이후 종합주가지수의 상승 형태는 쐐기모형이었는데, 주가 급반등은 2200선(6월 초)까지 이루어졌다. 그 이후 주가는 정체했는데(그림 A의 박스권. 쐐기모형 이후 일반적 형태), 주가지수 2200선은 2011년 이후의 저항선이었다. 저항선에 갇힌 셈인데, 저항선을 뚫는 상승 과정이 2020년 8월〜12월에 있었다.

한편 2020년 8월~12월의 주가 양태는 2018년 1월의 최고치를 돌파하는 과정이기도 했다. 당시 주가의 저항선 상향 돌파는 2021년 이익 증가를 반영한 것인데, 행태는 박스권 돌파(6장-13 참조)와 같은 유형이었다(직전 고점 돌파도 박스권 돌파와 같은 유형이다).

정리하면 **8회의 주가 상승 반전 과정에서 성장률, 이익, 고객예탁금, 주가행태는 모두 긍정적**이었다. 세 변수의 회복 시점에서 주가 바닥이 형성되고 주가가 상승으로 전환했던 것이다. 이렇게 되자 그 시점부터 주가의 기술적 측면에서도 상승 징후도 나타났다.

주가가 늘 같은 원인과 형태로 바닥을 형성하고 상승했기에 향후의 주가 바닥 형성 과정도 과거 행태를 답습할 것 같다. 때문에 냉정하게 대처하면 주가 하락 이후 회복 과정에서 기회를 포착할 듯싶다.

참고로 우측 두 그림은 2020년 3월 이후 2021년 5월 말까지 주가 추이를 두 모형으로 파악한 것인데, 첫 주가모형은 상승 추세대이다. 이 기준으로는 주가가 2021년 4월 이후 상승 추세대를 벗어났다. 물론 주가의 상승 추세대 이탈이 곧 주가의 하락 전환을 뜻하진 않는다. 1999년 7월 이후, 2006년 1월 이후, 2007년 7월 이후, 2011년 4월 이후에도 주가가 상승 추세에서 벗어났지만 곧바로 하락하지 않았다. 그러나 주가가 상승 추세를 이탈하면, 통상 하락 내지 정체했던 점은 감안할 사안이다(6장-16 참조).

둘째 주가모형은 2007년 경우와 유사한 (상방) 확산모형이다. 상승 초기인 2020년 3월 말의 주가 급반등이 제외된 모형인데(초기 주가 급반등을 주가 추세로 볼 수 없다는 견해도 있다), 이 모형 기준으로는 5월 현재 주가가 상승 추세를 유지하고 있다. 그러나 시간이 경과하면서 휴식 기간(박스권 기간) 증가는 유의할 사안이다. 박스권 기간 증가는 그간의 주가 상승이 그만큼 부담스럽기 때문이다.

■ 주가, 2020년 3월 이후 형성된 상승 추세대를 2021년 4월에 이탈

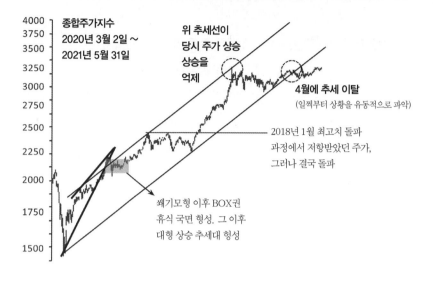

종합주가지수
2020년 3월 2일 ~
2021년 5월 31일

위 추세선이
당시 주가 상승
상승을
억제

4월에 추세 이탈
(일찍부터 상황을 유동적으로 파악)

2018년 1월 최고치 돌파
과정에서 저항받았던 주가,
그러나 결국 돌파

쐐기모형 이후 BOX권
휴식 국면 형성. 그 이후
대형 상승 추세대 형성

■ 확산모형으로 본 2020년 3월 이후 주가 추이

• 주가 추이(주가모형)는 다양한 시각에서 평가될 수 있다.

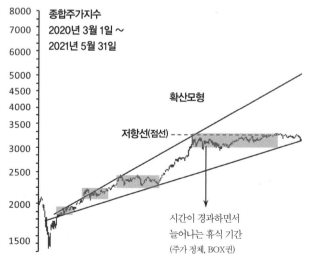

종합주가지수
2020년 3월 1일 ~
2021년 5월 31일

확산모형

저항선(점선) - - -

시간이 경과하면서
늘어나는 휴식 기간
(주가 정체, BOX권)

확산모형 특징은
주가가 상승하되
시간이 경과하면서
휴식 기간이 증가하는
점이다.
1999~2000년 중
S&P500이 이러했
는데 이익이 장기간
크게 늘어야 이 모형이
유지된다.
때문에 2021년 이후
이익의 지속적 증가
여부가 관건이다.

3. 추세적 주가의 상승·하락 기간과 등락률은 얼마나 될까?

가. 고통의 하락 기간은 4~20개월, 하락률은 18~54%

주가 하락 기간, 짧아도 4개월 소요, 하락률도 18~25%

앞서 기업 이익 등 다섯 요인으로 주가 추이를 살폈는데, 주가 추세의 진행 기간도 관심사다. 상승 기간과 고통스런 인내의 기간을 살피는 것이다. 다음 페이지 그림의 음영은 주가 하락 8회의 사례와 2021년 6월 25일(2021년 주가 정점) 이후의 상황을 보여준다.

  8회의 주가 하락에서 가장 짧은 경우가 1개월, 가장 긴 경우는 20개월이었다. 비교적 짧은 주가 하락 기간은 1~5개월이었는데, 횟수로는 1개월 1회, 4개월 2회, 5개월 1회였다. **짧아도 4개월가량 주가가 하락**했던 것이다.

  주가 하락 기간이 짧았던 기간의 특징은 둘로 나누어지는데, 첫째는 경기 흐름이 좋았던 경우다. 사례에서는 골디락스 기간에 속했던 2004년과 2006년이 이 경우에 해당된다. 경기의 큰 흐름이 좋으니 하락이 일시적이었다. 그러나 그 하락 기간 중에도 종합주가지수 하락률(장중 최고 대비 최저)은 18%, 24%나 되었다.

  또 다른 짧은 주가 하락 기간 2회(2011년, 2015년)**는 이익 증감의 잦은 반복으로 인한 주가의 장기 보합 기간에서 발생했다.** 주가의 큰 흐름이 정체했기에 주가 상승이 제약받았지만, 장기 보합 국면이었기에 주가 하락 기간이 짧았다. 그래도 18%, 25%씩 하락했다.

  주가가 하락했지만 상기의 경우는 활용할 여지가 있다. 4~5개월가량 주가가 하락했지만 상기 네 경우의 **심한 주가 하락 기간은 1개월 남짓하기 때문**이다. 하락 초기부터 주식 매입에 나설 순 없겠지만 이런 상황에서는 CCI 지표와 추세선에서 과매도가 표출될 때를 기회로 삼을 수 있다.

정리하면 이익의 추세적 증가 중 일시 감소(2004년, 2006년)한 경우와 이익 증감이 반복(2011년, 2015년)된 경우에서는 주가 하락 기간이 짧았다. 때문에 이익이 장기간 감소하지 않는다고 여겨지면 주가 하락 기간 활용에 관심을 두어야 하겠다.

주가 하락 기간이 긴 경우는 11~20개월, 하락률은 27~54%

8회의 사례 중 주가 하락 기간이 길었던 경우는 4회인데, 그중 가장 짧은 기간이 2002년의 11개월(2002년 4월~2003년 3월)**이었다. 가장 길었던 기간은 20개월**(2000년 1월~2001년 9월)**이었다.** 나머지 두 하락 기간도 각각 12개월, 18개월이나 되었다. 그러나 **네 사례의 가파른 하락 기간은 대체로 10개월 내외에 그쳤다.**

주가 하락 기간이 길었던 만큼 주가 하락률도 큰데, 가장 적은 하락률이 27%, 가장 큰 하락률은 54%였다. 나머지 두 번의 하락률도 각각 45%, 53%나 되었다. 특징은 주가 정점 이전의 주가 상승 기간 중 주가 상승률이 높았던 점인데, 산이 높으면 골도 깊다.

덧붙여 **주가 정점 이전부터 주가 상승 정체도 감안할 사안이다.** 다음 페이지 그림의 점선 기간에서 보듯 여러 차례에 걸쳐 주가가 정점 이전부터 정체했다. 예컨대 2000년 경우 종합주가지수 정점은 2000년 1월이지만 1999년 7월 고점과 차이는 1.6%에 불과했다(5장-2-나-1 참조). 이처럼 실질적 주가 정점이 명목상 주가 정점을 상당히 앞선 점을 고려하면, 실제로 주가가 여의치 않았던 기간은 명목상 주가 하락 기간보다 더 길다. 때문에 **향후 기업 이익 추이가 불투명하면 지체 없이 주식을 처분해야 하겠다.**

■ 주가 정점 이후 주가는 상당 기간에 걸쳐 큰 폭으로 하락

- 음영은 주가 정점 이후 1년간 주가 추이

장기간 주가가 하락해도 가파른 주가 하락은 10개월 내외였다.

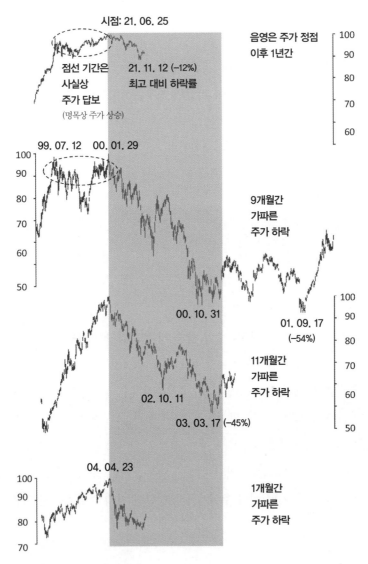

주) 각 경우의 주가 정점을 100으로 환산

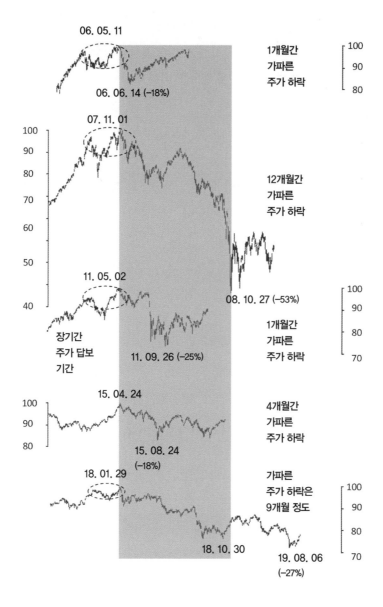

06. 05. 11

1개월간
가파른
주가 하락

100
90
80

06. 06. 14 (-18%)

07. 11. 01

100
90
80
70
60
50
40

12개월간
가파른
주가 하락

08. 10. 27 (-53%)

11. 05. 02

장기간
주가 답보
기간

11. 09. 26 (-25%)

1개월간
가파른
주가 하락

100
90
80
70

15. 04. 24

100
90
80

4개월간
가파른
주가 하락

15. 08. 24
(-18%)

18. 01. 29

가파른
주가 하락은
9개월 정도

100
90
80
70

18. 10. 30

19. 08. 06
(-27%)

나. 폭발적으로 상승하지만 실질적 주가 상승 기간은 1년 안쪽

주가 상승 기간은 6~30개월, 상승률은 20~271%

주가가 추세적으로 상승하면 매우 빠르게 상승했다. 다음 페이지 그림이 이를 보여준다. 그림의 음영은 2020년 3월 이후 상승과 2020년 이전 8회의 상승 기간인데, 2020년 이전 **주가 상승 8회의 종합주가지수 상승률은 20~271%였다. 네 차례에 걸쳐 100% 이상**(103~271%) **상승했고,** 상승률 70%대도 두 차례 있었다. 또 20% 상승과 35% 상승이 한 차례씩 있었다. 2020년 3월~2021년 6월에도 130% 상승했다.

주가 상승이 이렇게 높으면 시장 참여자들은 대체로 지속적인 주가 상승을 상정하는데, **2000~18년 중 주가 상승 8회 각각의 주가 상승 기간은 짧으면 6개월 길면 30개월이었다.** 상승 기간 길이를 대, 중, 소로 구분하면 상승 기간 24~30개월이 2회, 13~18개월이 4회, 6~7개월 2회였다. 상승 기간 평균은 16개월인데, 발생 빈도가 많았던 기간을 택하면 주가 상승 기간은 13~18개월 정도로 생각할 수 있다. 2020년 3월 이후의 상승 기간(2020년 3월~2021년 6월)도 16개월이었다.

이 정도의 상승 기간을 길다고 할 수 있겠지만 투자자의 기대와는 거리감이 적지 않을 듯싶다. 쉬지 않고 주가가 상승하길 기대하기 때문이다. **그러나 영원한 주가 상승은 없다.** 특히 **우리의 짧은 경기확장 기간을 고려하면 지속적 주가 상승 기대는 어려운 일이다.** 실은 여차하면 빨리 정리해야 한다. 주가 하락 국면 초기의 낙폭이 크기 때문이다. 더구나 투자나 저축 대상이 다양하고 해외 주식투자도 가능한 만큼 상황이 여의치 않으면 주식에 대한 미련은 털어야 한다.

실질적 주가 상승 기간은 대체로 1년 안쪽

실질 주가 상승 기간은 앞서 제시된 기간보다 짧다. 앞서의 주가 상승 기간은 바닥부터 정점까지 명목상 주가 상승 기간이기 때문이다. 명목상만 주가 상승 기간이 길다는 것이다.

부연하면 주가는 다음 페이지 그림의 동그라미 기간(점선)에서 보듯이 주가 정점 이전부터 실질적 상승을 멈춘 경우가 많았다. 예컨대 1999년 9월 중순부터 2000년 연초까지 15개월 보름간 주가가 상승했지만, 주가 상승은 사실상 1999년 7월 중순부터 정체했다. 즉 실질적 주가 상승 기간은 10개월에 불과했다. 또 2006년 중순부터 2007년 초까지, 그리고 2020년 3월~2021년 6월 중 제대로 된 주가 상승 기간은 각각 5개월, 10개월뿐이었다.

2008년 10월 말~2011년 5월 초 중의 주가 상승은 외형상 30개월이었지만 실제는 그렇지 않았다. 해당 기간 중간에 8개월가량 주가가 정체(박스권 유지)했기 때문이다. 더구나 박스권 기간 중 주가는 15%나 등락했다. 중간의 정체 기간을 주가 상승 기간에서 제외하면 2008년 10월 말~2011년 5월 초의 주가 상승은 2008년 11월~2009년 9월, 그리고 2010년 6월~2011년 4월 둘로 나뉘는데, 각각의 주가 상승 기간은 11개월에 그친다. 또 세분된 기간 후반의 주가 정체를 고려하면 실질 상승 기간은 더 짧다.

다만 골디락스 기간이었던 2004년 5월 중순~2006년 5월 중순의 24개월은 주가가 비교적 순탄하게 상승했는데, 이때도 실질적 주가 상승 기간은 20개월이었다.

정리하면 **실질적, 그리고 현란한 주가 상승 기간은 대부분의 경우 10~12개월이었다. 이처럼 주가 상승 기간은 생각보다 짧은데, 이는 경기순환 주기가 짧기 때문인 듯하다.** 봄날은 길지 않았다.

■ 주가 바닥 이후 실질적 주가 상승 기간은 10~12개월

(음영은 2020년 3월 19일~2021년 6월 25일 중 주가 상승을 고려해서 작성)

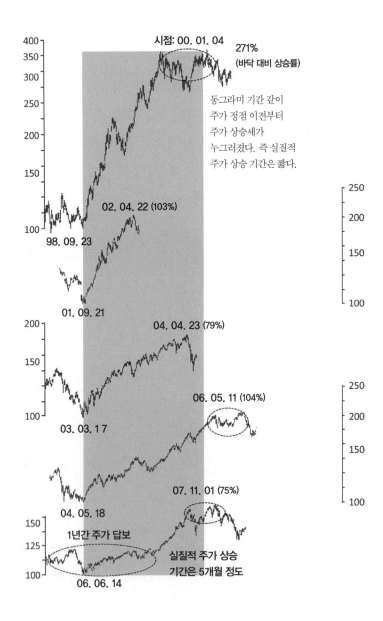

시점: 00. 01. 04

271%
(바닥 대비 상승률)

동그라미 기간 같이
주가 정점 이전부터
주가 상승세가
누그러졌다. 즉 실질적
주가 상승 기간은 짧다.

02. 04. 22 (103%)

98. 09. 23

01. 09. 21

04. 04. 23 (79%)

06. 05. 11 (104%)

03. 03. 1 7

07. 11. 01 (75%)

04. 05. 18

1년간 주가 답보

실질적 주가 상승
기간은 5개월 정도

06. 06. 14

- 양쪽의 음영은 주가 바닥 이후 1년 3개월간 주가 추이다. 예전 8회 사례 중 두 번만 음영 기간을 크게 넘어섰다.

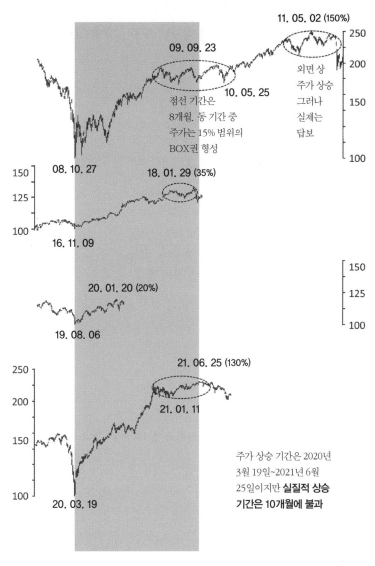

11. 05. 02 (150%)

09. 09. 23

10. 05. 25

점선 기간은
8개월. 동 기간 중
주가는 15% 범위의
BOX권 형성

외면 상
주가 상승
그러나
실제는
답보

08. 10. 27

18. 01. 29 (35%)

16. 11. 09

20. 01. 20 (20%)

19. 08. 06

21. 06. 25 (130%)

21. 01. 11

20. 03. 19

주가 상승 기간은 2020년
3월 19일~2021년 6월
25일이지만 **실질적 상승
기간은 10개월에 불과**

주) 각 경우의 주가 저점을 100으로 환산

4. 주가의 상승·하락 과정에서 대처

가. 하락 전환 과정(주가 정점권)과 그 이후 상황에 대처

성장률 정점과 이익 정점, 고객예탁금 정체, 주가의 상승 추세 이탈, 짧은 순환매 등 부정적 다섯 징후가 발생하면 향후 상황을 경계해야 한다. 그렇다고 주가가 곧 험악하게 하락하지는 않는다. 다섯 징후 이후 급격한 하락은 그림에서 보듯이 시점 2, 3, 7 등 세 번뿐이다. 즉 상황 악화가 누적된 이후 주가가 추세적으로 하락한다.

그러나 **시간적 여유가 많지 않다.** 과장하면 몇 분 안에 폭발물을 제거해야 하는 테러 진압 영화와 같은 상황이다. 주가 정점 이후 주가의 **추세대**(상승 추세대, 쐐기모형, 박스권, 확산모형) **아랫선 이탈까지 소요 기간은 짧기 때문**이다.

더구나 앞서 살펴보았듯이 **7차례의 직전 고점**(실질적 주가 정점) **대비 주가 정점까지 상승률은 1.6~5.2%에 불과했다.** 이 좁은 범위에서 단기차익을 겨냥한 매매는 시퍼런 칼날 위를 맨발로 걷는 것과 다름없다.

물론 시점 4에서와 같이 주가 하락이 적고, 하락 기간도 짧게 그칠 수 있다(5장-1-나-4 참조). 그러나 당시는 1980년대 중반의 3저 호황 이후 가장 좋았던 세계적 골디락스 기간임에도 불구하고 시점 4와 같은 상황은 간혹 발생한다. 희망을 예상으로 여기지 않아야 한다.

때문에 **다섯 징후가 발생하면 순차적으로 주식을 줄여야 한다.** 물론 상황이 여의치 않아도 상승 종목은 있다. 그러나 이는 몇몇 종목에 국한된다. 실로 상황이 이렇게 되면 대다수 종목을 처분하거나 줄여야 한다. 우선 처분 대상은 테마 덕에 상승한 종목, 그 중에서 비주력 테마주는 빨리 처분해야 한다(6장-8-나 참조). 특히 시장을 주도해왔던 대형 우량주가 꺾인 상황이라면 더욱 그러하다. 대형 우량주나 주력 테마주는 반등이라

■ 주가 정점권에서 주가 양태

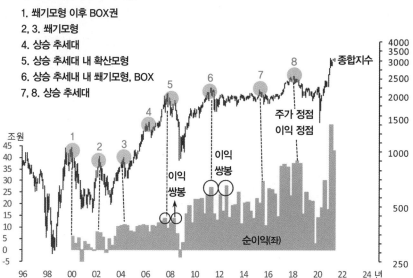

주가 정점권에서 주가모형

1. 쐐기모형 이후 BOX권
2, 3. 쐐기모형
4. 상승 추세대
5. 상승 추세대 내 확산모형
6. 상승 추세내 내 쐐기모형, BOX
7, 8. 상승 추세대

도 하지만, 그렇지 않은 종목은 반발 없이 폭락할 수 있다.

주가가 추세적으로 하락하기 시작하면 주가 하락이 빨라진다. 하락 초반(하락 전체 기간의 1/3 기간)의 하락률은 큰 편인데(2장-3-가 참조), **주가 낙폭이 크면 반등하기 마련이다. 즉 기회가 다소나마 발생한다.** 그러나 몇 사안을 감안해야 한다. 첫째, 주식 매입 여부는 주가의 단기 하락 추세대 하향 이탈 시점에서 CCI 지표와 병행해서 판단했으면 싶다(4장-3-나 참조). 둘째, 당시 시점과 이익 바닥 간 시간 격차가 크면 반등 정도를 짧게 잡아야 한다(6장-9 참조). 큰 추세 측면에서 주가 하락이 여전히 진행 중이기 때문이다.

나. 상승 전환 과정(주가 바닥권)과 그 이후 상황에 대처

성장률 바닥, 이익 바닥, 고객예탁금 증가, 주가의 하락 추세에서 이탈, 보수적 투자성향은 향후 상황에 대한 긍정적 징후다. 특히 이익 바닥 시점에서 주가의 추세대(하락 추세대, 하방 확산모형, 하방 쐐기모형) 아랫선 하향(또는 접점 형성)은 주가 바닥으로 간주된다.

그렇다고 주가가 곧 기대만큼 상승하지 않는다. 긍정적 다섯 징후 이후 급격한 주가 상승은 그림에서 보듯이 시점 3, 9 등 당시 이익의 추세적 증가에도 불구하고 주가가 하락했던 두 번뿐이었다. 주가의 추세적 상승은 추세적으로 이익이 증가해야 가능하기 때문이다.

긍정적 다섯 징후 이후 주가행태는 대체로 박스권 형태를 취한다. 이는 주가가 그간 충분히 하락해서 추가 하락 가능성이 적음을 뜻한다. 그러나 일정하지 않은 박스권 기간이 제약 요인이다. 기업 이익이 기대만큼 빠르게 늘어나지 않기 때문이다. 대표적 사례가 2011~16년의 경우다. 이 때문에 장기간 박스권이 형성되었는데, 당시 분기별 기업 이익 수준은 그런대로 높았지만 들쭉날쭉했다. 이로 인해 주가가 장기간 박스권을 형성했다.

박스권으로 인해 상황이 지루해도 긍정적 다섯 징후가 발생하면 주식 투자를 고려해야 한다. 주가 바닥(이익 바닥) 이후에는 주가가 하락해도 곧 회복되기 때문이다(6장-10 참조). 또 주가가 상승 전환하면 빠르게 상승하는데, 특히 상승 초기의 상승폭이 큰 편이다(2장-3-가 참조). 사실 정확한 주가 상승 시작점 파악은 어렵기에 긍정적 다섯 징후가 발생하면 시차를 둔 분할 매수를 권한다.

또한 **박스권 기간에서도 기회는 적지 않다.** 박스권 상변과 아랫변 간 격차가 적으면 15% 내외, 클 경우는 30% 내외였기 때문이다.

이 경우에는 단기 기술적 매매가 유효하다. 단기 추세대와 CCI 등을

■ 주가 바닥권에서 주가 양태

주가 바닥권에서 주가모형

1. 하방 확산모형 이후 BOX권
2. 하락 추세대 내 BOX권
3. 하락 추세대 내 쐐기모형
4. 하방 확산모형 이후 삼각모형
5. 하락 추세대 이후 BOX권

7. 수직 하락 이후 BOX권
8. 하방 확산모형 이후 BOX권
9. 하락 추세대 이후 BOX권
10. 하방 확산모형

활용할 기회다(장단기 투자 병행).

　주가의 상승 전환이 뚜렷해지면 대부분 종목의 주가는 대체로 상승 추세대 또는 쐐기모형 형태를 취하면서 크게 상승한다. 물론 종목 간 차이는 있다. 때문에 **다섯 징후가 발생하면 기본 전략은 Buy & Hold, 즉 장기보유 전략**을 취하는 것이 좋다.

　한편 주가 상승기에는 주가 상승과 이익 증가에 대한 믿음이 커지면서 **다섯 차례에 걸쳐 종목선정기준이 변경된다**(1장-2, 5 참조). 그러한 점을 활용한다면 더 큰 성과를 얻을 것 같다. 또한 **추세적 종합주가지수 상승 기간에는 통상 주도산업 관련 종목 쪽의 큰 성과도** 참작할 사안이다(1장-5 참조).

내 보유
종목은
어떤 부류인가?

제6장에서 소개하는 주가 유형은 매매 실전에서 자주 발생하는 유형들이다. 주가 유형을 이익과 주가의 행태(습성) 두 측면 관점에서 다루었는데, 각 행태의 형성 과정도 기술했다. 주가행태와 관련된 주가모형은 4~5개에 불과하다. 숙지했으면 한다.

1. 이익이 추세적으로 증가하는 종목인가?

가. 이익 수준보다 추세적 이익 증감 여부를 중시하는 주가

이익 수준이 낮아도 이익이 추세적으로 증가하면 주가는 상승

주가는 이익 수준보다 이익의 증감 방향을 중시한다. 이는 이미 여러 차례 거론했는데, 종목 단위에서 그 사례를 찾아본다. 첫 그림은 포스코다. 기간 A, B 모두에서 이익이 추세적으로 증가했지만, **이익 수준은 기간 A가 B보다 월등히 높다. 그러나 기간 B의 주가 범위는 17만6천~57만9천 원으로, 기간 A의 주가 범위 12만8천~22만9천 원보다 월등히 높다.**

둘째 그림은 SK하이닉스 사례다. 빗금 A, B는 이익 증가 기간이다. **이익 수준은 B가 A보다 다소 더 많지만 엇비슷하다. 그러나 B의 주가는 A보다 배 이상 높다.** 둘째 그림의 C, D에서는 더 심하다. 기간 D는 코로나19 사태 이전으로, 당시 이익은 적자에서 흑자로 전환했지만 이익 규모는 기간 C 대비 매우 낮다. 그러나 기간 D의 주가 수준은 C 수준을 뛰어 넘었다.

사례에서 같이 **이익 수준이 낮지만 주가가 더 높았던 것은 낮은 금리 때문**인데, 이익 증가 기간에는 낮은 금리가 PER(주가/1주당순이익)을 높인다. 이로 인해 사례에서 주가는 이익 증가 정도보다 더 큰 폭으로 상승했다(3장-4-나 참조).

이래서 **주식투자에서는 이익 수준보다 이익의 추세적 증감 여부를 중시한다.** 즉 장기간 이익의 증가 여부(6장-2 참조)와 이익의 정·저점 파악이 주식투자에서 가장 중요한 것이다. 다음 페이지에서는 이익 정체 사례를 통해 이익 증가의 중요성을 살폈다.

■ 이익 수준보다 이익 증감 방향을 중시하는 주가

• 기간 B의 이익 수준이 A보다 낮지만, A보다 높았던 B에서 주가

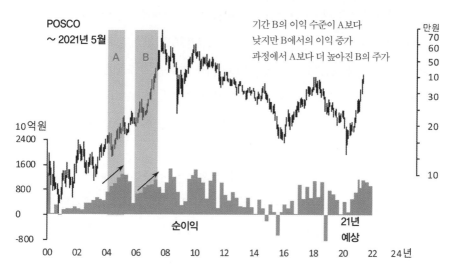

POSCO
~ 2021년 5월

기간 B의 이익 수준이 A보다
낮지만 B에서의 이익 증가
과정에서 A보다 더 높아진 B의 주가

순이익

21년
예상

주) 모든 종목의 2021년 예상 이익은 2021년 5월 초에 추정된 것이어서 실제와 다를 수 있다.
또한 모든 종목의 주가는 수정주가 기준이다.

■ 이익 수준보다 이익 증감 방향에 따라 등락한 주가

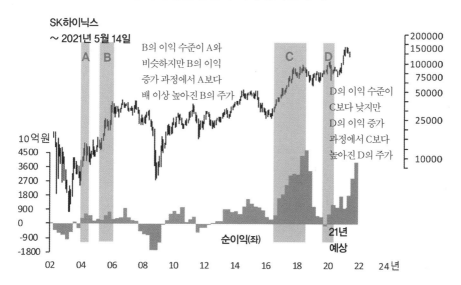

SK하이닉스
~ 2021년 5월 14일

B의 이익 수준이 A와
비슷하지만 B의 이익
증가 과정에서 A보다
배 이상 높아진 B의 주가

D의 이익 수준이
C보다 낮지만
D의 이익 증가
과정에서 C보다
높아진 D의 주가

순이익(좌)

21년
예상

나. 높은 이익 수준 불구, 이익 정체로 주가가 정체된 SK텔레콤

성장주에서 배당주로 평가가 전환된 SK텔레콤

1990년대 SK텔레콤은 최고의 주식이었다. SK텔레콤은 1989년 11월 1892원(수정주가 기준)에서 2000년 2월 50만7000원으로 무려 267배 나 상승했다. 이 같은 주가 상승은 SK텔레콤 이익이 첫 그림에서 보듯이 IMF 외환위기 시절을 제외하고 매 분기 빠르게 늘었기 때문이다. 실제 로 1991~96년 중 연평균 이익 증가율은 51%, 1998~2000년 연평균 이익 증가율은 63%나 된다.

이익이 빠르게 늘어나자 당시 **SK텔레콤은 성장주로 대접**받았다. **큰 이익 신장의 지속성이 높게 평가**받은 것이다. 그 결과 **SK텔레콤의 PER이 40배**에 근접도 했다. 직감으로도 이익 수준 대비 주가가 높았 지만, 당시 회사채 수익률이 10% 내외인 점을 감안하면 SK텔레콤 주가 는 고평가되었다.

높게 평가되던 **SK텔레콤 주가가 2000년 1월**(당시 종합주가지수 정점)**을 기점을 하락**했다. 당시도 이익은 증가했지만, 그 직후 **분기별 이익이 증 감을 반복하면서 더 이상 추세적으로 늘지 않았기 때문**이다. 이익 증가 의 연속성이 와해된 것이다.

이렇게 되면 높은 PER을 부여받거나 성장주로 평가되기 어렵다. 결 국 둘째 그림에서 같이 SK텔레콤의 PER은 주가의 하락·정체로 인해 2000년 초부터 낮아졌는데, 경우에 따라서는 종합주가지수가 상승할 때 SK텔레콤 주가는 하락하거나 답보하기도 했다.

또 **이익 신장의 지속 가능성이 낮아지자 SK텔레콤에 대한 평가는 성 장주에서 배당 종목**으로 바뀌어졌다. 이익이 정체·감소하면 이익 수준 이 높아도 주식시장은 이처럼 냉정하게 대한다.

■ **2000년 초 이후 높은 이익 수준 불구, 분기별 이익의 기복과 정체로
인해 답보·하락한 SK텔레콤 주가**

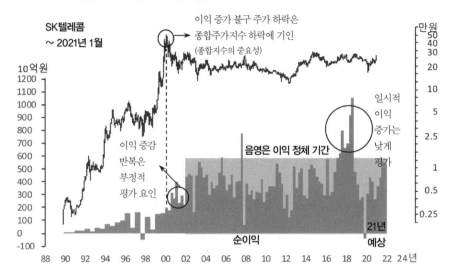

■ **2000년 초까지 매 분기 이익이 빠르게 증가**(IMF 외환위기 시절 제외)**했기
에 2000년 초까지 계속 높아졌던 SK텔레콤의 PER**(이익 증가 속도보다 더
빨랐던 주가 상승 속도)

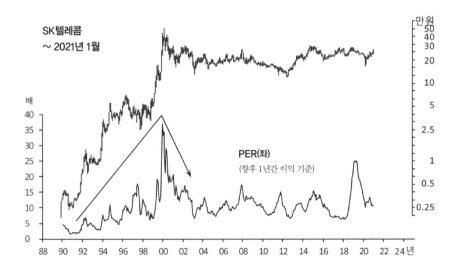

2. 장기간 이익 증가로 장기 상승 추세대를 형성한 부류

현대자동차와 LG화학 주가가 2020년에 엄청 상승했다. 그러나 그 이전에는 추세적으로 하락했거나 답보했다. 실로 현대자동차와 LG화학은 2012~19년 중 몇 차례에 걸쳐 상승을 시도했지만 큰 구도의 주가 추이는 여의치 않았다.

2010년대 초반 이후 **두 종목 주가의 부진과 기복 이유는 단순**했다. 그림에서 보듯 **이익이 여의치 않았거나 들쭉날쭉했기 때문**이었다. 이 같은 두 종목의 이익 추이는 현대차가 2012년까지, LG화학이 2011년까지 추세적으로 증가했던 것과 대비된다.

2020년 3월 이후 두 종목의 주가가 상당히 상승했지만, 2021년 4월 현재 두 종목은 장기 상승 추세대를 형성하지 못했다. 그간 두 종목의 이익이 장기간 늘지 않았기 때문인데, **향후 두 종목 관련 초점은 이익의 장기간 증가 여부다.** 두 종목의 2021년 이후 이익 규모가 2021년 정도에서 그쳐도 이익 수준은 높지만 이는 이익 정체에 해당된다. 이익이 장기간 추세적으로 늘지 않으면 앞 페이지의 SK텔레콤 사례를 따를 수 있다. 이들의 이익이 늘었으면 한다.

장기간 이익 증가 종목의 주가모형은 매우 긍정적

큰 성과를 냈어도 기업 실적의 역사가 짧으면 반신반의한다. 일회성이나 우연으로 취급받기 때문이다. 그러나 성과 신장이 장기간 이어지면 계속 성장할 것으로 믿는다. 오랫동안 쌓여진 성과는 믿음으로 자리 잡기 때문이다.

그 결과 장기간 이익 증가 종목은 놀라울 정도로 상승한다. 이로 인해 이들 부류의 PER은 상당히 높아진다.

■ 2012~2019년 중 이익 기복 때문에 주가 기복이 컸던 현대차

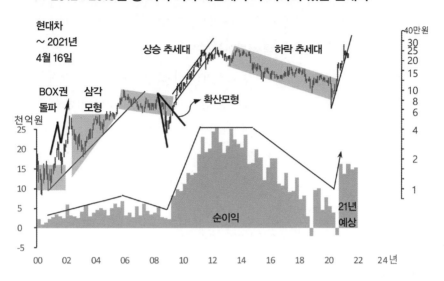

■ 2012~2019년 중 이익 기복 때문에 주가 기복이 컸던 LG화학

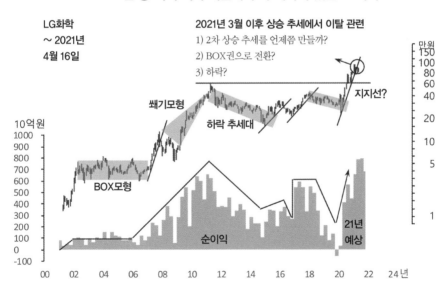

이익 대비 현재의 주가 수준이 높지만, 빠른 이익 증가를 감안하면 현재의 높은 PER이 그렇게 부담스럽지 않다고 여기는 것이다. 이러한 양태는 주가의 속성이기에 그대로 받아들 수밖에 없다.

추세적 이익 증가 부류도 주가 굴곡이 적지 않다. 특히 종합주가지수가 하락하면 이들도 적지 않은 부담을 받기 마련이다. 그러나 이런 부류는 추세적 상승 흐름에 크게 영향을 받지 않으면서 등락했는데, 그 등락 과정은 통상적 주가의 기술적 행태를 따랐다.

예컨대 첫 그림의 리노공업 주가는 2021년 5월까지 상승 과정에서 하락하기도 했다. 그러나 이는 단지 주가가 장기·중기 추세대 윗선과 맞닿았기 때문이었다. 즉 단순 기술적 하락이었지 추세적 하락은 아니었다. 또 주가가 추세대 윗선을 뛰어넘지 않았다. 물론 중·단기 추세대 윗선을 상회한 적이 있지만 그 기간은 짧았다. 이처럼 추세적 이익 증가 종목도 주가의 기술적 사안을 중시했다.

예시된 9개 종목 차트에는 2021년 이익 예상치가 있다. 그러나 **이익 추정치는 주기적으로 점검**해야 한다. **이익이 오랫동안 늘어왔기에 향후에도 증가할 듯하지만 감소할 수도 있기 때문**이다.

둘째 그림이 그 사례다. 종목 S의 이익은 2013년 1분기부터 2018년 1분기까지 5년간 증가했고, 이에 힘입어 주가가 바닥 대비 35배나 상승했다. 그러나 그 이후 폭락했다. 장기간 이익 증가로 인해 지속적 이익 증가를 기대했지만, 이익이 2018년 2분기부터 여의치 않았기 때문이다. 특히 성장주로 대접받는 동안 PER이 너무 높아져서(이익 대비 높은 주가) 주가가 폭락할 수밖에 없었다.

때문에 모든 종목의 **이익 추이는 주기적으로 살펴야 한다. 또 장기간 이익 증가 종목에 투자도 여럿으로 분산하고 매수 시점도 분할해야 한다.** 매수 시점 분할은 시간 포트폴리오다.

■ 지속적 이익 증가에 힘입어 12년간 상승한 리노공업

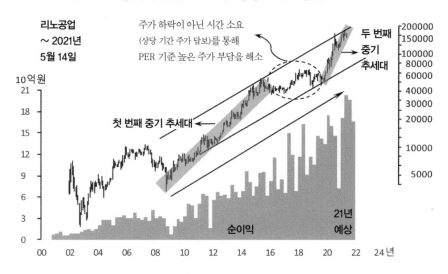

리노공업
~ 2021년
5월 14일

주가 하락이 아닌 시간 소요
(상당 기간 주가 답보)를 통해
PER 기준 높은 주가 부담을 해소

두 번째
중기
추세대

첫 번째 중기 추세대

순이익

21년
예상

■ 이익 증가가 와해되자 폭락한 사례

• 종목 S의 주가는 5년간 이익 증가 과정에서 35배나 상승했다. 그러나 이익이 정체·감소되면서 폭락했다.

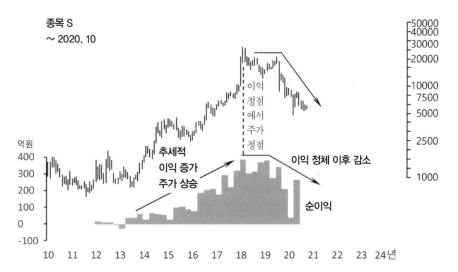

종목 S
~ 2020. 10

이익
정점
에서
주가
정점

추세적
이익 증가
주가 상승

이익 정체 이후 감소

순이익

■ 꾸준한 이익 증가에 힘입어 장기간 추세적으로 상승한 종목들

• 아래, 옆 차트는 해당 종목들의 그간 주가행태와 이익 추이일 뿐 추천은 아니다.

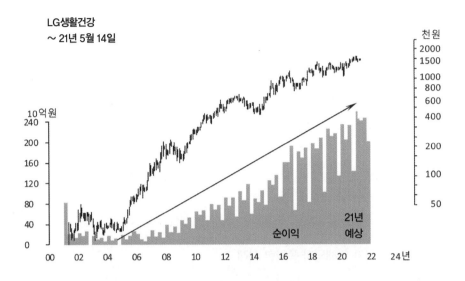

LG생활건강
～ 21년 5월 14일

티씨케이
～ 2021년
5월 14일

- 아래, 옆 종목들은 그간 이익의 지속적 증가에 힘입어 추세적 상승을 이어왔다.
- 종목 발굴은 애널리스트의 역할이다.

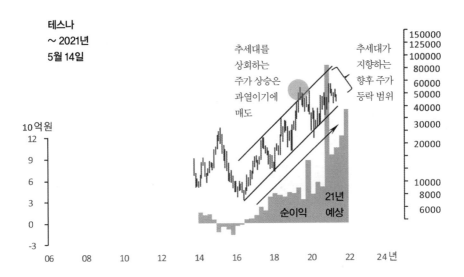

■ 꾸준한 이익 증가에 힘입어 장기간 상승한 동국제약

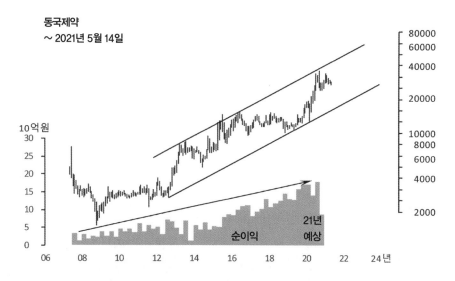

동국제약
~ 2021년 5월 14일

10억 원

순이익

21년
예상

■ 장기간 추세적으로 상승한 더존비즈온

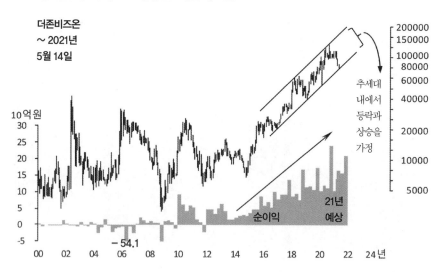

더존비즈온
~ 2021년
5월 14일

10억 원

추세대
내에서
등락과
상승을
가정

순이익

21년
예상

− 54.1

■ 추세대 폭이 크지만(큰 주가 기복) 꾸준히 상승한 덕산네오룩스

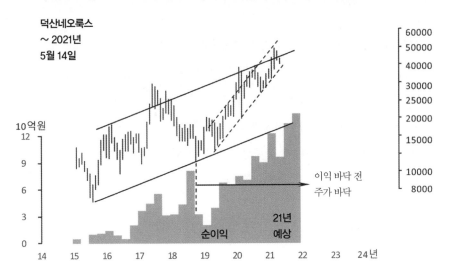

덕산네오룩스
~ 2021년
5월 14일

10억 원

이익 바닥 전
주가 바닥

순이익

21년
예상

■ 장기간 주가 상승 과정에서도 이익이 정체할 때는 주가 하락

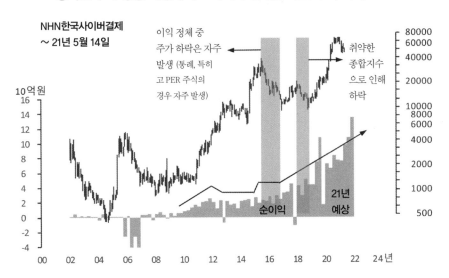

NHN한국사이버결제
~ 21년 5월 14일

이익 정체 중
주가 하락은 자주
발생 (통례, 특히
고 PER 주식의
경우 자주 발생)

취약한
종합지수
으로 인해
하락

10억 원

순이익

21년
예상

3. 최고의 주식은 흑자 전환 종목(이익 증가 정도에 따라 주가 상승)

기간 대비 주가 상승률은 흑자 전환 업체가 가장 높아

국가 대항 운동시합에서 역전승은 관중을 열광과 숨 가쁜 흥분에 빠뜨린다. 특히 시합 종료 직전의 역전승은 더욱 그러한데, 주가에도 그런 순간이 있다. 적자에서 흑자로 전환한 업체의 주가가 이에 해당된다. 특히 오랫동안 **적자에서 벗어나지 못했던 업체의 흑자 전환에 투자자들은 매료된다.** 이 때문에 통상 적자에서 흑자로 전환 종목은 짧은 기간 동안 엄청 **상승하곤 했다.**

실로 적자 종목 중 향후 흑자 전환될 종목을 선별할 수 있다면, 특히 적자 종목 중 구조적 흑자 기반을 갖춘 업체를 골라 낼 수 있다면, 이보다 더 좋은 투자 대상은 없다. 대안으로 생각해 볼 수 있는 것이 벌처펀드(Vulture Fund)다. **흑자 전환 가능성이 높은 종목을 대상으로 포트폴리오를 구성**하는 것이다.

첫 그림은 이익 기준 다섯 그룹의 반기 실적 발표 3개월 전후의 주가 행태로 1985~2000년까지 16년간 평균이다. 이들의 **주가상승률 순위는 1) 흑자 전환, 2) 이익 증가율 상위, 3) 이익 증가율 하위, 4) 적자 지속, 5) 적자 전환** 종목군이었다. 흑자 전환을 했어도 향후 이익의 안정성을 담보할 수 없지만 주가는 이처럼 흑자 전환을 반긴다.

이를 주식시장에서는 긍정적 모멘텀(momentum)이라 한다. 이런 점이 주가의 속성인데, **상기 사례는 이익 증가 정도에 따라 주가 상승 정도가 정해짐을 예시한다. 때문에 이익 증가 정도를 중시해야 한다.**

둘째 그림 HMM은 흑자 전환 종목 주가의 단적 사례이다. 2020년 3월 2120원이었던 HMM이 2021년 1월에 1만7000원까지 무려 701%나 상승했다. 엄청난 주가 상승은 해당 종목과 관련된 그럴듯한 테마도

■ 가장 높은 수익을 올린 쪽이 흑자 전환 종목

• 이익 증가 정도에 따라 주가 상승 정도가 결정된다.

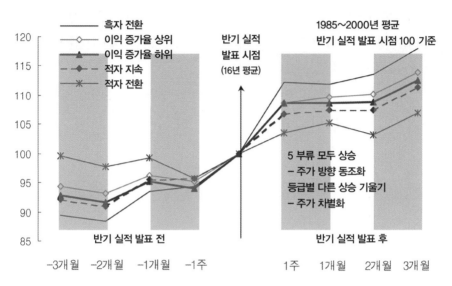

자료) 대우경제연구소, 박중현

■ 2020년 흑자 전환 과정에서 바닥 대비 701% 상승한 HMM

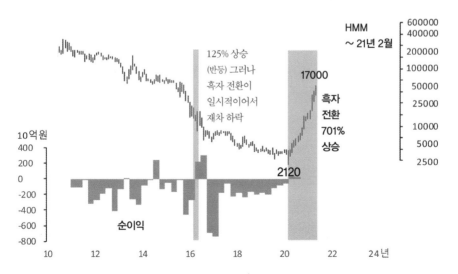

있었지만, 2020년 2, 3분기의 연이은 흑자가 가장 큰 이유인 듯하다. HMM은 2016년에도 일시적 흑자 전환 시절에 125%나 상승한 바 있다. 물론 흑자 전환 관련 HMM의 주가 상승 정도는 이례적으로 매우 높다. 그렇지만 여타 흑자 전환 종목도 정도 차이는 있지만 큰 성과를 냈다. 우측의 두 종목이 그 사례다.

주목된 사안은 **일시 적자 이후의 흑자 전환 경우엔 주가 상승 정도가 적었고, 적자 기간이 길수록 흑자 전환 시 높은 수익을 낸 점이다.** 세 그림에서도 적자 기간이 길수록 흑자 전환 시 성과가 큰 편인데, 적자 기간이 길수록 주가 하락폭도 컸기 때문인 듯하다. 또 다른 주목 사안은 이들의 주가 바닥도 대체로 적자 최대 전후였던 점이다. 즉 주가가 이익 방향성을 중시한 것이다.

정리하면 적자 종목의 흑자 전환은 주가를 매우 큰 폭으로 상승시킨다. **2021년 현재도 적자 종목이 적지 않은데, 이들 중에는 흑자 전환 가능 종목**도 있을 것이다. 잘 살펴봤으면 한다.

한편 앞 페이지 첫 그림에서 주목되는 점은 **다섯 부류의 주가 진행 방향이 동일한 점, 즉 상승할 때 같이 상승하고 하락할 때 같이 하락한 점이다.** 부연하면 흑자 전환 종목군뿐만 아니라 적자 전환 종목군도 다 같이 상승했다. 다만 각 등급별 주가 상승 정도에서 차이가 있는데, 흑자 전환 종목군의 상승 기울기가 더 가팔랐을 뿐이다.

이는 **각 종목이 시장 전반**(종합주가지수)**의 추이로부터 큰 영향을 받음을 시사**한다. 즉 앞 페이지 첫 그림은 주가가 동조화(주가의 진행 방향이 동일)하면서 등락 진폭의 차별화(등급별 주가 진폭의 다른 크기) 과정을 보여준다(2장-5 참조).

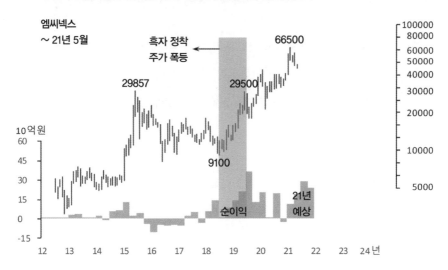

■ 2018년 흑자 정착, 이에 힘입어 폭등한 엠씨넥스

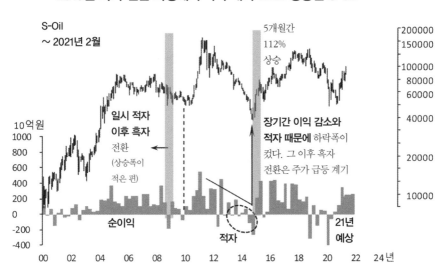

■ 2015년 흑자 전환 과정에서 바닥 대비 112% 상승한 S-Oil

4. 주가 급등 종목은 급등 이후 어떻게 되었나?

종합주가지수 상승, 해당 종목의 이익 증가, 테마 부각이 급등 조건

주가가 급등하면 상식선에서 이해되지 않는 수준까지 상승한다. 주가의 속성이기에 그러려니 할 수밖에 없는데, 개별 종목 급등 당시 상황은 다음과 같다.

첫째, 종합주가지수가 상승했다. 개별 종목은 주식시장 상황에 종속되어 있기에 종합주가지수 상승 없이 개별 종목 급등은 극히 어렵다. 즉 **종합주가지수의 상승**(상장사 전체 이익의 증가 기간) **여부는 개별 종목 급등의 가장 중요한 전제 조건**이다.

둘째, 해당 종목의 이익이 증가했다. 이익이 증가하면 관심이 쏠리기 마련이고, 관련 테마도 만들어진다. 다음 페이지 사례 종목들의 주가 급등 기간 중 이익은 셀트리온을 제외하고 증가했다.

셋째, 해당 종목의 이익이 덜하면 스토리, 즉 테마라도 있어야 한다. 첫 그림의 셀트리온이 이 경우에 해당된다. 셀트리온 주가는 2018년 3월 초(A)까지 상승했는데, 당시 셀트리온의 이익은 여의치 않았다. 이익의 둔화에도 불구하고 셀트리온의 상승은 당시 주식시장 전반의 활기와 바이오 테마에 힘입은 것 같다.

당시 종합주가지수는 상장사 전체 이익 정점이 2018년 2분기인데 따라 2018년 1월 말까지 상승했는데, 이 과정 중 바이오 테마가 엄청 거셌다. 그러자 셀트리온도 급등했다. 이처럼 이익이 덜하면 테마라도 있어야 주가가 상승할 수 있다. 그러나 주가가 이익 대비 너무 높았기에 셀트리온은 그 이후 최고 대비 64%나 떨어졌다.

한편 주가 급등 당시 상승 행태는 쐐기모형, 상승 추세대 등에 의거하거나 수직 상승했다. 그러나 **주가가 상승 모형이나 상승 추세선을 벗**

어나면 이익이 증가해도 그간의 추세 상승이 종료되었다. 이는 통례이다(6장-16 참조). **그러나 이익 증가가 장기간 꾸준하면 2차, 3차 추세 상승을 했다.** 그 과정에서 장기 상승 추세대가 만들어졌다. 메리츠증권의 2012~15년이 그 사례다.

급등 이후 통상 박스권 형성, 그 이후 이익 증감에 따라 주가 등락

초점은 급등 이후인데, 각 그림의 음영(동그라미) 이후가 주가 급등 이후 상황이다. **사례에서 주가는 급등 이후 상당 기간 일정 범위에서 등락했다**(대부분이 이런 형태다). 그 과정에서 주가는 박스권 돌파 2~3 단계(6장-13 참조) 행태를 취했다.

이런 주가행태는 향후 여건을 검토하는 과정이다. 이 **관망 기간 중 향후 상황이 긍정적으로 여겨지면 주가는 재차 상승했다. 반면 이익이 여의치 않다고 판단되면 가파르게 하락**했는데, 이때의 하락 속도는 매우 빨랐다. 현대차의 2002년, LG화학의 2007년, 셀트리온의 2018년이 그 사례이다(다음 페이지 각 차트 참조).

해당 종목의 **이익이 계속 증가해도 종합주가지수가 여의치 않으면 주가 상승이 제약**되었다. 2011년 이후 현대차 주가가 그 사례. 현대차 이익이 2011년 이후에도 1년 넘게 늘었지만, 상승에서 가장 중요한 조건인 종합주가지수가 여의치 않은 데 따라 답보했다.

정리하면 **개별 종목 주가가 급등하면, 급등에 따른 부담으로 일단 휴식 기간을 갖는다. 이때 주가행태는 그간의 상승 모형**(상승 추세대나 쐐기모형)**에서 벗어나서 박스권 형태를 취한다. 박스권 이후 행태는 급등과 가파른 하락 두 경우로 나누어지는데, 상승과 하락은 해당 기업의 이익 또는 종합주가지수**(상장사 전체 이익)**가 좌우했다.** 이익의 지속적 증가 여부가 주가 방향을 결정한 것이다.

■ 급등 이후 여의치 않은 이익으로 인해 하락한 2018년의 셀트리온

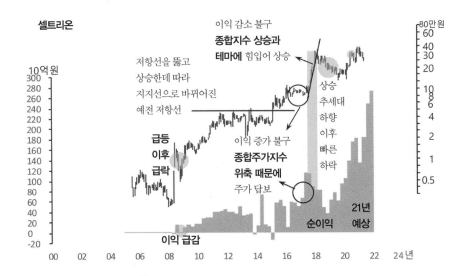

■ 이익 증감 여부가 급등 이후의 주가 등락을 결정

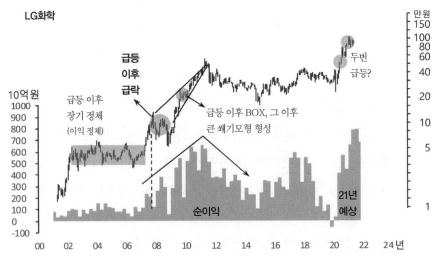

■ 연이은 이익 급증, 그러나 완급을 조절하며 상승했던 메리츠증권

- 각 쐐기모형을 이탈하면 이익 증가에도 불구하고 주가 상승이 멈췄다.

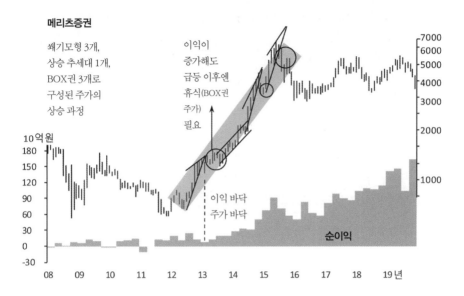

메리츠증권

쐐기모형 3개,
상승 추세대 1개,
BOX권 3개로
구성된 주가의
상승 과정

이익이
증가해도
급등 이후엔
휴식(BOX권
주가)
필요

이익 바닥
주가 바닥

순이익

■ 급등 이후 주가 등락은 당시 이익 증감과 종합주가지수가 결정

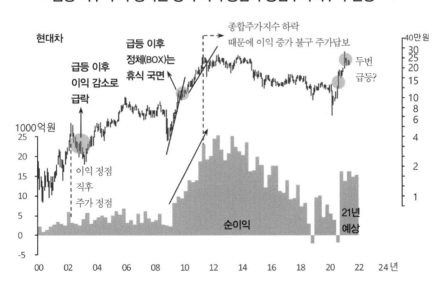

현대차

급등 이후
이익 감소로
급락

급등 이후
정체(BOX)는
휴식 국면

종합주가지수 하락
때문에 이익 증가 불구 주가답보

두번
급등?

이익 정점
직후
주가 정점

순이익

21년
예상

5. 이익 증가 불구, 이익 증가율이 둔화되면 주가 상승도 둔화

주가는 기업 이익 추이에 따라 등락한다. 그러나 **이익이 추세적으로 늘어도 이익 증가율이 둔화되면 주가 상승률도 둔화**된다. 사례를 통해 살펴본다.

그림의 LG생활건강은 2000년대 초반부터 추세적으로 이익을 늘려왔다. 이에 따라 주가도 첫 그림에서 보듯 세 차례의 상승 추세대를 만들면서 꾸준히 상승했다.

그러나 두 번째 상승 추세대의 상승 기울기(상승 속도)는 첫 번째보다, 세 번째 상승 추세대의 상승 기울기는 두 번째보다 덜하다. 또 둘째 그림에서 보듯 LG생활건강은 두 개의 쐐기모형(5장-14 참조)으로 작도(作圖)될 수도 있다. 이러면 센티멘탈(sentimental)이 약간 불편해진다.

그렇다고 LG생활건강이 2021년 5월 현재 큰 부담을 받고 있지는 않다. 두 그림 모두에서 LG생활건강의 주가모형은 상승을 유지하기 때문이다. 특히 첫 그림에서 2021년 5월 주가는 3차 상승 추세대 내에서 박스권 돌파의 두 번째와 세 번째 과정을 만들고 있다(6장-13 참조). 단기로는 매력적인 상황이라 하겠다.

하지만 박스권을 돌파해도 2021년 5월 현재의 주가 위치와 위 추세선(저항선) 간 간격이 좁다. **간격이 좁으면 주가 상승 여력이 제약되는데, 상승 여력의 제약 가능성은 이익 증가율의 추세적 둔화**에서 엿보인다(두 번째 그림 참조). 특히 이익 증가 크기가 주가 등락 정도에 상당한 영향을 끼쳤던 점(6장-3 참조)을 감안하면, **추세적 이익 증가율 둔화는 부담스럽다.** 물론 향후 이익이 예상보다 크고 지속적으로 늘어나면 주가형태가 바뀌겠지만, 추세적으로 이익 증가율 둔화 부류는 유의해야 한다.

■ 3단계 걸쳐 상승한 주가, 그 과정에서 둔화된 상승 기울기

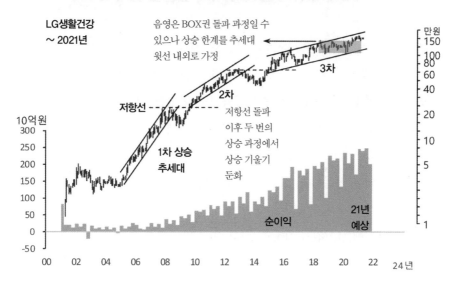

LG생활건강
~ 2021년

음영은 BOX권 돌파 과정일 수
있으나 상승 한계를 추세대
윗선 내외로 가정

■ 이익 증가율 둔화로 인해 두 개의 쐐기모형이 형성된 듯

• 쐐기모형은 통상 이익 증가의 둔화 과정에서 형성된다.

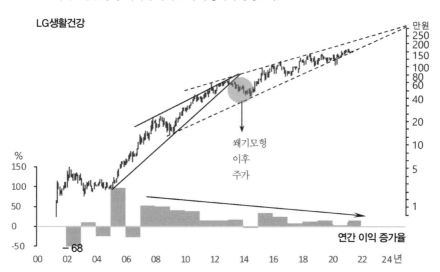

LG생활건강

6. 해외 유사 종목 주가와 연동된 종목

해외 주가와 밀접하게 동반 등락하는 종목도 적지 않아

해외 주가, 특히 미국 주가를 잘 살펴야 하는 종목들이 있다. **미국의 특정 종목이나 업종지수와 우리의 특정 종목 주가와의 높은 연동성** 때문이다.

　예컨대 삼성전자와 미국의 필라델피아 반도체지수 간에는 연동성이 높다. 첫 그림에서 보듯 **삼성전자와 필라델피아 반도체지수는 비슷한 시점에서 바닥을 형성했다. 상승 과정에서 주가 추이도 비슷하다.** 다만 삼성전자의 상승 추세가 필라델피아 반도체지수보다 먼저 꺾였다. 또 다른 특징은 예전에 삼성전자 정점과 필라델피아 반도체 정점 간 시차가 컸지만(삼성전자가 필라델피아 반도체지수보다 먼저 하락) 시차가 점차 줄어드는 추세이다.

　LG화학도 둘째 그림에서 보듯이 테슬라와 연동성이 높다. 양자 간 연동은 비교적 오래되었지만 2019년부터 더 두드러졌다. 특히 2020년 주가 급등 과정에서 연동성이 크게 높아졌다. 주가모형까지도 비슷한 점도 흥미롭다.

　이처럼 미국의 특정 종목 또는 업종지수와 우리의 일부 종목 간 연동성이 상당하다. 때문에 해당 종목과 연동성 높은 미국의 해당 부문을 주시해야 한다. 증권사에 따라서는 우리의 특정 종목과 연동성 높은 해외 종목을 소개하는 곳도 있는 것 같다.

■ 필라델피아 반도체지수와 연동성 높은 삼성전자

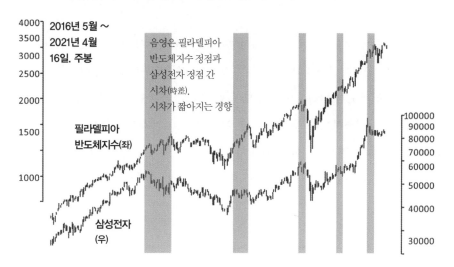

2016년 5월 ~
2021년 4월
16일. 주봉

음영은 필라델피아
반도체지수 정점과
삼성전자 정점 간
시차(時差).
시차가 짧아지는 경향

필라델피아
반도체지수(좌)

삼성전자
(우)

■ LG화학과 테슬라는 주가모형까지 유사

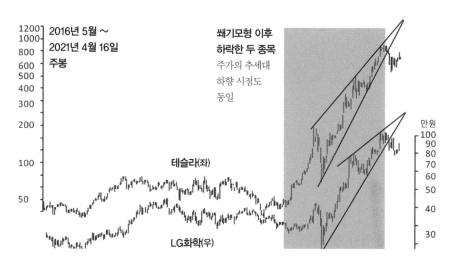

2016년 5월 ~
2021년 4월 16일
주봉

쐐기모형 이후
하락한 두 종목
주가의 추세대
하향 시점도
동일

테슬라(좌)

LG화학(우)

만원

7. 성과 차이가 큰 주도주와 주변 주식

태풍의 핵은 고요하고 쭉 뻗는다. 반면 태풍 주변은 계속 흔들리고 요란하다. 주식도 마찬가지다. **주식은 주도주와 비주도주로 나뉘는데, 주도주는 수익성도 상당하고 안전성도 높다. 반면, 비주도주는 변죽을 올리지만 성과가 생각보다 상당히 낮다. 특히 장세가 위축되면 통상 주변 주식들이 먼저 하락**한다. 이 때문에 가격이 높아도 주도주가 중시된다.

첫 그림은 1999년 주가가 폭발적으로 상승할 때 당시 기관투자자들이 중시했던 빅(Big) 5다. 기관투자자의 선호 때문에 업종이 달랐지만 당시 다섯 종목은 유사 부류로 여겨졌다. 그러나 다섯 종목 간에도 성과 차이는 상당했다. 첫 그림에서 보듯 종목 A, B, C의 수익성과 상승 기간은 D, E보다 월등했고, 길었다.

특히 **종목 A, B의 경우 상승 기간이 길었기에 여타 종목의 상승 이탈**(주식시장의 약화 과정)**을 지켜볼 수 있었다. 즉 종목 A, B는 위험을 사전에 감지**할 수 있었다. **위험회피 기회가 있었던 것이다.**

둘째 그림은 2020년 3월~2021년 2월 중 주요 대형주의 주가 추이를 보여준다. 2020년 상반기까지 다소 차이는 있지만 다섯 종목의 주가 추이가 비슷했다. 그러나 2020년 4분기부터 종목 간 주가 등락폭 차이가 커졌다. 이 과정에서 종목 A의 독주가 확연해졌다. B, C도 기복은 있지만 상승을 이어갔다. 반면 D, E는 제자리에 머물렀다. 주도주와 비주도주 간 괴리가 발생한 것이다.

이처럼 **유사 부류라도 차별된다. 또 주도주는 하락해도 반등 기회를 갖는다.** 상황이 호전되어 재차 상승할 때도 주도주부터 상승한다. 이래서 주가가 높아도 주도주를 택하는 것이다.

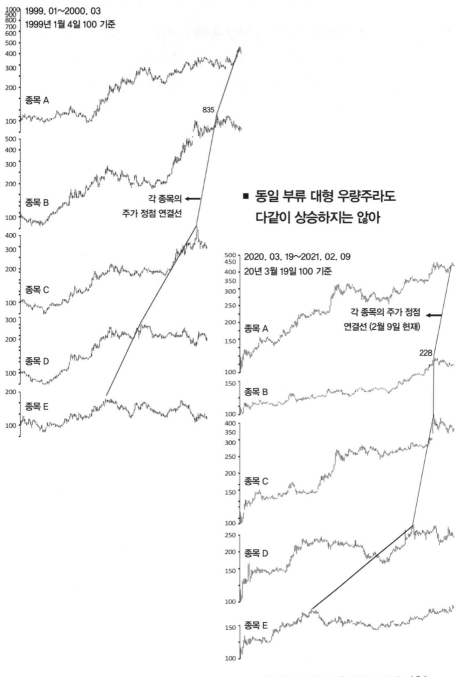

■ 동일 부류일지라도 더 강한 종목은 늦게까지 상승 (1999년 사례)

1999. 01~2000. 03
1999년 1월 4일 100 기준

종목 A

835

종목 B

각 종목의
주가 정점 연결선

종목 C

종목 D

종목 E

■ 동일 부류 대형 우량주라도
다같이 상승하지는 않아

2020. 03. 19~2021. 02. 09
20년 3월 19일 100 기준

종목 A

각 종목의 주가 정점
연결선 (2월 9일 현재)

228

종목 B

종목 C

종목 D

종목 E

8. 즐거움이 많지만 위험도 큰 테마 주식

가. 테마 주식에 투자는 테마의 핵심 종목에 국한

각 테마(Theme)는 늘 주시되고 있다. 때문에 해당 테마가 부각되면 순식간에 해당 종목 주가가 엄청 달아오른다. 이렇게 되면 이 종목, 저 종목도 해당 테마와 관련 주식이라 하며 들썩인다. 부연하면 **특정 테마가 부각되면 '덩달아' 주식이 많아지게 된다.**

초점은 **테마주 간 큰 수익률 격차**다. 첫 그림은 자율주행차와 관련된 종목들의 특정 기간 중 수익률이다. 종목 A∼D 종목의 수익률과 종목 F∼N 간 수익률 격차가 매우 컸다. 테마주 간 수익률 격차는 둘째 그림이 더 심하다. 둘째 그림은 줄기세포 관련 테마주의 수익률인데, 종목 A는 불과 넉 달 안쪽에 500% 넘게 상승했다. 반면 종목 N의 수익률은 50%에 그쳤다

이처럼 테마주 간 수익률 격차는 큰데, 두 그림 모두에서 상위 4∼5개 종목과 그 이하 종목 간 수익률 격차는 매우 컸다. 물론 수익률 하위 테마주의 성과도 종합주가지수보다 월등했지만, 수익률 격차를 감안하면 **테마주 선택은 주도주 중심**으로 해야 하겠다.

주도주 성격의 테마주에 관심을 갖는 또 다른 이유는 주도주가 덩달아 주식보다 상대적으로 위험이 덜하기 때문이다. 테마주의 경우 대중의 관심이 줄면 다음 페이지 사례에서 보듯 폭락(가치 대비 주가가 워낙 높아서)하기 마련인데, 폭락해도 반등은 한다. 또 시간이 경과하면 재차 상승하기도 한다. 약간의 기회가 있는 셈이다. 그런데 이때 반등 또는 재상승을 주도하는 쪽도 해당 테마의 주도주이다. 때문에 테마주에 투자도 주도주 중심으로 해야 한다.

■ 격차가 컸던 자율자동차 관련 주식의 수익률

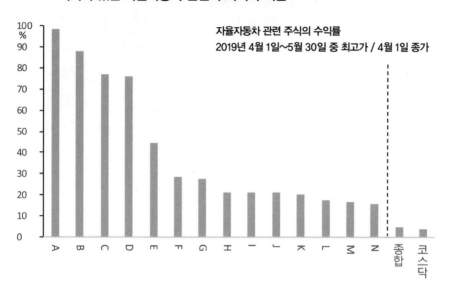

자율자동차 관련 주식의 수익률
2019년 4월 1일~5월 30일 중 최고가 / 4월 1일 종가

■ 격차가 매우 컸던 줄기세포 관련 주식의 수익률

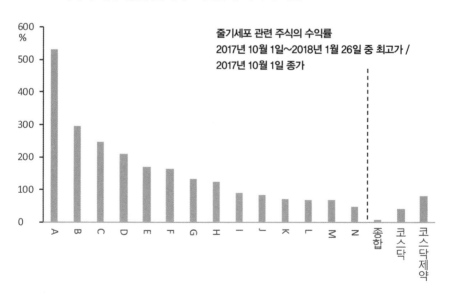

줄기세포 관련 주식의 수익률
2017년 10월 1일~2018년 1월 26일 중 최고가 /
2017년 10월 1일 종가

나. 테마에 대한 관심이 줄면 급락하는 테마 주식

테마의 유혹은 엄청나다. 그간 테마 주식의 순간적 수익률이 워낙 컸고, 누군가가 분명 내 뒤를 이어 더 높은 가격으로 해당 주식을 매입해 줄 것이란 기대 때문이다. 그러나 **테마주의 종말은 매우 허망**하다. 실은 **허망이 아니라 참담하기 짝이 없다.**

우측 첫 그림의 종목 B는 주기적으로 강한 투기성을 보였다. 특히 2016년에는 대선(大選) 관련 주식으로 거론되면서 직전 바닥 대비 무려 1125%(수정주가 기준)나 폭등했다. 그러나 종목 B도 다음 페이지 첫 그림의 종목 N과 비교하면 별 것 아니다. 바이오(Bio) 관련 주식인 종목 N은 2018년 3월에 2011년 5월 바닥 대비 215배(수정주가 기준), 2013년 3월 대비로는 196배나 올랐다.

이런 부류의 매수 시점 파악은 기술적 분석으로도 어렵다. 순식간에 상승하기 때문이다. 다만 **추세 분석으로 해당 주가의 과열 여부는 파악할 수 있다.** 둘째 그림은 종목 B의 2016년 일봉 차트인데, **지나친 과열이 추세대 윗선 상향 이탈로 표현**되었다.

타오르던 산불이 꺼지면 잿더미만 남는데, **투자가 아닌 술래잡기 놀이로 변질된 테마주의 최종은 꺼진 산불과 같다.** 상당수 테마주의 PER이 엄청 높기 때문이다. 즉 **이익 대비 주가가 엄청 높기에 이익 증가에 대한 의구심이 생기면 곧바로 폭락**한다. 실로 테마성 고 PER주의 상승은 향후 이익이 빠르게 증가하고, 이익 증가도 상당 기간 지속될 것이란 기대(상당수의 경우 엉터리 기대)에 의한 것이다. 이 기대가 와해되면 폭락하기 마련이다.

과열이 종식된 이후의 상황은 참으로 매우 어둡다. 첫 그림 종목 B의 경우 폭등 이후 77~93%나 하락했다. 다음 페이지 첫 그림의 종목 N도 93~95% 하락했다. 잿더미만 남은 것이다.

■ 엄청난 급등 이후 예외 없는 테마주의 폭락은 이익 부진 때문

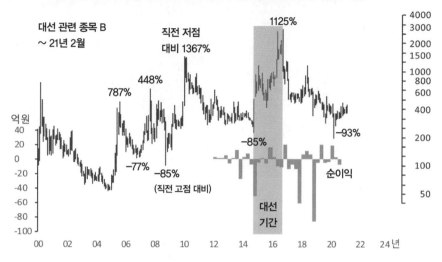

주) 테마주 주가는 해당 종목의 주가(수정주가) 대신 지수(指數)화 했다.
이하의 종목도 동일하다. 수익률은 직전 저점과 직전 고점 대비이다.

■ 대선(大選) 관련 종목의 급등과 그 이후 폭락 사례

• 대선 8개월 전에 고점 형성, 실질적 주가 정점은 대선 11개월 전
• 정점 이후 선거 전일까지 79% 하락(권리락 탓도 있음)

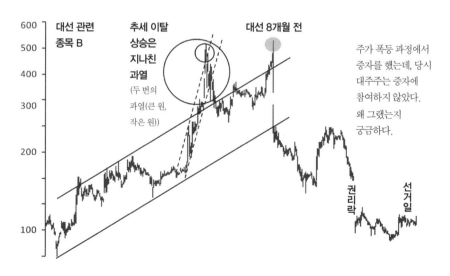

■ 폭등 이후 잿더미는 이익이 여의치 않았기 때문

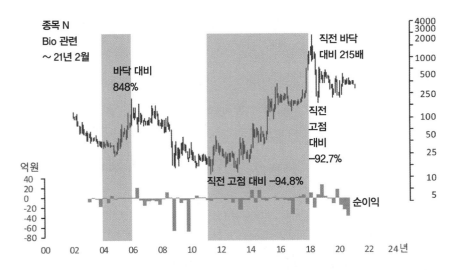

이 같은 **주가 폭락은 두 종목 모두 이익이 여의치 않았기 때문이다.** 주가가 폭등한 2016년 B사의 실적은 적자를 겨우 면한 정도였고, 2017년 적자는 회사 규모 대비 매우 컸다. N사도 2002년 이래 몇 분기만, 그것도 아주 작은 흑자를 냈을 뿐이다. 2020년에도 두 회사의 이익은 여전히 부진하다.

실로 내용의 실체가 없었던 종목 N의 최종은 참담했다. 2018년에 폭락했던 코스닥 제약업종이 2020년 3~12월 중 폭등했지만 종목 N은 동 기간 중 내내 하락·정체했기 때문이다.

테마주 매입 관련 가장 큰 동인은 **내 다음 누군가가 이 주식을 높은 가격으로 매입할 것이란 기대 때문이다. 그러나 그 기대 때문에 '본인이 당할 수 있다'**라는 생각도 가져야 한다. 달콤한 유혹의 이면(裏面)에는 엄청난 위험이 있음을 인지해야 한다.

■ 테마에 힘입어 1611%나 상승한 바 있지만 거래 정지된 종목 S

■ 테마에 편승해서 급등했다가 부진한 이익 때문에 급락한 종목 A

• 2020년에 적자 불구 급등했지만, 결국 폭락한 종목 A

9. 추세적 하락 중에도 종종 급반등하는 주가

가. 하락폭이 크면 크게 반등, 그러나 여전히 위험 내재

주가는 이익 감소로 인한 추세적 하락 중에도 종종 크게 상승한다. 그러나 이는 상승이 아닌 반등인데, 주가 반등 이유는 단지 그간 큰 폭의 하락 때문이다. 예전의 높은 주가에 대한 잔상(殘像)이 일시적으로 주가를 끌어올리는 것이다. 사례를 찾아본다.

첫 그림은 종합주가지수의 1994년 1월~1998년 12월 상황인데, 이 기간 중 네 차례에 걸쳐 종합주가지수가 적게는 18.4%, 많게는 74.9%나 상승했다. 각각의 상승 기간이 불과 3~6개월인 점을 감안하면 수익률은 엄청 높다고 하겠다.

짧은 기간 동안 주가 급등은 코스닥 제약업에서도 발생했다. 코스닥 제약업지수는 2018년 1월~2019년 8월 중 두 차례 걸쳐 큰 폭으로 상승했다. 첫 번째는 2개월 만에 25% 상승했고, 두 번째는 5개월간 34%나 상승했다.

그러나 **여섯 사례의 상승은 낙폭이 큰 데 따른 단순 반등에 불과했다.** 여러 차례에 걸친 상당한 반등에도 불구하고 주가의 큰 추세는 기간 중 이익 감소로 인해 하락을 이어갔기 때문인데, 주가는 통상 이익 바닥 내외 시점까지 하락하곤 한다(5장-1 참조). 그래서 당시 반등을 겨냥한 매수는 대체로 큰 손실을 입었다.

때문에 **단지 주가 낙폭이 크다 해서 주식 매수에 나설 것은 아니라 여겨진다.** 그러나 예전의 높은 가격 대비 주가가 크게 낮아지면 주식 매입을 외면하기 어렵다. 여하튼 상당한 반등이 발생하기 때문인데, 이런 경우라도 다음 페이지 사안을 참작했으면 한다.

■ 종합주가지수의 폭락 과정에서 네 차례나 급반등 발생

- 이익 바닥 시점까지 급반등과 재차 급락을 반복하면서 하락

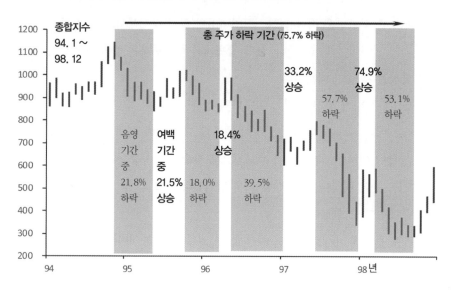

■ 코스닥 제약업의 57% 하락 중 두 차례에 걸쳐 급반등 발생

- 이익이 부진한 상황에서 상승은 단순 반등에 불과, 결국 원위치

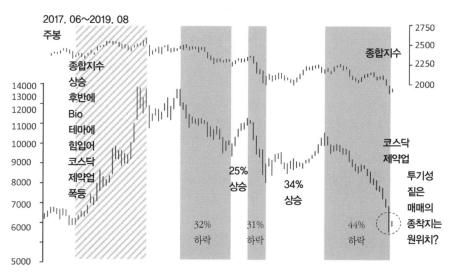

나. 주가의 과다한 하락 추세대 하회는 매력적 매수 기회

주식시장이 어려웠던 시기에 '하락 장세에서 투자 전략'이란 제목의 외부 원고를 의뢰받은 적이 있다. 글 첫머리에 하락 장세에서는 '주식투자를 하지 말아야 한다'라 했다. **하락 장세에서 주식투자는 떨어지는 칼날을 붙잡는 것** 같기 때문이다.

그러나 주가가 상당히 떨어지면 다시 상승(적어도 반등)할 것 같기에 매입하고 싶다. 실제로 앞서 보았듯이 **주가가 고점 대비 크게 떨어지면 제반 상황이 여하튼, 즉 이익이 추세적으로 감소해도 상승**(실제는 반등)**한다. 문제는 '주식 매입에 나설 만큼 크게 떨어졌다'라고 할 수 있는 주가 낙폭에 대한 기준 설정이다.**

이와 관련 추세선(추세대)이 활용될 수 있다. **주가는 하락 과정에서도 일정한 속도로 하락하고 일정 등락폭을 유지하는데, 주가의 하락 추세대 아랫선과 접점 형성 또는 하락 추세대 아랫선 하회 경우가 종종 발생한다. 이는 주가가 하락할 수밖에 없는 상황이라 해도 지나친 하락**이다. 특히 주가의 아래 추세선 하회(이익 감소 속도보다 더 심한 주가 하락)는 격한 주가 하락인데, 그런 경우 주가는 통상 하락 추세대 안쪽으로 반등한다. 때문에 **주가가 하락 추세대 아랫선에 근접하면 순차적 분할 매수**를 시도해 봄직하다. **이때는 CCI 등 단기 보조 지표**(둘째 그림)**를 함께 활용했으면 한다.**

반등의 최고 수준은 하락 추세대 윗선(저항선) **내외로 한다.** 주가가 상승 (사실은 반등)해도 하락 추세대 윗선을 넘지 않는다는 가정이다. 특히 **이익 바닥이 당시 시점에서 멀면 반등 목표치를 짧게** 잡아야 한다. 단지 반등이지 추세적 상승이 아니기 때문이다. 여하튼 추세적 하락 과정 중에서도 다소의 기회가 있는 셈이다.

■ 하락할 수밖에 없는 상황이라도 하락 추세대 하향은 과도한 하락

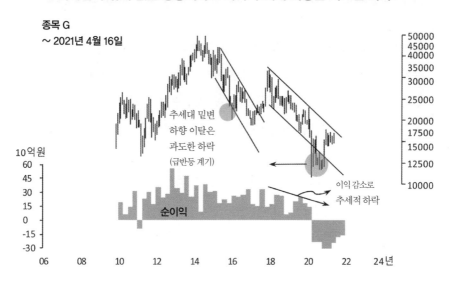

종목 G
~ 2021년 4월 16일

추세대 밑변
하향 이탈은
과도한 하락
(급반등 계기)

순이익

이익 감소로
추세적 하락

■ 추세대에 CCI 등 보조 지표를 병행하면 주가 저점 파악이 용이

• 주가가 대체로 CCI 저점 또는 그 직후에 바닥 형성, 당시 주가는 단기 하락 추세대 아랫
선을 하회(과다 하락)한 상태

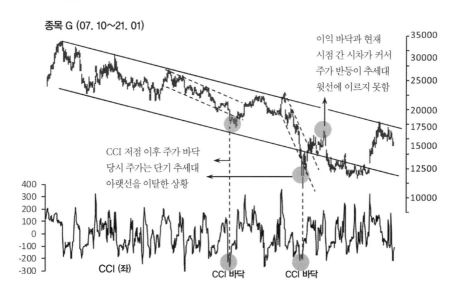

종목 G (07. 10~21. 01)

이익 바닥과 현재
시점 간 시차가 커서
주가 반등이 추세대
윗선에 이르지 못함

CCI 저점 이후 주가 바닥
당시 주가는 단기 추세대
아랫선을 이탈한 상황

CCI (좌)

CCI 바닥

CCI 바닥

10. 하락 진정·상승으로 이어지는 주가의 하락 추세대 상향 이탈

이익이 부진해도 하락 추세대를 상향하면 안정(BOX권)되는 주가

주가가 하락 추세대를 상향 이탈하면 이익이 부진해도 주가 하락이 진정된다. 이 경우는 대체로 **종합주가지수의 상승으로 인해 해당 종목의 주가 바닥이 해당 종목의 이익 바닥보다 일찍 형성되었기 때문이다.** 부연하면 종합주가지수가 상승하면 대다수 종목이 동반 상승한다(6장-3 참조). 그 덕에 이익 부진 종목도 안정되는 것이다.

그러나 추세적 상승은 어렵다. 매도측이 큰 손실로 인해 비록 주식 처분에 소극적이지만, 매수측이 이익 부진을 우려해서 적극 나서지 않기 때문이다. 그 결과 **매도·매수가 관망하는 박스권**(하락 진정)**이 형성된다. 양쪽 모두 매매를 서두르지 않기에 이런 박스권 모형은 통상 이익 바닥 시점 내외까지 지속된다.** 하지만 부진한 실적에도 불구하고 주가가 하락 추세에서 벗어났기에 주가 하락은 진정된 셈이다.

그림은 LG디스플레이의 경우다. 빗금의 박스권 기간 중반에 1년가량 하락 추세대가 형성되었는데, 주가는 시점 A(2015년 8월)에서 바닥을 쳤다. 그 이후 시점 B(2015년 10월)에서 주가가 하락 추세대를 상향 이탈했다.

LG디스플레이의 이익 바닥이 2016년 2분기인 점을 감안하면 주가 바닥이 일찍 형성된 셈인데, LG디스플레이의 빠른 주가 바닥 형성은 종합주가지수가 2015년 8월에 바닥을 형성했기 때문인 듯하다. 이처럼 모든 종목의 주가는 종합주가지수로부터 큰 영향을 받는다. 이 때문에 종합주가지수 추이를 중시하는 것이다.

LG디스플레이는 하락 추세대를 벗어난 이후에 박스권(그림의 B)을 형성했다. LG디스플레이의 이익 바닥(2016년 2분기) 시점과 LG디스플레이의 추세 하락 이탈 시점(2015년 10월) 간 시차가 상당했기 때문이다. 요컨

■ 이익이 부진했지만 하락 추세대를 벗어난 이후 주가는 답보

대 하락 이탈에 따른 기대(주식 보유측)와 실적에 대한 의구심(매수측)이 평행선을 그은 것이다. 그러나 여하튼 LG디스플레이는 부진한 실적 불구 추세적 하락에서 벗어났다. 실제로 LG디스플레이의 2015년 8월 저점은 2만500원이었고, 2016년 2월 저점은 2만800원(2016년 최저, 쌍바닥)이었다. 2016년 2월은 이익 바닥 1개월 전인데, 주가가 하락 추세에서 이탈을 계기로 이익 바닥 직전(주가 상승 시작이 가능해지는 시점)까지 6개월간 하락하지 않고 버틴 것이다.

정리하면 **주가가 하락 추세대를 상향 이탈하면, 특히 당시 종합주가지수 상황이 원만하면 해당 종목의 이익이 감소해도 해당 종목의 주가 안정을 기대할 수 있다. 다만 해당 종목의 이익 바닥 직전까지 추세적 상승을 이루기 어렵다는 제약은 있다.**

하락 추세대 이탈 이후 주가 상승(하락)은 이익 증가(감소) 때문

주가가 하락 추세대를 이탈하면 앞서 보았듯이 주가 하락은 일단 진정된다. 그러나 **주가의 하락 추세대 이탈 이후 주가행태는 중기 측면에서 상승과 하락 두 경우로 나누어진다. 이는 하락 추세 이탈 이후의 이익의 증감 때문**이다. 이래서 주가가 하락 추세대를 상향 이탈해도 향후 이익 전망을 주시해야 한다. 사례를 살펴본다.

첫 그림은 포스코케미칼이 네 차례에 걸쳐 중기 하락 추세대를 벗어난 이후의 주가 추이인데, A~D는 주가가 그간의 하락에서 벗어난 시점이다. 주가가 하락 추세에서 벗어나자 A, C, D 경우는 상승했다. 그러나 B에서 주가는 일시 반등 이후 재차 하락했다. A, C, D의 경우 이익이 추세적으로 늘었지만 B 이후 이익은 줄었기 때문이다. 즉 B의 경우 주가는 이익 증가(시점 B1)에 따라 하락 추세대에서 벗어났지만 이익이 재차 감소했기에 하락했다. 그러나 **주가가 하락 추세대에서 이탈했기에 하락 정도는 예전보다 경미했다.**

하락 추세대를 상향 돌파한 이후의 주가 상승 과정도 흥미롭다. 주가는 **A, C, D에서 하락 추세대를 상향 돌파한 이후 정도 차이는 있지만 일시 반락했다. 그러나 곧 상승했는데,** A, C, D 이후의 일시적 반락은 **그간 주가 상승의 타당성 여부와 향후 이익 전망을 살피는 기간**이다. 이는 주가의 박스권 돌파(6장-13 참조) 과정과 같다.

상황 검토 기간 중 A, C, D는 향후 이익이 추세적으로 늘 것으로, B 경우는 향후 이익이 여의치 않을 것으로 보았던 것이다. 때문에 하락 추세대를 벗어나도 향후 이익에 대한 검토가 필요하다.

둘째 그림은 종합주가지수가 하락 추세대를 상향 이탈한 이후 상황이다. 이익이 늘면 주가가 상승했고 이익이 여의치 않으면 답보했다. 이처럼 이익이 주가 흐름을 좌우했다.

■ 하락 추세를 상향 이탈한 이후 상승(A, C, D)과 하락(B) 두 경우

• 주가 상승(하락)은 이익 증가(감소) 때문

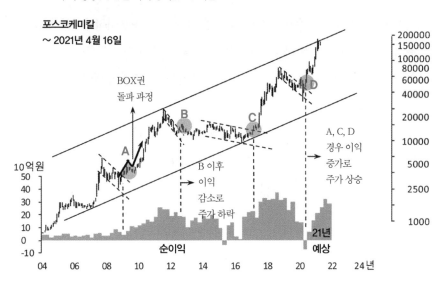

포스코케미칼
~ 2021년 4월 16일

BOX권
돌파 과정

B 이후
이익
감소로
주가 하락

A, C, D
경우 이익
증가로
주가 상승

순이익

21년
예상

■ 하락 추세를 벗어난 이후 앞 세 사례는 급등, 뒤 세 사례는 답보

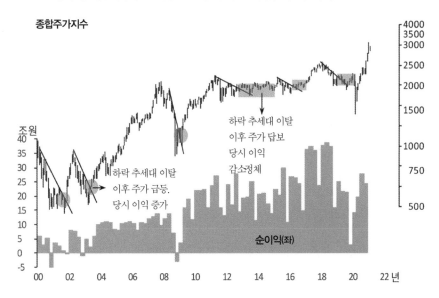

종합주가지수

하락 추세대 이탈
이후 주가 답보
당시 이익
감소정체

하락 추세대 이탈
이후 주가 급등.
당시 이익 증가

순이익(좌)

11. 이익 저점에서 하락 추세대를 하회한 종목은 적극 매수

이익 바닥 내외에서 주가가 하락 추세대 아래 추세선을 하향하거나 접한 경우는 지나친 주가 하락이다. 이때는 적극 대응해야 한다. 첫 그림은 2000년 이후 삼성전자의 장기 상승 추세대인데, 이 추세대 내에는 다섯 개의 중기 하락 추세대가 있다.

주목되는 점은 다섯 번 모두 하락 막바지에서 주가의 하락 추세대 아랫선 하향 이탈인데, 그 시점이 A(이익 바닥 경과 시점)를 제외하고는 이익 바닥 또는 이익 바닥 직전이었다. 그런데 당시(이익 바닥 시점에서 주가의 하락 추세대 아랫선 하향)가 주가 바닥이었다. 사실 여타 종목도 이런 상황에서는 주가 바닥을 만들었다.

예외도 발생한다. 예기치 않은 사안 때문인데, 그 경우가 첫 그림의 A 이다. 당시 미국의 신용등급 강등이 있었다. 이로 인한 바닥을 치고 상승하던 삼성전자가 세계적 주가 폭락으로 인해 하락했다. 그 결과 이익 바닥이 상당히 경과된 이후에 주가 바닥이 만들어졌다.

또 다른 예외는 종합주가지수 때문인데, 두 번째 그림의 A가 이 경우이다. 주가가 하락 추세대 아랫선을 하회하면서 바닥을 형성했지만 그 시점이 이익 바닥을 상당히 경과한 이후(시점 A)였다. 종합주가지수 바닥 시점이 A이었기 때문이다.

이처럼 종합주가지수 추이에 따라 해당 종목의 주가 바닥이 이익 바닥 시점과 상당한 시차를 두고 형성될 수도 있다. 그러나 통상 이익 바닥 이후 주가 하락 정도는 심하지 않다. 때문에 이익 바닥 전후부터 주식 매입은 고려해 봄직하다. 정리하면 주가가 이익 바닥 전후에서 하락 추세대 아래 추세선을 하향하거나 근접하면 주가 바닥으로 볼 수 있다. 이런 부류는 시차 분할 매수로 접근했으면 한다.

■ 이익 저점에서 주가의 중기 하락 추세대 하회는 주가 바닥 징후

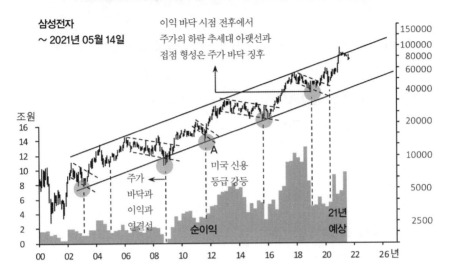

삼성전자
~ 2021년 05월 14일

이익 바닥 시점 전후에서
주가의 하락 추세대 아랫선과
접점 형성은 주가 바닥 징후

조 원

주가
바닥과
이익과
연결선

A

미국 신용
등급 강등

순이익

21년
예상

■ 종합주가지수 취약 때문에 이익 바닥 이후에 주가 바닥 형성

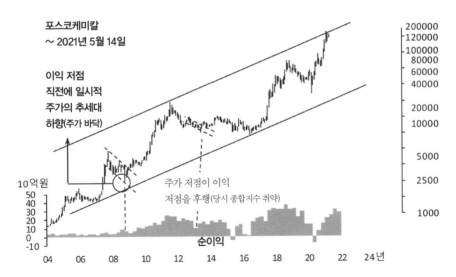

포스코케미칼
~ 2021년 5월 14일

이익 저점
직전에 일시적
주가의 추세대
하향(주가 바닥)

10억 원

주가 저점이 이익
저점을 후행(당시 종합지수 취약)

순이익

12. 이익 안정·증가 종목의 삼각모형은 상승 징후

이익이 늘지만 주가가 답보 내지 하락하는 종목도 적지 않다. 이 경우는 대체로 주식시장 전반의 추이가 여의치 않기 때문인데, 이 과정에서 **일정한 밑변을 지닌 삼각모형**(박스권의 변형)**이 발생하기도 한다. 이런 부류는 급등 가능성이 높기에 주시할 대상이다.**

네오팜의 이익은 연간 기준 2013년부터 2020년까지 꾸준히 늘었는데, 대체로 매년 1분기가 이익 정점이었다. 이어 2분기와 3분기 이익이 번갈아 높았다. 이러한 **이익의 계절성 때문에 네오팜의 이익과 주가 간 인과관계가 성립되지 않았다.**

네오팜 주가와 이익 사이의 적은 연계성은 대다수 종목의 주가가 주가지수 추이와 연동해서 등락하듯, 네오팜도 두 번째 그림에서 같이 코스닥지수와 연계해서 등락했기 때문이다. 이렇게 하면서 네오팜은 코스닥지수와 연동성을 높여갔는데, 이 과정에서 두 번에 걸쳐 삼각모형(박스권 변형)이 발생했다.

한편 네오팜은 바닥을 삼각모형 1에서는 네 번, 삼각모형 2에서 세 번 형성했다. 해당 기간 중 네오팜 이익의 안정·증가를 감안하면 주가 바닥 다지기는 주가 상승 여력을 축적하는 과정이라 하겠다.

실제로 두 번째 그림의 빗금에서 보듯 코스닥지수가 상승하자 네오팜이 급등했다. 첫 그림에서는 삼각모형 이후인 A, B에서 급등인데, 두 번째 그림 빗금 기간의 네오팜 상승률은 코스닥지수 상승률보다 엄청 높았다. 코스닥지수 상승 과정에서 네오팜 주가가 그간 억제되었던 이익의 추세적 증가·안정을 한꺼번에 반영했기 때문인 듯하다. 이처럼 이익이 안정된 가운데 삼각모형이 만들어지면 주가 상승 가능성이 높아진다.

■ 이익 증가 불구, 코스닥지수 약세 때문에 삼각모형을 형성한 네오팜

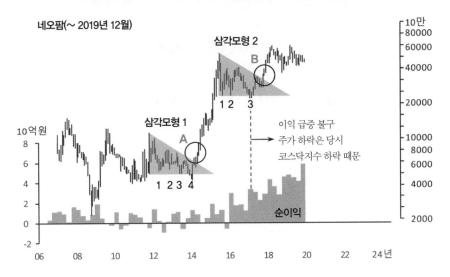

네오팜(~ 2019년 12월)

삼각모형 2

B

삼각모형 1

A

1 2 3

1 2 3 4

이익 급증 불구
주가 하락은 당시
코스닥지수 하락 때문

10억 원

순이익

■ 동반 등락했던 코스닥지수와 네오팜 주가

• 음영의 코스닥 상승 기간 중 네오팜 주가는 폭등

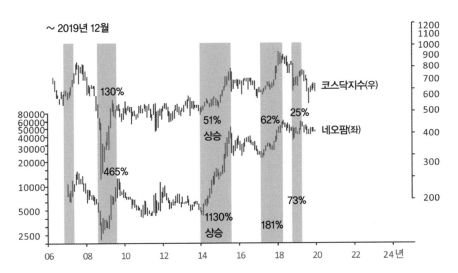

~ 2019년 12월

130%

51%
상승

62%

25%

코스닥지수(우)

465%

1130%
상승

181%

73%

네오팜(좌)

13. 큰 기회와 위험을 예고하는 박스권 모형

가. 박스권 모형 이후 주가는 크게 상승 내지 하락

박스권 모형은 일정한 주가 수준의 상당 기간 지속을 뜻하는데, **박스권은 두 경우에 의해 발생한다. 첫째는 이익의 정체로 인해, 둘째는 주가의 추세 변화 과정 중 관망**(매수·매도 측의 타협 결과)**에 의해 박스권이 발생한다.**

박스권 주가는 무엇보다 기업의 이익 정체 때문에 발생한다. 부연하면 주가가 상당히 상승한 이후 또 크게 하락한 이후 이익이 상당 기간 정체했을 때 발생했다. 첫 그림의 박스권, 둘째 그림의 박스권 모두가 이에 해당된다. 대표적 사례가 둘째 그림의 기간 B1에서 주가 답보다. 당시 기업 이익 수준은 비교적 높았지만 이익이 들쭉날쭉해서(B2) 주가가 정체했다.

주가의 추세 변화 중간 과정에서 박스권은 거의 매번 발생한다(5장 참조). 이때의 박스권 주가는 향후 주가 전망에 대해 긍정적 시각과 부정적 견해가 첨예하게 맞선 데 따른 타협의 결과다.

통상 박스권 상단은 저항선(주가가 그 이상 상승할 수 없다고 여겨지는 수준)**으로, 박스권 하단은 지지선**(주가가 그 이하로 떨어지지 않을 것으로 간주하는 수준)**으로 여겨진다. 그러나 시간이 경과하면 주가는 박스권을 이탈하면서 크게 변동한다.** 주가의 박스권 상향·하향 이탈은 기업 이익이 증가하든 감소하던 추세를 형성했기 때문이고, 큰 폭의 주가 변동은 통상 새 여건 변화에 대한 주가의 반응이 컸기(상승 시 큰 기대, 하락 시 공포) 때문이다.

박스권 주가와 관련하여 가장 큰 관심은 박스권 상향 돌파다. 특히 박스권 기간이 길수록 박스권 상향 돌파에 대한 기대가 커진다. 예컨대 앞 페이지 둘째 그림에서 보듯 종합주가지수 기준으로 1989~2005년(초대형 박스권)과 2011년 하반기~2016년(B1)에 초대형 박스권이 형성되었

■ 통상 BOX권은 주가가 크게 상승 또는 하락한 이후에 발생

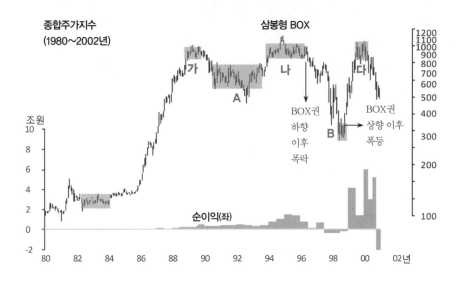

종합주가지수
(1980~2002년)

삼봉형 BOX

가   나   다

A

B

BOX권
하향
이후
폭락

BOX권
상향 이후
폭등

조원

순이익(좌)

■ 주가가 BOX권을 상향하면 통상 큰 폭으로 상승, 그 이후 주가가 하락
하면 BOX권 상단(이전의 저항선)이 지지선으로 전환

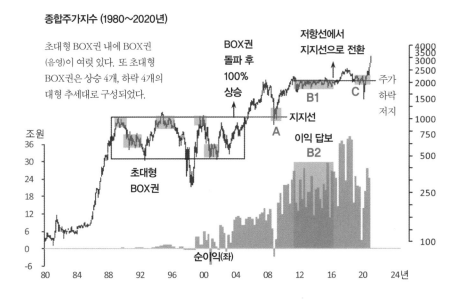

종합주가지수 (1980~2020년)

초대형 BOX권 내에 BOX권
(음영)이 여럿 있다. 또 초대형
BOX권은 상승 4개, 하락 4개의
대형 추세대로 구성되었다.

BOX권
돌파 후
100%
상승

저항선에서
지지선으로 전환

A   지지선

초대형
BOX권

B1

이익 답보
B2

C   주가
하락
저지

조원

순이익(좌)

다. 이 두 박스권은 여러 주가모형을 포함할 정도로 길었는데, 주가 정체 기간(박스권 주가)이 길었던 만큼 주가가 두 박스권을 상향 돌파한 이후 상당히 상승했다.

실제로 2005년에 주가가 저항선인 종합주가지수 1000을 뛰어넘자 그 이후 종합주가지수는 2007년 11월에 2085까지 상승했다. 박스권 상단 기준 100% 이상 상승한 것이다.

2017년에도 종합주가지수가 2011~16년 중의 박스권을 상회하자 주가는 박스권 상단 대비 25% 가량, 하단 대비로는 50% 가량 상승했다. 또 앞 페이지 첫 그림의 A, B에서도 주가가 박스권을 상향 돌파한 이후 엄청 큰 폭으로 상승했다. 큰 구도로 보면 2020년 주가 상승도 2011년 이후의 장기 박스권을 돌파하는 과정으로 볼 수 있다. 이 부문은 '나'에서 설명한다.

주가가 박스권 상단(저항선)을 상향 돌파하면 그간의 저항선이 지지선으로 바뀐다. 즉 주가가 하락해도 종전의 박스권 상단 내외에서 하락을 멈춘다. 앞 페이지 둘째 그림의 A, C가 사례다. 물론 A, C 당시 주가는 지지선(박스권 상단) 이하로 떨어졌다. 그러나 그 지지선 이하로 하락 기간은 짧다. 공중에서 물체가 그물망에 떨어지면 그물망이 흔들리지만, 곧 평평해지는 것과 같다. 기업 이익이 크게 망가지지 않으면 지지선 이하로 주가 하락은 심하지 않다.

박스권 아랫선이 와해되면 매우 취약한 주가 흐름이 이어진다. 앞 페이지 첫 그림의 가, 나, 다에서 보듯 박스권 하단이 와해되자 주가가 폭락했다. 그러나 **2000년 이후에는 가, 나, 다 이후와 같은 주가 폭락이 종합주가지수에서 발생하지 않았다.**

물론 2020년 코로나 사태 때 주가의 박스권 하단 하회가 발생했지만, 그 기간은 매우 짧았다. 사실 2020년 종합주가지수의 박스권 하단 하회는 코로나로 인한 극단적 예외였다.

다만 **개별 종목 단위에서 주가의 박스권 하단 하회는 종종 발생**된다. 이 같은 개별 종목 단위의 악화는 해당 기업의 이익이 워낙 여의치 않기 때문이다. 이런 부류 종목의 주가는 반등해도 대체로 제한된 범위에서만 이루어진다. 이런 부류는 회피하는 것이 좋다.

나. 이익 증가 종목 중 박스권 돌파 초기 단계인 종목은 매력적

주가의 박스권 상단 상회 이후 주가행태는 둘로 나뉜다(직전 고점 상회 과정도 같다). 첫째는 박스권을 상단을 상향한 이후 줄곧 상승하는 경우다. 이런 경우는 적다. **관심은 두 번째인데, 이 형태의 주가 흐름은 박스권 주가 형성, 그 이후 주가의 박스권 상단 상향, 이어 반락과 상당 기간 횡보, 그 이후 상승 등 다섯 단계를 겪는다. 두 번째 박스권 유형에 관심을 갖는 것은 그 과정이 정형화된 편이어서 주식 매수 기회 포착이 용이하기 때문이다.**

2011~20년 주가행태가 두 번째 경우에 속하는데, 그 상황을 살펴본다. 다만 2011~20년 상황 관련해서는 코로나19로 인한 주가 폭락이 없었던 것으로 가정했다. 논리 전개의 편의성 때문이지만 코로나19는 예상 못한 극단적 현상이었고, 주가가 폭락했지만 그 기간이 극히 짧았기 때문이다.

2011~20년 종합주가지수 추이는 다섯 단계로 나뉜다. **첫째,** 2012~16년에 장기 박스권이 만들어졌다(박스권 상단은 종합주가지수 2050~2090 내외, 하단은 1650~1800 내외).

둘째, 2017~18년 초에 걸쳐 주가가 박스권 상단을 25%가량 상회하면서 당시 기준 최고치(종합주가지수 2607)를 만들었다.

셋째, 2019년에 주가가 하락했지만 종합주가지수가 2050 이하로 하락한 빈도는 적었다. 예전 저항선(2011~16년 중 박스권 상단)이 지지선 역할을 했기 때문이다.

넷째, 코로나 발생 이전까지 상당 기간에 걸쳐 주가는 지지선(예전의 박스권 상단) 내외에서 등락을 거듭했다.

다섯째, 그 이후 주가가 크게 상승했다(코로나19로 인한 주가 폭락은 논외로 했다).

이러한 둘째~넷째 단계의 주가행태는 다음 같은 뒷배경을 지녔다. **둘째 단계는 새 환경에 대한 주가의 반응**인데, 2017년 주가 상승은 무엇보다 이익 증가 때문이었다. 당시 이익 증가는 주로 반도체 덕이지만 여하튼 이익이 증가했다.

셋째 단계는 주가 상승에 대한 반작용이다. 오랫동안 박스권에 갇혔던 주가가 상승하면 좋긴 하지만 당혹스럽다. 시장 참여자들은 장기간 지속된 박스권 주가에 익숙해졌는데, 주가가 박스권 하단 대비 50%나 상승했기 때문이다. 즉 경험하지 못한 상황이 두려운 것이다. 때문에 2018년 2분기 이후 이익 감소가 부담스러워졌다. 그 부담으로 인해 주가가 1분기부터 빠르게 하락했다. 이때까지는 여건 변화에 대한 믿음이 덜한 편이라 하겠다.

넷째 단계는 그간 주가 등락의 타당성과 향후 여건을 관찰하는 과정이다. 우선은 2018년 1월 이후 주가 추이에 대한 평가다. 2017년에 늘던 이익이 2018년 하반기와 2019년에 감소했지만, 2019년 상장사 전체 이익 규모는 2017년 이전보다 다소 덜한 정도였다. 더구나 당시 금리가 많이 떨어졌다. 그 덕에 주가 하락폭이 이익 감소 정도보다 덜 했다. 그 결과 당시 주가 하락이 2011~16년의 박스권 상단 내외에서 멈췄다. 2011~16년보다 주가가 한 단계 높아진 것이다. 이후 지지선 내외에서 주가 등락이 상당 기간 지속되었는데, 이는 향후 이익의 증가 여부를 살

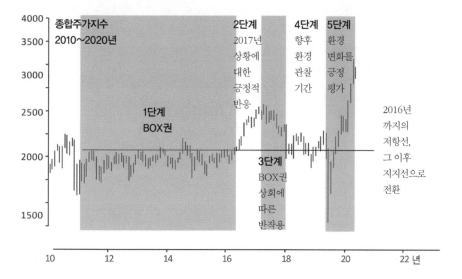

■ 2016년 하반기 이후 주가 추이는 전형적 BOX권 상향 돌파 행태

피는 과정이다. 사실 **넷째 단계의 주 관심사는 향후 이익의 증가 여부다.**

다섯째 단계는 넷째 단계인 관찰 기간의 종료인데, 2020년에는 상황 판단이 긍정적으로 종료되었다. 긍정적 종료는 무엇보다 2020년에 연속된 분기 이익 증가에 기인한다. 이 과정에서 낮은 금리가 기업 이익 증가 이상으로 주가를 상승시켰다.

사례의 박스권 상향 돌파는 개별 종목에서 자주 발생한다. 때문에 **박스권 종목 중 이익 개선 종목이 중시되는데, 다만 개별 종목의 현저한 상승은 종합주가지수의 상승·안정이 뒷받침되어야 가능하다.**

■ 직전 고점 돌파 과정도 BOX권 돌파 과정과 유사

• 경우에 따라서는 3~4단계 없이 곧바로 5단계 상승으로 진입

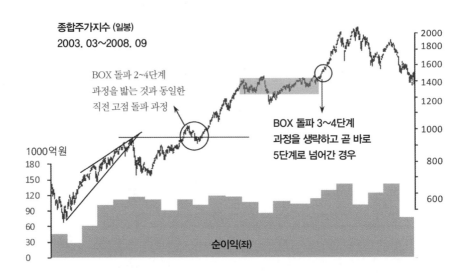

종합주가지수 (일봉)
2003. 03~2008. 09

BOX 돌파 2~4단계
과정을 밟는 것과 동일한
직전 고점 돌파 과정

BOX 돌파 3~4단계
과정을 생략하고 곧 바로
5단계로 넘어간 경우

1000억원

순이익(좌)

■ 미국 테슬라의 BOX권 돌파 과정

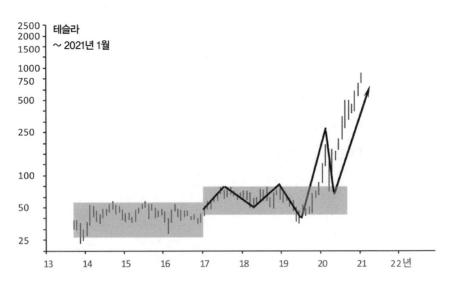

테슬라
~ 2021년 1월

■ 2012년, 다섯 단계를 겪으면서 BOX권을 돌파한 삼성전자

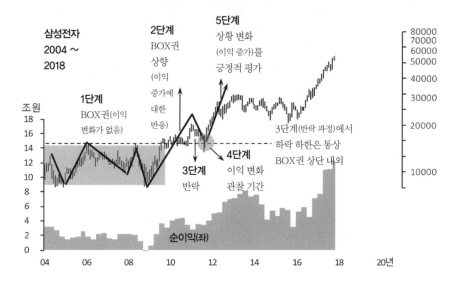

■ 3, 4단계를 하나로 묶은 후 BOX권을 상향 돌파한 삼성전자

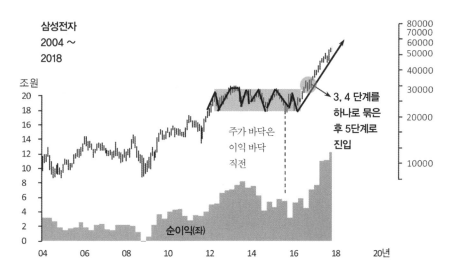

다. 주목해야 할 박스권 돌파 3~4단계에 있는 종목

이익 증가 종목 중 박스권 상향 시도 부류는 주목 대상이다. 가장 좋은 매수 시점은 박스권 하단이지만 박스권 돌파 3~4 단계 시점도 매력적이기 때문이다. **주가모형을 보고 이익 전망을 파악하는 역순**(逆順)**으로 투자 절차를 진행**하는 것인데, 경험상 개별 종목의 경우 박스권을 상향하면 그 시점부터 30~50% 상승은 가능했던 편이다. 주식시장 전반 상황이 좋으면 배 가까이 상승하기도 했다.

우측 두 그림은 2021년 4월 중순까지 상황이다. 종합주가지수가 2020년 3~4분기 초반에 박스권 돌파 3~4 단계를 거친 후 급등했다. 그러나 이 두 종목은 2021년 1월에 박스권 또는 저항선(직전 고점)을 넘어선 이후 상승이 멈췄다. 즉 2021년 1분기에 두 종목은 박스권 돌파 2~3 단계 과정에 있어 관심 대상이 되었다.

기대가 크지만 **두 사안을 감안해야 한다. 첫째는 두 종목의 이익이 2021년뿐만 아니라 2022년에도 분기별로 꾸준히 늘어날지 여부다. 두 번째로 감안할 사안은 박스권 돌파 3~4단계 기간 관련 사안인데,** 경우에 따라서는 그 기간이 길 수 있다. 비록 두 종목의 분기별 이익이 꾸준히 늘어도 주식시장 전반의 상황이 여의치 않으면 성과 시현까지 많은 시간이 소요되기 때문이다. 요컨대 **박스권 돌파 3, 4단계에서 진통**을 겪을 수 있다는 것이다.

그러나 **직전 저항선이 이제는 지지선이 되어 주가 하락을 억제하는데, 이런 부류의 주가는 통상 직전 저항선을 크게 하회하지 않는다. 특히 해당 종목의 이익이 증가하는 상황이면 주가 하락은 심하지 않다.** 이익 증가 불구 종합주가지수 하락으로 인해 박스권 3, 4단계에 위치한 종목이 하락한다면 순차적 매입 기회로 여길 수 있겠다.

■ 삼성전기가 저항선 돌파 과정(3~4단계)을 잘 수행했으면 한다.

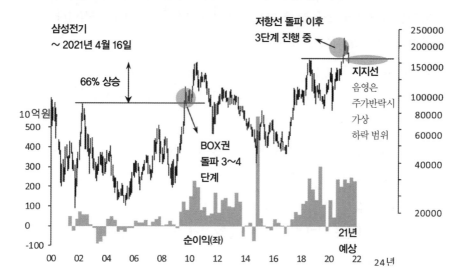

■ SK하이닉스도 저항선 돌파 과정(3~4단계)을 잘 수행했으면 한다.

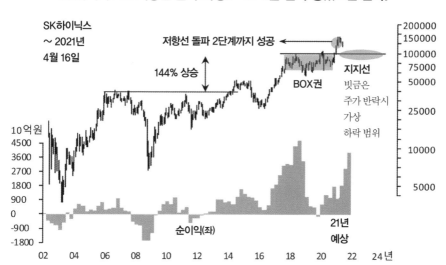

라. 이익 증가 저 PER 종목의 박스권 돌파는 매우 매력적

박스권 돌파 시도 종목들 중 가장 관심받는 종목은 저 PER 주식이다. 저 PER 주식의 이익이 늘어나면 해당 종목 주가는 상상 이상으로 급등하곤 하기 때문이다. 사례를 살펴본다. 그림은 건설업지수 추이인데, 2021년 1월 말 현재 105.9에 불과하다. 1980년 연초 건설업지수가 100인 점을 감안하면 민망하다.

사실 건설업체 주식은 1994년 이후 소외받았는데, 투자자들의 외면으로 인해 건설주 주가는 이익 대비 엄청 낮았다. 예컨대, 2003년 5월 ~2004년 7월 중 당시 건설주 PER(주가/1주당순이익)은 3~5배로 **시장 평균 PER의 절반도 되지 않았다. 이 같은 심한 건설주 소외는 당시 건설업체의 이익 수준이 주가 대비 높았지만 이익 자체는 늘지 않았기 때문**이었다. 그래서 당시 건설업체 주가는 그림의 음영 기간에서 보듯 박스권에 갇혔다. 반면 음영 기간 중 종합주가지수(점선)는 상승했다.

그런데 소외되던 건설업체의 주가가 2004년 하반기부터 급등했다. 건설업체의 이익이 늘었기 때문인데, 당시 건설주 주가 상승은 굉장했다. 그림에서 보듯 2004년 7월~2007년 중 건설업지수는 종합주가지수보다 187%나 더 상승했다. 이처럼 이익이 증가하는 저 PER 주식은 엄청 매력적이다.

현재 주식시장 내에는 PER이 낮지만 이익 정체로 인해 제값을 못 받는 종목이 많다. 주가의 속성이 그러하니 어쩔 수 없지만, **이들 중 향후 추세적 이익 증가 종목을 찾아낸다면 상당한 성과를 얻을 듯싶다.** 건설주 사례에서 보듯 이익이 늘면 투자자의 관심은 커지고 관련 테마도 만들어지기 때문이다.

■ 이익 증가에 힘입어 BOX권을 돌파한 후 폭등한 저 PER주식 사례

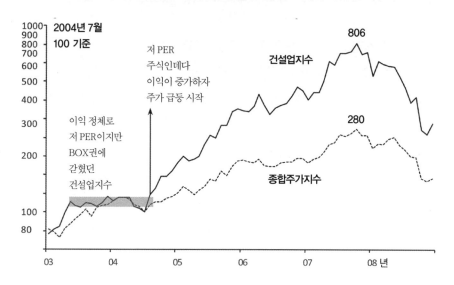

14. 주가 상승·하락의 종료를 예고하는 쐐기모형

가. 상방 쐐기모형 말기는 주가 하락을 경고

상방 쐐기모형 → 박스권 → 하락이 일련의 과정

첫 그림은 종합주가지수의 1985~89년 중 상승 추세대다. 주가 상승 말기에도 아래 추세선은 상승을 이어갔지만 **1988년부터 주가와 점선으로 표시된 위 추세선 간 간격이 벌어졌다.**

그래서 **주가 정점들을 연결하여 위 추세선을 수정했다.** 이 과정에서 윗선과 아랫선이 수렴되는 **상방 쐐기모형이 도출**되었다. 그 이후 주가는 윗선과 아랫선의 수렴 과정 말미에서 **아래 추세선을 하향 이탈**했다. 이처럼 쐐기모형이 구체화되면 주가의 하락 전환 가능성이 높은데, 이 모형은 통상 주가 상승 중반 이후 만들어진다.

상방 쐐기모형은 시간이 경과하면서 이익 증가가 둔화되기 때문에 발생한다. 초기의 기업 이익 증가는 빠를 수 있지만 기업 규모가 커지면 이익 증가율은 둔화되기 마련이다. 또 경쟁업체의 출현과 순환적 경기수축으로 인한 이익 증가 둔화도 피하기 어렵다. 결국 시간이 경과하면 기업 이익은 감소·둔화된다. 이러한 이익 둔화가 상승 추세대 윗선 기울기를 약화시켜 쐐기모형을 만드는 것이다.

쐐기모형의 초점은 매도 시점 산정인데, 둘째 그림의 시점 A가 대표적 매도 시점이다. **사례에서 주가는 위 추세선을 상회**했는데, 이때는 가격을 좀 더 받고자 하는 생각은 버려야 한다. 또 **시점 B에서 주가는 아래 추세선마저 하향**했다. 이쯤 되면 쐐기모형의 아래 추세선은 와해된 것으로 간주해야 한다. 특히 당시의 기업 이익이 고점 내외이거나 경과했다면 주저 없이 주식을 처분해야 한다.

■ 주가 상승 말기에서 위 추세선 기울기가 수정되어 쐐기모형 발생

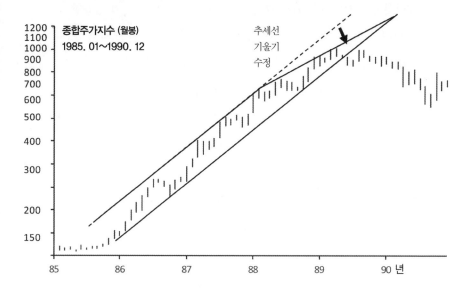

종합주가지수 (월봉)
1985. 01~1990. 12

추세선
기울기
수정

■ 주가 상승 중반부터 위 추세선 기울기 둔화, 그 결과 쐐기모형 발생

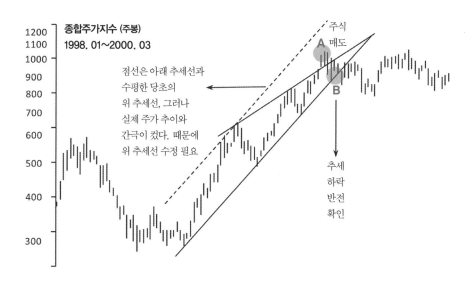

종합주가지수 (주봉)
1998. 01~2000. 03

주식
매도

A
B

점선은 아래 추세선과
수평한 당초의
위 추세선, 그러나
실제 주가 추이와
간극이 컸다. 때문에
위 추세선 수정 필요

추세
하락
반전
확인

실로 상방 **쐐기모형의 구체화는 주가 상승의 종료 과정**이다. 물론 아래 그림의 삼성전자 사례에서 같이 쐐기모형 이후에도 주가가 상승할 수 있다. 그러나 통상 쐐기모형 이탈 이후의 주가 상승 정도는 크지 않다. 단지 명목상 상승일 뿐이다(6장-16 참조).

한편 주가가 상방 쐐기모형을 벗어나면, 즉 상승 추세를 이탈하면 우측 두 그림에서 같이 통상 박스권이 출현한다. 또 박스권 이후 주가는 대체로 하락하곤 했다. 즉 **상방 쐐기모형**(상승 과정) → **박스권**(상승 이탈 이후 관망 기간) → **하락이 일련의 과정이었다.**

때문에 주가 상승 국면에서 **상방 쐐기모형이 출현하면 기업 이익 추이를 면밀히 검토**해야 한다. 특히 기업 이익 정점 전후에서 주가가 쐐기모형 위 추세선에 접하거나 아래 추세선을 이탈하면 주식 처분을 검토해야 한다.

■ **상방 쐐기모형 이후 주가가 상승해도 상승은 제한된 편**

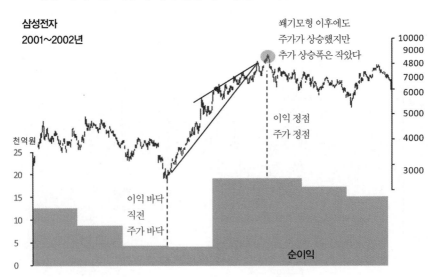

삼성전자
2001~2002년

쐐기모형 이후에도
주가가 상승했지만
추가 상승폭은 작았다

이익 정점
주가 정점

이익 바닥
직전
주가 바닥

순이익

천억원

■ 두 번의 상방 쐐기모형 이후 형성된 두 번의 BOX권

• 쐐기모형이 구체화되면 주가 상승이 제약을 받았다.

■ 대형 쐐기모형 초기에 쐐기모형 형성, 그 이후 BOX권 발생

• 대형 쐐기모형 내에 여러 주가 모형이 있다.

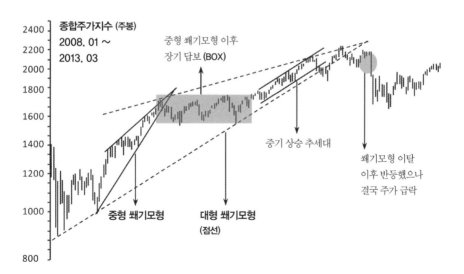

나. 하방 쐐기모형 말기는 주가 안정 징후

하방 쐐기모형 → 박스권 → 주가 상승이 일련의 과정

이익이 여의치 않아서 주가가 하락할 때 하락 추세대를 형성하는 경우가 많다. 첫 그림의 좌측이 전형적 하락 추세대인데, 추세대 윗선과 아랫선이 평행하다. 그러나 **주가가 하락 과정에서 하락 추세대 아랫선까지 떨어지지 않는 경우**도 잦다. 그렇게 되면 **첫 그림의 우측과 같은 하방 쐐기모형이 도출**된다.

하방 쐐기모형 초기의 주가 하락폭은 큰 편이다. 초기의 큰 폭 하락은 주식시장 전체의 하락 정도가 컸기 때문일 수 있다. 또 하락 초기 당시 해당 종목의 이익 감소가 크거나 이익 대비 주가 수준이 높았기 때문일 수도 있다. **그런데 하방 쐐기모형 부류 종목의 이익은 시간이 경과되면서 개선되는 편이다. 이익이 개선되지만 주가가 하락세에서 못 벗어난 것은 통상 주식시장 전반의 추이가 여의치 않기 때문이다.** 이러면 **주가가 타협점을 찾는데, 그 결과** 주가 하락 속도가 하락 초기보다 덜해진다. 이 과정이 하방 쐐기모형이다.

주가가 하방 쐐기모형에서 상향 이탈하면 대체로 박스권 형태를 취한다. 또 이 과정에서 박스권 돌파 3~4단계(주가 반락 및 관찰 기간)를 겪는다. 그 결과가 긍정적이면 주가가 곧 상승한다. 반면 향후 전망이 여의치 않으면 재차 하락한다.

경험적으로는 긍정적인 경우가 많았는데, 이익이 줄어 주가가 재차 하락해도 하락 정도는 대부분 심하지 않은 편이었다. 주가의 큰 흐름이 여하튼 하락 추세에서 벗어났기 때문이다(5장-10 참조). 요컨대 **하방 쐐기모형 → 박스권 주가**(주가 하락 진정) **→ 주가 상승은 일련의 과정**이라 하겠다. 이는 앞서의 상방 쐐기모형과 대비된다.

■ 하락 추세대와 쐐기모형 비교

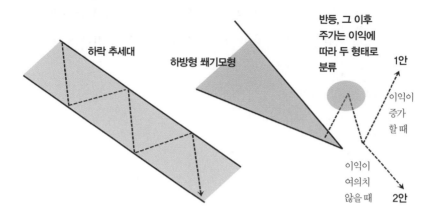

■ 하방 쐐기모형 이탈 이후 상승 과정은 BOX권 돌파 과정과 유사

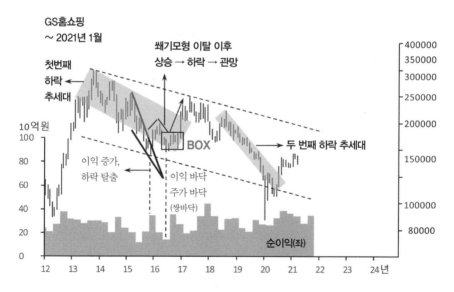

정리하면 **하방 쐐기모형 후반은 하락 진정** 내지 해당 종목의 긍정적 변화 가능성을 내포한다. 다만 **확신은 할 수 없기에 주가가 하방 쐐기모 형을 상향 이탈한 이후 관망** 기간을 갖는다. 때문에 이 기간 중에 해당 기업의 이익 전망을 잘 살펴야 한다. 사례를 살펴본다.

GS홈쇼핑의 하방 쐐기모형 형성 과정은 다음과 같다. 2015년 상반기 이익이 크게 줄자 주가 하락도 컸다. 그러나 해당 종목 상황은 시간이 경과되면서 개선되었다. 2015년 하반기 이익이 상반기보다 개선되고 그 간 주가 낙폭이 큰 데 따른 반발도 생겼기 때문이다.

문제는 종합주가지수 추이가 여전히 여의치 않은 점이다. 그 결과 타협(종합지수 하락으로 GS홈쇼핑 하락은 어쩔 수 없지만 하락 속도는 둔화)으로 GS홈쇼 핑이 하방 쐐기모형을 형성했다. 그 이후 주가는 이익 급증 시점에서 하 방 쐐기모형을 상향 이탈했다. 이어 짧은 박스권을 형성했다. 박스권은 향후 여건을 검토하는 기간인데, 향후 전망이 긍정적이었기에 GS홈쇼핑 은 바닥 대비 66% 상승했다.

우측 첫 그림의 **CJ ENM 주가**는 박스권 형태를 취하면서 하방 쐐기 모형을 이탈했다. 이후 추가 하락(두 번째 작은 박스권)했다. 이익 바닥 시점 과 주가의 하방 쐐기모형 상향 이탈 시점 간 시차가 컸기 때문이다. 그러 나 추가 하락폭은 작았다(추세 이탈 이후 주가의 추가 등락폭은 작은 편, 6장-10 참 조). 이는 **주가가 하방 쐐기모형을 벗어나면 예전보다 운신**할 수 있음을 시사한다.

두 번째 그림도 하방 쐐기모형을 상향 이탈했지만 이익이 뒷받침하지 못해 재차 하락한 경우다. 그러나 쐐기모형 내 주가 저점과 주가 바닥 간 격차는 크지 않았다. 이 역시 하방 쐐기모형 이후 주가 하락의 진정 사례 라 하겠다. 이상 세 사례에서 보듯 하방 쐐기모형은 주가 하락의 진정을 예시한다고 하겠다.

■ 하방 쐐기모형을 상향 이탈 이후 더 하락, 그러나 곧 상승 전환

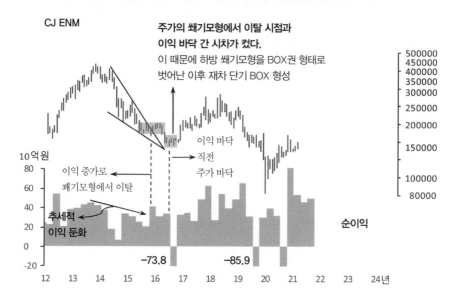

CJ ENM

주가의 쐐기모형에서 이탈 시점과
이익 바닥 간 시차가 컸다.
이 때문에 하방 쐐기모형을 BOX권 형태로
벗어난 이후 재차 단기 BOX 형성

이익 증가로 ← 쐐기모형에서 이탈

이익 바닥
직전
주가 바닥

추세적
이익 둔화

순이익

−73.8   −85.9

10억원

■ 하방 쐐기모형을 상향 이탈했지만 이익 감소로 재차 하락

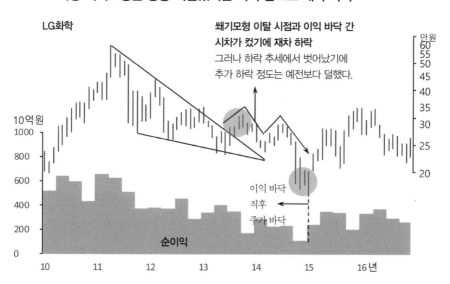

LG화학

쐐기모형 이탈 시점과 이익 바닥 간
시차가 컸기에 재차 하락
그러나 하락 추세에서 벗어났기에
추가 하락 정도는 예전보다 덜했다.

이익 바닥
직후
주가 바닥

순이익

10억 원

15. 큰 위기 국면에서 형성되는 하락 확산모형

통상 큰 위기 국면에서 발생하는 하락 확산모형

주가에서 가장 공포스러운 형태가 하락 확산모형이다. 이 형태의 주가 하락은 끔찍하다. 하락 양태가 낭떠러지에서 떨어지는 것과 같기 때문이다. 실로 이런 경우는 주식시장에서 도피할 곳이 없다.

이런 주가모형 발생은 **하락 추세대 윗선보다 아랫선이 가파르기** 때문이다. 즉 하락 기간 중 하락은 가파르게 진행되지만 반등은 제한적이고, 더디게 이루어져서 이런 형태가 만들어진다.

이는 그만큼 당시 상황이 공포스러운 것이다. 실제로 **이런 형태의 주가 하락은 IMF 외환위기, IT 버블 후유증, 미국 발 금융위기, 팬데믹 사태** 등과 같은 극단적 기간 중에 종합주가지수뿐만 아니라 각 개별 종목에서 집단적으로 발생했다. 다만 **주가 하락이 워낙 빠르게 진행되기에 하락 기간은 짧은 편이다.**

하락 확산모형은 주가하락 과정 중 상황이 더 악화되면서 발생

하락 확산모형은 처음부터 만들어지지 않는다. 상황이 몇 단계에 걸쳐 더 악화되면서 발생한다. GS건설로 하락 확산모형 사례를 살펴보고자 한다.

첫 그림에서 보듯 초기의 주가 하락은 하락 추세대(음영) 형태를 취했다. 통상 있을 수 있는 하락이다. 그러나 그 이후 주가는 첫 그림에서 보듯 첫 번째 하락 추세대(음영)를 변경해야 할 정도로 악화되었다. 결국 주가는 첫 번째 하락 추세대(음영) 아래 추세선을 하향 이탈했다. 상황이 당초보다 악화된 것이다. 때문에 점선으로 이루어진 2차 하락 추세대가 형성되었다.

■ 하락 확산모형 발생 과정

1단계: 1차 하락 추세대에 이어 수정된 2차 하락 추세대 발생

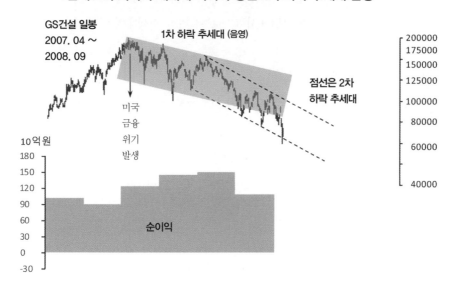

GS건설 일봉
2007. 04 ~
2008. 09

1차 하락 추세대 (음영)

점선은 2차
하락 추세대

미국
금융
위기
발생

10억원

순이익

2단계: 주가 급락으로 2차 하락 추세대 와해

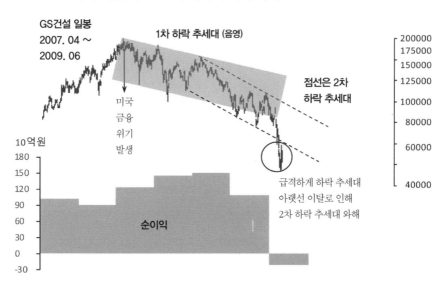

GS건설 일봉
2007. 04 ~
2009. 06

1차 하락 추세대 (음영)

점선은 2차
하락 추세대

미국
금융
위기
발생

10억원

순이익

급격하게 하락 추세대
아랫선 이탈로 인해
2차 하락 추세대 와해

점선으로 이루어진 2차 하락 추세대가 작도되었지만, 앞 페이지 두 번째 그림에서 보듯 주가는 2차 하락 추세대 아래 추세선도 하향 이탈했다. 이렇게 되자 우측 첫 그림에서 같이 2차 하락 추세대의 아래 추세선을 2선으로 변경하게 되었다(2차 하락 추세대 윗선[1선]은 그대로 유지). 그 결과 하락 확산모형이 드러났다.

이 과정에서 주목되는 것은 우측 첫 그림에서 보듯 점선의 큰 하락 확산모형 막바지에 작은 하락 확산모형(음영)이 생긴 점이다. 하락 확산모형에서는 이런 작은 하락 확산모형이 종종 발생한다. 실제로 2020년 1분기 주가 급락 과정에서 삼성전자도 큰 하락 확산모형 내에 작은 하락 확산모형이 있었다. 둘째 그림을 참고했으면 한다.

하락 확산모형 내 주가 바닥은 이익 바닥 시점에서 형성

하락 확산모형에서의 주가 바닥 시점은 대체로 이익 바닥 시점을 선행했거나 일치했다. 상황이 어려워도 이익 바닥 내외에서 주가 바닥 형성이란 통례를 유지했던 것인데, 사례의 GS건설과 삼성전자의 주가 바닥도 이익 바닥 시점에서 형성되었다.

정리하면 큰 하락 확산모형 내에 작은 하락 확산모형까지 발생했다면 당시 상황을 주가 하락의 막바지로 볼 수 있다. 특히 해당 시점의 이익이 바닥권이라면 더욱 그러하다. 때문에 **위급한 상황에 몰려도 상장사 전체와 투자 대상 기업의 이익을 살폈으면 한다.**

폭락의 상징인 하락 확산모형은 처음부터 만들어지지 않는다. 통상 주가 하락이 상당히 진행된 이후, 즉 악화가 더 악화되는 과정에서 하락 확산모형이 형성된다. 때문에 항시 주가 하락 초기에 향후 경제와 해당 기업에 대한 판단을 세심히 해야 한다. 초기 대응이 그만큼 중요한 것이다 (3장-3 참조).

3단계: 2차 하락 추세대가 하락 확산모형으로 악화된 가운데, 하락 확산모형 내에 작은 하락 확산모형 발생

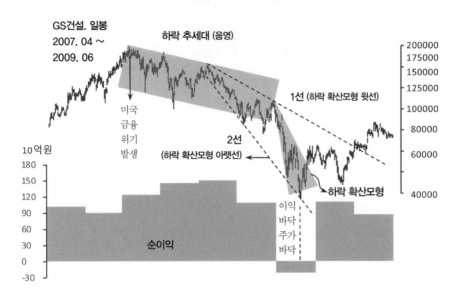

■ 2020년에 하락 확산모형 형태로 하락한 삼성전자. 큰 하락 확산모형 내에 작은 하락 확산모형 발생

하락 확산모형 종료 → 대체로 박스권 → 상승이 통상의 경우

하락 확산모형이 형태를 구체화할 정도이면 주가가 엄청 떨어진 상황이다. 때문에 이쯤 되면 주식 매수에 대한 긍정적 시각이 생기게 마련인데, **하락 확산모형 이후의 주가 추이는 두 부류로 나뉜다.**

첫째는 곧바로 주가의 급상승이다. 이런 경우는 이익 증가에도 불구하고 주가가 폭락했을 때 발생한다. 2020년 종합주가지수 추이가 이에 해당되는데, 당시 주가는 급격한 이익 감소를 예상하고 폭락했다. 그러나 주가 폭락 기간 중 상장사 이익이 늘었다. 또 주가 폭락 이후에도 상장사 이익이 장기간 추세적으로 증가했다. 상승하여야 할 시기에 주가가 하락했으니 보상이 컸다. 즉 주가가 바닥을 치자 매우 가파르게 상승했다. 특히 2020년의 경우 낮은 금리가 주가 상승을 더욱 촉발시켰다. 그러나 확산모형 이후 곧바로 상승은 드물다.

둘째는 하락 확산모형 기간 중에, 또는 그 이후까지 박스권 형태의 관망 기간을 갖는 경우다. 사실 하락 확산모형이 발생하면 대체로 박스권 주가가 발생하는데, 둘째 그림의 금융위기 시절이 그 사례다. 당시 하락 확산모형 후반에 주가는 상당 기간 답보(음영의 박스권)했다. IMF 외환위기, IT 버블 후유증 당시에도 그러했다.

하락 확산모형 이후 박스권은 애매한 상황 때문에 발생한다. 부연하면 이때 경기는 당장 회복될 것 같지 않지만 그렇다고 기업 이익이 더 악화될 것 같지도 않은 상황이다. 워낙 거덜 났기 때문이다. 부정적 시각과 긍정적 견해가 타협해서 박스권이 형성된 것이다.

그러나 주가 폭락 이후의 박스권인지라 투자 측면에서 당시 상황은 매력적이다. 즉 추가 하락 가능성이 엷어져 순차적 매수에 나설 만한 상황이 도래한 것이다. 물론 상당한 인내가 있어야 한다. 경기회복까지 상당한 시간이 소요되기 때문이다.

- 하락 확산모형 종료 이후 이익 증가에 힘입어 BOX권이란 휴식 기간없이 급등한 2020년 주가

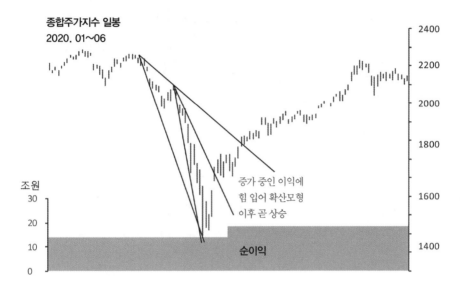

종합주가지수 일봉
2020. 01~06

조 원

증가 중인 이익에
힘 입어 확산모형
이후 곧 상승

순이익

- 하락 확산 모형 종료 이후 이익 부진으로 인해 상당 기간 관망(BOX권 주가)했던 2008년(금융위기 기간) 종합주가지수

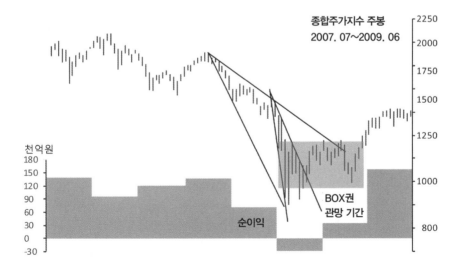

종합주가지수 주봉
2007. 07~2009. 06

천 억원

순이익

BOX권
관망 기간

16. 이익 증가 불구, 장기 상승 추세가 와해되면 큰 기대는 어려워

장기 추세대 이탈 이후 주가 상승은 명목상 주가 정점 만들기

운동 시합이 불리해지면 선수를 교체하고 전술도 바꾼다. 그러나 꺾인 기세를 되살리기는 어렵다. 주가도 그러하다. **주가의 단기 또는 중기 상승 추세대 이탈은 인내할 수 있지만, 주가가 장기 상승 추세대에서 벗어나면 재차 추세 상승을 이루기 어렵다.** 이는 하락 추세 이탈 이후 하락 진정과 반대의 경우라 할 수 있다(6장-10 참조). 사례를 찾아본다.

첫 그림은 메리츠증권이다. 시점 A 이후 이익 기복으로 인해 주가가 음영의 장기 상승 추세대를 벗어났다. 그 이후 시점 B부터 이익이 재차 증가했으나 추세 상승을 이루지 못했다. 이때부터는 이익 증감에 따라 등락하면서 박스권에 갇혔다. 그 결과 시점 C 이후 이익이 시점 A보다 월등하지만 주가는 시점 A보다 낮았다. 이처럼 추세 상승을 벗어나면 주가의 입지가 좁아진다.

실로 **주가가 장기 상승 추세에서 벗어나면 원만한 여건에도 불구하고 입지가 좁아진다.** 그 사례는 현대차에서도 볼 수 있다. 둘째 그림에서 보듯이 현대차 주가는 상방 쐐기모형을 이탈한 이후, 즉 장기 상승 추세를 이탈한 이후 답보했다(당시 종합주가지수의 답보에 기인한다).

비록 시점 B의 이익이 시점 A보다 높고, 주가 정점도 시점 B(당시가 이익 정점)에서 형성되었지만, 쐐기모형을 이탈한 이후 주가는 이익 정점 시점까지 그럭저럭 버티는 정도였다. 요컨대 당시 주가 상승은 명목상 상승이었다. 결국 현대차 주가는 박스권에 갇혔다.

이러한 주가행태는 주가의 속성이기에 받아들여야 한다. 때문에 **이익이 증가해도 주가가 장기 상승 추세대를 이탈하면 상황을 재검토해야 한다.** 특히 상장사 전체 이익 추이를 면밀하게 살펴야 한다.

■ 이익 증가에도 불구, 장기 상승 추세대를 벗어난 이후 주가는 답보

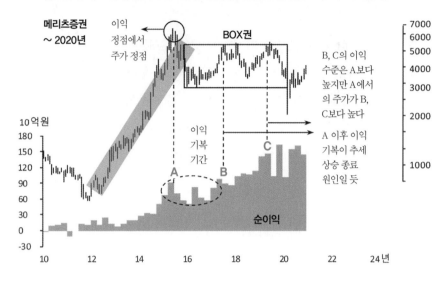

■ 시점 A 이후 이익 증가 불구, 상승 추세 이탈로 인해 주가 답보

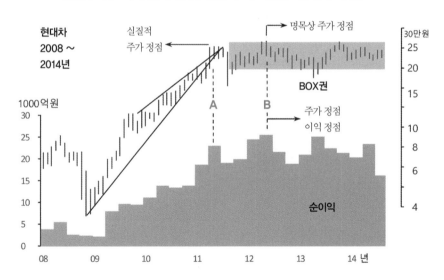

17. 상승 추세대 윗선을 뚫는 상승은 난제 - 삼성전자 사례 등

통상 상승 추세대 윗선 상향 이후의 상승 지속성은 결여된 편

주식 보유자는 연일 주가가 가파르게 상승했으면 한다. 그러나 **주가는 일정 속도로 등락하면서 상승·하락 추세대**(주가모형)**를 형성한다. 이 과정에서 추세대 윗선은 저항선**(주가의 추세대 윗선 이상으로 상승을 제약)**으로, 아랫선은 지지선**(주가의 추세대 아랫선 이하로 하락에 제동) **역할을 한다.** 추세대가 가이드라인인 셈이다

일정한 속도로 등락하던 주가가 상승·하락 종반에는 빨라진다. 상승 과정에서는 탐욕 때문에, 하락 과정에서는 공포 때문에 주가가 그간의 등락 속도보다 빨라진 것이다.

실로 상승의 마지막 과정은 화려하다. 추세대 윗선을 뚫고 상승할 정도로 상승 속도가 빠르기 때문이다. 이때를 인내하기는 참으로 어렵다. 이런 속도로 주가 상승이 이어질 것 같기 때문이다. 상황이 이렇게 되면 지금 당장보다 몇 시간 뒤, 다음날 주가가 높을 것이란 환상도 생긴다. 그래서 초단기 매매가 성행하기도 한다.

그러나 이러한 기대는 곧 큰 실망으로 바뀐다. 화려하게 비상했지만 결과는 허망한데, 우선 **추세대 윗선을 상향 돌파한 이후의 주가 상승폭은 대체로 크지 않다. 위 추세선을 상향 이탈한 이후는 주가 등락 진폭만큼 뿐이다. 또한 주가가 추세대 윗선을 벗어난 이후 하락할 때 하락폭은 통상 적지 않다.** 자동차가 제한 속도 100km 도로를 150km로 달리면 (추세대 윗선 상회) 문제가 발생하듯이 빠르면서 지속적인 주가 상승은 무리인 것이다. 사례를 살펴본다.

삼성전자 경우를 살펴본다. 삼성전자 주가도 이익 수준보다 이익 방향에 따라 등락했다. 이 과정에서 **삼성전자는 2000년 이후 21년간에 걸**

■ 2021년 1월에 21년간 유지된 상승 추세대 윗선을 뚫지 못한 삼성전자

삼성전자
~ 2021. 09

「21년간 유지」된 추세대 윗선을
뚫고 상승하고자 했으나 실패

추세대
범위에서
상승이
추세대의
가정

주가 정점
이익 정점

순이익(좌)

조원

■ 상승 추세대 중간선을 오르내리면서 상승한 삼성전자

• 음영의 수치는 하락 기간 중 직전 최고치 대비 하락률

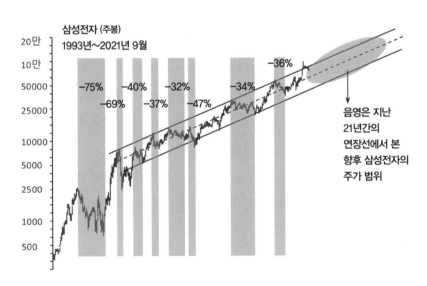

삼성전자 (주봉)
1993년~2021년 9월

-75%   -40%   -32%   -34%   -36%
    -69%   -37%   -47%

음영은 지난
21년간의
연장선에서 본
향후 삼성전자의
주가 범위

쳐 초대형 상승 추세대를 만들었다. 이 초대형 상승 추세대 내에는 쐐기 모형, 박스권, 장기 상승 추세대, 확산모형 등 여러 모형이 있다.

이 **초대형 상승 추세대의 두드러진 특징은 상승 추세대 윗선이 21년 간 안정적으로 유지된 점이다.** 실제로 삼성전자 주가는 앞 페이지 그림에서 보듯 2000년 이후 여러 차례에 걸쳐 초대형 추세대 윗선에 접하거나 근접했지만, 초대형 상승 추세대 윗선을 존중했다. 즉 주가가 윗선을 넘어서지 않았다.

그런데 **7번째인 2021년 1월에 주가가 초대형 상승 추세대 윗선을 상당히 상회했다. 이때 시장 분위기는 주가가 추세대 윗선**(주가 저항선)**을 의식하지 않고 쭉 상승하길 기대했다. 그러나 삼성전자 주가는 2021년 1월 초반을 기점으로 하락으로 반전했다.** 그 결과 2월에 삼성전자 주가가 초대형 상승 추세대 안쪽으로 들어왔다. 이처럼 추세대 윗선 돌파는 삼성전자의 경우라도 지극히 어렵다.

한편 2021년 삼성전자 추이에 투자자는 적지 않게 실망했을 것 같다. 그러나 그리 실망할 것은 아니라 여겨진다. 아직은 주가 상승 과정에서 완급 조절 성격이기 때문이다. 부연하면 **상승 추세대는 추세대 범주 내에서 주가 상승을 가정한다. 때문에 삼성전자의 이익이 향후에도 안정적 증가를 유지하면 21년간에 걸쳐 형성된 초대형 상승 추세대는 향후에도 유지될 듯싶다. 2021년 연 초 이후 양상은 주가 상승이 추세대 내부에서 이루어질 것으로 추정해 볼 수 있을 것이다.**

우측 두 그림은 5장-16에서 다루어진 메리츠증권과 현대차 사례이다. 두 종목 주가는 상승 추세대 윗선을 상향한 이후 큰 폭으로 등락만 거듭했지 추세적 상승을 이어가지 못했다. 또 그 이후 두 종목의 주가 하락이 적지 않았다. 정리하면 **상승 추세대 윗선을 상향 돌파하는 상승은 지나친 과열이어서 이루기 어려운 난제라고 하겠다.**

■ 추세대 윗선 이후 주가의 등락폭은 컸지만 결여된 상승 지속성

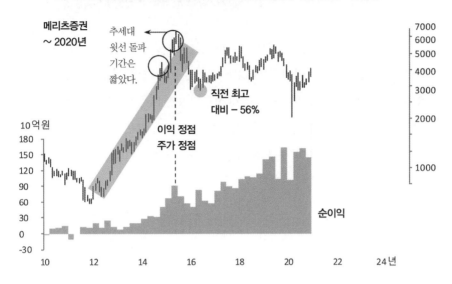

■ 추세대(쐐기모형) 윗선을 상회한 이후 답보한 현대차

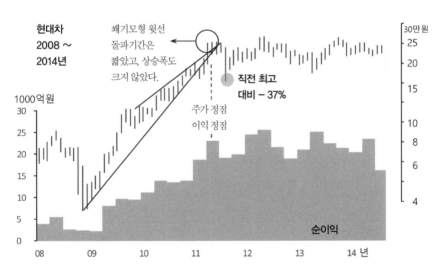

18. 기업공개 초기 주가가 너무 높지 않나?

기업공개 이후 이익 감소 종목 주가는 하락

기업공개 직후 주가 하락이 적지 않다. 외견상 **너무 높은 기대로 인해 기업공개 초기의 주가가 지나치게 높게 형성**되었기 때문인 듯한데, **주식시장 전반 상황이 여의치 않아서, 즉 시장 탓에 하락**한 경우도 있다.

그런데 **상당수 종목의 경우 기업공개 전후 시점의 이익이 최고였다.** 기업공개 시점에서 향후 회사가 번창할 것이란 호언과 달리 기업 이익이 감소하자 주가가 운신하기 어려웠던 것이다. 사례는 2015~16년 중 그런 종목들의 주가 추이인데, 2021년에도 유사한 사례가 적지 않아 참으로 민망하다.

때문에 기업공개 종목의 분기별 이익과 익년도 이익을 살펴야 한다. 해당 기업의 이익 전망이 여의치 않으면 상장 초기에 주식 매각을 고려해야 한다.

■ **기업공개 이후 안정적 주가 상승 사례**

　• 아래의 두 그림

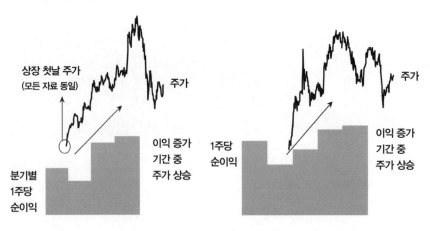

한편 실제 이익이 상장 당시 제시했던 향후 이익 전망과 달랐던 점은 규명되어야 한다(다소의 예측 오차는 인정할 수 있다). 그러나 현실에 있어서 오차가 규명된 사례는 없었다. 이래서 주식시장에서는 자신의 상식과 판단력 밖에 믿을 것이 없지 않나 싶다.

■ **기업공개 이후 추세적 주가 하락 사례**

• 아래의 세 그림

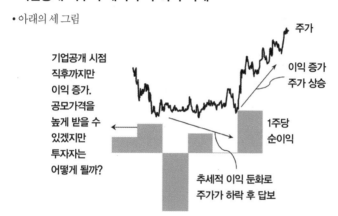

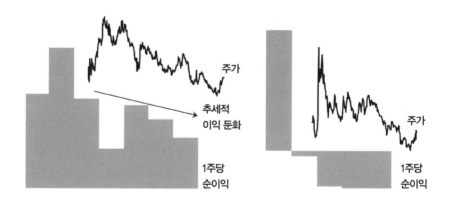

■ 기업공개 이후 추세적 주가 하락 사례 (2015~16년)

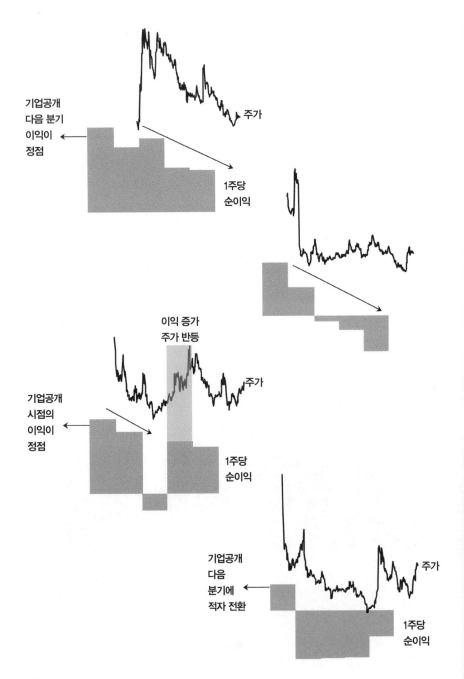

기업공개
다음 분기
이익이
정점

주가

1주당
순이익

이익 증가
주가 반등

주가

기업공개
시점의
이익이
정점

1주당
순이익

기업공개
다음
분기에
적자 전환

주가

1주당
순이익

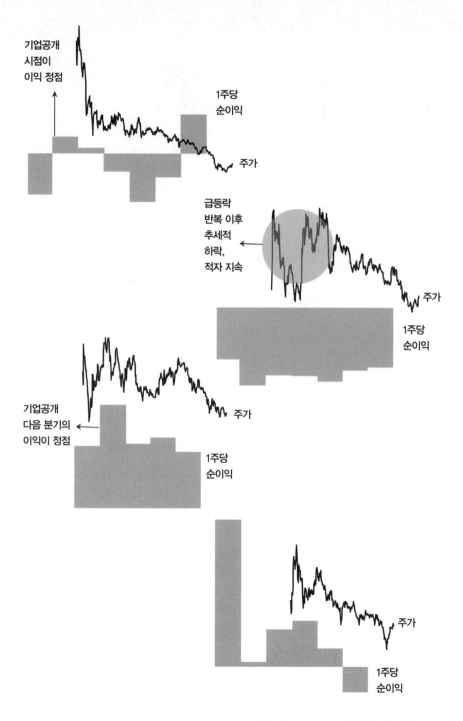

기업공개
시점이
이익 정점

1주당
순이익

주가

급등락
반복 이후
추세적
하락,
적자 지속

주가

1주당
순이익

기업공개
다음 분기의
이익이 정점

주가

1주당
순이익

주가

1주당
순이익

최적의 투자 여건을 지닌 미국 주식시장

최적의 투자 여건을 지닌 미국 주식시장

대공황 이후인 1932년 이래 2021년 현재까지 90년 간 미국 주가는 전 세계에서 유일하게 일정 속도의 추세적 상승을 유지했다. 이 과정에서 각국 주가는 미국 주가 등락에 따라 부침했다. 미국 주가가 각국 주가를 선도했던 것인데, 미국 주식은 1932년 이래 기업 이익의 꾸준한 증가에 힘입어 모든 국가 대비 월등한 성과를 냈다. 앞으로도 미국 주식의 각국 주가 대비 높은 성과는 아래 사안을 감안하면 이어질 것 같다.

첫째, 미국 시장은 매우 크다. 2019년 현재 미국GDP/세계GDP는 24.8%(IMF의 경상 GDP 기준)나 되는데, OECD는 2020~60년 중 미국의 연평균 실질 GDP 성장률을 1.86%로 추정했다. 이는 2010년대 연평균 2.29%보다 낮지만, 2000년대 연평균 1.82%와 비슷하다. 이 같은 원만한 장기 전망을 고려하면 장기간 미국은 절대적으로 큰 시장을 유지할 것 같다.

둘째, 미국 기업은 높은 경쟁력을 지녔다. IMD(국제경영개발원, International Institute for Management Development) 평가에 따르면 미국은 노동 시장의 유연성, 기업의 역동성, 금융지원 시스템, 과학기술 등 전 부문에서 각국을 압도한다. 게다가 노동생산성도 최상위권(실질적 1위)이고, 기업 내에 잘 교육된 숙련자가 많다. 이러한 경쟁력을 다른 국가가 따라잡기 힘들 것 같다.

셋째, 미국은 그간 유연하고 강한 경제정책을 시행해 왔다. 예컨대 경기가 여의치 않으면 경기부양을 위해 재정지출을 엄청 늘리고 대폭적 금리 인하와 자금 공급을 확대했다. 교역 상대 국가에 압력도 가하면서 대외수지 개선을 꾀했다. 이러한 정책들은 통상 경기가 충분히 회복될 때까지 시행되었는데, 경기가 위축될 때마다 거론된 정책들이 되풀이 될 것 같다.

넷째, 앞서 거론된 세 사안으로 인해 1854년 이래 미국 경기의 수축 기간은 짧아지고 확장 기간은 늘었다. 이러면 주가에 가장 중요한 기업 이익이 증가하기 마련이다. 실제로 미국 기업의 이익은 1932년 이래 90년간 일정한 증가 속도를 유지했다.

물론 미국 기업의 이익도 여러 차례에 걸쳐 부침을 겪었고, 이로 인해 그 때마다 미국 주가의 기복도 상당했다. 그러나 큰 추세 측면에서 미국 기업의 이익 증가는 흔들림이 없었다. 다소의 부침은 있었지만 90년간 지속된 기업 이익의 추세적 증가는 미국의 경우가 유일할 듯한데, 이 때문에 주식 중 미국 주식을 최고로 꼽는 것 같다.

정리하면 **그간 미국 주가는 위험에 노출 기간이 짧았다**(짧은 경기수축 기간). **반면 많은 상승 기회를 가졌다**(늘어나는 경기확장 기간). 역사적으로 줄곧 늘어났던 미국의 경기확장 기간이 앞으로도 갑자기 줄지 않을 것 같다. 더구나 세계 금융시장에서 미국의 지배력은 절대적으로 높다. 또 달러 가치도 비교적 안정된 편인데, 이상을 감안하면 **미국은 주식투자 관련 최적의 여건을 갖춘 곳으로 보인다.** 때문에 장기적 관점에서, 특히 삶의 여정에 시간적 여유가 있는 젊은 층은 미국 주식투자를 검토해 봄직하다. 미국 주식시장은 우리 주식시장보다 장기투자가 가능한 곳인 것 같다.

1. 세계 주가를 선도하는 미국 주가

세계 주가를 선도하는 과정에서 높은 수익을 올린 미국 주식

각국 주가는 미국 주가 추이에 따라 등락했다. **추세적으로 미국 주가가 하락하면 각국 주가도 하락**했다. **예외는 없었는데,** 각국 주가가 동반 하락해도 미국 주가는 다른 국가보다 타격을 덜 받았다. 첫 그림의 음영 기간 B에서 보듯, 같은 미주(美洲) 지역에 속했지만 캐나다의 주가 하락은 미국보다 심했다. 물론 미국보다 적게 하락한 국가도 있다. 그러나 그 경우는 적다.

미국 주가의 추세적 상승 중 각국 주가 추이는 상승ㆍ보합ㆍ하락 세 경우로 나뉜다. 고난과 역경을 같이 했지만 즐거움은 자주 같이 못하는 것이다. 예컨대 첫 그림의 기간 A(2012~13년) 중 미국 주가는 2008년 7월 이후의 추세적 상승을 이어 갔다.

그러나 당시 캐나다 주가는 답보했다. 그래도 캐나다는 다행이다. 둘째 그림에서 보듯 브라질 주가는 2012~14년 미국 주가 상승 중 하락했다. 이 같은 주가 추이가 장기간 누적되자 미국 주식 수익률은 각국 주식 대비 월등한 성과를 거두었다.

그 결과 **세계적으로 미국 주식에 대한 쏠림이 심화되었는데, 이런 쏠림 현상이 좀처럼 누그러질 것 같지 않다. 향후에도 미국 주식은 기업 이익 증가의 지속성**(높은 기업 경쟁력에 기인), **유연한 경제정책 등으로 인해 다른 국가 주식보다 더 성과를 낼 것 같기 때문이다.**

미국 주식 투자와 관련하여 개인들이 개별 종목을 선별하긴 어렵다. 그러나 인덱스(Index) **관련 또는 ETF 관련, 주식형 펀드 관련 투자는 수월한 편이다.** 노년층과 달리 삶의 여정에 여유가 있는 젊은 층의 경우라면 미국 주식투자를 검토할 만한 것 같다.

■ 음영의 미국 주가 하락 기간 중 미주(美洲) 지역 국가 주가도 하락

- 비(非)음영인 여백(餘白)은 미국 주가 상승 기간
- 미주(美洲) 지역 주가는 미국이 상승할 때 하락·정체하기도 했다.

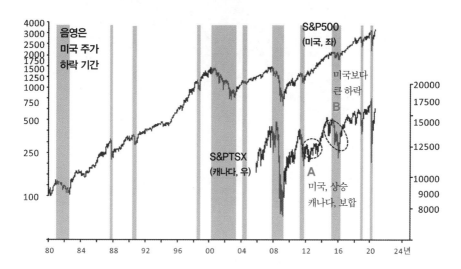

■ 음영은 미국 주가 하락 기간, 음영 기간 중 브라질, 멕시코 주가 하락

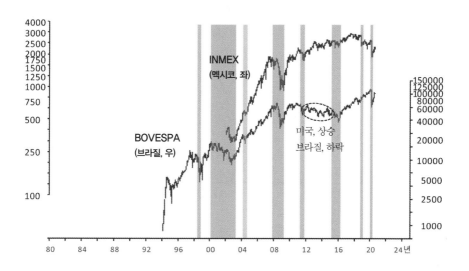

■ 음영의 미국 주가 하락 기간에 상승한 적 없는 독일과 영국 주가

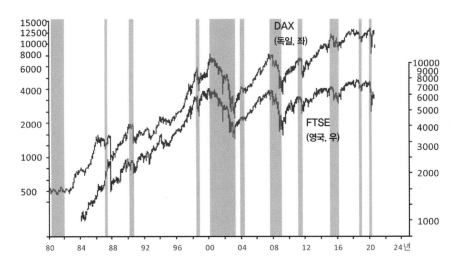

■ 음영의 미국 주가 하락 기간에 상승한 적 없는 스위스와 프랑스 주가

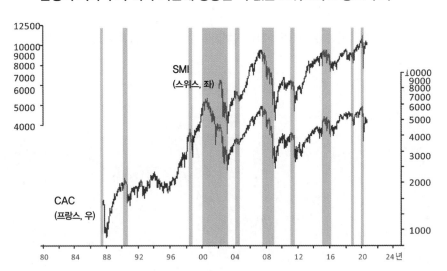

■ 음영의 미국 주가 하락 이전부터 하락한 중동 지역 주가

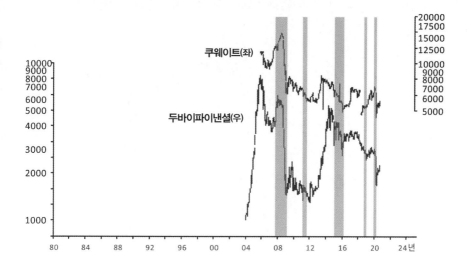

■ 음영의 미국 주가 하락 이전부터 하락한 아프리카 지역 주가

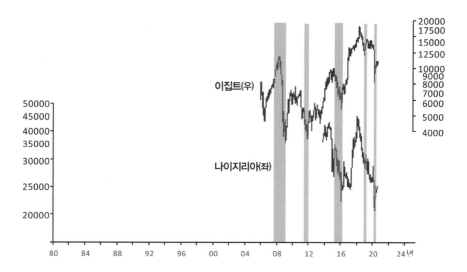

■ 음영의 미국 주가 하락 기간에 동반 하락한 아시아 주가

• 여백(비 음영 기간)의 미국 주가 상승 기간에 아시아 국가 주가는 종종 하락·정체했다.

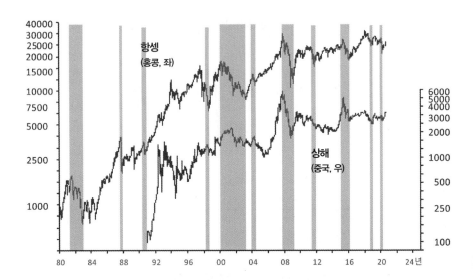

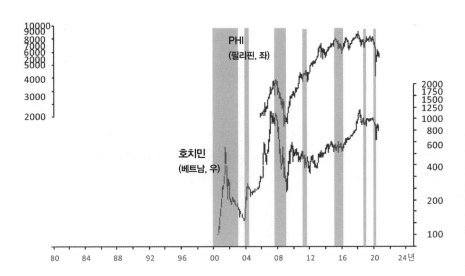

• 인접 국가 간 비슷한 주가 양태는 주목되는 사안이다. 경제적 요인으로 인해 인접 지역 간 지역적 연대가 강한 것 같다.

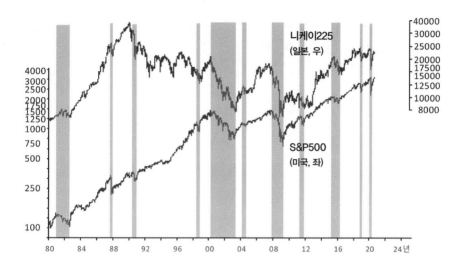

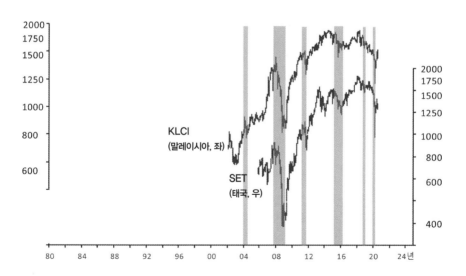

미국 주가가 하락할 때 우리 주가도 하락. 그러나 미국 주가가 상승할 때 우리 주가는 상승·정체·하락을 번갈아 시현

미국과 우리 주가 간 장기 추세의 동조화는 여의치 않았다. **하락은 매번 같이 했으나, 상승은 1985년 하반기~1988년 1분기, 2003~11년, 그리고 2017년, 2020년만 같이 했다.** 그래도 2000년 이후에는 미국 주가가 상승하면 우리 주가가 추세적으로 크게 하락하지는 않았다. 그래서 미국 주가가 상승하길 바랐다.

1990년대 중반~종반은 한국과 미국 주가 간 차별화와 관련한 대표적 사례다. 해당 기간 중 미국 주가는 줄곧 상승했지만, 우리 주가는 1994년 11월부터 하락하다가 결국 IMF 외환위기를 겪었다.

그 결과 1990년대 10년 간 종합주가지수 상승률은 연율로 1.2%, 누적으로는 13%에 그쳤다. 반면 동일 기간 중 S&P500지수는 연율 15.3%, 누적으로 315%, 나스닥은 연율 24.5%, 누적으로 794%나 상승했다. 미국의 주가지수가 이렇게 상승했으니 미국의 개별 종목 단위에서는 엄청난 수익을 올렸을 것 같다.

2012년 하반기~2016년에도 미국 주가는 줄곧 상승했는데, 해당 기간 중 미국 S&P500은 67%나 올랐다. 당시 우리 주가도 처음에는 미국 주가와 동반해서 상승했다. 그러나 우리 주가는 곧 주저앉았다. 그 결과 해당 기간 중 우리 주가는 9% 상승에 그쳤다. 우리 주가는 내내 제자리 뜀뛰기만 한 셈이다.

2018년에도 아쉬움이 컸다. 2016년 연말부터 우리 주가도 추세 상승을 시도했는데, 상승은 2018년 1월에 종료되었다. 그러나 미국을 비롯해서 대다수 국가의 주가는 2019년 하반기~2020년 2월까지 상승을 이어 갔다. 우리 주가만 일찍 수그러졌던 것이다. 그 결과 한국·미국 주식 간 수익률 차이가 컸다.

- **음영의 미국 주가 하락 기간 중 우리 주가는 하락, 반면 미국 주가가 상승(여백)할 때 우리 주가는 상승·하락·정체를 번갈아 시현**
  - 앞 페이지 사례보다 미국 주가 하락 기간을 세분했다.

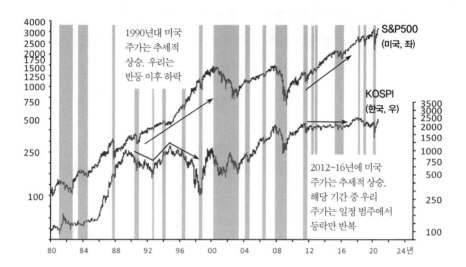

실로 1981~2021년까지 40년간 누적 기준, 미국의 주가 상승률을 상회하는 국가는 없는 것 같다. 물론 향후에도 미국 주식이 다른 국가 주식보다 우월할 것으로 단언할 수는 없다.

그러나 **미국을 뛰어넘을 만한 국가를 찾기 어렵다. 다른 국가 기업이 미국 기업의 높은 경쟁력을 뛰어넘기 어렵기 때문인데, 그 경쟁력이 각 국과 미국 간 주가 상승률 격차를 크게 확대시켰다**(7장-2 참조). 부연하면 미국 기업의 이익은 미국 기업의 경쟁력을 바탕으로 1932년 이후 추세적으로 꾸준히 늘었다.

반면 우리를 포함하여 그 어느 국가의 기업 이익도 미국 같이 추세적으로 늘어난 곳이 없다. 실로 **주식투자와 관련해서 미국은 참으로 매력적인 곳**이라 하겠다.

2. 세계에서 유일하게 장기간 증가한 미국 기업의 이익

미국 기업의 이익은 향후에도 큰 경제 규모에 힘입어 늘어날 듯

주식 중 미국 주식을 으뜸으로 꼽은 것은 단순하다. 첫 그림에서 보듯 미국 기업의 이익이 장기간 추세적으로 증가했기 때문이다. 물론 2000년대 초반 IT 버블 후유증, 금융위기 시절, 2015~16년에는 이익이 감소했다. 그러나 미국 기업들은 그 위기를 곧 극복했고, 이익을 추세적 증가로 전환시켰다.

장기간 기업 이익의 추세적 증가는 미국이 유일한 것 같다. 선진국 중 가장 견실하다는 독일 기업의 이익은 2007년 이후 정체했다. 영국 기업의 이익은 2008년 이후 부진했다. 우리 기업의 이익도 2009년 이후 2016년까지 정체했다(달러 기준). 2017년에 이익이 늘었지만 이익의 상당 부분을 반도체에 의존했다. 그 이후 재차 줄었다. 이 같은 기업 이익 격차로 인해 미국 주식 수익률이 가장 높았다

미국 기업 이익의 추세적 증가는 큰 규모의 미국 경제가 꾸준히 성장했기 때문이다. 실로 미국 경제 규모는 압도적으로 큰데, 2019년 현재 세계 경제에서 미국 경제 비중은 IMF 기준 24.8%, OECD 기준 18.4%(2010년 불변, 구매력 기준)나 된다.

이렇게 큰 규모의 경제가 앞으로도 꾸준히 성장할 것 같다. OECD에 따르면 2020~60년 중 미국의 연평균 실질 GDP 성장률을 1.86%로 추정된다. 이는 2010년대 미국의 연평균 성장률 2.29%보다 낮지만, 2000년대 연평균 1.82%와 비슷하다. 통상 경제 규모가 크면 성장률은 낮은데, 미국은 예전이나 지금이나 그리고 향후에도 안정적 성장을 유지할 듯싶다. 이러한 미국 경제의 꾸준한 성장이 향후에도 미국 기업의 이익과 주가를 뒷받침할 것 같다.

▪ 기복은 있지만 추세적으로 늘어난 미국 기업의 이익

• 세계에서 유일하게 추세적으로 증가한 미국 기업의 이익

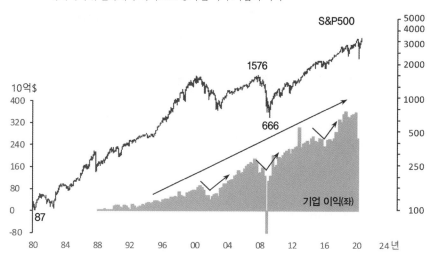

▪ 2060년까지 안정적 성장이 예상되는 미국 경제 (OECD 전망)

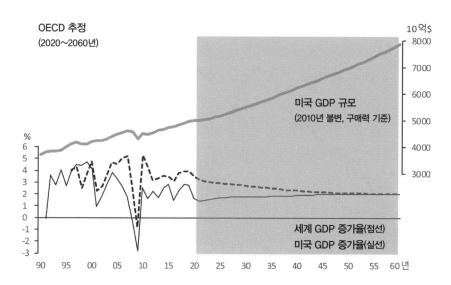

■ 독일 기업 이익도 2007년 이후 정체 내지 감소

독일 DAX

13755

10억$

2188

468

기업 이익(좌)

80　84　88　92　96　00　04　08　12　16　20　24년

주) 각국 기업 이익은 달러 기준

■ 2008년 이후 추세적으로 이익이 여의치 않은 영국

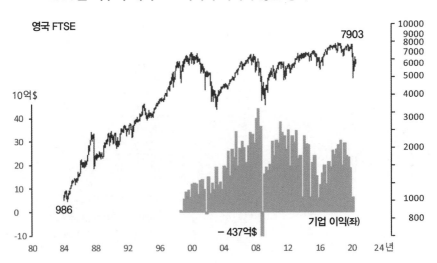

영국 FTSE

7903

10억$

986

― 437억$

기업 이익(좌)

80　84　88　92　96　00　04　08　12　16　20　24년

■ 이익 증가가 일시적이었던 한국

한국 KOSPI

2607

2085

892

상당 부분이
반도체에 기인

10억$
40
36
32
28
24
20
16
12
8
4
0
-4

277

93

기업 이익(좌)

3000
2500
2000
1500
1000
750
500

250

100

80   84   88   92   96   00   04   08   12   16   20   24년

■ 중국, 추세적으로 이익이 증가. 그러나 2019년부터 이익 감소

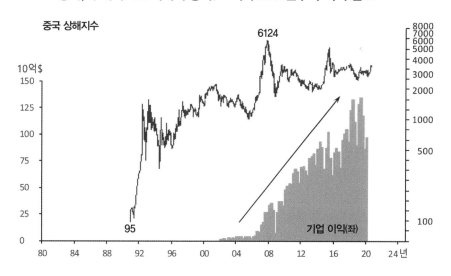

중국 상해지수

6124

10억$
150

125

100

75

50

25

0

95

기업 이익(좌)

8000
7000
6000
5000
4000
3000

2000

1000

500

100

80   84   88   92   96   00   04   08   12   16   20   24년

미국 기업의 높은 경쟁력이 미국 기업의 이익을 늘릴 듯

미국 기업 이익의 추세적 증가는 기업의 높은 경쟁력에서 기인한다. 실로 미국 기업의 경쟁력은 높다. IMD가 142개 국가를 대상으로 조사한 결과 미국은 모든 분야에서 최상위였다.

우선 미국 기업들의 역동성이 높이 평가된다. 실제로 **미국 기업은 창조적 아이디어 수용**(2위)**에 적극적이고, 미국 기업가들은 위험 추구**(2위)**도 서슴지 않고 한다. 권한도 상당히 위임한다**(7위)**. 회사 경영도 전문가를 활용한다**(전문 경영인에 대한 신뢰도 10위)**.

금융 부문도 체계화되어 있어 **벤처자금 활용**(1위)**과 중소기업 자금조달**(2위)**이 전 세계에서 가장 쉽다. 파산 규제 체계**(1위)**도 잘 되어 있다. 요약하면 미국에서는 자금조달이 쉽고, 도전적으로 일을 할 수 있는 기반과 재기 관련 제도적 장치가 잘 마련되어 있다. 이 때문인지 혁신기업이 잘 성장한다**(2위)**.

더구나 **미국의 노동시장이 유연**하다. 그 사례는 **생산성과 급여 간 연관성이 높고**(5위)**, 원만한 노사 협력**(21위)**에서 볼 수 있다. 때문에 임금 결정도 유연**(18위)**하다. 기업체의 인적 능력도 매우 우수**한다. 쉽게 숙련자를 채용(1위)할 수 있기 때문이다. 기업체 **직원 훈련**(6위)**과 교육 수준**(8위)도 다른 국가보다 높다.

이래서 미국 기업의 노동생산성은 다른 국가보다 대단히 높다. OECD에 따르면 국제 비교 측면에서 **미국의 시간당 노동생산성 순위**는 4위로, G7 국가 중에서 가장 높다. 물론 노동생산성이 미국보다 높은 국가가 셋 (룩셈부르크, 아일랜드, 싱가포르) 있다. 그러나 이들 국가의 작은 경제 규모를 감안하면 실질적 노동생산성 1위는 미국이라 하겠는데, 미국의 시간당 노동생산성은 70.6으로 독일 58.7, 우리의 49.7 대비 엄청 높다.

게다가 COSTII(과학기술혁신역량지수, Composite Science and Technology

■ IMD 기준 각 부문의 미국 경쟁력은 대체로 최상위권 (2019년)

기업 활력 순위	한국	미국	인적 능력 순위	한국	미국
창조적 아이디어 수용	42	2	숙련자 구인 용이성	19	1
혁신기업 성장	37	2	국민의 디지털 능력	25	12
권한 위임 의지	85	7	직업훈련의 질적 수준	23	8
기업가의 위험 추구	88	2	직원 교육 수준	36	6
파산 규제 체계	26	1			
노동 시장 순위	**한국**	**미국**	**생산물시장 경쟁력 순위**	**한국**	**미국**
급여와 생산성과 관계	14	5	독과점 수준	93	7
전문 경영에 대한 신뢰도	54	10	세금 및 보조금의 경쟁왜곡	61	27
국내 이직 용이성	70	1	서비스업계의 경쟁력	48	2
근로자의 권리	93	81	**자금조달 수월성 순위**	**한국**	**미국**
적극적 노동정책	20	13	벤처자본 이용 가능성	51	1
임금 결정의 유연성	84	18	중소기업 자금 조달	37	2
노사협력	130	21			

주) 142개 국가를 대상으로 조사한 결과

■ 미국의 높은 노동 생산성은 미국 기업의 경쟁력 원천

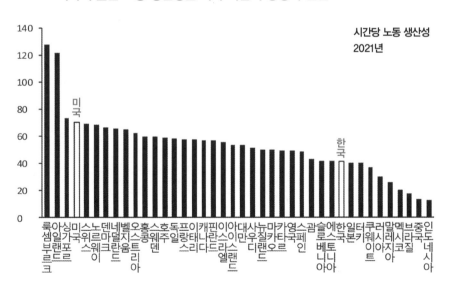

시간당 노동 생산성
2021년

Innovation Index) 기준 과학기술 수준도 OECD 국가 평균보다 배 이상 높다. 때문에 미국은 고품질의 국제경쟁력 있는 제품을 만들 수 있다.

정리하면 **기업의 높은 역동성, 자금조달의 수월성, 노동시장의 유연성, 우수한 기업 인재, 높은 과학 수준** 등 모든 부문이 최상위 수준이다. 이런 미국의 높은 대외 경쟁력을 감안하면 미국 기업 이익의 장기 추세는 다른 국가보다 밝을 것으로 예상된다. 이래서 미국 주식은 향후에도 선호되고, 미국 주가가 각국 주가를 선도할 것 같다.

더구나 **세계 금융시장에서 미국 자산운용사의 영향력은 둘째 그림에서 보듯 엄청 크다.** 예컨대 블랙록의 2020년 자산 규모는 우리 GDP의 5.3배인 8.68조 달러나 된다. 또한 글로벌 상위 10사 중 9개사가 미국계다. 미국의 선택에 따라 각국 자본시장이 큰 영향을 받을 수밖에 없는 구조다. 어찌 보면 상당수 국가의 자본시장이 곁가지 일 수 있기에, **각자의 포트폴리오에 미국 주식 편입**은 검토할 사안이라 하겠다.

일부 개도국 주식의 포트폴리오에 편입은 신중했으면 한다. 이들 국가의 주가도 미국 주가 등락에 종속되었기도 하지만, 기업 이익의 큰 기복, 부채 과다, 회계 불투명, 환율 문제, 부패, 자의적 법 집행, 규제 등 여러 부담이 있기 때문이다. 특히 우리가 1980년대 후반 이후 노동문제, 부채, 부의 분배 등으로 인해 사회적 갈등을 겪었던 점을 감안하면 일부 개도국에 투자는 썩 내키지 않는다. 모든 국가는 경제발전 과정에서 이런 갈등을 겪기 때문이다.

■ 미국의 높은 과학 수준은 미국 기업의 이익 증가에 힘이 될 듯

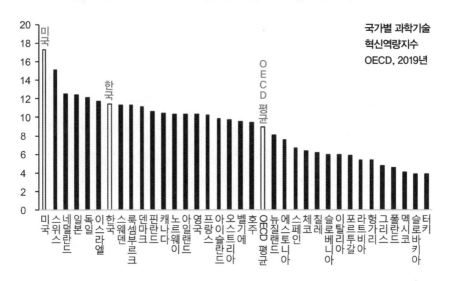

국가별 과학기술
혁신역량지수
OECD, 2019년

■ 미국계 기관투자자에 의해 좌우되는 세계 자본시장

(자료: 스타티스타)

3. 늘어나는 미국 경기확장 기간은 주가의 추세적 상승 기반

미국 경기의 역사는 지난 90년간 미국 기업 이익의 견고한 증가와 미국 주가의 빠른 상승을 쉽게 이해시킨다. **추세적으로 늘어난 경기확장 기간, 짧아진 경기수축 기간이 미국 경기의 역사이기 때문이다.**

NBER(National Bureau of Economic Research, 전미경제연구소)에 따르면 미국 경기는 1854년~2020년 2월까지 166년 간 34회에 걸쳐 순환했는데, **NBER은 166년을 세 단계로 구분했다. 첫 단계는 1854년~1차 세계대전 종료까지, 두 번째 단계는 1차 세계대전 이후~2차 세계대전 종료까지, 세 번째는 2차 세계대전 이후~현재로 나누었다.**

이 세 단계를 거치면서 경기확장 기간은 길어지고 경기수축 기간이 짧아졌는데, **첫 단계의 평균 경기확장 기간은 26.6개월, 평균 경기수축 기간은 21.6개월이었다. 두 번째 단계의 평균 경기확장 기간은 35개월, 평균 경기수축 기간은 18.2개월로 첫 단계보다 경기확장 기간이 상당히 늘었다. 또 세 번째 단계에서 평균 경기확장 기간은 64.2개월, 평균 경기수축 기간은 11.1개월로 경기확장 기간이 대폭 늘었다. 반면 경기수축 기간은 엄청 줄었다.**

세 번째 경기의 시발점을 대공황 이후(1933년 3월~2020년 2월)로 특정해도 결과는 비슷하다. 해당 기간 중 14회의 경기확장 평균 기간은 64.3개월이었고, 13회 경기수축 기간 평균은 11개월에 그쳤다. 특히 1933년 이후 10개월 이하의 경기수축 기간이 7회나 된다. 가장 길었던 경기수축 기간은 금융위기 시절의 18개월이었다. 이는 대공황 시절 경기수축 기간 43개월의 절반도 안 된다.

이처럼 대공황 이후 미국 경기는 매우 견고했는데 **경기확장 기간 증가는 더 많은 주가 상승 기회를 부여했고, 경기수축 기간 축소는 주식투자**

476

에서 발생하는 위험을 줄였다. 미국 주가가 이런 경제 기반 위에서 형성되었기에 추세적으로 상승했던 것이다.

가. 주가 상승률이 낮았던 짧은 경기순환 주기의 1854~1918년

1854~1919년 중 미국 경기는 16회에 걸쳐 순환했다. 당시 경기확장 16회의 평균 기간은 26.6개월이었고, 경기수축 기간은 평균 21.6개월로 양자의 기간 차이는 크지 않았다. 또 1871년 이후(주가 데이터가 1871년부터 이어서) 경기확장 12회의 평균 기간은 25.8개월이었고, 경기수축 12회의 평균 기간은 22.4개월이었다. 기준 시점을 여하히 잡던 **1910년대까지는 짧은 경기확장과 상대적으로 긴 경기수축이 반복**되었다.

짧은 경기순환의 반복으로 인해 기간 중 주가는 다음 페이지 그림에서 보듯 1899~1902년에서만 두드러지게 상승했다. 이외의 기간에서 주가는 좁은 폭에서 등락을 반복했다. 그 결과 첫 단계 기간에서 주가는 1900년 이전과 이후로 나뉘어서 두 차례의 장기 박스권을 형성했다.

16회 경기확장 기간의 주가 상승률 평균은 20.7%, 경기수축 기간의 주가 하락률 평균은 9.4%였다. 또 1871~1919년 전체 연평균 주가 상승률은 1.13%에 그쳤다. 요컨대 당시 **48년간 주식 성과는 여의치 않았다.** 특히 기간 중 연평균 장기 채권수익률 3.9%, 연평균 주택가격 상승률 1.83%와 비교하면 더욱 그렇다.

이 사례를 참작하면 짧은 경기순환 주기로 인해 우리의 장기 주식투자 성과가 타 자산 대비 높지 않은 점을 이해할 수 있다.

■ 미국 경기수축 기간(음영) 중에는 미국 주가 약세, 경기 확장기간(여백)
　중에 주가상승

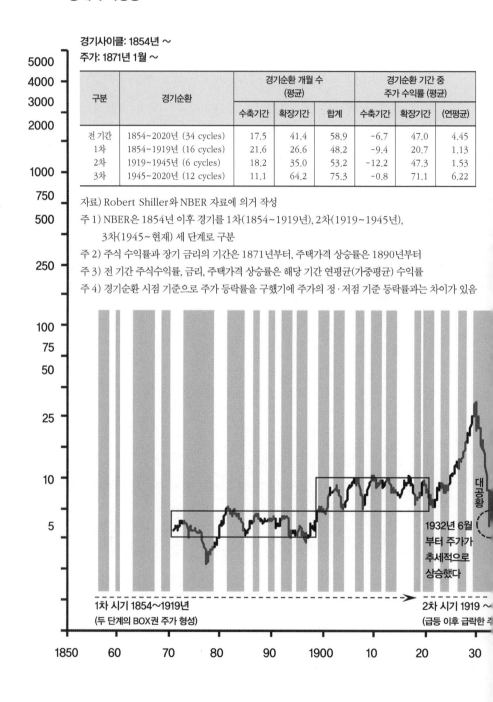

경기사이클: 1854년 ～
주가: 1871년 1월 ～

구분	경기순환	경기순환 개월 수 (평균)			경기순환 기간 중 주가 수익률 (평균)		
		수축기간	확장기간	합계	수축기간	확장기간	(연평균)
전 기간	1854~2020년 (34 cycles)	17.5	41.4	58.9	-6.7	47.0	4.45
1차	1854~1919년 (16 cycles)	21.6	26.6	48.2	-9.4	20.7	1.13
2차	1919~1945년 (6 cycles)	18.2	35.0	53.2	-12.2	47.3	1.53
3차	1945~2020년 (12 cycles)	11.1	64.2	75.3	-0.8	71.1	6.22

자료) Robert Shiller와 NBER 자료에 의거 작성
주 1) NBER은 1854년 이후 경기를 1차(1854~1919년), 2차(1919~1945년),
　　　3차(1945~현재) 세 단계로 구분
주 2) 주식 수익률과 장기 금리의 기간은 1871년부터, 주택가격 상승률은 1890년부터
주 3) 전 기간 주식수익률, 금리, 주택가격 상승률은 해당 기간 연평균(가중평균) 수익률
주 4) 경기순환 시점 기준으로 주가 등락률을 구했기에 주가의 정·저점 기준 등락률과는 차이가 있음

대공황

1932년 6월
부터 주가가
추세적으로
상승했다

1차 시기 1854~1919년
(두 단계의 BOX권 주가 형성)

2차 시기 1919 ～
(급등 이후 급락한 것

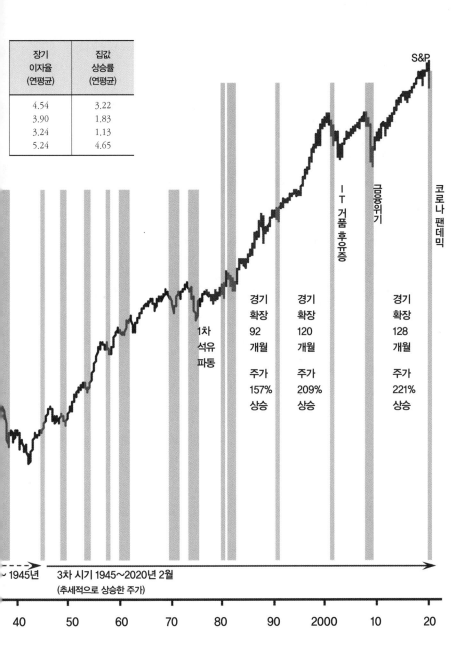

장기 이자율 (연평균)	집값 상승률 (연평균)
4.54	3.22
3.90	1.83
3.24	1.13
5.24	4.65

S&P

IT 거품 후유증

금융위기

코로나 팬데믹

1차 석유 파동

경기 확장 92 개월

주가 157% 상승

경기 확장 120 개월

주가 209% 상승

경기 확장 128 개월

주가 221% 상승

1945년

3차 시기 1945~2020년 2월
(추세적으로 상승한 주가)

40   50   60   70   80   90   2000   10   20

나. 경기확장 기간 증가로 주가 상승률이 제고된 1919~1945년

1919~1945년에는 대공황 이전에 3회, 대공황 이후 3회 등 총 6회의 경기순환이 있었다. 경기확장 6회의 평균 기간은 35개월로 1차 기간인 1854~1919년 중의 평균 경기확장 기간 26.6개월보다 31.5%나 늘었다. 경기확장이 뉴딜정책 효과 때문으로 평가되지만 경기부양의 실체는 2차 세계대전이라는 평가도 적지 않다.

반면 평균 경기수축 기간은 18.2개월로 1차 기간인 1854~1919년의 21.6개월보다 15.8%나 줄었다.

경기확장 6회의 평균 주가 상승률은 47.3%로 1차 평균 20.7%보다 배 이상 높아졌다. 주가 상승률 제고는 경기확장 기간이 늘었고, 대공황 직전의 주가 급등 때문이었다. **경기수축 6회의 평균 주가 하락률은 12.2%로 1차 기간 때보다 하락 폭이 3.8%p나 높아졌다. 주가 하락률 확대는 대공황 때문**이었다.

한편 2차 시기 1919~1945년의 연평균 주가 상승률은 1.53%로, 1차 시기의 1871~1919년 1.13%보다 높았다. 때문에 2차 시기의 주식은 1차 시기보다 다소나마 성과를 거둔 것으로 평가된다.

2차 시기에서 주식 성과의 개선은 자산 간 수익률 비교에서 엿보인다. 연평균 주가 수익률 1.53%는 연평균 수익률 3.24%를 기록한 금리보다 뒤떨어지지만, 두 자산 간 수익률 격차는 1차 시기의 2.77%p에서 1.17%p로 줄었다. 또 주식 성과는 당시 연평균 주택가격 상승률 1.13%보다 좋았다. 물론 주택 부문은 주택가격 상승률뿐만 아니라 주거비용도 고려해야 하기에 주식의 성과가 주택보다 좋았다고 할 순 없다. 그러나 예전보다 주식의 성과 개선은 사실인데, 이는 예전보다 늘어난 경기확장 기간 덕이지 않나 싶다.

다. 1945년 이후 대폭 늘어난 경기확장 기간 중 급등한 주가

미국 주가는 미국 경제의 셋째 단계 이전인 1932년 6월부터 2021년에 이르기까지 90년간 추세적으로 상승했다. 특히 미국의 2차 세계대전 참여 7개월 후(1941년 12월 일본의 진주만 기습)인 1942년 7월 이후 미국 주가는 가파르게 상승했다. 이 같은 미국 주가의 추세적 상승은 세계 경제에서 미국 비중 확대와 늘어난 경기확장 기간에 힘입어 기업 이익이 꾸준히 증가했기 때문이었다.

실로 미국은 2차 세계대전을 전후로 해서 초경제대국으로 자리를 잡았는데, 당시 미국 경제는 유럽 등 대다수 국가에 도움을 줄 정도로 컸다. 소련도 미국의 도움(무기대여법)으로 2차 세계대전을 치렀다. 또 미국은 1944년 7월 브레튼우즈 협정을 체결시켜 **달러를 기축통화**로 만들었다. 미국이 세계 자금을 움켜잡은 것이다.

이런 배경을 지닌 3차 시기인 1945년 10월~2020년 2월 중 경기순환이 12번 있었다. **12회의 경기확장 기간 평균은 1차 시기보다 141%, 2차 시기보다 83%나 늘어난 64.2개월**이나 되었다.

경기확장 기간이 이렇게 크게 늘어나자 기업 이익도 꾸준히 늘었다. 그 결과 **경기확장 12회 기간의 평균 주가 상승률은 무려 71.1%**나 되었다. 주가 상승의 기회가 많았으니 당연하다 하겠다.

3차 기간 중에는 경기수축 기간이 크게 줄었다. 즉 주식의 위험에 노출 기간이 준 것인데, **1945년 10월~2020년 2월까지 경기수축 12회의 평균 기간은 11.1개월**에 불과했다. 경기수축 기간이 1차 시기의 절반가량으로 줄었는데, **경기수축 기간 12회의 평균 주가 하락률은 0.8%**로 지극히 낮았다(주가 하락 기간 기준 주가 하락율은 제시된 수치보다 월등히 크다). 이는 1, 2차 시기의 평균 주가 하락률 9.4%, 12.2%와 비교하면 대단히 낮다.

1945년 10월~2020년 2월 중 **연평균 주가 상승률은 6.22%로** 1, 2차 기간 1.13%, 1.53% 대비 4배 이상 높아졌다. 또 기간 중 연평균 주가 상승률은 연평균 장기 이자율(10년 만기 국채 수익률) 5.24%, 연평균 주택가격 상승률 4.65%를 크게 상회했다. **주식이 자산 시장에서 최강자가** 된 것이다.

1982년 이후 대폭 확대된 경기확장 기간

1945~2020년 주식시장은 1982년 이전과 이후로도 구분할 수 있다. 이는 1982년 11월 이후의 경기확장 기간이 1945년 10월~1982년 11월 중의 경기확장 기간보다 더 늘었고, 1982년 상반기 이후 주가 상승이 그 이전보다 더 가팔랐기 때문이다.

  실로 **1991년 3월~2001년 3월까지 10년 간, 그리고 2009년 6월~2020년 2월까지 10년 8개월간의 경기확장은 경이롭기만 한데, 이 두 기간 중 미국 S&P 500지수는 무려 209.2%, 221.3%씩 상승**했다. 그 결과 우측 그림에서 보듯 1982년 하반기 이후인 기간 ②, ③ 중의 주가 상승 기울기는 ①의 주가 상승 기울기보다 가팔랐다. 1982년 하반기 이후 예전보다 빠른 주가 상승은 경기확장 기간 확대 이외의 다른 요인 덕도 있는데, 그것은 1981년 이후 **금리 하락과 401K로 인한 연금 자금의 주식시장 유입**이었다.

  미국의 장기 이자율은 1981년 9월 15.3%(9월의 일평균) 이후 줄곧 하락해서 2020년 4월에는 0.66%로까지 떨어졌다. 이런 금리 하락이 연금 자금의 주식시장 유입을 촉진시켰다. 즉 1982년 하반기 이후는 늘어나는 경기확장 기간과 기업 이익 증가가 주가를 상승시키자, 금리 상품에 미련을 떨친(금리 하락 때문에) 연금 자금이 주식시장에 유입되었다. 그 결과 주가 상승이 가속되었다.

- **1982년 8월 이후 미국 주가의 추세적 상승은 경기확장 기간 확대와 금리의 추세적 하락에 기인**

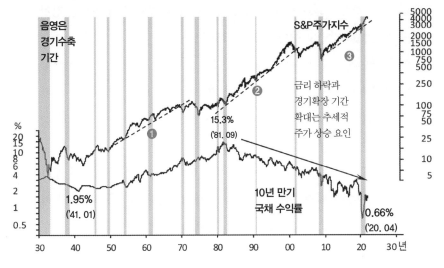

자료) Robert Shiller의 data에 의거 작성

　정리하면 **1854년 이후 2020년까지 166년 동안 추세적으로 미국의 경기확장 기간은 늘었고, 경기수축 기간은 줄었다.** 물론 지금까지 그랬다고 해서 그간의 추세가 이어질 것이라 할 순 없다. 그러나 미국 경제가 오랫동안 다져왔던 점을 감안하면 **앞으로도 미국 경기의 확장 기간은 길고 수축 기간은 짧을 듯하다.** 특히 **미국의 정책 수단은 다양하고 파격적이다. 또 미국 기업의 경쟁력이 세계 최고**인 점을 감안하면 향후에도 미국의 경기확장 기간은 길 듯하다. 요컨대 미국의 주가 상승 기회는 어느 국가보다 많을 듯싶다.

　때문에 앞으로도 미국 주가는 세계 주가를 선도할 것 같다. 사실 **미국을 대신해서 세계 경기와 주가를 이끌 곳이 마땅치 않다.**

라. 주가 하락 빈도는 경기수축 빈도보다 많았던 편

경기순환 주기 기준 경기수축 기간을 미국 주가 하락 기간으로 본다면 주가 하락 기간은 짧고 빈도도 적다. 그러나 **실제 주가 하락 빈도는 경기 수축 기간보다 많았고 주가 하락 정도도 컸다.**

다음 페이지 그림의 음영은 1971~2020년 3월 중 주가가 상당히 하락한 기간이다. 사선(斜線)으로 표시된 빗금 6회(A~F)는 경기수축과 주가 하락이 겹친 경우이고, 사선 이외의 음영 기간은 경기확장 중 주가가 하락한 기간이다(2020년 이후는 다루지 않았다).

사선의 빗금 기간, 즉 경기수축과 주가 하락이 겹친 6회 당시의 주가 하락은 경기수축 이전부터 시작(주가의 선행성 때문)**했다. 이 때문에 주가 하락 기간이 경기수축 기간보다 더 길었는데, 다행히 주가 바닥은 경기수축 종료 시점 또는 수축 종료 전에 형성되었다.**

다만 E에서 주가 하락은 경기수축 종료 11개월 이후까지 이어졌다. 투기로 인한 후유증 때문인데, 1990년대 후반~2000년 초 IT거품은 미국 역사상 가장 투기적이었다고 평가된다.

사선의 빗금 기간(A~F) 이외 나머지 음영(1~14)은 경기확장 중 주가가 하락했던 기간인데, 일부 기간에서 주가가 상당히 하락했거나 하락 기간이 길었다. 그러나 1980년대 중반 이후 **경기확장 중 주가 하락 기간은 대체로 짧았고 하락폭도 작았다.**

실제로 1980년대 중반 이후 경기확장 중 부담스런 주가 하락은 IT 버블 후유증 시절뿐이었다. 나머지의 경우 주가 하락 기간이 통상 2~8개월 정도였다. 주가 하락률이 커도 20% 내외에서 그쳤다. 주식투자에서는 감내 가능한 하락이라 하겠다.

정리하면 **경기확장 기간에도 주가가 자주 하락했기에 주가 하락 빈도는 경기수축 빈도보다 많았다. 그러나 경기확장 기간 중 주가 하락 기간은**

짧았고(2000년대 초반의 IT 거품 후유증 기간 제외), 하락폭도 1980년대 중반 이후 대체로 작았다. 경기수축과 연관된 주가 하락은 경기둔화 이전부터 시작되어서 큰 편이었지만, 대체로 경기수축 종료 시점에서 마무리되었다.

경기확장 기간 중의 감내 가능한 주가 하락, 경기수축 종료 시점에서 주가 하락 마무리(IT 거품 후유증 제외)를 고려하면 미국 주가는 경기순환 주기 중심으로 등락했다고 하겠다.

경기확장 기간 확대에 힘입어 예전보다 상당히 안정된 나스닥

2009년 이후 나스닥의 주가 상승률은 높기도 하지만 주가의 안정성도 S&P500보다 높아졌다. 이는 예전과 큰 차이점인데, 1982년 8월~2000년 3월 중 나스닥은 1175% 상승했지만 S&P500 성과는 1421%였다. 또 나스닥은 2000년 이전의 주가 하락 기간에 종종 크게 하락했다. 때문에 나스닥은 부담스런 투자 대상이었다.

그러나 상황이 바뀌었다. **2009년 2월~2020년 2월 중 나스닥 성과는 614%, S&P 500 성과는 362%로 나스닥이 월등했다. 또 2000년 이후 주가의 안정성도 나스닥이 S&P 500보다 높거나 비슷해졌다.** 예컨대 코로나19로 인해 2020년 2~3월 중 S&P 500이 35.4% 하락했지만 나스닥은 32.6% 하락에 그쳤다.

이러한 나스닥의 성과는 경기확장 기간의 확대와 연관된 것 같다. 경기확장 기간 증가에 따라 벤처기업들의 성장 기회가 예전보다 많아졌는데, 그 결과가 나스닥의 성과로 이어진 듯하다. 또 벤처기업의 성과로 인해 **투자 기준도 기업 가치보다 이익 증가**(momentum) **여부로 바뀌었다.** 경기확장 기간 증가는 이처럼 여러 변화를 유발했다.

■ 1970년 이후 주요 주가 하락 기간

• 사선(斜線)의 빗금 A~F는 경기수축 기간과 주가 하락이 겹친 기간

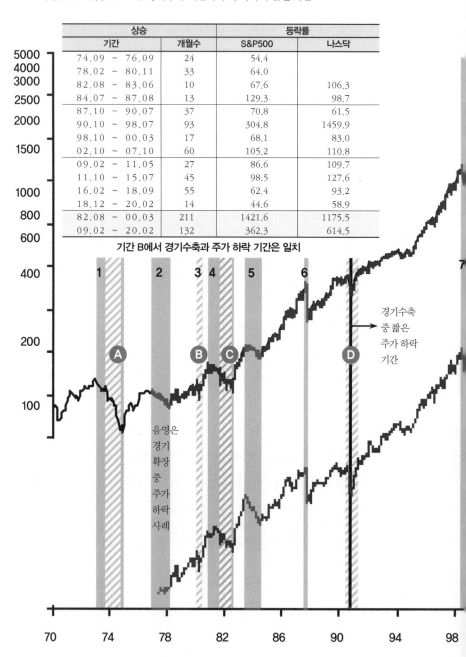

상승			등락률	
기간	개월수		S&P500	나스닥
74.09 ~ 76.09	24		54.4	
78.02 ~ 80.11	33		64.0	
82.08 ~ 83.06	10		67.6	106.3
84.07 ~ 87.08	13		129.3	98.7
87.10 ~ 90.07	37		70.8	61.5
90.10 ~ 98.07	93		304.8	1459.9
98.10 ~ 00.03	17		68.1	83.0
02.10 ~ 07.10	60		105.2	110.8
09.02 ~ 11.05	27		86.6	109.7
11.10 ~ 15.07	45		98.5	127.6
16.02 ~ 18.09	55		62.4	93.2
18.12 ~ 20.02	14		44.6	58.9
82.08 ~ 00.03	211		1421.6	1175.5
09.02 ~ 20.02	132		362.3	614.5

기간 B에서 경기수축과 주가 하락 기간은 일치

경기수축
중 짧은
주가 하락
기간

음영은
경기
확장
중
주가
하락
사례

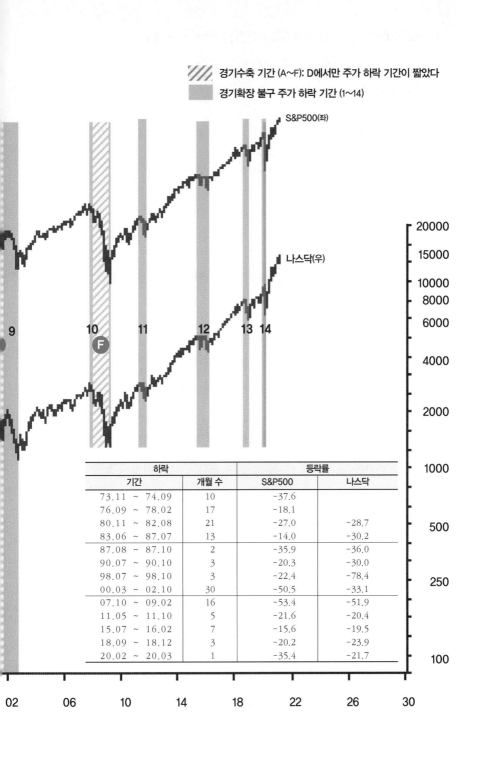

경기수축 기간 (A~F): D에서만 주가 하락 기간이 짧았다

경기확장 불구 주가 하락 기간 (1~14)

S&P500(좌)

20000
15000
10000
8000
6000

나스닥(우)

9   10   **F**   11   12   13   14   4000

2000

하락		등락률	
기간	개월 수	S&P500	나스닥
73.11 ~ 74.09	10	-37.6	
76.09 ~ 78.02	17	-18.1	
80.11 ~ 82.08	21	-27.0	-28.7
83.06 ~ 87.07	13	-14.0	-30.2
87.08 ~ 87.10	2	-35.9	-36.0
90.07 ~ 90.10	3	-20.3	-30.0
98.07 ~ 98.10	3	-22.4	-78.4
00.03 ~ 02.10	30	-50.5	-33.1
07.10 ~ 09.02	16	-53.4	-51.9
11.05 ~ 11.10	5	-21.6	-20.4
15.07 ~ 16.02	7	-15.6	-19.5
18.09 ~ 18.12	3	-20.2	-23.9
20.02 ~ 20.03	1	-35.4	-21.7

1000

500

250

100

02   06   10   14   18   22   26   30

마. 미국 대비 우리 경기의 확장 기간은 매우 짧은 편

미국 대비 **우리 경기의 순환 기간은 매우 짧다. 경기순환 주기가 짧으니 경기 기복도 잦은데,** 우리 경기는 1970년 1월~2017년 9월 중 11차례에 걸쳐 확장과 수축을 겪었다. 이어 2017년 10월부터 12번째 경기수축 기간에 들어섰다.

경기순환 기간을 정리하면 **경기확장 기간 평균은 33.7개월**에 불과했다. 또 11번 경기확장 중 3년 이상 경기확장은 4회 밖에 되지 않았다. 경기확장이 가장 길었던 경우는 11번째 경기순환인 2013년 3월~2017년 9월의 54개월이었다. 그러나 11번째 경기확장 기간의 체감경기는 매우 낮았다. 실제로 해당 기간 중 주가는 반도체가 주도한 2017년을 제외하고 내내 답보했다.

12번 있었던 **경기수축 기간 평균은 19.8개월**이었다. 가장 짧은 경기수축은 8번째인 2000년 9월~2001년 7월의 10개월이었고, 가장 긴 경기수축은 2017년 9월부터 시작되어 2020년 5월 현재까지 진행(추정)중이다.

그런데 아래 두 그림에서 보듯 **추세적으로 경기확장 기간은 짧아지고 경기수축 기간은 길어지고 있다.** 그 결과 **우리 주식의 위험에 노출 기간은 미국보다 배가량 길었다. 반면 주가 상승 기회는 절반도 되지 않았다.**

사실 이런 수치를 미국과 비교하는 게 계면쩍기도 하다. 1970년 이후 미국의 평균 경기확장 기간은 74개월, 평균 경기수축 기간은 12개월이었기 때문이다. 더구나 1991년 이후 미국은 두 차례에 걸쳐 10년 넘는 경기확장을 이루기도 했다. 이러한 점이 미국 주식을 돋보이게 한다.

■ 음영의 경기확장 기간 중 성장률은 대체로 상승

• 경기동행지수와 성장률의 정·저점이 일치하지는 않는다.

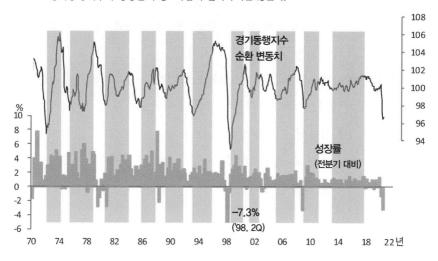

■ 경기확장은 짧아지고, 경기수축은 길어진 한국의 경기 순환

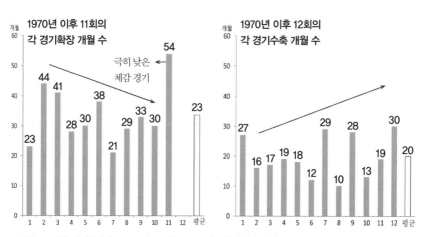

주) 12번째 경기수축은 2017년 10월~2020년 5월까지만 계산

또 우리의 경기동행지수 순환 변동치의 등락 진폭은 그간 컸다. 특히 해외 쪽에서 돌출 사안이 발생하면 경기동행지수 순환 변동치는 아래로 깊게 패였다. 물론 다른 국가 경제도 돌출 사안에 취약했지만, 수출 의존형 국가인 우리는 다른 국가보다 더 취약했다.

이같은 짧은 경기순환과 큰 경기변동으로 인해 우리 주가의 상승 기간은 미국 대비 짧았고, 주가 등락폭이 컸다. 돌이켜보면 우리 주가의 안정적 상승은 1970년대, 1980대 중반(1985년 하반기~1989년 1분기)**, 2000년대 중반**(2003~2007년 11월) **정도였지 않나 싶다. 2017년에 주가가 상승했지만 반도체 활황 덕에 잠시 반짝**였을 뿐이었다. 2020년에 대한 평가는 아직은 유보되었다.

향후 초점은 심한 경기 부침의 반복 가능성에 대한 우려다. 이와 관련하여 서울대 경제학부의 김세직 교수는 5년 단위로 그간 우리의 성장률이 1%p씩 떨어졌음을 지적했다. 김 교수 견해를 참작하면 코로나19가 극복되어도 길게 보면 우리 성장률은 1%대로 고착될 수 있다. 장기간에 걸친 지속적 성장률 둔화는 산업구조의 변화, 노동생산성과 고용 증가율 감소, 특히 고용이 지난 30여 년 간 생산성 높은 제조업에서 생산성 낮은 서비스업 쪽으로 재편되었기 때문으로 지적되고 있다. 문제는 이러한 지적 사안들이 기업에 비우호적인 정책 등을 감안하면 빠른 시일 내에 해소될 것 같지 않은 점이다.

이런 걸림돌 때문에 우리 경제 규모는 미국보다 엄청 작지만 우리 경제의 역동성은 미국보다도 느려졌다. 실제로 2000년 이후 우리 성장률은 빠르게 둔화되었다. 그 결과 2012년부터 미국과 우리 성장률이 비슷해졌다. 또한 2018~19년 미국 성장률은 우리를 앞섰다. 덩치가 크면 역동성이 떨어지는데, 미국은 그렇지 않은 것이다. 미국 주식의 높은 성과는 그만한 이유가 있는 것이다.

- **한국의 경기순환 주기는 짧고 경기 진폭은 큰 편, 이래서 우리 주가의 상승 기간은 미국보다 짧고 등락 진폭은 컸다.**

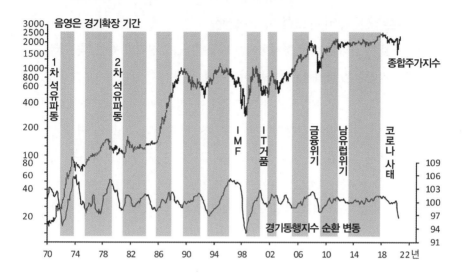

- **2012년부터 우리와 비슷해졌거나 높아진 미국 성장률**

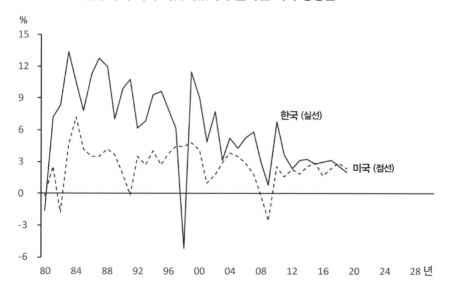

4. 미국 경제와 주가를 뒷받침하는 강력한 경제정책

가. 다른 국가 대비 견고한 미국 성장률

미국에 대한 신뢰는 미국 경제력에서 비롯된다. 그 신뢰의 원천, 즉 미국 경제의 강건함은 국가 간 성장률 비교에서 찾아볼 수 있다. 첫 그림에서 보듯 2007년 미국 성장률은 세계 성장률 대비 3.6%p나 낮았다. 그러나 2007년 이후 미국 성장률이 빠르게 회복됨에 따라 2020년 미국 성장률과 세계 성장률 간 격차가 0.6%p로 줄었다. 덩치가 크면 행동이 느린데, 미국 경제는 덩치도 크고 민첩했다. 실로 미국의 GDP는 우리보다 13배(2019년 기준)나 큰데, 우리보다 높은 2018~19년 미국 성장률은 놀라운 일이다.

그러나 예전을 살펴보면 미국의 높은 성장률이 그리 놀랍지 않다. 2000년 이전 **미국 성장률은 대체로 세계 성장률과 비슷하거나 높았기 때문**이다. 이 관점에서 보면 2000년대 낮은 미국의 성장률이 오히려 이례적이라 하겠는데, 특히 **미국은 2012년 이후 세계 경기야 여하튼 독자적으로 성장**했다. 둘째 그림에서 보듯 2007년 이전에는 미국 성장률이 둔화되어도 세계 성장률은 네 차례나 높았다(전년 대비 기준). 그러나 **2012년 이후 미국 성장률은 세계 성장률이 둔화되어도 높았던** 경우가 세 차례나 있다.

세계 경제가 여의치 않아도 이제 미국 경제는 괜찮아진 것이다. 이러한 독자성 확보 때문에 미국 이외의 지역에서 문제(예를 들어, 중국과 미국 간 무역 전쟁, 남유럽 파문 등)가 발생해도 미국 주가는 부정적인 영향을 받지 않았다. 높은 **미국 경기 수준과 홀로 설 수 있는 미국 경제를 감안하면 미국 주식시장은 독보적 여건을 갖춘 셈이다.**

■ 미국과 세계 성장률 간 격차 축소는 미국 경제의 강건함을 의미

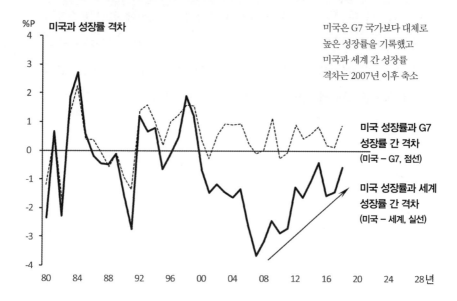

미국은 G7 국가보다 대체로
높은 성장률을 기록했고
미국과 세계 간 성장률
격차는 2007년 이후 축소

미국 성장과 G7
성장률 간 격차
(미국 − G7, 점선)

미국 성장률과 세계
성장률 간 격차
(미국 − 세계, 실선)

■ 2012년 이후 세계 성장률 하락 불구, 미국 성장률은 세 차례나 상승

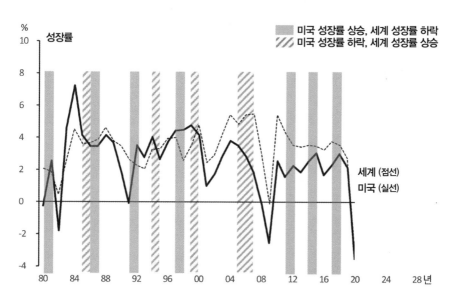

세계 (점선)
미국 (실선)

나. 미국 경제를 뒷받침하는 유연한 정책 수단

미국의 강건한 경제력 유지는 기업의 경쟁력, 제도 외에 유연한 경제정책이 뒷받침됐기에 가능했지 않나 싶다. 앞으로도 **미국은 경기가 수축되면 늘 그랬듯이 적극적 재정정책과 완화적 금융정책을 활용하고, 교역 상대 국가를 강하게 압박할 것 같다.** 2020년 사례를 통해 미국의 정책을 살펴본다.

엄청난 정부 지출(재정적자) 확대로 경기를 부양하는 미국

경기가 어려우면 모든 국가가 정부 지출에 매달리게 된다. 가계, 기업, 정부 세 경제 주체 중 정부만 돈을 쓸 여유가 있기 때문인데, 정부의 여유란 재정 지출을 늘리는 것이다(재정적자 확대).

사실 각국 정부는 경기부양과 관련하여 적당한 명분만 있으면 주저 않고 돈을 쓴다. 2020년에도 각국 정부는 포퓰리즘이라 할 정도로 돈을 썼다. 포퓰리즘이라 한 것은 2020년 한 해에만 각국 정부 부채(43개국 기준)가 GDP 대비 32.6%p나 늘었기 때문이다.

무엇보다 미국 정부의 경기부양은 규모 면에서 엄청난데, 미국은 통상 효과 극대화를 유발하기 위해 짧은 기간 동안 융단 폭격식으로 정부 돈을 쏟아 부었다. 예컨대 미국 의회예산국은 2020년 3월에 연방정부의 2020년 재정적자를 1조730억 달러로 추산했다.

그러나 2020년 4월에 코로나19로 인해 재정적자 규모를 3조7천억 달러(우리 GDP의 2.2배)로 대폭 확대 수정했다. 그 결과 2020년 GDP 대비 미국 정부 부채 규모가 2019년 104%에서 140%로 무려 36%p나 뛰어올랐다. 당시 우리의 GDP 대비 정부 부채 증가 8.7%p(44.8%→53.5%)와 비교하면 엄청난 경기부양이었다.

■ 세계적으로 부채는 2020년 한 해에만 GDP 대비 44.1%P나 증가

• 정부 부채 32.6%p, 가계 부채 7.9%p, 기업 부채 3.6%p 증가

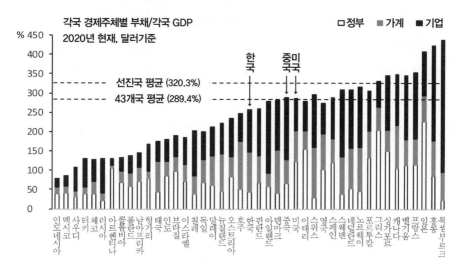

■ 음영은 미국 성장률이 안정될 때까지 정부 부채가 크게 늘었던 기간

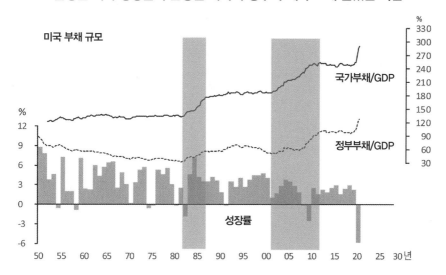

물론 일부 국가의 정부 부채 증가율은 미국보다 더 높다. 그러나 해당 국가의 경제 규모는 작기에 큰 의미가 없었다. 실로 금액 기준 미국 정부의 경기부양 규모와 비견될 만한 국가는 없다.

이처럼 미국은 재정지출을 대폭 확대해서(기축통화 국가만이 할 수 있을 것이다) 경기를 빠르게 회복시켰다. 그 덕에 미국 가계가 부채 부담에서 벗어나 정상적으로 경제활동을 했는데, 2020년 미국 가계부채/GDP는 전년 대비 4.7%p 증가에 그쳤다. 이는 선진국 가계의 평균 7.4%p 부채 증가, 개도국 가계의 평균 8.5%P 부채 증가 대비 현저히 낮다(한국 8.4%p 증가). 참고로 2008년 1분기에 98.6%였던 미국 가계부채/GDP가 2020년 말에는 79.6%로 낮아졌다. 재정지출(재정적자) 확대 덕이지 않나 싶은데, 앞으로도 미국은 다급하면 적극적 재정정책을 쓸 것 같다.

파격적인 금융정책이 경제뿐만 아니라 주가도 부양

2020년 미국은 재정지출 확대뿐만 아니라 파격적인 금융정책도 시행했다. 앞으로도 물가가 매우 급박하게 악화되지 않으면 유화적 금융정책을 쓸 것으로 보인다. 다음은 금융정책과 관련된 사례다.

2020년 2월 말 미국의 기준금리는 1.5~1.75%였다. 그런데 팬데믹이 거론되자 **3월에 통상 0.25%씩 순차적으로 낮추던 기준금리를 한 달 만에 1.5%포인트나 낮추어 0~0.25%로 만들었다.** 사실상 '0%'였다. 또 2020년 9월에는 2023년까지 기준금리 '0%' 가능성을 열어 두었다. 경우에 따라서는 미국 기준금리의 '마이너스' 가능성도 우회적으로 시사했다. 그러나 이러한 **급격한 금리정책은 이례적이지 않다. 경기 회복이 충분할 때까지 시행되었던 예전의 기준금리 인하 조치가 되풀이된 것**뿐이었다(둘째 그림 참조).

■ 추세적으로 감소한 미국 가계부채/미국GDP

• 코로나19 사태에도 불구하고 소폭 증가에 그친 2020년 미국의 가계부채

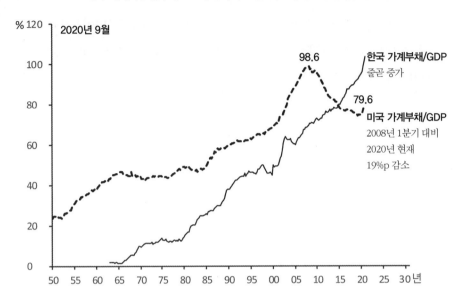

■ 미국 경기가 충분히 회복할 때까지 인하된 미국의 기준금리

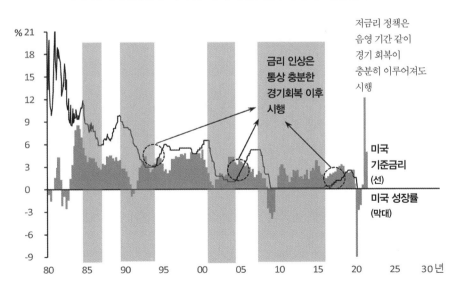

실제로 미국은 앞 페이지 둘째 그림의 음영 기간에서 같이 경기가 힘들어지면 금리를 파격적으로 낮추었다. 이런 조치는 그린스펀 시절부터 (1987~2006년 중 FRB 의장 재임) 해왔다. 사실 **2008년 12월부터 2015년 11월까지 7년이나 기준금리를 0.25%로 해왔던 적이 있기에 2020년의 0% 금리가 낯설지 않다.**

FRB는 물가상승을 눈감아줄 의사도 비쳤다. 평균물가안정 목표를 2%로 설정하고 물가상승률이 일정 기간 2%를 넘어도 용인하겠다고 했다. 즉 물가가 2%를 웃돌아도 일시적 물가상승이라 간주하고 금리 인상과 긴축을 하지 않겠다는 것이다. 눈을 감고 물가상승을 무시하겠다는 것인데, 이는 FRB 본연의 업무를 포기하는 것이다.

또 FRB는 기업 지원에 적극 나섰다. 통상 경제적 큰 사건이 발생하면 기업체들은 부도 위험에 직면한다. 금융위기 때나 IMF 외환위기 시절 개도국에서 혹독한 주가 폭락은 부도 위험 때문이었다. 이래서 FRB는 코로나19 팬데믹 사태 초기 단계에서 기업체 채권까지 매입에 나섰다. 특히 이 과정에서 부실업체가 발행한 채권까지 매입해서 기업의 부도 위험을 대폭 줄여주었다.

이런 조치로 인해 미국 FRB가 도덕성 논란에 휩싸였지만, 그렇게 했기에 미국 주가가 팬데믹 사태로부터 조기에 벗어날 수 있었다. 또 그 덕에 **2020년 8월부터 미국 주가는 사상 최고치를 계속 갈아치우면서 상승**했다. 한편 **대다수 국가가 이러한 미국의 재정·금융정책을 답습**했다. 미국도 하는데 '나'도 해보자는 것이다. 이에 힘입어 각국 주가도 미국 주가 따라하기를 통해 급반등했다.

요컨대 **2020년에도 미국의 FRB는 2008년 금융위기 문제를 해결한 것 같이 최종 대부자**(貸付者) **즉 해결사** 역할을 했다. 그러나 물가 불안, 부의 양극화, 도덕성 논란 등 적지 않은 문제는 남겼다.

교역 상대 국가로부터 양보를 받아낼 듯

트럼프 행정부 시절 내내 미국은 '아메리카 퍼스트(America First)**'를 외쳤고 교역 상대 국가를 강하게 압박**했다. 그렇게 해서 교역 상대 국가로부터 최대한 양보를 받아냈다.

이러한 정책은 바이든 정부에서도 이어질 것 같다. 물론 트럼프의 우격다짐보다 방법이 다듬어지겠지만 실제 내용은 크게 바뀔 것 같지 않다. 트럼프의 대외 무역 정책은 미국 국민 절대 다수로부터 큰 호응을 얻었기 때문이다.

사실 **수출이란 각국이 자국의 실업**(失業)**을 상대 국가에 전가**(轉嫁)**하는** 것인데, 수출보다 과다하게 수입하는 국가의 경제는 피폐해지기 마련이다. 때문에 2020년 한 해에 경상수지 적자 6463억 달러를 기록한 미국 입장에서 상대 국가에 양보 요구는 당연하다고 하겠다. 특히 2020년 적자는 GDP의 3.1%에 해당되는데, 이는 미국 고용에도 큰 부담을 준다. 또 큰 적자는 달러 약세를 통해 물가 불안을 유발한다. 때문에 향후 미국은 대외 수지 개선을 위해 온갖 조치를 지속적으로 꾀할 것 같다.

이상은 그간 미국이 2020년 경기 상황과 관련해서 취한 조치를 거론한 것이다. **정리하면 미국은 자국 경기의 안정을 위해서라면 어떤 조치든 했고 앞으로도 할 것이란 점이다. 이러한 강력한 정책이 향후에도 미국 주가의 안정·상승에 큰 도움이 될 듯하다.**

5. 기업 이익에 순응하면서 상승한 미국 주가

이익 추이와 동행한 미국 주가

일부 예외는 있었지만 **미국 주가는 기업 이익 추이와 동행해 왔다.** 다음 페이지 그림의 음영은 기업 이익 증가 기간이고 여백은 기업 이익 감소 기간이다. 그림을 한마디로 정리하면 우리 같이 **이익이 늘어날 때 주가가 상승했고, 이익이 줄어들 때 주가 흐름이 취약했다.**

즉 **미국 주가도 기업 이익 수준보다 이익 방향을 중시**했던 것이다. 예컨대 시점 2의 경우 이익 수준은 시점 1보다 낮지만 이익 증가의 시작점이었다. 반면 시점 1에서는 이익 감소가 시작되었는데, 이 때문에 시점 2의 주가가 시점 1보다 높았던 것 같다.

또 시점 4의 이익 규모는 시점 3의 이익 규모보다 월등히 크다. 그러나 시점 4에서 주가는 이익이 감소 중이어서 더 이상 상승하지 못했다. 반면 시점 3에서 이익은 증가 중이었다. 이처럼 **미국, 한국 모두 주가는 이익 증감 방향을 중시했다**(3장-1, 3 참조).

물론 **이익 정점과 주가 정점, 이익 바닥과 주가 바닥이 모두 일치하지 않는다.** 하지만 **이는 주가의 이익에 대한 반응 시차 문제일 뿐이다. 초점은 추세적으로 주가가 이익 증감 방향에 따라 등락했다는 점이다.** 즉 미국에서도 주가는 우리 경우와 같이 기업 이익의 그림자였을 뿐이었다.

물론, **일부 예외가 있다.** 그림의 기간 A, B, C에서 이익이 감소했지만 주가가 상승했다. 특히 기간 A의 경우 금리가 답보했고, 기간 B에서 금리는 상승했다. 기간 C에서는 금리가 하락했는데, 금리로도 세 경우를 설득력 있게 설명하기 어렵다.

하지만 주가와 이익 추이 간 방향이 **어긋난 예외는 세 경우 정도**였다. **더구나 B, C의 기간은 짧다.** 때문에 세 경우로 인해 이익 증감에 따른

주가 등락 가정이 방해받지 않을 것 같다.

한편 미국 이익 전망치는 유료로 제공되기에 투자자가 접근하기 어렵다. 하지만 투자자들은 증권사에 미국 기업 이익 전망치를 주기적으로 요청하면 자료 문제를 해결할 수 있다.

1932년 이후 일정한 속도를 유지한 미국 기업의 이익 증가율

1932년 이후 **미국 기업의 이익은 일정한 속도를 유지하면서 증가**했다 (그림의 기업 이익은 로그로 환산해서 작성하였다). 특히 그림에서 보듯이 이익 추이의 상하 폭과 기울기가 일정했다. 이익이 증가해도 그 수준이 각 시점의 윗선 이상을 넘어서지 않았다. 이익이 감소할 때도 아랫선 이하로 줄지 않아 주가의 상승 추세대와 비슷했다.

물론 미국 발 금융위기 당시 미국 기업 이익이 엄청 줄었다. **그러나 미국 기업 이익은 곧 이익 추이의 아랫선 위쪽으로 회복했다. 빠르고 강한 기업 이익의 복원력**이었다. 이는 들쭉날쭉한 우리 기업 이익과는 큰 차이점이라 하겠다.

참고로 이익의 윗선과 아랫선 가운데에 중간선을 넣었다. 이익이 큰 구도로는 윗선과 아랫선 사이를 오르내리면서 증가했지만, **이익은 대체로 중간선 이상에 위치했기 때문이다. 부연하면 이익 규모가 중간선 정도로까지 떨어지면, 그 이후 추가 이익 감소 정도가 작았고, 이익 감소 기간도 짧았다.**

때문에 **이익이 중간선 정도로까지 줄면 향후 상황을 긍정적으로 검토해 볼 수 있겠다.** 이익이 중간선 정도로까지 떨어지면 순차적 주식 매입에 나설 만하다는 것이다. 미국의 짧은 경기수축 기간을 감안하면 고려해 볼만하지 않나 싶다.

■ 음영의 이익 증가 기간 중 주가는 상승

이익 증감 방향을 중시한 주가

시점 1의 이익 수준은 시점 2보다 높지만,
이익 감소 시작점이었다.
반면 시점 2의 이익은 증가 시작점인데,
이 때문에 시점 2의 주가가 시점 1보다 높았던 것 같다.
시점 4의 이익 수준은 시점 3보다 보다 높지만
시점 4의 이익은 정점을 경과했다.
반면 시점 3에서 이익은 증가 중이었다.
이 때문에 시점 3의 주가는 시점 4보다 낮은 이익 불구,
시점 4의 주가 수준과 비슷했던 것 같다.
이런 사례는 주가가 이익 증감 방향을
중시한 것이라 하겠다.

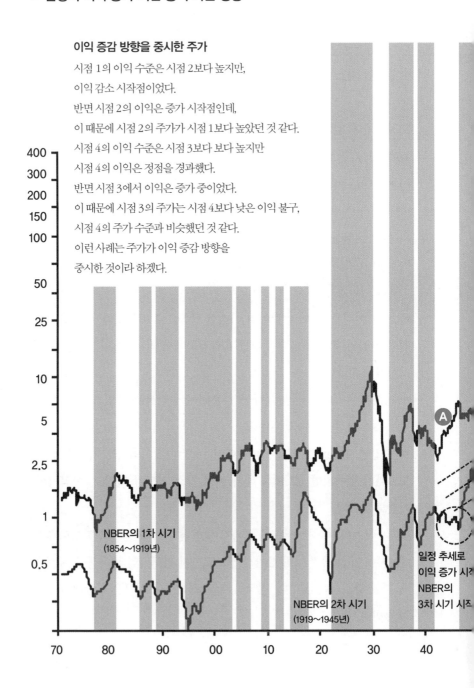

NBER의 1차 시기
(1854~1919년)

NBER의 2차 시기
(1919~1945년)

일정 추세로
이익 증가 시7
NBER의
3차 시기 시

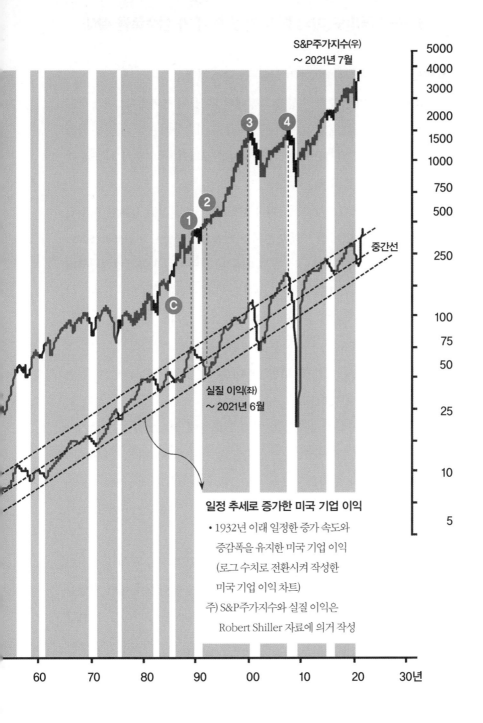

S&P주가지수(우)
~ 2021년 7월

5000
4000
3000

2000
1500
1000
750
500

250

중간선

100
75
50

25

실질 이익(좌)
~ 2021년 6월

10

일정 추세로 증가한 미국 기업 이익

• 1932년 이래 일정한 증가 속도와
  증감폭을 유지한 미국 기업 이익
  (로그 수치로 전환시켜 작성한
  미국 기업 이익 차트)
  주) S&P주가지수와 실질 이익은
  Robert Shiller 자료에 의거 작성

5

60   70   80   90   00   10   20   30년

6. 미국 금리도 이익 증가 기간 중 주가 상승폭을 확대

1981년 이후의 금리 하락이 주가 상승폭을 대폭 확대

1982년 이후 미국 주가의 상승 과정에서 PER이 높아졌다. 주가 상승 과정에서 PER 상승은 이익 증가율보다 주가 상승률이 높다는 것을 의미한다. 이 같은 양상은 **1981년 이후 낮아진 금리가 이익 증가 기간에 주가 상승을 증폭**시켰기 때문이다.

다음 페이지 그림에서 보듯 **미국 PER은 금리 정점 6개월 이후인 1982년 3월에 6.95를 기록하면서 바닥을 쳤다**(로버트 실러Robert Shiller 의 CAPE[경기 상황을 조정한 PER]기준). **그 이후 미국 주가는 1982년 8월부터 상승했다.** 물론 주가 상승은 이익 증가로 인한 것이었고, PER 상승은 이익 증가 기간 중 저금리가 이익 증가 이상으로 주가를 상승시켰기 때문이었다. 그런데 PER이 너무 상승(투기로 볼 수 있을 정도)한 적이 있다. IT 거품이 컸던 1999년 12월에 CAPE는 44.2배나 되었다. PER이 18년 만에 635%나 높아진 것이다.

이는 1982년 3월에 1주당 순이익 100원에 695원이었던 주가가 1999년 말에는 1주당 순이익 100원에 4420원이 되었다는 뜻이다. 비록 10년 만기 국채 수익률 기준 금리가 1982년 3월 13.86%에서 1999년 말에 6.28%로까지 떨어졌지만, 이 같은 주가 상승은 지나쳤다. 결국 그 이후 이익 감소 과정에서 주가가 폭락했다.

무리가 있었지만 여하튼 상기 사례는 금리의 주가 상승폭 확대 예시인데, **그림의 기간 1, 2, 3, 5, 7에서 금리의 주가 등락폭에 대한 영향을 찾아볼 수 있다.** 거론한 다섯 차례는 큰 구도 측면에서 주가상승·강보합 기간인데 당시 이익은 모두 증가했다. 그러나 다섯 경우 PER 추이는 각기 달랐다. **금리 하락 기간인 3, 7에서 PER의 상승폭이 매우 컸다.** 이익 증가 정도보다 주가 상승폭이 컸던 것이다. **완만한 금리 상승 기간인 1에서 PER은 완만하게 상승했다.** 금리가 이익 증가보다 주가 상승을 다소 더 부추긴 것이다. 또 **금리가 답보했던 기간 5에서 PER은 답보**했다. 이익 증가만큼만 주가가 상승한 것이다. **반면, 기간 2에서는 빠른 금리 상승으로 인해 PER이 하락했는데, 큰 구도 측면에서 기간 2 당시 주가는 보합세였다.** 금리가 빠르게 상승했으나 이익 증가가 주가 하락을 억제했기 때문이었다.

이상의 사례는 금리의 주가 등락폭에 영향이 절대적임을 시사한다. 덧붙여 **기간 1**(완만한 금리 상승), **기간 2**(빠른 금리 상승) **사례는 금리가 상승해도 이익이 증가하면, 주가가 상승·안정**될 수 있음을 시사한다. 금리의 주가 등락 방향에 영향이 적다는 것이다.

금리의 큰 폭 하락 불구, 이익이 감소하면 주가 하락

또 다른 주목할 부분은 기간 4와 6이다. 당시 금리는 그 어느 때보다 빠르게 하락했다. IT 거품 후유증과 금융위기란 큰 부담 때문에 FRB는 금리를 급격하게 인하했다.

그러나 **기간 4, 6에서 주가는 금리 하락에도 불구하고 이익 감소로 인해 하락했다. 당시 두 경우 PER은 급락**했다. 특히 금융위기 당시 PER은 부도 공포로 인해 1986년 연말 수준인 14.1배로까지 하락했다. 이익 감소 정도보다 주가 하락 정도가 더 컸던 것이다. 이 같은 **금리 하락에도 불구하고 주가 하락은 금리와 주가 방향 간 엷은 연관성을 뜻한다.**

정리하면 **금리 등락의 주가 방향에 미친 영향은 적었다. 때문에 미국 주가 전망은 금리 등락보다 기업 이익 증감 여부에 초점을 두어야** 하겠다. 요컨대 금리가 높아져도 이익이 증가하면 미국 주가는 금리 상승을 개의치 않을 것 같다.

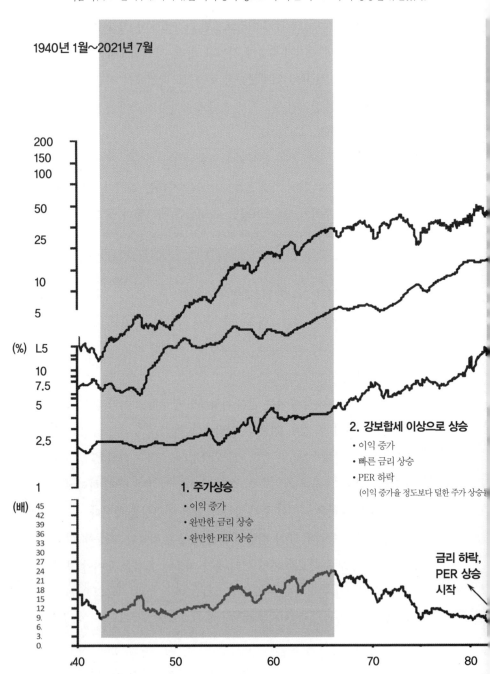

■ **1981년 이후 금리 하락에 따라 높아진 미국 PER(주가/1주당순이익)**

• 저금리(1981년 이후 금리 하락)는 이익 증가 정도보다 더 큰 폭으로 주가 상승을 유발했다.

1940년 1월~2021년 7월

(%)

(배)

1. 주가상승
• 이익 증가
• 완만한 금리 상승
• 완만한 PER 상승

2. 강보합세 이상으로 상승
• 이익 증가
• 빠른 금리 상승
• PER 하락
  (이익 증가율 정도보다 덜한 주가 상승률

**금리 하락,
PER 상승
시작**

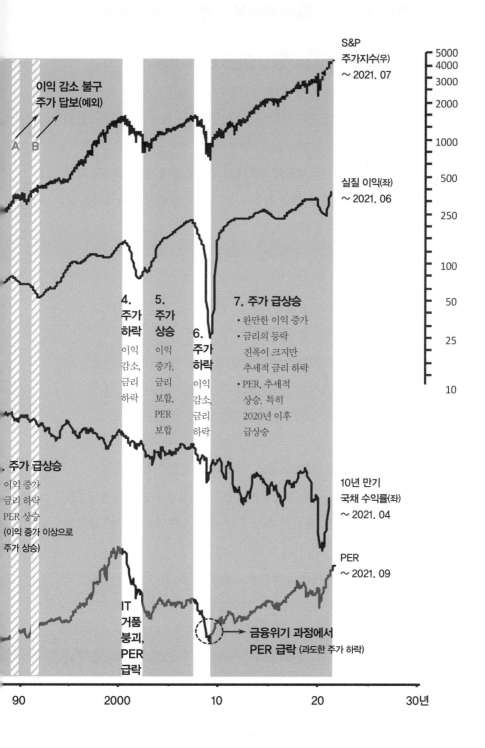

이익 감소 불구
주가 답보(예외)

A B

S&P
주가지수(우)
~ 2021. 07

실질 이익(좌)
~ 2021. 06

4.
주가
하락

이익
감소,
금리
하락

5.
주가
상승

이익
증가,
금리
보합,
PER
보합

6.
주가
하락

이익
감소,
금리
하락

7. 주가 급상승
• 완만한 이익 증가
• 금리의 등락
  진폭이 크지만
  추세적 금리 하락
• PER, 추세적
  상승. 특히
  2020년 이후
  급상승

. 주가 급상승

이익 증가
금리 하락
PER 상승
(이익 증가 이상으로
주가 상승)

10년 만기
국채 수익률(좌)
~ 2021. 04

PER
~ 2021. 09

IT
거품
붕괴,
PER
급락

금융위기 과정에서
PER 급락 (과도한 주가 하락)

5000
4000
3000
2000

1000

500

250

100

50

25

10

90   2000   10   20   30년

7. 기업 이익과 기술적 분석을 결합해서 본 미국 주가

미국 S&P500지수, 1932~2021년 중 일정한 추세로 상승

이익 추이에 따라 주가 방향이 정해지면 다음 관심은 주가의 등락 속도와 등락 진폭 쪽으로 쏠린다. 이와 관련하여 추세선과 기업 이익 결합이 미국 주가 상황 파악에 도움이 될 듯하다.

미국 주가는 1932년 6월부터 2021년 7월에 걸쳐 다음 페이지 그림에서와 같이 90년간 일정 상승 기울기(상승 속도)**와 등락폭을 유지하는 초대형 상승 추세대를 형성했다.**

초대형 상승 추세대의 윗선은 1선, 아랫선은 2선으로 볼 수 있다. 다만 1997~2001년에 이어 2021년에도 주가가 추세대 윗선인 1선을 상회했기에 초대형 상승 추세대 윗선의 수정 여지가 없지 않다. 그러나 수정 여부는 좀 더 지켜보아야 할 것 같다.

이 초대형 상승 추세대는 네 개의 대형 상승 추세대와 두 개의 대형 박스권, 한 개의 쐐기모형으로 구성되었는데, 각 모형은 여러 중기 주가모형을 내재하고 있다. 각 모형을 세세히 기술하지는 않았다.

추세대에서 주가의 하락 전환(주가 정점) **시점은 이익 정점 전후**

미국 경우도 **주가 방향의 전환은 기업 이익 정·저점 전후에서 발생했는데, 기업 이익 정·저점 시점이 추세선·추세대 측면에서도 주가 추세의 전환 시점이었다.** 앞서 본 우리 사례와 같다.

주가의 하락 반전 사례를 살펴본다. 그림의 시점 가, 나, 라, 마에서 주가가 하락으로 반전했다. 당시 주가는 초대형 추세대 윗선를 상회했거나 근접했다. 주가의 기술적 측면에서 주가가 충분히 상승했다는 징후인데, 당시가 이익 정점이었다. 요컨대 이익 정점(이익 감소 시작) 시점에서 주가가 기술적으로도 충분히 상승했기에 하락했던 것이다. 이처럼 주가의 기술적 사안과 기업 이익 두 부문은 맞물려 있다.

주가는 기술적 분석보다 기업 이익 추이를 더 중시

1990년대 후반인 그림의 기간 '다'에서 주가는 초대형 추세대 윗선인 1선을 오랫동안 그리고 큰 폭으로 상회했다. 때문에 기술적 측면에서 주가를 설명하기 어려웠다. 그러나 기업 이익 측면에서는 설명이 가능했다. 로버트 실러의 자료 기준으로 볼 때 당시 이익 정점은 주가 정점(2000년 8월) 1개월 후인 2000년 9월이었기 때문이다. 즉 이익 증가 기간의 주가 상승이어서 당시 상황은 정상적이라 하겠다.

다만 이 과정에서 금리가 이익 증가 정도보다 과도하게 주가 상승을 부추겨 주가가 초대형 추세대 윗선을 넘어섰다. 또 PER(주가/1주당순이익)이 44.2배(이익으로 투자금을 회수하는데 44.2년 소요)로 상승했다. 주가 상승폭이 터무니없이 컸지만 이익 정점 시점까지 상승이었기에 있을 수 있는 사안이라 하겠다. 때문에 주가 판단에서는 기업 이익의 정·저점을 우선적으로 감안해야 하겠다.

이익 추이만 놓고 보면 당시 주가는 상승할 수 있었지만 상승 정도가 지나치게 컸다. 때문에 **그 이후 이익이 감소하자 주가가 폭락**했다(이익 수준에 대한 주가의 사후적 반응, 1장-1-가 참조). 그 결과 S&P500은 추세대 1선과 2선 범위 내로 들어왔다. 이래서 초대형 상승 추세대의 골격이 훼손되지 않고 유지되었다.

추세대에서 주가의 상승 전환(주가 바닥) 시점은 이익 바닥 직전

하락하던 주가가 그림의 시점 A, B, C, D에서 상승 전환했다. 당시 주가는 추세대 아랫선을 하향했지만 크게 하회하지는 않았다.

■ 90년간 일정 추세로 상승한 미국 S&P500 (~ 2021년 7월)

- 초대형 상승 추세대는 4개의 대형 상승 추세대와 2개의 대형 BOX권, 1개의 대형 쐐기 모형으로 구성되었다.
- 2021년 7월 현재 주가가 초대형 상승 추세대 윗선(1선)을 넘어섰지만 2000년대 초(그림 의 다)보다 그 정도가 심하진 않다(덜 투기적?).

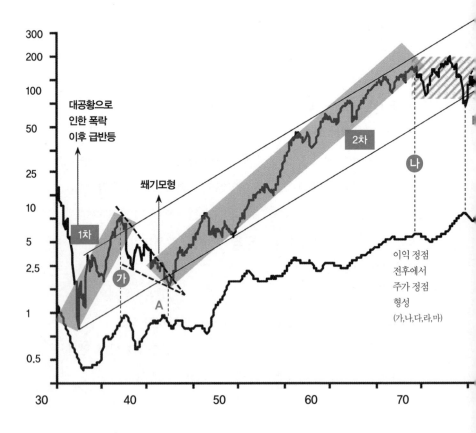

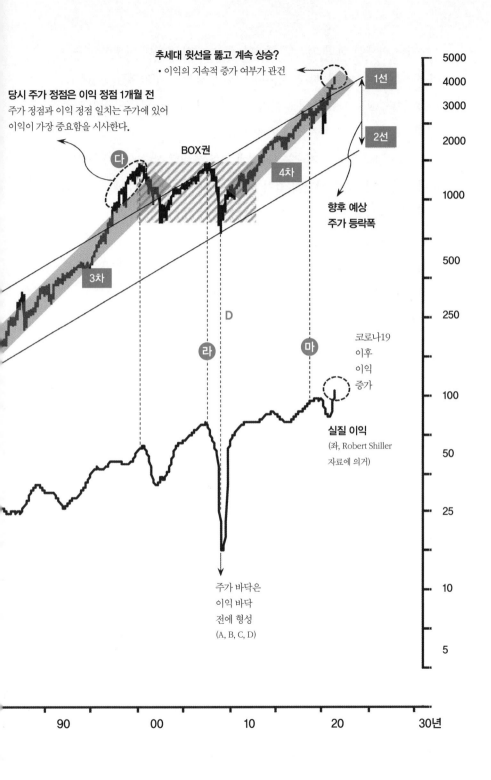

주가의 아랫선 하회 기간도 짧았다. 즉 초대형 추세대 아랫선은 주가의 지지선 역할을 충분히 한 셈이다. 그런데 당시가 이익 저점 전(주가의 선행성)이었다. 상승 전환 과정도 이처럼 추세선과 이익은 한 묶음이기에 주가 판단은 두 측면을 동시에 감안해야 한다.

정리하면 **S&P500 지수는 90년에 걸쳐 초대형 상승 추세대를 형성하며 상승했다. 오랜 기간에 걸쳐 형성된 추세인 만큼 향후에도 그간의 추세대는 유지**될 듯싶다. 즉 초대형 상승 추세대 윗선은 미래의 각 해당 시점에서 주가 상승을 억제(그래도 주가가 초대형 상승 추세대 윗선을 넘어설 수 있다)하고, 초대형 상승 추세대 아랫선은 미래의 각 시점에서 주가 하락을 방어할 것 같다.

주가가 추세적으로 상승해도 기복은 있는데, 향후 기복 크기는 그간의 추세대 폭이 될 듯싶다. 부연하면 향후에도 미국 주가는 초대형 상승 추세대 내에서 여러 대형 추세대를 만들며 등락할 것 같다.

기술적 관점에서 향후 미국 주가에 대한 다양한 생각

2021년 7월 현재 주가가 이익의 지속적 증가에 따라 초장기 추세대 윗선을 넘어섰다. 이와 관련하여 **향후 주가 전망은 과거 세 사례가 참고될 것** 같다. **첫째는 그림의 A 같은 완만한 주가 상승의 경우다.** 당시 기간 A에서 이익은 추세적으로 증가했지만(일시적 이익 감소 기간도 있다) 금리가 상승하고, 주가가 추세대 윗선(저항선)까지 상승한데 따른 부담이 컸다. 이 때문에 기간 A에서 주가 상승이 완만했다. 실제로 13년 1개월간 주가가 132%, 연율로는 6.7% 상승했는데, 이는 당시 국채 수익률 4~6%보다 다소 높은 정도였다.

두 번째는 주가가 초장기 추세대 윗선을 뚫고 계속 상승하는 경우다. 기간 B가 이에 해당되는데, 주가는 이익 정점 1개월 전까지 상승했다. 당

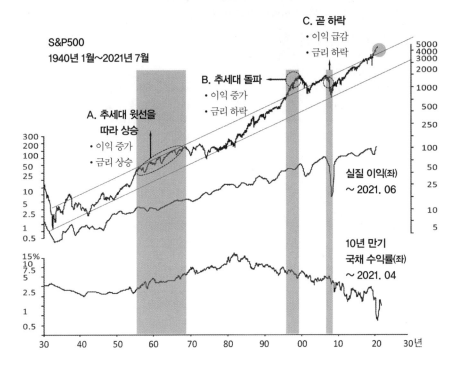

■ 2021년 7월 이후 상황 관련 세 측면에서 검토 사안

S&P500
1940년 1월~2021년 7월

C. 곧 하락
• 이익 급감
• 금리 하락

B. 추세대 돌파
• 이익 증가
• 금리 하락

A. 추세대 윗선을
따라 상승
• 이익 증가
• 금리 상승

실질 이익(좌)
~ 2021. 06

10년 만기
국채 수익률(좌)
~ 2021. 04

시 금리는 하락했다. **세 번째는 C에서 같은 주가 하락이다.** 당시 금리는 하락했지만 이익이 감소했다. 기간 B 이후도 C와 같은데, 이익이 감소하면 금리가 하락해도 주가는 하락한다.

이상 세 사례에 비추어 보면 **이익의 추세적 증가 여부가 가장 중요하다.** 그 다음 중요 사안이 금리 등락 여부다. 때문에 향후 미국 주가 전망은 미국 기업의 이익 증가 여부를 중심으로 다뤄져야 하겠다. 참고로 2021년 9월까지 미국 기업 이익은 늘었음을 밝힌다.

다음 페이지의 그림은 1932년 이후 형성된 초대형 추세대 내 넷째 대형추세다. 아래 그림은 2020년 2월~2021년 11월 상황인데, 상승 추세를 유지하고 있다. 그리고 우측 차트는 2000년 전후 상황이다.

■ 네 개의 중기 상승 추세대로 구성된 2012년~2021년 미국 주가

• 2021년 7월 현재 주가는 네 번째 대형 상승 추세대 범주 내에서 상승 중이다.
  네 번째 추세대 기준으로는 정상적인 주가 흐름이다.

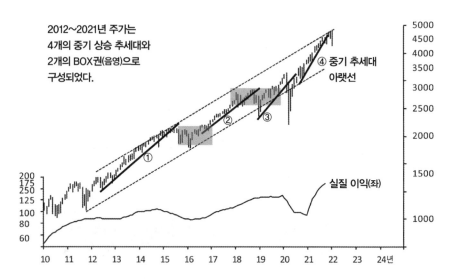

■ 주가 상승 추세는 유지, 그러나 추세대 윗선과 주가 간 간극 발생

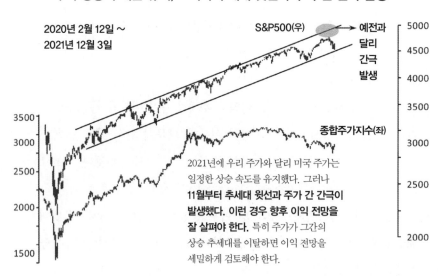

1990년대 후반 초대형 상승 추세대를 상향 이탈한 이후의 상황

- **2000년 8월까지 주가 상승(IT 버블)은 이익이 2000년 9월까지 늘었기 때문이었다.** 이러한 점을 감안하면 투자 판단에 있어서 이익의 정·저점 파악을 최우선 과제로 삼아야 하겠다.

- **주가가 1997년 후반부터 초대형 상승 추세대 윗선을 상향 돌파했다. 주가의 추세대 윗선 상향 돌파 기간이 길어지는 데 따라 주가의 상승 속도가 1999년 중반부터 크게 둔화되었다.** 주가가 상승할 수 있는 여건이지만 그 이전 상승 과정에서 지나치게 빠르게 상승했기에 주가 상승 속도가 둔화된 것이다. 어찌 보면 주가 상승 여력이 1999년 상반기 이전에 상당히 반영(소진)된 것으로 볼 수 있다.

- **당시 주가의 상승 행태는 확산모형이었다. 확산모형의 특징**은 시간이 경과하면서 주가의 휴식 기간이 늘어나는 점이다. 즉 시간 경과에 따라 주가의 상승 속도가 누그러진다. 상승 여력을 초기에 상당히 소진했기 때문이다. 2007년 우리 종합주가지수도 이런 형태였다. 다만 우리의 경우는 규모가 작았다.

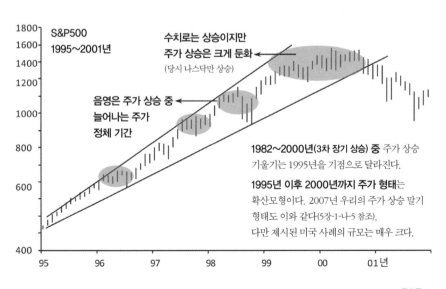

제7장 _ 최적의 투자 여건을 지닌 미국 주식시장 515

8. 미국 주식투자에서 환차손이 발생할까?

가. 달러 가치 등락에 구속받지 않고 상승한 미국 주가

대외 수지 불안 국가의 환율은 지속적 절하

해외 증권 투자에서 이익을 상당히 얻은 것 같지만 실제는 손실을 입는 경우가 종종 발생한다. 대표적 사례가 브라질 채권이다. 예전에 브라질 채권은 높은 금리 때문에 인기를 끌었다. 그러나 헤알의 가치 하락으로 인해 상당수 투자자들이 큰 손실을 입었다.

실로 해외 주식 투자와 관련하여 감안할 사안 중 하나가 환율이다. **해외 주식투자에서 큰 이익을 얻는 것 같지만 환율로 인해 종종 큰 차질이 발생**하기 때문이다. 개도국, 그 중에서도 특히 경상수지 적자 국가의 환율은 위험하다.

다시 브라질에서 사례를 살펴본다. 2001년 1월 말 1만7672이던 브라질 주가지수가 2021년 4월 말에 11만8893이 되었다. 572%나 상승한 것이다. 그러나 2001년 1월 헤알/달러 기준으로 2021년 4월의 브라질 주가지수를 산정하면 3만8761에 그친다.

달러 기준 브라질 주가 상승률은 119%에 불과한데, 동일 기간 중 우리의 종합주가지수는 원화 기준으로 410%, 원/달러 기준으로 450% 상승했다. 해외 투자자가 한국 주식에 투자했으면 환차익까지 얻을 수 있었다.

이처럼 해외 투자와 관련해서 환율이 중요한데, 이래서 미국 주식 매입이 꺼림칙할 수 있다. 미국의 경상수지 적자는 크기 때문이다. 그러나 미국은 기축통화 국가인지라, 미국 자체 요인이 달러 가치를 결정해왔다. 또 **미국 주가는 달러 가치와 무관하게 등락해왔다.**

■ 환율을 감안하면 2001년 이후 브라질 주식의 성과는 미흡한 편

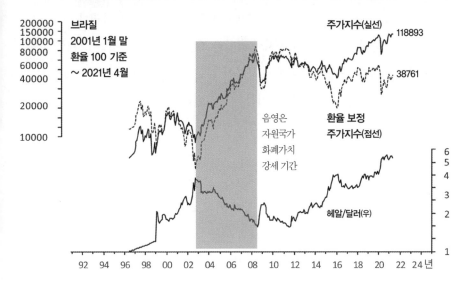

브라질
2001년 1월 말
환율 100 기준
~ 2021년 4월

주가지수(실선) 118893

38761

음영은
자원국가
화폐가치
강세 기간

환율 보정
주가지수(점선)

헤알/달러(우)

■ 환율을 감안하면 2001년 이후 베트남 주식의 성과는 다소 미흡

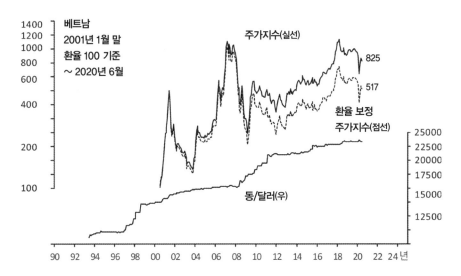

베트남
2001년 1월 말
환율 100 기준
~ 2020년 6월

주가지수(실선)

825

517

환율 보정
주가지수(점선)

동/달러(우)

달러 가치 하락 기간에도 엄청 상승한 미국 주가

해외 주식투자에서 최악은 주가 하락과 환차손이 겹칠 때다. 그러나 그간 **미국 주가와 달러 가치가 동시에 하락한 적은 적다.** 첫 그림에서 **사선의 빗금은 달러 가치 하락과 주가 하락이 겹친 경우**다. 최악의 상황인데, 1980년대와 1990년대에 그런 기간은 무시될 정도로 짧다. 2000년 이후 달러 가치 하락과 주가 하락이 겹친 경우는 2002년과 2007년 4분기 뿐이다.

달러 가치 하락 기간에 미국 주가는 첫 그림의 빗금에서 보듯 대체로 상승했다. 예컨대 **코로나19 이후 달러 가치 하락 기간 중 미국 주가는 배 이상 상승**했다. 이런 점을 감안하면 미국 주식 보유자는 달러 가치 하락에 대해 개의치 않았을 것 같다. **달러 가치 하락으로 인한 손실을 주가 상승이 충분히 메워주고도 엄청 남았기** 때문이다.

둘째 그림은 달러 가치 상승 기간 중 주가 추이다. 사선의 빗금은 달러강세·주가하락 기간인데 2000년 이후에 두 번 있었다. 그림의 기간 A(IT 거품 후유증)와 기간 B(금융위기)가 이에 해당된다. 국제적 위기가 발생하면 각국 자금이 늘 미국으로 몰리는데, 이 때문에 당시 달러 가치가 상승했다. **그 덕에 외국인 투자자들은 미국 주식투자에서 손실을 다소 보전**했는데, 당시 세계적 주가 폭락과 달러 가치 상승을 감안하면 미국 주식에서 손실이 더 적었지 않나 싶다.

나머지 음영은 **달러강세·주가상승 기간이다. 미국 주식투자에서 시세차익과 환차익을 동시에 얻은 기간인데, 그 기간이 엄청 길다.** 달러 강세는 미국 경제가 활달하기 때문인데, 달러 강세 기간 중 미국 주가 상승은 자연스럽다.

정리하면 대체로 **미국 주가는 달러 가치 등락에 구속받지 않고 상승했다. 미국 주식투자에서는 환율을 의식하지 않아도 될 것 같다.**

■ 음영의 달러 인덱스 하락 중 미국 주가는 대체로 크게 상승

- 달러 가치 하락과 미국 주가 하락이 겹친 기간(사선)은 짧은 편

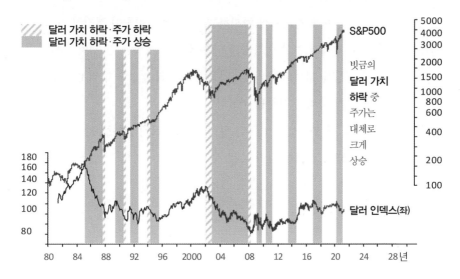

■ 음영의 달러 인덱스 상승 중 미국 주가는 대체로 크게 상승

- 달러 강세는 미국 경기 확장 기간 또는 세계적으로 큰 부담(예, 금융위기)사안이 발생했을 때였다.

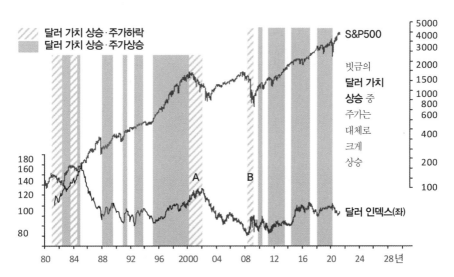

나. 달러 가치의 장기 추세는 미국경제/세계경제 비중이 결정

달러 가치에 영향 요인은 여럿이지만 주요인은 셋이지 않나 싶다. **달러 가치의 큰 구도는 세계 경제에서 차지하는 미국 경제 비중이 결정짓고**(장기 흐름), **이 구도 하에서 미국 성장률과 다른 선진국 성장률 간 격차가 달러 가치에 큰 영향을 끼쳤다**(중기 흐름). **덧붙여 미국의 경상수지 적자 규모도 적지 않게 달러 가치에 영향을 끼쳤다.**

장기 측면에서 세 부문을 감안하면 달러 가치가 크게 높아질 가능성은 적을 듯싶다. 그렇다고 크게 낮아질 것 같지도 않다. 부연하면 달러 인덱스가 일정 폭 내에서 등락할 듯싶다. 때문에 장기 측면에서 큰 환차손이나 환차익은 없을 것 같다.

세계 경제에서 미국 경제 비중에 따라 등락한 달러 인덱스

그림의 음영은 미국GDP/세계GDP가 높아지는 기간인데, 이 기간 중 달러 인덱스 가치가 크게 높아졌다. 예컨대 기간 1에서 1981년 28.1%이었던 미국GDP/세계GDP가 1985년에 34.8%되자 달러 인덱스는 100에서 160.4(1985년 2월)까지 상승했다.

기간 3, 5에서도 미국GDP/세계GDP가 높아지자 달러 인덱스가 상당히 상승했다. 특히 **기간 1, 3, 5에서 달러 인덱스 정점 A, B, C는 미국 GDP/세계GDP 정점 기간에 형성되었다.** 주가 정점이 이익 정점 내외에서 형성되듯 달러 가치 정점도 미국 경제 비중이 클 때 형성된 것이다.

반면 여백 기간은 미국GDP/세계GDP가 하락했던, 즉 세계 경제에서 미국 비중 감소 기간이다. 당시 달러 인덱스는 하락 내지 바닥권에서 답보(박스권)했다. 실제로 기간 2의 끝 무렵인 1995년의 미국GDP/세계GDP가 1985년 대비 10.2%p나 하락한 24.6%로 떨어졌다. 이 때문에 달러 인덱스는 1995년 7월에 81.6까지 하락했다. 예전 최고 대비 절반 수준

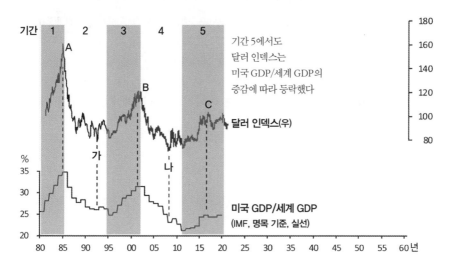

• 세계 경제에서의 미국 비중 증감에 따라 등락한 달러 인덱스

으로 달러 가치가 떨어진 것이다.

기간 4에서도 미국GDP/세계GDP의 10%p 감소로 인해 달러 가치가 하락했다. 그 결과 미국GDP/세계GDP 저점인 2011년까지 달러 가치는 약세 내지 박스권(바닥권에서 등락)을 형성했는데, 기간 4 중 달러 가치는 직전 최고 대비 40% 넘게 하락했다.

한편 두 경우 달러 가치 바닥은 미국GDP/세계GDP 바닥보다 3년가량 앞섰으나, 달러 가치는 미국GDP/세계GDP 바닥 시점까지 낮은 수준에서 답보했다. 이는 주가가 일찍 바닥을 만들었어도 이익 증가 시작(이익 바닥) 시점까지 바닥권에서 등락과 같다(6장-10 참조). 이처럼 가격 세계의 행태는 비슷하다.

세계 경제에서 미국 경제의 비중 저하로 인해 낮아지는 달러 가치

주목할 사안은 달러 가치의 추세적 하락이다. 달러 가치의 순환 과정에서 매번 낮아진 고점이 그 사례인데, 우측 그림의 시점 A보다 B, B보다 C에서 달러 가치가 낮았다. 이는 미국GDP/세계GDP가 저하되었기 때문이다.

달러 가치의 상승 제약은 향후에도 이어질 듯싶다. 세계 경제에서 차지하는 미국 경제 비중이 낮아질 것 같기 때문이다. OECD에 따르면 구매력 기준 미국GDP/세계GDP는 2000년 이후 줄곧 낮아졌는데, 개도국 경제의 부상(浮上)으로 인해 미국 비중 저하는 이어질 것 같다. 실제로 OECD는 구매력 기준 세계 경제에서 미국 경제 비중을 2020년 19%, 2030년 17.1%, 2040년 16%, 2050년 15.6%, 2060년 15.4%로 추정하고 있다. 순차적 둔화인데(그림 참조), 이런 상황에서 달러 가치가 크게 상승하긴 어렵지 않나 싶다.

그렇다고 달러 가치가 크게 하락할 것 같지는 않다. 향후 세계 경제에서 미국 경제의 비중 저하는 크지 않을 것 같기 때문인데, IMF 전망에 따르면 2026년까지 미국GDP/세계GDP의 하락은 극히 완만할 것 같다(그림 참조. IMF의 경상 GDP 추정에 의거 작성). 사실 OECD의 2060년까지 미국 GDP/세계GDP 예측도 완만한 둔화를 예상하고 있다. 2000~20년 중 5.7%p 하락했던 미국GDP/세계GDP가 2020~60년 중 3.6%p 감소로 추정되기 때문이다. 40년간 매년 0.1%p 가량인 비중 감소의 달러 가치에 영향은 적을 듯하다.

달러 가치가 극단적으로 낮은 적이 있었다. 이 사례를 들어 달러 가치의 큰 하락이 종종 거론된다.

그러나 이 사례로 달러 가치 하락 예견은 마땅치 않다. 달러 가치의 첫 큰 하락은 1991년 -0.1% 성장률(부시 대통령 재선 실패 원인) 후유증을 겪던

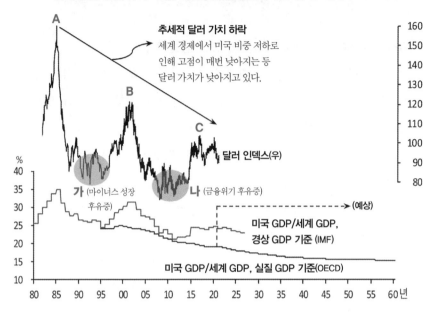

■ 세계 경제에서 미국 비중 저하로 인해 낮아지는 달러 가치

추세적 달러 가치 하락
세계 경제에서 미국 비중 저하로
인해 고점이 매번 낮아지는 등
달러 가치가 낮아지고 있다.

달러 인덱스(우)

가 (마이너스 성장 후유증)

나 (금융위기 후유증)

(예상)

미국 GDP/세계 GDP,
경상 GDP 기준 (IMF)

미국 GDP/세계 GDP, 실질 GDP 기준(OECD)

시기 '가'였다. 두 번째 달러 가치의 폭락은 금융위기 후유증을 겪던 시점 '나'(2008년 미국 성장률 0.1%)인데, 1991년과 2008년 세계 성장률은 각각 2.6%, 3.0%였다. 세계 경기보다 미국 경기가 훨씬 미흡했는데(세계 경제에서 미국 비중의 급격한 저하), 이 때문에 당시 미국 경제가 큰 충격을 받았다. 이런 극단적 상황으로 인해 달러 가치가 폭락했고, 달러 가치가 바닥을 쳤어도(1992년, 2008년) 오랫동안 바닥권에서 맴돌았다.

그러나 **2021년 현재는 사례와 같은 극단적**(미국 경제 비중의 급속 저하) **상황이 예견되지 않고 있다. 앞서 언급한 바와 같이 장기간 미국 성장률이 원만할 것으로 예상되기 때문이다**(IMF와 OECD 전망 기준). 다음 페이지에서는 달러 가치에 있어 성장률의 중요성을 살펴본다.

다. 중기 측면에서 달러 가치를 결정짓는 미국 성장률과 대외 수지

달러 가치는 미국 성장률이 여타 선진국보다 높을 때 상승

세계 경제에서 차지하는 미국 경제의 비중 저하에 따라 달러 가치가 낮아지는 추세이지만(장기 흐름) **중간 과정에서는 미국 성장률이 달러 가치에 절대적 영향을 끼쳤다**(중기 흐름).

그림의 **음영은 달러 강세 기간인데, 세 차례 모두 미국 성장률이 여타 선진국보다 높았다.** 성장률 격차가 달러 강세를 유발한 것인데, 경제 측면에서 우월한 국가의 화폐 가치 상승은 당연하다. 성장률은 이익과 더불어 경제활동의 최종 결과이기 때문이다.

반면 여백 기간에서 달러 가치는 하락하거나 바닥권에서 등락했다. 해당 기간 중 미국 성장률은 여타 선진국 대비 비슷했거나, 심한 경우는 여타 선진국보다 낮기도 했기 때문이다. 이처럼 성장률과 달러 가치는 높은 연관성을 맺고 있다. 아래에서는 구체적으로 사례를 살펴보고자 한다.

달러 가치는 미국 성장률이 급격하게 낮아질 때 약세로 전환

첫 번째와 두 번째 음영 기간 후반에 미국의 경상수지/미국GDP가 급격히 악화되었으나 달러 강세는 이어졌다. 미국 성장률이 여전히 높았기 때문이다. 그러나 음영 말기 직후에 **성장률이 급격히 낮아지자 대외 수지 적자가 미국 성장률을 낮추는 요인으로 지목되었고, 그렇게 되면서 달러가 약세로 전환되었다.**

2020년 달러 가치 하락 원인도 예전 두 사례와 같다. 2020년에 성장률이 '마이너스'로 떨어지고 적자폭이 확대되자 달러가 약세로 기울었다. 다만 달러 가치 하락이 예전 두 차례보다 심하지 않았다. GDP 대비 적자 규모가 예전 두 차례보다 덜 했기 때문이다.

■ 달러 강세 기간의 가장 큰 특징은 미국 성장률이 높은 점

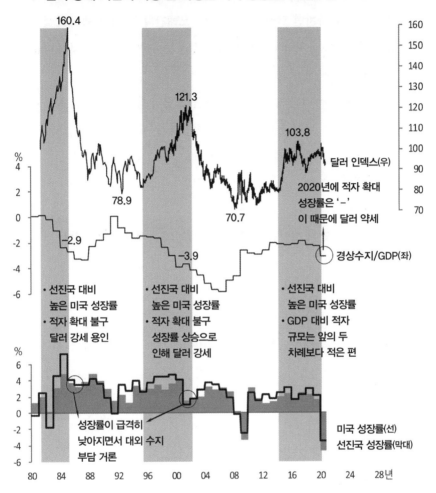

정리하면 **미국의 성장률이 심하게 낮아지면, 이 과정에서 경상수지 적자가 거론되고, 이로 인해 달러 약세가 유발**되었다. 때문에 달러 가치와 관련해서는 무엇보다 미국 성장률 추이를 살펴야 하겠다.

달러가 약세에 빠지면 달러 약세 기간이 오래간다. 달러 약세에도 불구하고 경상수지가 좀처럼 개선되지 않고 성장률 수준도 여전히 낮기 때문이다. 성장률 회복에 시간 소요가 적지 않았던 것이다,

실로 **달러 약세 기간 중 미국 성장률은 그림의 음영 기간에서 보듯이 예전보다 상당히 낮거나 여타 선진국 성장률과 비슷한 수준**이었다. 즉 다른 국가 대비 미국 경제의 우월성을 표출할 수 없는 상황이었다. 이처럼 미국 경제가 다른 선진국 대비 고만고만하고 대외 수지 적자가 확대되면 달러 가치가 줄곧 하락했다.

달러 가치에 있어 성장률의 중요성은 그림의 A에서 볼 수 있다. 당시 소폭이지만 미국 성장률이 개선되면서 여타 선진국 성장률과 격차를 냈다. 그러자 기간 A에서 달러 가치 하락이 주춤해졌다. 그러나 시점 A 이후 미국 성장률이 낮아지자 달러 가치가 재차 속락했다.

더딘 대외 수지 개선도 달러 약세 요인이다. 달러 가치가 하락해도 수입 축소, 수출 확대까지 시간이 소요되기 때문이다(J-Curve 효과). 실제로 그림의 첫 빗금 기간에서 보듯 달러의 약세 전환 이후 미국 경상수지/미국GDP가 개선되기까지 3년 소요되었는데, 3년 내내 달러 가치가 하락했다. 두 번째 빗금 기간에서는 달러 약세 5년 이후에야 미국의 경상수지가 개선되었는데, 경상수지/GDP 바닥 이듬해에 달러 약세 속도가 누그러졌다.

정리하면 **달러 가치의 추세적 하락은 미국의 성장률과 경상수지가 동시에 악화될 때 발생**했는데, 두 부문 동시 악화는 1980년대 3년간, 2000년대 6년간뿐이었다. 요컨대 두 부문의 장기간 동시 악화는 좀처럼 발생되지 않는 사안이라 하겠다. 이러한 점을 감안하면 달러 가치의 장기간 하락 가능성은 적어 보인다.

■ 달러 약세 기간의 특징은 낮은 성장률과 적자 확대

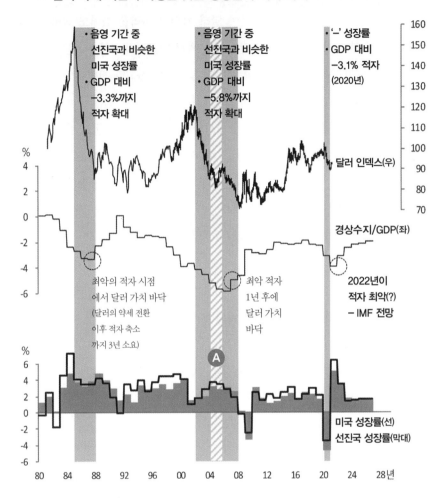

주 1) 2022~2026년 성장률, 경상수지 적자/GDP는 IMF 전망에 의거 작성
주 2) 선진국은 IMF가 선정한 국가

그림의 기간 1, 3 사례에서 보듯이 **달러 가치가 바닥을 쳤어도 곧바로 상승하지 않고 상당 기간 동안 일정 수준에서 맴돌았다.** 이는 낮은 성장률 또는 대외 수지 개선 미흡 때문인데, **첫 음영**(기간 1)**의 전반**(前半)에서 경상수지 적자/GDP는 상당히 개선되었다. 그러나 해당 기간 중 성장률은 선진국 대비 낮았다. **경상수지가 개선되었지만 낮은 성장률로 인해 미국 경기의 우월성 표출이 제약**받았고, 이 때문에 달러 가치가 답보했다.

첫 음영(기간 1) **후반의 성장률은 높아졌지만 당시 기준 성장률의 절대 수준은 낮고 경상수지는 재차 악화**되었다. 이 때문에 첫 음영 후반의 달러 가치도 답보했다. 성장률의 달러 가치에 절대적 영향은 사선으로 된 빗금(기간 2)에서 찾아진다. **사선의 빗금 기간 중 미국의 경상수지/GDP는 악화되었다. 그러나 미국 성장률이 높아지면서 미국과 선진국 간 성장률 격차가 확대되었다. 미국 경제의 우월성이 표출**된 것인데, 이 때문에 **달러 가치가 상승**했다.

달러 가치에 있어 성장률의 중요성은 기간 3에서도 엿보인다. 당시 경상수지는 상당히 개선되었다. 그러나 미국 성장률은 선진국 성장률과 엇비슷했다. 이 때문에 경상수지의 상당한 개선에도 불구하고 달러 가치가 일정 범주에서 머물렀다.

정리하면 **경상수지가 개선되어도 미국 성장률이 선진국 성장률보다 낮거나 비슷하면 달러 가치 상승은 제약**되었다. 이처럼 달러 가치는 경상수지보다 미국 성장률을 더 중시했다. 참고로 IMF는 2022~26년 중 미국 경상수지는 개선되고 미국과 선진국 성장률은 비슷할 것으로 예상하고 있음을 밝힌다. OECD도 2060년까지 미국 성장률이 그런대로 원만할 것으로 예상하고 있다.

■ 달러 가치 답보 기간의 특징은 낮은 성장률과 적자 축소

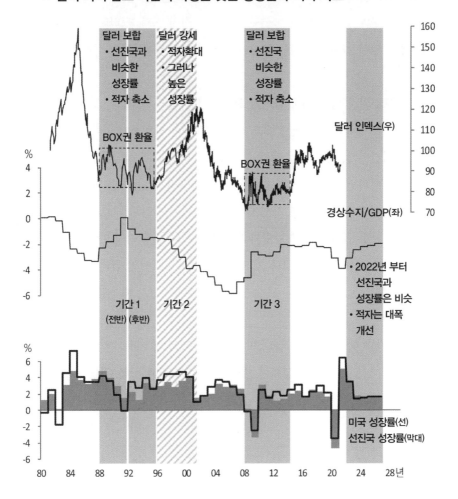

라. 미국 금리 변동이 달러 가치에 미치는 영향은 적어

금리 때문에 환율 추이가 바뀐다는 견해도 적지 않다, 그러나 **미국 금리 변동이 달러 가치에 끼치는 영향은 그렇게 크지 않다.** 관련 사례를 살펴본다.

첫 그림의 음영은 미국 금리가 하락했지만 달러 인덱스가 상승하거나 (그림에서 1) **미국 금리의 상승에도 불구하고 달러 인덱스가 하락**(그림에서 2) **했던 기간**이다. 즉 미국 금리가 상승하면 달러 가치가 상승하고, 미국 금리가 하락하면 달러 가치가 하락할 것이란 생각과 다른 결과다. 현실에서는 이처럼 금리의 달러 가치에 영향이 일반적 생각과 다르다. 특히 그림에서 보듯 **금리의 진행 방향과 달러 인덱스의 진행 방향 간 어긋난 경우**(음영)**가 매우 많다.** 어긋난 기간도 상당히 길다. 이는 **금리가 달러 가치에 일시적으로는 영향을 끼칠 수 있지만 추세적으로 좌우할 수 없음**을 시사한다.

달러 가치에 대한 미국 금리의 낮은 영향은 여러 이유가 있겠지만, 둘째 그림에서 보듯 **각국 금리가 미국 금리와 동일한 방향으로 등락하기 때문**인 듯하다. 부연하면 미국 금리만 상승(하락)하고 다른 국가 금리는 변동하지 않고, 또 다른 경제 요인은 고정되었다면 미국 금리 변동이 달러 가치에 큰 영향을 끼칠 것이다.

그러나 **각국 금리가 동행하기 때문에 미국 금리가 상승**(하락)**하면 다른 국가 금리도 동시에 상승**(하락)**한다. 또 다른 경제 변수도 바뀐다. 이래서 금리 변동이 달러 가치에 일시적으로 영향을 끼칠 수는 있지만, 구조적으로 영향을 끼치지 못했다.** 금리와 환율을 지나치게 연계시킬 것은 아닌 듯하다.

■ **음영은 미국 금리가 상승(하락)할 때 달러 가치 하락(상승)한 기간**

• 1은 금리 하락 불구 달러 강세, 2는 금리 상승 불구 달러 약세

• 1과 2의 기간이 길고, 많은 발생 빈도는 금리의 달러 가치에 영향력이 크지 않다는 점을 시사한다.

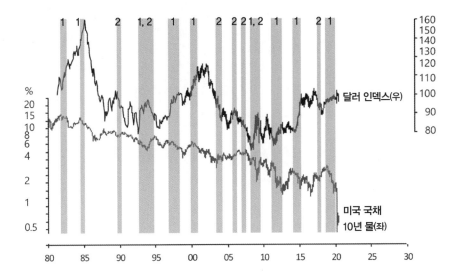

■ **각국 금리 방향이 동행하기에 금리의 달러 가치에 영향력은 적은 편**

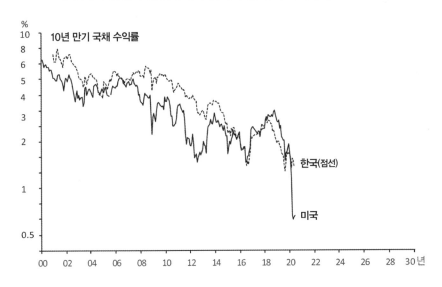

5개의 핵심 키워드가 이끄는 시세와 추세의 절대 원칙

주식투자 할 때와 멈출 때

초판 1쇄 발행일 2022년 8월 1일
초판 2쇄 발행일 2022년 8월 12일

지은이 신성호
임프린트 캐피털북스
펴낸곳 서울파이낸스앤로그룹
펴낸이 김정수

출판등록 제310-2011-1호
등록일자 2010년 5월 4일
주소 (04168) 서울 마포구 새창로 11, 1262호 (도화동, 공덕빌딩)
전화 02-701-4185
팩스 02-701-4612
블로그 capitalbooks.blog.naver
이메일 capitalbooks@daum.net

＊캐피털북스는 서울파이낸스앤로그룹의 금융·경제·경영 관련 도서 출판 임프린트입니다.